우리 문화다움 찾기 1

고대에도 한류가 있었다

고대에도 한류가 있었다

초판 1쇄 인쇄 2007. 6. 12
초판 1쇄 발행 2007. 6. 15

지은이   임재해 외
펴낸이   김경희
펴낸곳   ㈜지식산업사
          서울시 종로구 통의동 35-18
          전화 (02)734-1978(대) 팩스 (02)720-7900
          한글문패   지식산업사
          영문문패   www.jisik.co.kr
          전자우편   jsp@jisik.co.kr
          등록번호   1-363
          등록날짜   1969. 5. 8.

책값은 뒤표지에 있습니다

ISBN 978-89-423-1101-9 93910

이 책을 읽고 지은이에게 문의하고자 하는 이는
지식산업사 전자우편으로 연락 바랍니다.

고대에도 한류가 있었다

임재해 외

지식산업사

'한류'의 은유에 따른 고대 문화 재발견

'한류'는 우리 대중문화를 자리매김하는 은유로서 국제적 용어로 자리 잡아가고 있습니다. 중국을 중심으로 국제사회에서 통용되기 시작한 한류라는 은유에는 한국 문화의 정체성과 우수성 그리고 보편성이 함께 담겨 있습니다. 한국 문화다운 독자성이 있는 까닭에 다른 나라 문화와 구별하기 위해 '한(韓)'류로 규정했으며, 자국 문화와 견주어 비교 우위에 있고 영향을 크게 미치기 때문에 한'류(流)'라고 일컬은 것입니다. 그리고 보편적으로 공감할 만한 내용인 까닭에 세계 여러 나라 사람들이 한류를 찾아 즐기는 것입니다. 그러므로 '한류'의 은유 문법에 따라, 다른 나라 문화도 같은 조건과 역량을 갖추게 되면 '중류' 또는 '일류'라고 일컬어지리라 보입니다.

'고대에도 한류가 있었다'는 문제 표현도 은유로 이루어졌습니다. 우리 고대 문화의 본디 모습과 민족 문화의 독창성을 읽는 은유로 '한류'를 끌어들인 것입니다. 이 은유는 두 가지 효과를 겨냥합니다. 하나는 현재의 한류를 통해 고대 문화를 긍정적으로 재인식하는 기능입니다. 지금 우리가 누리는 한류의 문화적 긍지로 무장한 채 옛날로 거슬러 올라가 고대 문화까지 주체적으로 해석하는 타임머신 효과입니다. 둘은 고대 문화의 정체성 속에서 한류 문화 역량의 뿌리를 찾아주는 문화적 유전자 감별 기능입니다. 한류는 우리 시대에 일시적으로 나타난 우연한 현상이 아니라 민족 문화의 유전인자가 표현 형태로 드러난 필연적 현상이라고 인식하게끔 하는 문화 게놈 효과입니다.

타임머신 효과는 오늘의 한류가 국제사회에서 발휘하는 문화적 역량을 준거로 고대 문화를 새롭게 해석하는 데 적극적 구실을 합니다. 고대로 갈수록 우리 문화가 이웃나라에 견주어 뒤떨어진다고 하는 고정관념을 바로잡는 데 크게 이바지할 것입니다. 고대 문화를 제대로 포착하면, 오늘의 한류 못지않게 우리 고대 문화도 이웃나라에 견주어 빼어났다는 사실을 다시금 발견하게 됩니다.

거꾸로 문화 게놈 효과는 고대 문화의 정체성을 통해 한류의 문화적 원형을 해명해주는 구실을 합니다. 한류를 한갓 서구 문화 추종주의로 간주하며 우리 문화의 정체성을 부정하는 편견을 극복하는 데 기능적이기 때문입니다. 고대 문화의 역량과 독자성을 정확하게 포착하면 한류의 문화적 유전인자를 발견하고 미래의 가능성도 전망할 수 있습니다.

'한류' 현상을 받아들이는 데도 두 가지 경향이 있습니다. 하나는 대단한 문화적 성취로 경이롭게 받아들이며 적극 수용하려고 하는 국제적 경향이며, 둘은 진부한 서구 문화 흉내 내기에 지나지 않는 천박한 문화 상품으로 깎아내리는 국내적 경향입니다. 어느 쪽이든 한류의 정체를 정확하게 포착하지 못한 한계가 있습니다. 가무를 특별히 즐겼던 민족 문화의 원형과 고대부터 형성되었던 굿 문화의 정체성을 제대로 이해한다면, 기이한 대중문화 현상이라며 놀랄 것도 없고 천박한 서구 문화 모방이라며 깎아내릴 것도 없음을 알 수 있습니다.

첫째 경향으로 보면, 지금 외국 사람들의 눈에는 콩깍지가 씌인 것

같습니다. 한류라면 막무가내로 좋아하는 까닭에 우리가 오히려 어리둥절해 하는 상황입니다. 한류를 경험한 사람들은 우리 문화와 더불어 한국 상품과 한국인을 보는 눈빛까지 크게 달라졌습니다. 우리말을 배우고 한국 문화를 체험하려는 외국인들이 늘어나고 있습니다.

둘째 경향으로 보면, 우리 눈에도 콩깍지가 씌인 것이나 다름없습니다. 한류의 역사적 전통과 문화적 뿌리를 잘 포착하지 못한 채 상업적인 수익에만 도취해 있는가 하면, 자기 정체성을 포기한 서구 문화 따라하기 현상으로 인식해 아예 '한류에는 한류가 없다'는 주장을 하는 이도 있습니다. 따라서 한류를 주체적으로 파악하고 지속적으로 이어가기 위해서도 우리 문화의 정체성에 관한 정확한 인식이 필요합니다. 그러므로 지금의 한류를 통해 과거의 우리 문화를 제대로 읽을 수 있어야 하고, 잃어버린 고대 문화를 찾아 오늘날의 든든한 바탕을 제공할 수 있어야 합니다.

고대 기록과 유물들을 제대로 분석해보면, 우리 고대 문화도 지금의 한류 못지않게 눈부셨다는 사실을 알 수 있습니다. 이웃나라 사람들이 주목할 만큼 노래와 춤을 즐겼을 뿐만 아니라, 중국이 '예(禮)'를 잃으면 동이(東夷)에서 찾았다고 할 정도로 문화생활도 빼어났는데, 정작 우리는 그 실상을 잘 모르고 지내왔습니다. 따라서 고조선은 세계적인 고인돌 왕국이며 신라는 금관의 종주국이라는 역사적 사실도 제대로 알지 못합니다. 아사달이나 삼족오(三足烏) 문양과 같은 우리 고대 문화의 유산들이 이웃나라 문화 속에 생생하게 살아 있다는 사실을 보고도 모릅니다. 이웃나라 종교 문화도 고대에 우리 문화가 영향을 주어 성립되었다는 상상은 꿈에도 하지 않습니다. 그러므로 우리 문화를 우리 눈으로 읽고 창조적으로 해석하는 주체적 인식의 틀을 만들어가는 것이 이 책을 펴내는 목적입니다.

이 책은 '고대에도 한류가 있었다'라는 주제로 개최한 학술대회(2006.

12. 8)의 발표 내용으로 꾸려졌습니다. 문화관광부가 민족 문화의 원형과 정체성 정립을 위한 정책 개발의 일환으로 학술대회를 기획해 후원하고 비교민속학회와 한국구비문학회가 학술대회를 주관했는데, 기대 이상의 많은 관심으로 발표 현장은 아주 뜨거웠습니다. 넉넉하게 준비한 발표 논문집이 부족했을 뿐만 아니라 발표가 끝난 뒤에도 논문집을 요청하는 분이 많아, 이 책을 서둘러 엮어냅니다.

여기에 수록된 글은 고대의 우리 문화가 시간적으로 이웃나라에 견주어 앞서고 공간적으로 드넓으며 양적으로 풍부하고 질적으로 우수하다는 사실을 밝힌 논의들이 중심을 이룹니다. 글을 한자리에 모아놓고 보니, '구슬이 서 말이라도 꿰어야 보배'라는 옛말이 실감 납니다. 고대 문화를 새롭게 보는 각 분과학문이 다양하게 참여해 학제간(學際間) 담론의 새 틀을 마련하는 것도 이 책의 보람이자 지향입니다. 하지만 기존 학계의 시각과 다른 해석이 많은 까닭에 반론도 만만치 않으리라 생각합니다. 이 책을 계기로 생산적인 학술 논쟁으로 이어지기를 기대합니다.

고고학계에서 우리나라의 구석기를 인정하기 시작한 것은 석장리 구석기 유적이 발굴되고서도 10년이나 지난 뒤였습니다. 한반도에는 구석기시대가 없다는 식민사관을 극복하는 일이 얼마나 힘든 일인가 하는 것을 알 수 있습니다. 제주도 고산리의 신석기 유적 연대는 1만 2,000년 전으로 발표되었다가 철회되기도 했습니다. 신석기 연대를 설정한 기존 학설의 틀을 넘기 어려웠던 까닭입니다. '고대에도 한류가 있었다'는 문제 논의는 이와 같은 장벽을 넘어서고자 합니다. 그러나 식민사학의 장벽은 아직도 강고합니다. 왜냐하면 《삼국유사(三國遺事)》에 기록해둔 고조선의 건국 연도조차 인정하지 않는 학자들이 있는가 하면, 국립중앙박물관은 세계적인 규모를 자랑하면서도 아예 고조선실조차 마련하지 않고 있는 것이 현실이기 때문입니다. 우리는 아직도 일제 식민사학의 틀에 묶여 있음을 부정할 수 없습니다.

　사실 식민사관과 민족사관은 모두 다른 민족을 의식하며 성립된 것이라는 점에서 같은 맥락 속에 있습니다. 식민사관은 민족사관에 따라, 민족사관은 식민사관에 따라 상대적으로 규정되는 개념이기도 합니다. 따라서 식민사관에 치우쳐 있는 사람은 민족사관을 국수주의로 비판하기 일쑤입니다. 그런가 하면 민족사관에 빠져 있는 사람은 탈민족주의(脫民族主義)를 식민사관으로 규정하기도 합니다. 그러므로 중요한 것은 식민사관이냐 민족사관이냐 하는 것이 아니라, 어떤 가치관과 문제의식을 토대로 자기 문화의 정체성을 정확하게 포착해내는가 하는 것입니다.

　'고대에도 한류가 있었다'는 문제의식은 문화 이해의 세 갈래 길을 제시합니다. 하나는 지금의 우리 문화가 한류라는 자기 문화의 독자성을 가지고 있다는 사실입니다. 한류가 지속되려면 문화적 정체성이 도드라지도록 자기다운 고유성을 더욱 가꾸어나가야 합니다. 둘은 고대 문화 또한 고유한 개성을 지니며 상대적으로 이웃나라보다 앞섰다는 사실입니다. 우리 고대 문화의 선진성을 근거로 고대사 연구의 주체성을 확보하는 것이 긴요한 과제입니다. 셋은 중세와 근대에는 중국과 일본이 우리보다 문화적으로 앞섰다는 사실입니다. 고대 이후 우리가 오랫동안 문화적으로 뒤처졌다는 사실을 인정하면서, 중세와 근대의 후진성에 대해 성찰하는 일도 긴요합니다.

　따라서 아시아의 지평 속에서 보면 한국은 고대 문화가, 중국은 중세 문화가, 일본은 근대 문화가 상대적으로 우뚝했습니다. 세 나라는 시대에 따라 문화적 우열을 이루며 서로 영향을 주고받았지만, 긴 역사 속에서 보면 문화적으로 대등한 위상을 이루었다고 할 수 있습니다. 중세의 종주국은 주변국을 책봉체제로 종속화하고 근대의 제국주의는 주변국을 식민지로 지배하는 고통을 주었지만, 고대의 문화 선진국은 중세나 근대와 달리 이웃나라와 대등한 문화 교류의 면모를 보였습니다. 그러므로 고대의 문화 교류 양상을 정확히 포착하고 호혜적인 문화 소통을 이루며 상생(相生)해야 아시아가 문화의 세기를 이끌어가는 주체가 될 것입니다.

문화는 미래의 힘입니다. 문화 창조력이 곧 문화의 세기를 열어가는 전망입니다. 문화 창조력은 문화적 원형과 전통의 기반 위에서 수월하게 발휘됩니다. 문화 창조력을 통해 저마다 문화 주권을 누리며 문화 다양성을 인정하는 가운데 서로 대등하게 교류하며 유기적으로 소통할 때, 문화가 세계화합니다.

문화의 세계화에는 국학(國學) 연구가 중요한 구실을 합니다. 우리 국학은 민족 문화의 전통과 현상을 정확하게 읽는 데 머물지 않고, 인류 문화를 해석하는 새로운 논리를 제시하는 데까지 나아가야 할 것입니다. 민족 문화의 정체성을 주체적으로 포착하며 국학의 새로운 해석 틀을 만들어가는 일에 관심을 가지고 참여한 글쓴이 여러분들께 감사드리며, 이 책이 엮어지기까지 학술대회를 적극 후원해주고 각별한 관심을 기울여준 문화관광부에도 깊은 감사의 말씀을 드립니다.

'고대에도 한류가 있었다'는 은유 속에는 미래에도 한류가 '지속될 것'이라는 기대가 갈무리되어 있습니다. 고대 문화의 정확한 이해는 현대 문화의 뿌리를 밝히는 일이자, 미래 문화를 창조적으로 구상하는 디딤돌입니다. 앞으로 이러한 디딤돌들이 계속 마련되어 지금 여기서 과거나 미래와 더 분명하게 소통할 수 있도록 튼실한 징검다리가 놓이기를 바라며, 머리말을 여밉니다.

2007년 5월

임 재 해

차 례●고대에도 한류가 있었다

차 례 • 고대에도 한류가 있었다

제1부

고대 문화와 고대사의 선진성 재인식

'고대에도 한류가 있었다'—민족 문화의 정체성 재인식

임 재 해

1. 민족 문화를 보는 두 가지 한계와 극복

인간은 누구나 두 가지 기본 모순을 지니고 있다. 하나는 자기 눈으로 자기 얼굴을 볼 수 없는 모순이다. 눈이 얼굴에 붙어 있는 까닭에 구조적으로 자기 눈으로 자기 얼굴을 바라볼 수 없다. 자기 눈으로 자기 얼굴을 볼 수 없는 것처럼, 자신의 태초 역사도 알지 못하는 한계를 지니고 있다. 자기가 직접 겪은 최초의 경험이자 가장 충격적인 체험의 역사를 기억하지 못하는 것이다. 마치 기억상실증 환자처럼, 출생의 경험과 갓난아기 시절의 자기 역사를 전혀 기억하지 못한 채 사는 것이 인간의 두번째 모순이다. 물리적으로 너무 가까워서 자기 얼굴을 보지 못하고, 시간적으로 태초여서 자신의 초기 역사를 기억하지 못하는 것이 인간의 두 가지 기본적인 모순이라고 할 수 있다.

사람들은 자기를 보지 못하는 한계를 극복하기 위해 거울을 만들어냈다. 거울에 비친 모습을 통해 자기 모습을 자기 눈으로 확인하는 것이다. 그러나 잃어버린 어린 시절의 역사는 거울로도 비추어 볼 수 없다. 따라서 태초의 역사를 되살리기 위해 자기의 어린 시절을 지켜본 어른들의 증언이나 기록을 참조할 수밖에 없다. 현재의 자기 모습과 타자의 어린 시절을 견주어보면서 자신의 잊어버린 시절을 재구성하기도 한다. 자기 얼굴을 비추어 보는 거울과, 자기 역사를 증언하는 타자의 진술이 자기를 읽는 긴요한 매체이다. 그러므로 사람들은 자기 확인을 위해 끊임없이 더 나은 거울을 발명하고 역사적 사실을 다양한 방식으로 기록해 남기고자 했던 것이다.

우리 고대 문화 인식도 인간이 지닌 기본적인 두 가지 한계를 지니고 있다. 우리에게 고대 문화는 마치 잊혀진 과거처럼 기억상실의 역사로 남아 있으며, 자기 얼굴을 볼 수 없는 모순처럼 우리 스스로 고대 문화의 민족적 독자성을 정확하게 포착하지 못하고 있다. 자기 경험의 역사를 자기 스스로 기억하지 못하고 자기 문화의 독자성을 자기 눈으로 읽어내지 못한 까닭에, 남의 눈으로 자기를 보고 남의 기억을 통해 자기 역사를 확인하는 것이 문제이다. 타자의 눈과 기억이 아니라 그들의 의도된 진술과 왜곡된 해석이 자기 정체와 역사를 포착하는 준거가 될 때 문제는 더욱 심각해진다.

그동안 우리 고대 문화는 시베리아 문화에 뿌리를 두고 중국 문화의 영향을 받아 형성된 것이라는 타자의 규정적 인식에 사로잡혀 있었다. 그러한 인식의 눈을 제공한 것이 일제강점기에 형성된 식민사관이다. 스스로 제 얼굴을 보지 못한다고 해서 남의 눈으로 자기를 보는 데 전적으로 의존하는 것이 문제이다. 남의 눈을 신뢰할 수 없는 것도 문제이지만, 자기 스스로 자기를 돌아보려고 하지 않는 자의식의 결여가 더 심각한 문제이다. 남의 눈에 의존하다보면 결국 자기 눈으로 자기를 읽으려는 능력을 상실하고, 자기에 관해 자기 말로 이야기하지 못하며, '내가 누구인가' 하는 것을 남이 일컫는 대로 고스란히 받아들이게 되는 까닭이다. 그러므로 자기 얼굴을 스스로 확인하기 위해 거울을 말끔하게 닦아 비추어 보고, 태초의 자기 역사를 포착하기 위해 당시의 증언들을 찾아 해석하는 일이 긴요하다.

그러나 거울과 증언 자료는 바깥에 있는 것이 아니라 자기 안에 있다. 지금의 얼굴 속에 어릴 적 모습이 지속되고 있듯이, 어릴 적 얼굴 모습에 지금의 모습이 갈무리되어 있다. 따라서 지금의 자신을 통해 잊혀진 태초의 자기 역사를 찾을 수 있고, 어린 시절의 모습을 통해 이해 불가능한 지금의 자기 모습을 이해할 수 있다. 드러난 표현 형태는 그때마다 다르더라도 유전자는 변함없이 지속되는 까닭이다.

우리 문화의 정체성도 같은 방식으로 찾을 수 있다. 우선 거울에 비친 지금의 우리 문화를 통해 잃어버린 고대 문화의 모습까지 추론할 수 있는가 하면, 고대 문화를 통해 지금 우리 문화의 원형을 확인할 수

있다. 다행히 국제사회는 우리 문화를 '한류(韓流, Korean Wave)'라는 이름
으로 비추어주고 있다. 우리 스스로 읽지 못한 우리 문화를 그들은 '한류'
로 포착해 되비추어주고 있는데, 이러한 현상을 거울 효과라고 할 수
있다. 중국이 먼저 그런 거울 노릇을 하면서 '한류'라는 신조어를 만들어
냈고, 이어서 동남아와 일본이 함께 거울 구실을 하고 있다. 이제는 서구
세계까지 그런 거울 노릇을 하게 되어 그 영향은 미국과 남미까지[1] 미치
고 있다.

한류의 흐름에 대해 일본에서는 혐한류(嫌韓流)를,[2] 중국에서는 반한
류(反韓流)를[3] 내세우며 한류의 위세에 맞서고자 했다. 한류의 기세를
꺾고자 하는 중국과 일본의 노력에도 한류 열풍의 대세는 여전히 넓고
깊다. 일본은 우리를 식민지로 지배했던 국가이자 세계 제2의 경제 대국
이며, 아시아 대중문화의 선두주자였다. 따라서 일본의 침략이라는 역사
적 경험과 일본 대중문화의 위력을 고려해, 얼마 전까지 일본의 대중문
화 개방을 망설이며 주저해왔다. 그런데 도리어 우리 대중문화가 일본
열도를 석권하며 한류 열풍의 도가니를 조성하고 한국어 붐까지 일으키
고 있는 것이다.

중국은 오랫동안 아시아의 대국으로 군림했을 뿐만 아니라, 유교 문화
권의 중심 국가로서 늘 새 문화와 사상의 물줄기 구실을 해온 나라였다.
그런데 지금은 우리 대중문화와 기술 상품이 중국을 휩쓸고 있다. 중국

---

1) 중남미 한류의 중심지는 멕시코이다. 멕시코 공영방송 메히켄세가 2002년부터 드라마
〈별은 내 가슴에〉, 〈이브의 모든 것〉을 방영하면서 한류가 형성되었다.
2) 김미경, 〈아시아의 문화전쟁〉, 《매일신문》, 2006년 7월 7일자에 따르면, 야마노 샤린의
만화 《혐한류(嫌韓流)》는 일본에서 베스트셀러이다. 같은 제목의 잡지들도 잘 팔리지만,
한류 열풍은 수그러들지 않고 있다.
3) 〈대장금〉이 중국에서 최고 시청률을 기록한 2005년 3월에 중국의 국민배우 장궈리(張國
立)가 "중국에서 한류 바람이 부는 것은 매국노 같은 언론 탓"이라며 반한류의 포문을
열고 뒤에 홍콩의 액션스타 청룽(成龍)까지 가세했으나, 한류의 위세를 꺾지 못했다.

의 젊은이들이 한국 드라마와 손전화에 열광하며 한류 열풍의 진원지 구실을 하는가 하면, 게임 프로그램에도 열광하고 있다. 〈대장금〉 특선 요리가 중국 식당의 고급 메뉴에 오르며 불타나게 팔리는데다가 신부들의 혼인 기념사진에는 장금이가 입었던 한복이 빠지지 않을 만큼 크게 유행하고 있다.[4]

한류의 도저한 흐름에 대해 오히려 한국인들이 영문을 몰라 어리둥절해 하고 있다.[5] 프랑스에서 연구소 일을 하고 있는 이 아무개 박사는 "요즘 외국 사람들을 보면 마치 눈에 콩깍지가 씌인 것 같아요. 한국 사람들을 무조건 좋아한답니다. 한국인을 보는 눈빛부터 크게 달라졌어요"라고[6] 할 만큼, 외국인들의 눈에 비친 한국인의 위상이 크게 달라졌다. 거울에 비친 우뚝한 자기 모습이 이해 불가능해서 놀랄 따름이다. 그러므로 스스로 어리둥절해 하거나 외국인들의 눈에 콩깍지가 씌인 것처럼 인식하는 것이다.

그러나 우리 고대 문화의 뿌리를 제대로 포착하면 놀랄 만한 일이 아니다. 왜냐하면 그런 자질을 고대부터 갖추고 있었기 때문이다. 어느 날 인기 개그맨으로 비약한 인물을 보고 놀라지 않는 사람은 어린 시절의 개구쟁이 기질을 잘 알고 있는 사람이다. 그런데 정작 어릴 적의 역사를 아는 사람은 흔하지 않다는 것이 문제이다. 지금의 모습을 비추어줄 거울은 곳곳에 있지만, 잃어버린 태초의 역사를 증언해줄 사람은

---

4) 김수이, 〈한류, 21세기 한국문화의 국가적 아젠다 — 한류의 발전방향을 중심으로〉, 《한류와 21세기 문화비전》, 청동거울, 2006, 24쪽.

5) 신윤동욱, 〈한류, 한국인은 어리둥절하다〉, 《한겨레 21》, 631호, 2006년 10월 24일자, 52쪽. 방콕·싱가포르·캄보디아의 한류 현장을 보고하면서, "저절로 흘러가는 해류가 돼버린 한류, 왜 그런지는 우리만 모른다"고 고백하며 어리둥절해 하고 있다.

6) 연구실에 찾아와 이야기를 들려준 사람은 오스트레일리아에서 커뮤니케이션을 전공한 박사로, 국내외의 연구 기관과 대학에서 연구와 강의 활동을 하다가 지금은 파리에서 연구소를 운영하며 7년째 생활하고 있다. 여러 나라를 두루 여행한 경험이 있고 커뮤니케이션 전공을 한 까닭에 외국인들이 한국인을 대하는 태도를 잘 알고 있다.

많지 않기 때문이다. 태초의 민족 문화 이해도 마찬가지 문제와 마주치게 된다.

그래서 이러한 물음을 던지지 않을 수 없다. 지금의 우리 얼굴은 한류의 거울을 통해 포착한다고 하더라도, 잃어버린 고대의 민족사는 어찌할 것인가? 현재의 한류를 통해 고대의 문화적 유전자를 추론할 수 있다. 더 미더운 작업은, 잃어버린 역사를 위해 고대 문화에 관한 이웃의 증언들을 모아 당시의 문화를 재해석하는 것이다. 고대 문화에 관한 우리 기록은 상당히 부족하다. 그러나 다행스럽게도 중국 쪽 고대 사료에는 단편적이나마 우리 고대 문화에 관한 기록들이 다양하게 남아 있다. 게다가 최근에는 새로운 고대 유물들이 발굴되어 고대 문화 해석에 긴요한 자료를 제공해주고 있다. 고대 사료의 증언들과 유물들을 증거로 우리 민족 문화의 정체를 새롭게 포착할 수 있다.

따라서 나는 지금 두 가지 방법으로 우리 고대 문화의 정체성을 읽으려고 한다. 하나는 거울 속에 비친 지금의 우리 얼굴인 한류 현상을 우리 눈으로 읽으며 우리 문화가 지닌 본래의 정체성을 추론하고, 둘은 이웃의 증언 속에 담겨 있는 민족 문화 형성기의 고대 문화를 우리 눈으로 해석해 지금 우리 문화의 창조적 원천을 포착해내는 일이다. 두 방법은 공시적 시각이 서로 엇갈려 있으면서 통시적으로 연결되어 있기 때문에 상호 해석이 가능하다. 달리 말하면, 공간적 반영의 거울 효과와 역사적 전통의 지속 효과를 함께 주목하는 것이다.

'고대에도 한류가 있었다'는[7] 명제는 이러한 문제 인식을 갈무리하고 있다. 달리 말하면, 우리 시대 한류의 뿌리는 고대 문화에 닿아 있을 뿐만 아니라, 당시에도 이웃나라에 영향을 주었다는 사실을 말한다. 일

---

7) 필자는 《경북일보》 2005년 7월 3일자의 〈옛날에도 한류열풍 있었다〉라는 칼럼에서 이러한 문제의식을 제기했다.

찍이 신채호는 《조선 상고사》에서, 역사적 주체가[8] 되려면 반드시 상속성(相續性)과 보편성(普遍性)을 갖추어야 한다고 했다. 이는 곧 시간적으로 생명이 끊어지지 않는 지속성과 공간적으로 영향이 파급되는 보편성을 뜻하는 것이다.[9] 시간적 지속성과 공간적 파급성을 근거로 우리 문화를 주목하게 되면, 현대의 한류는 고대 문화에서 비롯된 지속성의 결과이자, 고대의 우리 문화도 현대의 한류 못지않게 이웃의 여러 나라에 많은 영향을 미칠 만한 보편성을 지니고 있었음을 알 수 있다.

따라서 고대 문화의 정체성을 읽는 눈은 현대에서 고대로 또는 고대에서 현대로 통시적으로 오가는 동시에, 국내에서 국외로 또는 국외에서 국내로 공시적으로 가로지를 필요가 있다. 이러한 시각은 고대 문화에 현대 문화의 가능성과 전망이 갈무리되어 있고 현대 문화에 고대 문화의 역사적 지속성이 고갱이처럼 자리 잡고 있다는 사실을 전제로 한다. 그리고 민족 문화의 정체성은 이웃 문화와 일정한 대조를 이루며 영향의 그림자를 지니고 있으며, 이웃 문화 또한 민족 문화의 정체성을 비추어주는 거울 구실을 한다는 문화 '교류'와 '공유'의 보편성을 전제로 한다.

앞의 전제가 문화적 유전자라고 할 수 있는 전통문화의 DNA를 발견하고 그 지속성을 확인하는 통시적 해석 작업을 요구한다면, 뒤의 전제는 잃어버린 자기 모습을 이웃 문화의 거울을 통해 상대적으로 포착하는 공시적 해석 작업을 요구한다. 그러므로 민족 문화의 정체성을 읽는 각성된 시선은 고대와 현대를 통시적으로 오르내리며, 나라 안팎의 문화를 공시적으로 가로지르지 않을 수 없다.

---

8) 신채호는 《조선 상고사》에서 역사적 주체와 객체를 역사적 아(我)와 비아(非我)로 서술하고, 아를 '주관적 위치에 선 자', 비아를 '그 외의 모두'로 설명했다.
9) 신채호, 박기봉 옮김, 《조선 상고사》, 비봉출판사, 2006, 25쪽.

2. 고대 문화를 보는 전파론적 편견의 성찰

우리의 고대 문화를 눈여겨보면, 오늘의 한류나 다름없는 문화적 역량
이 뚜렷이 포착된다. 고대 사서의 기록이나 고고학 발굴 보고서를 통해
그러한 논거를 두루 찾을 수 있다. 오늘의 우리 한류를 자리매김한 것이
우리 자신이 아니라 중국이듯이, 고대 문화의 경우에도 중국 쪽 사서의
기록과 발굴 보고서가 그 위상을 잘 보여주는 거울 구실을 하고 있다.
그런데 폭넓게 자료를 읽지 못하고 자기 자신의 눈으로 읽으려들지 않는
까닭에 주체적 시선을 놓치고 있다.

현재의 한류를 비롯한 당대의 우리 문화를 읽는 눈길도 마찬가지이다.
종속적 식민주의 시각으로 우리 문화를 보니, 한결같이 우리 문화는
외세 문화의 허울을 쓰고 있는 것처럼 읽히는 것이다. 자기 문화를 자기
눈으로 당당하게 읽지 못하고 한결같이 외세 문화의 영향이나 종속으로
읽어야만 자기 문화의 정체성을 비로소 해명할 수 있는 지식인이야말로
식민지 지식인이다. 현재의 한류가 지닌 민족 문화의 정체성을 읽기
위해서는 우리의 고대 문화를 정확히 포착할 필요가 있다.

생각컨대, 문화의 식민성을 비판하는 지식인들의 한류 해석이야말로
식민지 지식인의 전형을 보여주는 당착에 빠져 있다고 해도 지나치지
않다. 서구 대중문화를 따라하다가 어쩌다 성공한 것처럼 한류 열풍을
해석하거나, 자기 정체성을 잃고 타자를 따라하는 식민지 근성이라면서
현재 우리 문화의 특수성을 폄하하는 까닭이다. 다시 말해서, 지금의
우리 문화는 서구 대중문화의 아류이자, 식민지 근성의 하나인 선진국
흉내 내기의 결과로 나타난 현상이라는 것이다.

따라서 한류에는 한국 문화로서 정체성을 발견할 수 없으며, 한류라고
할 만한 진정한 알맹이가 들어 있지 않다는 것이다. 서구 문화의 재가공
이자 외래 대중문화의 매개 행위에 지나지 않는다는 해석이다. 이는

주로 국제사회의 문화를 비교·연구하거나 현실 문화를 논평하는 우리
시대 문화학자들의 해석이다.

우리의 고대 문화를 해석하는 사학자나 고고학자들의 해석도 이와
다르지 않다. 이들은 우리 고대 문화의 기원을 모두 알타이와 같은 시베
리아 민족이나 중국에서 찾기 일쑤이다. 그런가 하면 아예 지도자의
혈통까지 시베리아의 알타이족이나 몽골족에서 끌어다 붙인다. 몽골족
에 우리 피가 흐르는 것이나[10] 문화 동질성의 흔적이 보이는 것은, 몽골
이 이웃나라였을 뿐만 아니라 고조선시대에는 우리가 지배했던 지역이
기 때문이다. 몽골은 고조선 후국인 부여족의 일부와 결합해 형성되었으
며 부여와 고구려의 오랜 지배를 받았다.[11] 따라서 신채호는 몽골족도
조선족의 한 종족으로 서술한다. 지금 고조선의 문화 유적으로 알려진
내몽고 지역의 홍산 문화 유적이 이를 구체적으로 입증한다.

그러므로 북방 여러 민족의 문화에서 우리 문화가 비롯된 것이 아니
라, 그들의 문화가 본래 우리 문화였다고 해석해야 한다. 왜냐하면 고대
우리 민족이 바로 거기서 살았기 때문이다. 고인돌과 요령식 동검의
분포, 복식사 자료, 역사적 기록 등을 고려하면 현재 북방 민족의 여러
지역들이 고조선의 영역에 포함된다.[12]

그리고 중국의 사료와 고고학적 발굴 유물을 면밀히 분석해보면, 고대
에는 백제가 서해를 넘어 산동성(山東省)을 중심으로 중국의 동부 해안
일대까지 점유했던[13] 사실을 알 수 있다.[14] 북부여의 시베리아 이주나

10) 흔히 우리 몸에 몽골인의 피가 흐른다고 여기는데, 이것은 종속적 혈연의식이다.

11) 이와 관련한 자세한 내용은 신용하, 〈古朝鮮文明圈의 형성과 동북아의 '아사달' 문양〉,
    《고대에도 한류가 있었다》, 민족문화의 원형과 정체성 정립을 위한 학술대회 1, 프레스센
    터, 2006년 12월 8일 참조.

12) 윤내현 외, 《고조선의 강역을 밝힌다》, 지식산업사, 2006 참조.

13) 金庠基, 〈百濟의 遼西經略에 對하여〉, 《東方史論叢》, 서울대학교출판부, 1984, 426~
    433쪽 ; 方善柱, 〈百濟軍의 華北進出과 그 背景〉, 《白山學報》 11, 1971, 1~30쪽.

가야의 일본 열도 진출도[15] 우리 민족의 활발한 해외 진출과 민족 세력의 지리적 확장 사실을 입증해준다. 이러한 사실들은 우리의 민족 세력과 문화가 중국은 물론 일본과 만주, 몽골, 시베리아 지역에 이르기까지 영향을 미쳤음을 알려준다.[16]

따라서 우리 민족이 본디부터 자기 문화를 주체적으로 생산하지 못했을 뿐만 아니라 건국 시조와 같은 지도자조차 자체적으로 낳지 못하고, 시베리아 알타이 지역이나 바이칼 호수 근처에 살던 북방 민족의 유이민들이 지도자가 되어 비로소 나라를 세운 것처럼 해석하는 것은 여간 문제가 아니다. 한마디로 북방 지역 여러 민족의 신탁통치 형태로 만들어진 것이 우리의 고대 국가라고 사실과 다르게 해석하는 까닭이다. 이러한 해석은 결과적으로 우리 민족이 고대 국가를 이루고 살았던 한반도와 만주 지역 일대를 문화적 백지도 상태로 간주하는 것이다. 마치 유럽인들이 아메리카를 신대륙 발견으로 규정하는 것이나 다름없는 모순이다.

이들은 고대 문화만 그렇게 보는 것이 아니라 지금의 우리 문화도 같은 눈으로 읽는다. 한류를 비롯한 오늘의 우리 문화를 '문화 폭발' 현상으로[17] 간주하고, 우리 문화의 돌연한 현상을 서구 문화 베끼기에서 비롯된 '서구 추종주의 또는 왜곡된 서구주의의 모습'으로[18] 해석한다. 지금의 우리 문화를 창조적이고 주체적인 문화 성장 현상이 아닌, 서구 문화 추종주의에 따른 문화 폭발 현상으로 읽는 것이다. 지금의 한류와

14) 윤내현, 《한국열국사연구》, 지식산업사, 1998, 381~418쪽에서 자세하게 다루었다.
15) 조희승, 《가야사연구》, 사회과학출판사, 1994 ; 文定昌, 〈任那論〉, 《日本上古史》, 栢文堂, 1970, 587~631쪽 ; 윤내현, 《한국열국사연구》, 제7장 〈가야의 왜열도 진출〉, 453~497쪽 등에서 자세하게 다루었다.
16) 신용하, 앞의 글, 같은 곳에서 자세하게 다루었다.
17) 이태주, 《문명과 야만을 넘어서 문화읽기》, 프러네시스, 2006, 173~174쪽.
18) 이태주, 같은 책, 175~176쪽.

고대 문화를 해석하는 시각이 조금도 다르지 않다. 한류가 서구 따라하기이듯이, 우리 선조들이 창조한 고대의 눈부신 문화유산들 또한 시베리아 샤머니즘 따라하기나 알타이 황금 문화의 영향 또는 몽골이나 흉노족 등 북방 여러 민족들의 도래에 따라 형성된 것으로 해석하는 것이다.

따라서 한반도 가장 남쪽에 자리 잡고 있는 신라 문화도 만주와 고구려 그리고 백제를 뛰어넘어 시베리아 문화가 영향을 미쳐 형성된 것처럼 해석하는 것이다. 가장 대표적인 것이 신라 금관의 기원을 시베리아 샤먼의 모자에서 찾는 것이다. 5세기의 순금 왕관의 기원을 19세기의 철제 무당 모자에서 찾는 역사적 당착에 빠져 있지만, 이러한 문제를 극복하려고 하기는커녕 성찰조차 하지 않는다.[19]

우리나라가 고인돌 왕국이듯이[20] 신라는 세계적인 금관 왕국이자 금관 종주국이라고 할 만하다. 그런데 세계 문화사에서 가장 독특한 금관마저 시베리아 샤먼의 문화에 가져다 바치는 것이 우리 고고학계의 현실이다. 이른바 한민족 문화의 시베리아 기원설이 주류를 이루고 있는 한국 학계의 학문적 수준이기도 하다. 일제강점기에 일본인들이 만들어낸 식민사관의 울타리 안에 여전히 머무는 것은 물론, 당시의 시베리아 기원설을 확대재생산하는 데 골몰하고 있는 것이다. 그러므로 우리의 사회 학문이 서양 학문 수입학이자 외학의 패러디(Parody)라면, 고대 문화를 해석하는 우리 인문 학문은 식민지학의 동어반복이자 시베리아학

---

19) 성찰은커녕 애써 전파론을 극복하고 자생적 기원론을 밝혀도 골똘한 관심이 없다. "문화의 전파 자체를 부정적으로 볼 필요는 없다"며 "설사 시베리아와 연관이 있다 해도 신라 금관이 세계적으로 뛰어난 독창적인 예술품이라는 것은 분명한 사실"이라고 어깃장을 놓는다. 유석재, 〈논쟁합시다—금관의 비밀〉, 《조선일보》, 2006년 1월 17일자에 금관의 자생적 기원론을 밝힌 임재해의 발표 논문을 소개하며 논쟁을 하자고 학계에 부추겨도 이런 수준의 반응으로 논쟁을 회피한다.

20) 하문식, 〈고인돌왕국 고조선과 아시아의 고인돌문화〉, 《고대에도 한류가 있었다》, 민족문화의 원형과 정체성 정립을 위한 학술대회 1, 프레스센터, 2006년 12월 8일.

의 아류라고 할 만하다.

금관 종주국 신라의 금관 해석만 시베리아학의 아류 노릇을 하고 식민
지학의 손바닥 안에서 노니는 것이 아니다. 민속 문화의 기원조차 모두
외래문화에서 찾는 까닭에, 상층의 고급문화는 물론 민중의 문화까지
우리 민족 스스로 창조한 것은 없는 것처럼 다루어진다. 우리 굿 문화는
시베리아 샤머니즘 기원설에서 헤어나지 못하며, 탈춤은 동몽골 영향설,
꼭두각시놀음은 중국 전래설, 황금 문화는 알타이 기원설, 솟대는 북아
시아 기원설, 석장승은 남방 전래설, 고인돌은 남북방의 혼재설, 그리고
건국 시조 신화들은 대부분 북방 기원설로 해석된다.

자연히 우리 신화도 자체 생산된 것이 아니라 북방의 유이민이 가지고
온 것으로 해석하기 일쑤이다. 고대 사서를 보면, 도래인으로 밝혀놓은
신화적 영웅은 으레 도래인이지만, 그렇지 않은 신화적 영웅도 도래인으
로 해석하고 있다. 가령, 신라 신화에는 석탈해와 호공(弧公)이 도래인으
로 기록되어 있는데, 이 사람들은 물론 그렇게 기록되지 않은 6촌 촌장들
과 박혁거세·김알지도 모두 북방에서 도래한 인물로 해석한다. 그러므
로 도래인 여부를 밝혀 기록한 사서의 내용은 아예 무시되기 마련이다.

신라의 6촌 촌장들도 하늘에서 하강했다는 이유로 북방 민족 유이민
으로 규정된다. 신라에는 촌장감도 살지 않았다는 말이다. 자연히 6촌
촌장 신화도 신라의 것이 아니라 북방 민족의 것으로 해석된다. 이처럼
고대 사서의 기록을 무색하게 만들어버리는 것은 물론, 우리 민족은
신화적 창조력조차 없는 민족으로 부정되기 일쑤이다. 세계 어디에도
자기 신화를 가지지 않은 민족이 없다는 점을 고려하면, 우리 학자들은
자기 신화를 읽으면서도 자기 신화라는 사실을 부정하는 자가당착에
빠져 있다. 만일 6촌 촌장과 박혁거세 그리고 김알지도 기록과 달리
도래인으로 규정하려면, 다음 세 가지 사실을 입증해야 한다.

첫째, 신라 사람들이 다른 나라 사람들과 달리 정치적 지도자를 한

사람도 배출할 수 없었던 개연성을 입증해야 하고, 둘째, 신라 사람들이
신화시대에도 자기 고유의 신화를 창출하고 향유할 수 없었던 특수한
필연성을 설득할 수 있어야 하며, 셋째, 문헌에서는 도래인에 대해 분명
하게 도래 사실을 밝히고 있는데, 나머지 다수의 영웅들은 도래인인데도
왜 토착민처럼 기록해두었는가 하는 이유를 밝혀야 한다. 왜 탈해는
용성국(龍城國)에서 온 사람으로 서술하고, 혁거세와 알지는 그렇게 기
록하지 않았는지 그 근거를 밝혀야 설득력이 있을 것이다.

그런데 대부분의 신화 연구자들은 이러한 입증도 하지 않은 채, 사료
의 기록과 달리 6촌 신화를 비롯한 신라 시조 신화들을 북방 유이민의
신화로 해석한다. 이러한 견해의 직접적 근거는 유민의 해석에 있으며,
잠재적 근거는 식민사관의 타율성론에 있다. 고조선 유민의 '유(遺)'는
역사적 지속 개념인데, 이를 마치 지리적 이동 개념인 '유(流)'와 같은
개념으로 받아들여 유민(遺民)을 곧 유이민(流移民)으로 간주함으로써
이주민이거나 도래인인 것처럼 해석한 것이다. 이러한 해석은 이병도가
주장한 '북방의 평양 부근에 중심을 두었던 고조선 유민의 내거설(來去
說)'[21] 이래 최근까지 지속되고 있다.

실제로 역사 기록에 따르면, 이미 고조선시대부터 경주 지역에서 살던
토착 세력들이 있었다. 그들은 고조선의 유민(流民)이 아니라 유민(遺民)
이었다.[22] "신라 지역 원주민들은 고조선이 붕괴된 뒤에 진한의 여섯
부를 형성하고 있었으며, 그 여섯 부의 중심 세력이었던 육부촌장은
고조선 이래 그 지역의 명문 거족이었다."[23] 이들이 바로 신라 건국의
주체였던 것이며, 천손강림 신화에 해당하는 육부촌장 신화를 형성해

---

21) 金富軾, 李丙燾 譯, 《三國史記》, 乙酉文化社, 1983. 新羅本紀 第1, 譯者 註4.
22) 《三國史記》卷1, 新羅本紀 第1. "先是 朝鮮遺民 分居山谷之間 爲六村".
23) 윤내현, 《한국열국사연구》, 지식산업사, 1998, 230쪽.

전승하고 나아가 신라 건국 신화인 혁거세 신화를 통해 천손강림 요소에 난생 요소까지 곁들인 독창적인 신화를 전승했던 것이다.

그런데도 화소(motif)를 중심으로 이들 신화를 북방 신화나 남방 신화로 해체해 자생적인 신화로 인정하지 않고 전파론적으로 해석하는 것은 방법론적 한계까지 지닌다. 왜냐하면 전파의 근거로 삼는 화소는 겉으로 드러난 하나의 자연스러운 요소일 따름이기 때문이다. 따라서 앨런 던데스(Alan Dundes)는, 유사 화소들은 어디서나 나타날 수 있는 것이므로 화소의 동질성을 근거로 전파론을 펴는 것은 과학적 합리성을 인정받기 어렵다고 비판한다. 이야기의 화소는 역사지리학적 전파 경로를 추적하는 긴요한 단서가 아니라 하나의 에틱(etic)으로서 관찰 가능한 물리적·자연적인 요소일 뿐이고, 이러한 화소는 어디서나 흔히 볼 수 있는 것이라며 전파론을 비판했다.[24]

실제로 《후한서(後漢書)》〈동이열전〉과 《삼국지(三國志)》〈오환선비동이전〉의 기록에 따르면, 한반도와 만주 지역에 있었던 부여·고구려·읍루·동옥저·동예·한 등 여러 나라의 사람들을 한결같이 토착민이라고 했다. 이 기록에 따르면, 우리 민족은 북방계나 남방계의 이주민으로 구성된 것이 아니라, 애당초 한반도와 만주 지역에 거주하던 토착민이라는 사실을 알 수 있다.[25] 경주 지역 토착민으로 구성된 6촌의 소국들이 모여 사로국을 형성하면서 6촌 촌장의 시조 신화가 혁거세 신화 속에 흡수되어 함께 전승되었다고[26] 할 수 있다. 그런데도 도래인으로 기록되

---

24) Alan Dundes, "From Etic to Emic Units in the Structural Study of Folktales", *Journal of American Folklore*, Vol. 75, No. 296, 1962, 95~105쪽.

25) 윤내현, 《한국열국사연구》 및 《우리 고대사 상상에서 현실로》, 지식산업사, 2003, 77쪽 참조.

26) 金杜珍, 〈新羅 建國神話의 神聖族觀念〉, 《韓國學論叢》 11, 國民大學校 韓國學研究所, 1988, 17쪽.

지 않은 시조 신화를 모두 유이민의 신화로 해석하는 것이다.

이와 달리 북방 문화로 그 기원을 설명할 수 없는 경우에는 으레 남방 문화 전래설을 들어 문제를 해결하려고 한다. 남방 전래설로도 부족하면 이웃나라는 물론 대양이나 대륙 저편 나라들의 문화까지 계속해서 끌어 들인다. 그 결과 우리 고대 문화는 북방 문화 전래설에서 북방과 남방의 두 문화 전래설, 여기에다 서해를 건너온 중국 대륙 문화를 보탠 세 문화 전래설,[27] 다시 동해안으로 들어온 인도[28] 및 아랍계[29] 문화 전래설 을 보탠 네 문화 전래설, 그리고 초원의 길을 통해 들어온 중앙아시아 문화 전래설을[30] 보탠 다섯 문화 전래설 등으로 끊임없이 확산되고 있다.

우리 고대 문화가 외래문화의 전래에 따라 형성되었다고 해석하는 전파주의적 이해는 우리 고대사의 문화적 정체성을 인정하지 않을 뿐만 아니라 민족 문화의 창조력마저 부정하는 셈이다. 다시 말해서, 우리 고대사 연구는 우리 민족이 역사적 주체 구실을 하지 못하고 이웃나라 문화 속에 귀속되어 있다며 으레 문화적 식민지임을 내세우고 있는 것이 다. 우리 스스로 주변부라고 자처하며 종속적 문화사를 구성하는 데 봉사하는 셈이다. 따라서 이들 전파론적 주장에 따르면 아예 민족 문화 의 원형은 물론 문화적 정체성이라고 할 것이 없다. 그 원형은 모두

---

27) 金宅圭, 《韓國農耕歲時의 研究》, 嶺南大學校出版部, 1978, 451~452쪽.
28) 김병모, 《김수로왕비의 혼인길》, 푸른숲, 1999 ; 정수일, 〈한국 불교 남래설 시고〉, 《문명 교류사 연구》, 사계절, 2002.
29) 이용범, 〈처용설화의 일고찰─당대(唐代) 이슬람상인과 신라〉, 《한만(韓滿)교류사 연 구》, 동화출판사, 1989 ; 무함마드 깐수, 《신라·서역교류사》, 단국대학교출판부, 1992.
30) 李殷昌, 〈新羅金屬工藝의 源流의인 中央亞細亞 古代文化─아프가니스탄의 시바르간 出土遺物을 中心으로〉, 《韓國學報》 26, 一志社, 1982, 163~165쪽. 여기서 말하는 다섯 갈래의 전래설을 보면, 하나는 삼국 초기에 한대 문화가 서해를 건너 낙랑 지역을 거쳐 경주 지역으로 들어오고, 둘은 고구려를 통해 스키타이 문화가 신라로 들어왔으며, 셋은 백제를 통해 중국 남조 문화가 신라로 유입되고, 넷은 남방 해로를 따라 인도계 문화가 동해안으로 들어왔다고 한다. 그리고 마지막으로 신라에도 백제에도 없는 신라 특유의 금관 문화 등은 초원길을 통해 동해안으로 들어왔다고 한다.

외부에 있으며, 그 정체성 또한 다른 문화에서 주어진 것으로 해석하는 까닭이다.

"자신의 사회를 보는 이론을 자생적으로 만들어가지 못하는 사회를 식민지적"이라고 규정한다면, 우리 지식사회는 여전히 식민지적이다. "외국 이론에 치우치면서 그 속에 담긴 자신의 삶에 대한 암시를 애써 외면하는 것, 자신의 삶이 전혀 담겨 있지 않은 글읽기와 글쓰기에 일생을 바칠 수 있는 것이 바로 제3세계 지식인의 식민지적 징후"인 것이다.[31] 그러므로 지금 여기 우리의 눈으로 우리 문화를 다시 읽지 않을 수 없다. 문화는 우리가 가꾸어온 것인데, 그 창조는 다른 민족이 했다는 외래 기원설이 식민지학으로서 문제인 것처럼, 우리 민족 문화의 뿌리를 외국 학자들의 규정에 따라 해석하려고 하는 것은 우리 학문을 기껏 '신탁통치 학문'으로 제국주의 학문체제에 종속시키는 것일 수밖에 없다.

자생적 이론의 빈곤이나 외국 이론의 일방적 수용이 우리 학문의 발전을 방해하는 것 이상으로, 종속적 문화사관을 조장하는 연구 활동이 극복되지 않은 채 오히려 더욱 강고하게 이어지는 것은 심각한 문제가 아닐 수 없다. 자기 이론과 방법을 갖추지 못한 것도 문제이지만, 자기 문화를 자기 것이 아니라고 우기는 것은 더욱 큰 문제가 아닐 수 없다. 이를테면, 민족 문화유산마저 우리 민족 스스로 창조한 것이 아니라 중국이나 북방으로부터 전래된 것이라고 주장하는 학계의 연구 활동이 그렇다.

이런 상황에 이르면 중국이 '동북공정'으로 고구려사를 중국사에 편입시키려는 노력은 사실상 우리 국학자들의 방조에 따른 것이나 다름없다. 이론도 외국의 것을 빌린데다 자국의 문화유산이나 전통까지 외국에서 온 것이라고 주장하는 상황이니, 학문의 이론적 주체성은 물론 문화적

---

31) 조혜정, 《글읽기와 삶읽기》 1, 또하나의 문화, 1992, 22~23쪽.

독창성까지 스스로 부인하며 우리 민족의 문화 창조력 자체를 부정하는 꼴이다. 더 나아가 아예 민족의 혈연적 뿌리까지 몽골이나 알타이 등 시베리아 지역에서 찾기도 한다.

그러므로 중국이나 주변국의 역사 편입 시도보다 더 큰 문제가 우리 학계 내부에 있다고 하지 않을 수 없다. 한국 학계의 연구 작업이 그들의 역사 왜곡을 뒷받침하거나 그러한 왜곡을 부추기고 있다는 것이다. 왜냐하면 우리 학자들 스스로 우리 고대사와 문화사의 뿌리를 중국과 북방 민족에 귀속시키는 일을 끊임없이 해오고 있기 때문이다. 다시 말해서, 한국 학계의 고대사와 문화사 연구는 우리 역사와 문화를 사실상 중국·시베리아·몽골 등 북방 여러 나라의 변방사나 변방 문화처럼 해석하고 있다는 것이다. 이들은 으레 우리 문화가 북방 민족에서 비롯되었거나 중국에서 건너온 것이라고 하는 천편일률적인 결론을 내리고 있는 까닭이다.

사실상 시베리아·몽골·중국 등의 학자들은 한국 고대사나 전통문화를 자기의 것이라고 애써 연구하지 않아도 좋다. 그들이 가만히 있어도 한국의 고대사나 전통문화는 본디 그들의 것이라고 한국 학자들 스스로 연구해서 진상하고 있기 때문이다. 따라서 우리 학자들이 민족 문화의 뿌리를 찾는 연구를 하면 할수록 중국·몽골·시베리아 문화권에서 벗어날 수가 없다. 우리 스스로 그들 문화권의 굴레 속에 끼어들고자 온갖 자료와 논리를 동원해 애를 쓰고 있으니 말이다. 그러므로 사대주의사관에 따라 우리 역사와 문화를 연구하는 한국 학계의 고정관념을 극복하지 않는 한, 중국의 동북공정 극복은커녕 시베리아와 알타이의 동남공정까지 자초하고 말 것이다.

지금 우리는 중국의 '동북공정'에 맞서 삿대질을 할 것이 아니라, 중국이 동북공정을 시작하기 이전부터 사실상 그와 같은 주장에 진작부터 맞장구치는 연구를 줄곧 해온 한국 학자 자신들의 '서북공정'에[32] 대해

성찰하고 비판하는 작업을 먼저 해야 한다. 우리 한민족의 핏줄과 문화사의 뿌리를 한반도 서방인 서역·중국·몽골·시베리아 등의 문화에서 찾는 연구 활동은 사실상 중국의 동북공정에 맞물리는 한국 학계의 서북공정에 해당하는 까닭이다.

우리 학계는 중국이 동북공정을 통해 한반도 역사를 침탈하기 훨씬 이전부터 스스로 서북공정 작업으로 내응(內應)하고 그들의 동북공정을 언제든지 환영하며 합리화할 준비를 오랫동안 해온 셈이다. 실제로 우리 사학계는 고구려사 연구는 물론 고구려사 이전의 고대사 연구에 소홀했던 것이 사실이다. 고구려사가 중국에 귀속되면 고조선과 발해의 역사도 중국에 귀속된다. 그런데도 우리는 고대사 연구에 상대적으로 무관심했다. 어떤 물건이든 주인이 없는 것처럼 버려져 있으면 당연하게도 가까이 있는 사람이 슬그머니 자기 것인 양 줍게 마련이다. 중국의 동북공정을 나무라기 전에 고구려사와 고대사를 내버려둔 우리 학계의 잘못을 먼저 반성해야 한다.

그런데 고대 문화의 기원을 연구하는 학자들은 한술 더 뜬다. 마치 자기 호주머니에 든 물건을 꺼내들고는 이웃집을 찾아다니면서 "혹시 내 주머니에 있는 이 물건이 본래 당신 것 아니오? 내 생각에는 당신 것이 분명한데, 내 주장이 맞지요?" 하며 떠들어대는 격이다. 그럴 지경이면 아예 고구려사처럼 연구를 하지 않은 채 그냥 내버려두는 편이 더 낫다. 우리 역사와 문화의 뿌리를 북방 민족들에게 끌어다 붙이는 연구를 하기 때문이다. 따라서 만일 시베리아나 중앙아시아 또는 몽골 등에서, 중국의 동북공정처럼 한반도는 그들이 개척한 땅이며 그들 조상들이 다스렸던 자국의 변방이었다는 주장을 해도 우리는 아무런 할 말이 없

---

32) 여기서 '서북공정'이란 한국 학자들이 '한반도의 서방과 북방에서 민족 문화의 기원을 찾는 연구 공정'으로, 중국의 '동북공정'에 빗대어 일컫는 말일 따름이다.

다. 우리 스스로 그와 같은 연구를 계속해왔기 때문이다.

고대 문화만 그런 것이 아니라 현대 문화도 마찬가지이다. 중국과 일본 등 아시아 여러 나라들이 두루 '한류'로 자리매김하는 우리 문화도 우리 스스로 부정한다. 서구 문화 따라하기 또는 선진 문화 흉내 내기의 식민지 근성으로 규정하는 것이다. 따라서 우리 학계의 연구 현실을 솔직하게 반성하고 냉정하게 비판하는 동시에 종속적 연구를 적극적으로 극복하지 않으면, 민족 문화의 정체성 확립이나 국학의 세계화는 고사하고 국학의 종속화와 변방화만 더욱 조장될 뿐이다. 게다가 국학의 북방학화 또는 시베리아학화가 될 가능성이 높다. 그러므로 이 문제를 비판적으로 성찰하고 극복하는 대안적 노력이 절실하다. 국학의 이론 개척과 민족 문화의 자산 확보를 위한 전통문화 조사 작업이 긴요한 까닭이 여기에 있다.

3. 고대 문화의 선진성과 문화적 정체성 포착

고대에도 현대처럼 이웃나라와 문화적 교류가 있었다는 사실을 부인할 수 없다. 오히려 국경 개념이 불확실했던 까닭에 더 활발한 교류가 있었을 것이다. 그러나 외래문화의 전래설이 문화 교류를 뜻하는 것은 아니다. 문화 수입을 문화 무역이라고 할 수 없는 것과 마찬가지이다. 지금의 한류처럼 이웃나라에 문화 수출은 물론 문물의 영향을 미친 사실도 적지 않았다. 우리 고대 국가의 문물을 북방 여러 나라와 중국에서 받아들인 사실이나, 당대의 우리 문화가 이웃 문화에 견주어 시대적으로 앞서고 양적으로 풍부하며 질적으로 우수했다는 사실이 그러한 사정을 잘 입증한다.

고조선은 청동기 문화와 더불어 시작되었는데, 이 시기에 고인돌 문화도 등장한다. 고조선 지역은 고인돌 왕국이라고 할 만큼 세계적으로 고인돌이 가장 풍부하고 다양하며 시대적으로도 앞선다. 고인돌 하나만으로도 고조선 문화의 질적 위상과 지리적 강역까지 획정할 수 있을 정도이다.[33]

우리나라에는 전세계 고인돌의 40퍼센트가 분포되어 있다. 더구나 고창·화순·강화 세 지역의 고인돌 유적이 한꺼번에 유네스코 세계문화유산으로 지정된 것은 세계적으로 유래가 없는 일이다. 고인돌은 청동기 시대의 무덤 양식으로, 우리나라 고인돌 유적은 세계 어느 나라와도 견줄 수 없는 분포의 집중성과 형식의 다양성을 자랑하고 있다.

청동기 문화도 고인돌 문화 못지않게 우뚝하다. 고조선의 청동기는 중국의 황하 유역보다 시대적으로 앞설[34] 뿐만 아니라, 아연을 이용한 청동기의 합금 기술이 빼어났다.[35] 이른바 비파형 동검이라고 일컫는 요령식 동검이 결정적인 자료이다. 동검의 곡선이 유연하고 아름다워 독창성을 드러낼 뿐만 아니라, 검의 몸체와 칼자루를 따로 만들어 조립한 양식에서 이웃나라 동검과 구별되는 독창성을 지니고 있다. 두 개의 방울이 달린 아령 모양의 청동방울과 여덟 개의 가지가 달린 불가사리 모양의 청동방울로 대표되는, 정교하고 세련된 청동기는 당대의 어느 나라 문화와 견주어도 손색이 없는 훌륭한 수준을 보여준다. 특히 청동거울 뒷면의 기하학적 빗금무늬는 현대적 기술로도 재현하기 어려울 만큼 섬세하다.

---

33) 하문식, 〈고인돌을 통해 본 고조선〉, 윤내현 외, 《고조선의 강역을 밝힌다》, 지식산업사, 2006, 199~261쪽 참조.

34) 윤내현, 《고조선 연구》, 일지사, 1994, 729쪽. "황하 유역에서 가장 이른 청동기 문화는 二里頭文化인데 그 개시 연대는 서기 전 2200년경이며, 고조선 지역에서 가장 이른 청동기 문화는 夏家店下層文化인데 그 개시 연대는 서기 전 2500년경이다."

35) 全相運, 〈韓國古代金屬技術의 科學史的 硏究〉, 《傳統科學》 1, 漢陽大學校 韓國傳統科學硏究所, 1980, 9~16쪽 ; 윤내현, 같은 책, 730~731쪽에서 재인용.

청동기가 앞섰으니 철기도 중국에 견주어 앞설 수밖에 없다. 중국의 철기 문화 시기는 기원전 8~6세기 경으로 추정되는데, 고조선의 철기 문화는 중국보다 4~6세기 앞선 기원전 12세기로 밝혀졌다.[36] 청동기와 철기가 앞섰다는 것은, 요즘으로 말하면 IT 산업이 앞섰다거나 또는 핵무기 개발이 앞섰다고 하는 것이나 다름없다. 고조선의 무기와 모직물 등이 중국으로 수출되고[37] 고조선 갑옷이 중국에 영향을 미친 사실도[38] 같은 맥락에서 재인식될 필요가 있다. 고조선의 무기와 갑옷이 동북아시아 지역에서 가장 앞섰다는 사실은 문화적 수준과 발달한 합금 기술은 물론 국력의 상대적 우위를 말해주는 것이다.

구석기시대로 거슬러 올라가면 문화적 우위가 더욱 잘 드러난다. 전곡리에서 발견된 구석기 유적은 세계적으로 가장 주목받는 유적의 하나이다. 30만 년 전의 아슐리안형의 석기는 동아시아에서 처음으로 발견된 것으로, 세계 전기 구석기 문화가 유럽·아프리카의 아슐리안 문화 전통과 동아시아의 찍개 문화 전통으로 나뉜다는 기존 학설을 무너뜨리는[39]

---

36) 강승남, 〈고조선시기의 청동 및 철 가공기술〉, 《조선고고연구》, 사회과학원 고고학연구소, 1996, 24쪽. 이는 기원전 12세기의 무덤인 강동군 송석리 문선당 1호 돌판무덤에서 출토된 철기 유물로 입증된다.

37) 윤내현, 《고조선 연구》, 595쪽. "고조선은 일찍부터 활, 화살, 화살촉 등의 무기와 모피의류, 모직의류, 표범가죽, 말곰가죽 등의 생활사치품을 중국에 수출하였다."

38) 박선희, 《한국 고대 복식―그 원형과 정체》, 지식산업사, 2002, 547~612쪽. 저자는 제11장 〈고조선의 갑옷 종류와 특징〉에서 이 문제를 자세하게 밝혔다. 아울러 고조선의 갑옷이 중국과 북방 지역에 영향을 미쳤을 뿐만 아니라 이후 고구려·백제·신라·가야의 갑옷에 영향을 미치고 다시 일본과 중국에 영향을 미쳤다는 사실이 613~673쪽에 걸쳐 자세하게 다루어지고 있다.

39) 인터넷 국토포털(Kora Landportal) 사이트 '국토교양강좌'에 공개되어 있는 배기동의 〈구석기시대의 인류와 문화〉 참조(http://land.go.kr/landinfo/lecturelandinfo/landculturelec/6/landculture_list_10_text_6_10.jsp). "석기공작은 1970년대 말까지만 하더라도 유럽과 아프리카 지역에서만 발견된다고 하여 아슐리안 문화권과 동아시아 지역의 찍개 문화권으로 세계 전기구석기 문화를 양분했지만, 경기도 전곡리에서 1978년에 발견된 주먹도끼들 때문에 이 학설은 무너지고 말았다."

결정적 증거가 되었다. 왜냐하면 아슐리안형 석기는 150만 년 전 아프리카 직립원인이 처음 사용했던 구석기 유물로서 동아시아 구석기 문화에서는 이와 같은 주먹도끼 문화가 없다는 것이 세계 고고학계의 정설이었기 때문이다.[40] 그러므로 전곡리 구석기 유적으로 볼 때, 한반도의 선사시대 구석기 문화는 아시아 지역에서 우뚝했다고 할 수 있다.

벼농사의 전통도 마찬가지이다. 충북 청원군 소로리에서 발견된 볍씨는 약 1만 5,000년 전의 볍씨로, 그동안 국제적으로 가장 오래된 것으로 인정받아왔던 중국 호남성(湖南省) 출토 볍씨보다도 약 3,000년이나 앞선다. 이 연대는 이융조 교수 연구팀이 소로리에서 탄화볍씨 59톨을 발굴해 미국의 방사성 탄소 연대 측정 기관인 지오크론(Geochron)과 서울대학교의 AMS 연구팀으로부터 동일하게 얻은 것이어서, 국제적으로 공인받은 사실이다.[41] 따라서 "소로리 볍씨는 세계에서 가장 오래된 볍씨이며, [이곳이 가장 오래된] 출토지인 것이 고고학적·과학적으로 증명"되었기에 학계 차원에서 다각적인 대책이 촉구되었다.[42]

"지금까지 세계에서 가장 오래된 벼의 기원지를 갖고 있다고 자부하던 중국 학자들, 특히 호남성 문물고고연구소 원가영(袁家榮) 소장의 인정"은 더욱 주목할 만하다. 왜냐하면 "그는 소로리 볍씨가 발견되기 전까지 가장 오래된 볍씨가 출토된 옥섬암(玉蟾岩) 유적의 발굴 책임자"였기 때문이다.[43] 이 밖에도 '청원 두루봉 동굴' 유적 자료들은 구석기 사람들의 장례 문화, 동물 숭배의 토템의식, 일상생활에서 꽃의 사용

---

40) 조유전·이기환, 《고고학자 조유전의 한국사 미스터리》, 황금부엉이, 2004, 32~33쪽.

41) 이융조, 〈중원지역 구석기연구와 과제〉, 《한 그릇에 담은 나의 학문과 삶》, 학연문화사, 2006, 130쪽.

42) 안승모, 〈청원 소로리 토탄층 출토 볍씨〉, 한국신석기학회 홈페이지, 발굴소식 64 참조 (http://www.neolith.or.kr/02_exca/exca_list.aspx?page=8).

43) 이융조, 앞의 글, 같은 곳.

등 상당히 수준 높은 문화생활을 보여주고 있다. 따라서 종래의 구석기
문화 연구의 성과를 여러 모로 무색하게 만들었다. 이를테면, '꽃을 사랑
한 첫 사람들'로 해석되는가 하면, 장례의식을 행하고 일정한 신앙생활
도 누렸던 것이다.[44] 따라서 구석기인들도 상당히 인간다운 문화생활을
누렸다고 해석할 만한 자료들이 발굴된 셈이다. 이처럼 고고학의 성과가
축적될수록 한반도 구석기 문화의 역사적 선행성이 여러 모로 입증되고
있다.

한반도와 만주 지역에서 구석기 문화가 앞섰다는 것이 발굴 성과로
입증되었으며, 신석기나 청동기시대의 주민들도 다른 지역에서 이주해
온 것이 아니라 토착민이었다는 사실이 밝혀졌다.[45] 나아가 이 지역의
신석기시대가 중국 황하 유역과 비슷하거나 앞선 것으로[46] 드러났다.
황하 유역의 신석기 유적 가운데 가장 이른 것은 하남성의 배리강(裵李
崗) 문화 유적과[47] 하북성 경계 지역의 자산(磁山) 문화 유적으로,[48] 그
연대가 기원전 6000년경이다. 그런데 강원도 양양의 오산리 유적과[49]

---

44) 이융조, 〈아시아 구석기문화에서 청원 두루봉문화의 위상〉, 《고대에도 한류가 있었다》,
    민족문화의 원형과 정체성 정립을 위한 학술대회 1, 프레스센터, 2006년 12월 8일.
45) 李鮮馥, 〈신석기·청동기시대 주민교체설에 대한 비판적 검토〉, 《韓國古代史論叢》 1,
    駕洛國史蹟開發研究院, 1991, 41~66쪽.
46) 임효재, 〈한·일문화 교류사의 새로운 발굴자료〉, 《제주 신석기문화의 원류》, 한국신석기
    연구회, 1995 참조. 제주도 고산리 유적에서 화살촉 등과 함께 토기가 발견되었는데,
    그 연대가 기원전 8000년경으로 추정되고 있다.
47) 開封地區文管會·新鄭縣文管會, 〈河南新鄭裵李崗新石器時代遺址〉, 《考古》, 1978年
    第2期, 73~74쪽 ; 嚴文明, 〈黃河流域新石器時代早期文化的新發現〉, 《考古》, 1979年
    第1期, 45쪽 ; 中國社會科學院考古研究所實驗室, 〈放射性碳素測定年代報告(六)〉,
    《考古》, 1979年 第1期, 90쪽.
48) 邯鄲市文物保管所·邯鄲地區磁山考古隊短訓班, 〈河北磁山新石器時代遺址試掘〉,
    《考古》, 1977年 第6期, 361쪽 ; 安志敏, 〈裵李崗·磁山和仰韶〉, 《考古》, 1979年 第4期,
    340쪽.
49) 任孝宰·李俊貞, 《鰲山里遺蹟 III》, 서울大學校博物館, 1988.

함경북도 선봉군 굴포리 서포항 유적,[50] 남해안의 조도,[51] 만주 내몽고자 치구의 흥륭와 유적[52] 등의 연대가 기원전 6000년경으로 확인되었다. 특히 오산리 유적의 방사성 탄소 연대 측정 결과 기원전 1만 년의 연대 도[53] 나왔으므로, 기원전 6000년보다 올라갈 가능성이 있다. 그러므로 우리 신석기 문화는 황하 유역보다 2,000년 정도 앞서는 기원전 8000년 경으로 잡을 수 있다.[54]

고고학적 발굴 유물로 확인되는 것은 물론, 중국의 고대 사료에도 우리 고대 문화의 독자성이 곳곳에 기록되어 있다. 상고시대에 우리 민족은 중국으로부터 동이족으로 일컬어졌는데, 그들의 기록에 따르면 동이족은 여러 모로 문화가 앞선 것으로 나타나 있다. 《고사변(古史辯)》 에 따르면, 태호복희씨(太昊伏羲氏)와 여와씨(女蝸氏) 모두 동이족이었 다고 하며, 《황제내경(皇帝內經)》[55] 〈소문(素問)〉 편을 보면 침술 역시 동이족이 살고 있는 동방에서 전해진 것이라고 한다. 뿐만 아니라 "동방 은 지구가 형성될 때 최초로 문화가 발생한 곳"이라고 했다.[56] 고대에 동이족 문화가 가장 발전했음을 말해주는 내용들이다.

동이족이나 고조선 문화를 다룬 중국의 기본 사료로는 《후한서》 〈동 이열전〉과 《삼국지》 〈오환선비동이전(烏丸鮮卑東夷傳)〉을 꼽을 수 있

---

50) 조선유적유물도감편찬위원회, 《조선유적유물도감》 1 – 원시편, 조선유적유물도감편찬 위원회, 1988, 63쪽. 북한 학자들은 이 유적을 기원전 5000년기로 편년했으나, 任孝宰, 〈新石器時代 編年〉, 《韓國史論》 12, 國史編纂委員會, 1983, 707~736쪽에서는 기원전 6000년으로 보고 있다.

51) 任孝宰, 같은 글, 같은 곳.

52) 楊虎, 〈內蒙古敖漢旗興隆洼遺址發掘簡報〉, 《考古》, 1985年 10期, 865~874쪽.

53) 任孝宰·李俊貞, 앞의 책, 같은 곳.

54) 윤내현, 《고조선 연구》, 102쪽 참조.

55) 김지하, 《옛 가야에서 띄우는 겨울편지》, 두레, 2000. 《황제내경》의 강담자(講談者) 기백(岐伯)은 동이족의 대선사 자부선인(紫府仙人)의 제자라고 한다.

56) 《黃帝內經》, 素問篇, "東方之域天地之所始生也".

다.[57] 이들 기본 사료를 중심으로 동이족 문화를 좀더 자세하게 살펴보기로 하자. 《후한서》〈동이열전〉에서 동이 사람들은 "천성이 유순해 도리로서 다스리기 쉽기 때문에 군자국(君子國)과 불사국(不死國)이 있다"고[58] 했을 뿐만 아니라, "공자도 동이에서 살고 싶어했다"고 밝혔다.[59] 게다가 "동이는 모두 토착민으로, 술 마시고 노래하고 춤추기를 즐기며 머리에는 변(弁)이라는 모자를 쓰고 비단옷을 입었다"고 했으며, 중국이 "예(禮)를 잃으면 동이에서 구했다"는[60] 기록 역시 볼 수 있다.

이러한 내용은 〈동이열전〉의 가장 앞에 나오는 것이므로, 동이족에 관한 총론이자 일반적 경향성을 집약해 서술한 대목이라고 할 수 있다. 따라서 핵심 상황을 나타내는 열쇠말(keyword)이 뚜렷하게 드러난다. 동이족의 문화적 수준을 '천성유순(天性柔順)', '도리로 다스리기 쉬움[易以道御]', '군자국(君子國)'의 세 가지 열쇠말로 표현한 셈이다. 첫째 열쇠말인 '천성유순'이 민족성을 나타내는 말이라면, 둘째 열쇠말인 '도리로 다스림'은 도덕 정치의 실현을 나타내는 말이다. 그리고 셋째 열쇠말인 '군자국'은 두 열쇠말을 아울러 국가적 정체성을 드러내는 말이다.

천성이 유순하니 엄격한 법치보다 도리로 다스리기 쉽고, 백성을 도덕으로 다스려도 충분하니 군자국이라고 하는 것이다. 따라서 세 열쇠말은 서로 개연성을 지니고 있다. 나아가 세 열쇠말의 의미를 더 부각시키는

---

57) 윤내현, 《고조선연구》, 24~26쪽. 여기서 두 사서에 대한 사료적 가치와 문제를 자세하게 다루었다.

58) 《後漢書》 卷85, 〈東夷列傳〉 序. "故天性柔順 易以道御 至有君子不死之國焉". 《中國正史朝鮮傳》 譯註1, 國史編纂委員會, 1987, 97쪽에서 재인용. 이하 후한서 원문은 이 책에서 재인용하며, 번역도 참조한다.

59) 《後漢書》, 같은 곳. "故孔子欲居九夷也". 여기서 구이(九夷)는 곧 동이의 여러 세력을 포괄하는 말이다.

60) 《後漢書》, 같은 곳. "東夷率皆土着 憙飮酒歌舞 或冠弁衣錦…… 所謂中國失禮 求之四夷者也." 《中國正史朝鮮傳》, 99쪽에서 재인용.

결정적 열쇠말이 따로 있어서 설득력을 확보하고 있다. 그것은 바로 동이에 가서 살고 싶어하는 '공자의 동경[孔子欲居]'이다. 앞의 세 가지 열쇠말들은 이 열쇠말을 통해 그 의미가 한층 두드러진다. 공자는 도덕과 예의로 백성을 다스리는 덕치(德治)를 이상으로 여겼으며, 군자를 가장 바람직한 인간상으로 추구한 성현이다. 동이족 사회는 바로 공자가 이상으로 삼은 세계로, 덕치가 실현되는 수준 높은 문화를 누렸던 것이다. 그러므로 공자가 군자국 동이를 동경의 대상으로 삼은 것은 당연하다고 하겠다.

공자가 동이에 가서 살고자 했다는 사실은 여러 문헌에 두루 기록으로 남아 있어서 더욱 설득력을 주고 있다. 《후한서》〈한전(韓傳)〉에도 동이는 군자들이 살고 있는 곳이므로 공자가 그곳에 가서 살고 싶다고 했다는[61] 기록이 있다. 그리고 《논어(論語)》〈자한(子罕)〉 편과 《한서(漢書)》〈지리지〉에도 공자가 동이에 가서 살고 싶다고 했음이 더 구체적으로 드러나 있어, 객관적인 증거 구실을 하기에 충분하다. 예의로써 백성을 교화하고 양잠을 해 명주를 짜며 범죄를 금하는 8조의 법 외에 60여 조의 법이 마련되어 있을 뿐만 아니라, 조선에서는 "어질고 슬기로 교화를 해 동이족은 천성이 유순하며 이웃나라와 다른 까닭에, 공자는 도가 행해지지 않는 것을 서글프게 생각해 뗏목을 타고 바다를 건너 동이에 가서 살고 싶다"고[62] 했던 것이다. 오죽하면 뗏목을 타고 해외 이민까지 꿈꾸었을까.

공자만 한반도를 동경했던 것은 아니다. 공자가 이런 수준이니 다른 사람들은 더욱 절실했을 것이다. 따라서 실제로 중국에서 한반도로 이주

---

61) 《後漢書》, 같은 곳, 韓傳. "仲尼懷憤 以爲九夷可居 或疑其陋 子曰 '君子居之 何陋之有'".

62) 《論語》, 〈子罕〉. "仁賢之化 然東夷天性柔順 異於三方外 故孔子悼道不行 設浮於海 欲居九夷." 《中國正史朝鮮傳》 譯註1, 117쪽에서 재인용.

해 오는 사람들이 많았다. 기자(箕子) 일족의 조선 지역 이주는 기록에
나타난 그 첫번째 사실일 따름이다. 춘추전국시대부터 진·한(秦·漢)시대
에 이르기까지 고조선과 가까운 연(燕)·재(齋)·조(趙) 지역 중국인들이
계속해 고조선으로 이주해 왔다.[63] 그리고 "진한(辰韓)의 노인이 스스로
말하기를, 자신들은 진(秦)나라의 망명인으로 고역을 피해 한국으로 왔
다"고[64] 했다. 그러므로 요즘의 망명객들이 정치적 박해와 경제적 고난을
피해 선진국으로 망명하듯이, 당시 중국의 망명객들도 같은 심정으로
동이족의 선진 문화를 동경하며 한반도로 망명해 들어왔다는 사실을
알 수 있다.

《삼국사기(三國史記)》에도 같은 기록이 보인다. "진나라의 난리에 고
난을 겪다가 망명해 찾아오는 중국인들이 많았는데, 대부분 마한 동쪽에
거처하며 진한과 더불어 섞여 살았다"고[65] 한다. 중국 이주민들이 워낙
많이 몰려들어 번성하게 되자, 마한은 그들을 싫어해 질책할 정도였다.[66]
요즘 같으면 과도한 불법 이민을 경계하게 되었다는 말이다. 동이 지역
이 중국보다 살기 좋은 곳이었다는 사실을 보여주는 기록이다. 이처럼
중국인들은 공자를 비롯해 귀족과 일반 백성들까지 다투어 동이 지역에
와서 살기를 희망했다고 할 수 있다.

중국의 역사가가 이웃나라 동이에 관한 제일 첫 서술에서 '공자가
동경한 군자국'이라고 밝혀두었다면, 그 문화적 수준은 더 이상 이웃의
다른 문화와 자세히 견주어보지 않아도 좋을 만큼 당대 최고였다고 해도
지나치지 않다. 그리고 군자국에 이어 '불사국(不死國)'이라는 내용에

---

63) 윤내현, 《고조선 연구》, 795쪽.
64) 《後漢書》 卷85, 東夷列傳, 韓傳. "辰韓耆老自言 秦之亡人 避苦役 適韓國."
65) 《三國史記》 卷1, 〈新羅本紀〉, 始祖 赫居世居西干. "中國之人 苦秦亂 東來者衆 多處
馬韓東 與辰韓雜居."
66) 《三國史記》, 같은 곳. "至是 寢盛 故馬韓忌之 有責焉."

관해서는 연결되는 기록이 없지만, 《사기(史記)》에서 동이를 군자국 못
지않게 불사국이라고 일컬은 근거를 찾을 수 있다. 《사기》의 기록에
따르면, 기원전 4세기부터 한 무제 때까지 무려 300년 동안 불사(不死)의
꿈을 이루기 위해 삼신산(三神山)을 찾는 탐사대가 발해를 건너 한반도
를 향해 끊임없이 떠났다고 한다.[67] 진시왕대에 이르러 삼신산을 찾고
불사약을 구하기 위해 동남동녀(童男童女)를 보내는 일이 절정을 이루었
는데,[68] 발해 너머 동방에 그러한 유토피아가 있다고 생각한 까닭이다.
따라서 "고대 중국인들에게 '발해 동쪽의 바다'와 '조선'은 삼신산의 이
상향으로 통하는 관문"이었으며, "삼신산 탐사대의 주된 행선지가 조선
반도"였던 것이다.[69]

　중국인들이 희구하던 불사의 주술이자 신선술인 방선도(方僊道)는 고
대 동이의 문화인데, 동한의 허신(許愼)은 《설문해자(說文解字)》에서 동
이를 곧 불사국이라고 밝혔다. 그는 "동이(東夷)는 '대(大)자'를 따랐다.
동이는 곧 대인(大人)이다. 동이의 풍속은 어질고, 어진 자는 오래 살았
다. 따라서 동이에는 군자국과 불사국이 있다"고[70] 했다. 따라서 고대의
동이는 중국인들에게 도덕적으로 수준 높은 군자국이었을 뿐만 아니라,
영생의 꿈을 이룰 수 있는 이상향의 불사국으로 인식되었던 것이다.
그러므로 당대 최고의 성인인 공자도 군자국 동이를 동경했고, 최고의
권력자인 진시왕도 불사국 동이를 꿈꾸었던 것이다.

　그런데 더 흥미로운 것은 〈동이열전〉 말미의 서술 내용이다. 동이

---

67) 《史記》,〈封禪書〉.

68) 《史記》,〈秦始皇本紀〉28年.

69) 김성환,〈최초의 한류, 동아시아 삼신산 해상루트의 기억을 찾아서〉, 《동아시아 전통문화
　　와 한류》, 동양사회사상학회 국제학술대회, 전남대학교, 2007년 1월 8일, 83~86쪽에서
　　자세하게 다루었다.

70) 許愼, 《說文解字》. "東夷從大 大人也 夷俗仁 仁者壽 有君子不死之國."

사람들은 '토착민으로서 음주가무를 즐기며 의관을 갖추고 비단옷을 입었다'는 것이다. 서두의 기록과 짝을 이룰 만한 말미의 기록에는 동이족의 생활 세계를 한층 구체적으로 다룬 열쇠말들이 있다.

하나는 모두 '토착민[皆土着]'이라는 사실이며, 둘은 '음주가무를 즐겼다[憙飲酒歌舞]'는 사실이며, 셋은 '관모에 비단옷[冠弁衣錦]'을 입었다는 사실이다. 첫째 열쇠말은 동이족이 떠돌이 유목민이 아니라 붙박이 농경민이었다는 사실을 알려준다. 따라서 고대 동이족 문화를 시베리아나 몽골의 유목민 문화에서 비롯된 것으로 해석하는 것은 잘못이다. 다음의 열쇠말은 그러한 사실을 더 구체적으로 밝혀주고 있다.

둘째 열쇠말은 음주가무의 풍류를 즐기는 민족이었다는 것을 말한다. 이 열쇠말은 오늘날의 '한류'를 설명하는 데 우리 고유문화의 유전자로서 주목할 만하다. 문화의 유전자도 마치 생물학의 유전자나 세포의 DNA처럼 변함없이 지속되며, 상황에 따라 다양한 문화적 전통으로 재창조되어 나타난다. 따라서 겉으로 나타난 모습은 그때마다 달라도 그 고갱이는 변함이 없다. '음주가무'를 즐긴 민족 문화의 독창성은 이 시기부터 이민족들에게 포착될 정도로 두드러졌다는 사실을 알 수 있다. 이와 같은 문화의 독창성을 공시적 상대성으로 말하면 문화적 '정체성'이되, 통시적 기원으로 말하면 문화적 '원형'이며, 지속적 전통으로 말하면 문화적 유전자라고 할 수 있다.

지속적 전통으로 나타나는 문화적 유전자도 기능상 생물학적 유전자와 그다지 다르지 않다. 석유 자원이 된 고생대 생물의 유전자가 전혀 다른 형태의 환경호르몬으로 현대 생활 속에 나타나고 있는 것이 한 보기가 될 수 있다. 이를테면, 공룡의 유전자 가운데 하나인 호르몬이 석유 속에 지속되고, 석유가 다시 비닐이나 플라스틱 형태로 바뀌어도 끊임없이 지속되어 오늘날 환경호르몬으로 살아 있는 것이다. 공룡의 주검이 녹아 기름이 되고, 기름을 이용해 플라스틱을 만들어도 그 호르

몬은 유전자로 지속되고 있는 셈이다.

실제로 음주가무를 즐긴 동이족의 풍류 생활과 예술적 취향은 다른 기록에도 끊임없이 반복되면서 더욱 구체적으로 묘사되고 있다. '음주가무'라는 열쇠말로 표현된 문화적 정체성이 유전자가 되고 노래와 춤을 즐기는 문화가 한층 넓게 일반화해 동이족 문화의 보편성을 이루었으며, 이것들이 역사적으로 지속되어 시대에 따라 부침하다가 지금의 한류로 표출되고 있는 것이다. 따라서 이 기록은 동이족 문화의 역사적 출발점이자 문화적 유전자의 꼭짓점을 이루며 보편성과 지속성으로 살아서 민족 문화의 정체성을 형성하고 있는 셈이다. 그러므로 이 시기부터 우리 민족이 술을 즐겨 마시고 노래와 춤을 즐겼다는 사실을 민족 문화의 정체성으로 받아들이면서 지금의 한류 이해의 역사적 근거로 삼지 않을 수 없다.

셋째 열쇠말은 상투를 가리는 고깔 모양의 모자 '변(弁)'을 쓰고 비단옷을 입었다는 것이다. 누에고치에서 뽑은 실로 비단을 짜서 옷을 지어 입었다는 말이다. 이 시기에 이미 실크가 일반화할 정도로 양잠이 발달했다고 하겠다. 양잠으로 비단옷을 곱게 지어 입고 '변'이라고 하는 특이한 양식의 모자를 갖추어 썼다고 하는 사실은 곧 '토착민'이라는 첫째 열쇠말과 연관되어 있다.

왜냐하면 떠돌이 생활을 하는 유목민들에게는 기대하기 어려운 옷차림이자 관모이기 때문이다. 유목민들은 털가죽옷이나 털실옷을 주로 입는다. 명주실로 짠 비단옷은 농경 생활을 전제로 하는 복식이다. 따라서 지배층만 비단옷을 입은 중국인들에게 예사 사람들까지 비단옷을 두루 입은 동이족의 옷차림이 특히 눈길을 끌어 사서에 기록되었던 것이다. 《후한서》〈한전〉에도 "마한 사람들은 농사와 양잠을 할 줄 알며 길쌈해 비단옷을 짠다"고 했으며, 아울러 "땅을 파서 움집을 만들어 살았다"고[71] 했다. "베로 만든 도포를 입고 짚신을 신었다"고[72] 하는 옷차림에 대한 표현도 농경민의 전형적인 모습을 잘 보여준다.

부여의 경우에도 사람들은 "토착 생활을 하며 궁실·창고·감옥을 가지고 있었을 뿐만 아니라, 산릉과 넓은 들이 많으며" "토질은 오곡이 자라기에 적당하다"고[73] 해서 농경민의 정착 생활을 자세하게 밝혀두었다. 사람들이 "흰색을 숭상하고 흰 베로 만든 큰소매 달린 도포와 바지를 입었으며, 외국에 나갈 때는 수놓은 비단옷을 즐겨 입었다"고[74] 한다. 우리 전통 옷차림의 정체성이 이때부터 확립되었던 셈이다.

중국의 황실에서는 고급 옷감으로 비단 못지않게 우리나라에서 생산되는 고운 무명베를 특히 귀하게 여겼다. 우리의 전통 무명베를 백첩포(白氎布)라고 했는데, 대군(代郡)의 황포(黃布), 낙랑의 연(練), 강동(江東)의 태말포(太末布)가 희고 곱지만 백첩포의 깨끗함만 못하다고[75] 할 정도였다. 시인 두보(杜甫)조차 백첩의 밝게 빛나는 아름다움을 시로 노래하며 극찬했다.[76] 따라서 목화를 고려시대에 문익점이 원나라에서 처음 들여왔다고 하는 것은 잘못이다.

《동경통지(東京通志)》에 따르면, 신라 때도 "누에를 기르고 삼베를 짜며 더불어 목면을 생산하느라 부녀들이 밤잠을 설치며 사철 의복을 만들었다"고[77] 한다. 그리고 《삼국사기》에도 신라 경문왕대에 우리 토착

---

71) 《後漢書》, 같은 곳, 韓. "馬韓人知田蠶 作緜布…… 作土室." 여기서 면포(緜布)는 무명베가 아니라 누에고치 실로 짠 비단이다.

72) 《後漢書》, 같은 곳. "布袍草履".

73) 《三國志》, 夫餘傳. "其民土著 有宮室倉庫牢獄 多山陵 廣澤…… 土地宜五穀."《三國志》의 원문과 번역도 《中國正史朝鮮傳》 譯註1, 國史編纂委員會, 1987을 참조했다.

74) 《三國志》, 같은 곳. "在國衣尙白 白布大袂袍袴…… 出國則尙繪繡錦."

75) 《太平御覽》 卷820, "魏文帝詔曰…… 代郡黃布爲細 樂浪練爲精 江東太末布爲白 皆不如白疊鮮潔也." 박선희, 《한국고대복식-그 원형과 정체》, 지식산업사, 2002, 206쪽에서 재인용.

76) 박선희, 같은 책, 207쪽.

77) 《東京通志》 卷5, 〈風俗〉. "養蠶積麻兼治木棉 婦女夜少睡爲四時衣服."

품종 무명베인 백첩포를 40필이나 당나라에 보냈다고 한다.[78] 그러므로 무명베의 기원을 문익점의 목화 전래 이후로 잡는 것은 잘못이다.[79] 삼한 시기부터 무명베를 생산했던 것이다.

이 시기 사람들은 조두(俎豆)라고 하는 굽이 있는 제의용 나무그릇을 사용해 중국 사람들의 눈길을 끌었다. 따라서 여러 곳에 이 그릇에 관한 기록이 보인다. 일찍부터 그릇을 사용한 사실이 주목할 만하다. 조두는 토기가 아니라 나무를 이용한 그릇이다. 육류와 달리 곡류를 주식으로 하는 문화에서는 그릇이 상당히 긴요하다. 상대적으로 육식을 주로 하는 유목 생활에서는 그릇이 발달하지 않는다. 초원 생활에서는 '조두'와 같은 나무그릇을 기대하기 어렵다. 이러한 까닭에 《삼국지》의 《위서》 〈동이전〉에서는 '조두'를 사용해 예를 지켰으므로 중국에서 예(禮)를 잃으면 동이에서 구한다고 한 것이다.[80] 그릇 사용이 예절의 보기가 될 정도였다.

앞의 세 가지 열쇠말을 마무리하는 가장 결정적인 열쇠말이 '예'이다. 중국이 '예를 잃으면 동이에서 구했다[中國失禮求之四夷]'는 것은 곧 동이가 예의의 모범이 되는 나라라는 말이다. 후대의 '동방예의지국'이라는 민족 문화의 규정이 여기서부터 뿌리를 이룬다. 유순한 천성을 타고난 사람들에 도리를 존중하는 군자국임을 앞에서 이미 다루었을 뿐만 아니라, 예의지국으로서 구체적인 생활 세계의 모습을 말미에서 다시 자세하게 서술해둔 것이다.

정착 생활을 하고 음주가무를 즐기며 의관정재를 잘 갖추었다는 사실, 이 세 가지는 예의지국에 가장 긴요한 요소들이다. 거꾸로 떠돌이 생활

---

78) 《三國史記》卷11, 〈新羅本紀〉, 景文王 9年. "秋七月 遣王子蘇判金胤等入唐謝恩 兼 進奉馬2匹…… 白氎布 40匹……."

79) 박선희, 앞의 책, 189~217쪽에서 우리 면직물의 기원을 자세히 다루었다.

80) 《三國志》, 〈魏書〉, 東夷傳. "俎豆之象尙 中國失禮 救之四夷."

을 하거나 가무를 즐기는 예술 생활을 하지 못하거나 의관을 제대로
갖추지 못하면 예의지국이라고 하기 어렵다. '예악(禮樂)'이 이때부터
짝을 이루며 존중되었던 것이다. 공자가 살고 싶어한 군자국이자 예의지
국으로서, 가무를 즐길 만큼 상당히 역동적인 문화생활과 수준 높은
의(衣)생활을 누렸던 셈이다. 공자는 '인의예지'를 추구한 까닭에 군자국
이자 예의지국인 동이를 동경하지 않을 수 없었다. 자연히 공자 개인뿐
만 아니라 중국의 백성들이 두루 '예'를 동이에서 구했던 것이다. 그러므
로 〈동이열전〉의 서두와 결말은 아귀가 딱 맞을 정도로 수미일관된다.

중국 사람들이 동이족의 문화적 정체성으로 기록해둔 '예악'의 전통은
시대에 따라 다르게 전승되었다. 고려조까지는 예악 가운데 '악'이 '예'보
다 성했다면, 조선조에는 '예'가 '악'보다 성했다. 고려조의 '악'은 고려가
요에서 잘 드러난다. 조선조 선비들은 '악'을 누르고 '예'를 떠받들었다.
이들은 고려가요를 '남녀상열지사'로 규정해 걸러냈다. 자연히 조선조
이후에 '악'은 광대가 하는 천박한 짓으로 취급되었다. 조선조의 규범에
따라 최근 한 세대 전까지 가무악(歌舞樂)을 즐기는 사람은 광대나 딴따
라로 폄하되었다. 그러나 고대는 달랐다. 동이족 풍속을 다룬 모든 기록
에는 가무를 즐겼다고 거듭 밝히고 있다. 마치 오늘날의 한류를 묘사한
기록과 다르지 않다.

4. '군취가무'의 문화적 유전자와 '한류'의 재인식

대중가요를 선두로 한 우리 시대의 한류는 가무악을 즐긴 고대 풍류
문화의 유전자로부터 나타난 표현형의 결과라고 할 수 있다. 그러한
문화적 유전자들은[81] 고대의 기록에서 매우 잘 드러날 뿐만 아니라, 아주
풍부하게 기록되어 있다. 《후한서》와 《삼국지》의 기록을 나라별로 모

아 정리하면 다음과 같다. 후대에 기록된 다른 사료들의 내용도 거의
같으므로 일일이 인용하지 않는다.

부여 : "납월(臘月)에 지내는 제천행사에는 연일 크게 모여 마시고 먹으며
노래하고 춤추었으니, 그 이름을 '영고(迎鼓)'라고 한다.…… 밤낮없이 길에
사람이 다니며, 노래하기를 좋아해 노랫소리가 끊이지 않았다."[82]

"길에 다닐 때는 낮이나 밤이나, 늙은이 젊은이 할 것 없이 모두 노래를
부르기 때문에 하루 종일 노랫소리가 그치지 않는다."[83]

고구려 : "그 풍속은 음(淫)하고 모두 깨끗한 것을 좋아하며 밤에는 남녀가
곧잘 떼지어 노래부른다. 귀신·사직·영성(零星)에 제사지내기를 좋아하며,
10월에 하늘에 제사지내는 큰 모임, 곧 '제천대회'가 있으니 그 이름을 '동맹
(東盟)'이라고 한다."[84]

"그 백성들은 노래와 춤을 좋아하며, 나라 안의 촌락마다 밤이 되면 남녀가
떼지어 모여 서로 노래하며 놀이를 즐긴다."[85]

예(濊) : "해마다 10월이면 하늘에 제사를 지내는데, 낮밤으로 술을 마시고
노래를 부르며 춤을 추니, 이를 '무천(舞天)'이라고 한다."[86]

---

81) 이문웅, 〈민속의 '인자형'과 '표현형'〉, 《한국 민속문화의 탐구》, 국립민속박물관, 1996,
　　459～469쪽 참조. 여기서 문화적 유전자는 곧 문화적 인자를 말한다.

82) 《後漢書》 卷85, 〈東夷列傳〉 75, 夫餘國. "以臘月祭天大會 連日飮食歌舞 名曰 迎
　　鼓…… 行人無晝夜 好歌吟 音聲不絶."

83) 《三國志》 卷30, 〈魏書〉 30, '烏丸鮮卑東夷傳' 第30, 夫餘傳. "行道晝夜無 老幼皆歌
　　通日聲不絶."

84) 《後漢書》, 같은 곳, 高句麗. "其俗淫 皆契(潔)淨 自憙 晝夜 男女輒羣聚爲倡樂. 好祠鬼
　　神·社稷·零星 以十月祭天大會 名曰東盟."

85) 《三國志》, 같은 곳, 高句麗傳. "其民喜歌舞 國中邑落 暮夜男女群聚 相就歌戲."

86) 《後漢書》, 같은 곳, 濊. "常用十月祭天 晝夜飮酒歌舞 名之爲 舞天";《三國志》, 같은
　　곳, 濊傳. "常用十月祭天 晝夜飮酒歌舞 名之爲 舞天."

한(韓) : "해마다 5월에는 농사일을 마치고 귀신에게 제사를 지내는데, 낮이나 밤이나 술자리를 베풀고 떼지어 노래 부르며 춤춘다. 춤출 때는 수십 명이 서로 줄을 서서 땅을 밟으며 장단을 맞춘다. 10월에 농사의 추수를 끝내고는 다시 이와 같이 한다.…… 그들의 풍속은 노래하고 춤추며 술 마시고 비파 뜯기를 좋아한다."[87]

"해마다 5월이면 씨 뿌리기를 마치고 귀신에게 제사를 지낸다. 떼지어 노래 부르며 춤추고 밤낮을 쉬지 않고 술을 마셨다. 그 춤을 보면 수십 명이 모두 일어나 뒤를 따르는데, 땅을 밟고 허리를 굽혔다 치켜들면서 손과 발이 서로 상응하며, 가락과 율동은 탁무(鐸舞)와 흡사하다. 10월에 추수를 끝내고는 다시 이와 같이 한다."[88]

변진(弁辰) : "풍속을 보면, 노래하고 춤추며 술 마시기를 좋아한다. 비파가 있는데, 그 모양은 축(筑)과 같고 연주하는 음곡(音曲)도 있다."[89]

마한 : "풍속에는 귀신을 믿으므로 해마다 5월에 씨 뿌리는 작업을 마친 뒤, 떼지어 노래하고 춤추면서 신에게 제사지낸다. 10월에 이르러 농사를 마친 뒤에도 역시 그렇게 한다."[90]

이들 기록에서 고대 문화의 몇 가지 유형을 발견할 수 있다. 첫째, 5월 또는 10월에 하늘에 제사를 지내는 제천행사를 크게 했다는 것이다. 이 시기는 농공시필기(農功始畢期)이다. 당시의 중요한 제천행사와 국중대회가 농경세시에 맞추어 이루어졌다는 것을 뜻한다. 농경 문화의 전형

---

87) 《後漢書》, 같은 곳, 韓. "常以五月田竟祭鬼神, 晝夜酒會, 羣聚歌舞, 舞輒數十人 相隨 踏地爲節. 十月農功畢, 亦復如之…… 俗戲歌舞飮酒鼓瑟."
88) 《三國志》, 같은 곳, 韓傳. "常以五月下種訖 祭鬼神 羣聚歌舞 飮酒晝夜無休 其舞數十人 俱起相隨 踏地低昂 手足相應 節奏有似鐸舞 十月農功畢, 亦復如之."
89) 《三國志》, 같은 곳, 弁辰傳. "俗喜歌舞飮酒 有瑟 其形似筑, 彈之亦有音曲."
90) 《晋書》卷97, 〈列傳〉, 馬韓傳. "俗信鬼神 常以五月耕種畢 羣聚歌舞以祭神 至十月農事畢 亦如之."

을 잘 드러내는 대목이다. 부여의 토질이 오곡이 자라기에 알맞았고 또 창고가 있다고 했듯이, 고대의 여러 나라에서는 모두 농사를 지었다. 따라서 〈동이열전〉 서문에서도, '동이는 어질어서 생명을 좋아하고 만물이 땅에 근본해 산출하는 것과 같다'고[91] 했다. 살생을 금하고 농사를 지었으므로 천성이 유순하다고 한 것이다. 이처럼 동이족은 유목민족이 아니라 농경 민족으로서 문화적 정체성을 고대부터 확보하고 있었던 것이다.

둘째, 남녀노소가 모두 가무를 즐겼는데, 남녀가 밤늦도록 무리를 지어 가무를 즐겼을 뿐만 아니라 행인들도 아이 어른 구분 없이 밤낮으로 노래를 불러 그 소리가 끊이지 않았다는 것이다. 남녀가 더불어 밤낮으로 음악을 연주하고 놀이를 했는데, 특히 제천행사와 같은 축제 때는 '군취가무'나 '가무음주'를 밤낮 쉬지 않고 며칠씩 계속했다는 것이다. 가장 중요하게 되풀이되는 열쇠말을 유형별로 묶어보면 다음과 같다.

- 飮酒歌舞, 歌舞飮酒
- 晝夜飮酒歌舞, 飮酒晝夜無休, 晝夜酒會, 連日飮酒歌舞
- 群聚歌舞, 歌舞數十人
- 晝夜男女輒羣聚, 暮夜男女群聚

동이족 사람들은 이렇듯 음주가무나 가무음주를 즐겼다. 특히 '음주'보다 '가무'라는 말이 집중적으로 거듭된다. 그것도 한둘이서 즐긴 것이 아니라 무리를 지어 즐겼다. 그래서 '음주가무' 못지않게 '군취가무'라고 한 것이다. 특히 남녀가 더불어 밤늦도록 가무를 즐겼다고 한다. 중국과 달리 가무를 즐기는 데 신분의 구별은 물론이고 남녀의 구별조차 없었던 셈이다.

---

91) 《後漢書》, 같은 곳, 東夷列傳 序. "言仁而好生 萬物柢地而出 故天性柔順."

축제 때는 여러 사람이 모여 노래를 부르며 함께 일정한 양식의 춤을 추었다. 이런 축제를 밤낮으로 쉬지 않고 계속했을 뿐만 아니라 며칠씩 이어서 했다. 최근에도 설이나 보름 명절에 닷새 정도 놀았던 것을 생각하면, 제천행사로 행하는 국중대회의 상황이 짐작된다. 중국 사람들의 눈에는 이와 같은 행사가 특이한 풍속으로 보인 까닭에 그 내용을 거듭 밝혀 기록한 것이다.

술을 잘 마시고 노래를 잘 부르며 춤을 잘 추는 지금 우리의 모습과 화려한 밤 문화 등은 이러한 문화적 유전자가 표현형으로 나타난 것이라고 짐작된다. 현재 우리의 술 소비량은 OECD 국가 가운데 거의 1위이다.[92] 이웃나라들과 견줄 수 없을 정도로 밤늦도록 흥청대며 술을 마실 뿐만 아니라, 일본에서 들어온 노래방은 우리나라에서 더 번성하고 있다. 그리고 우리의 노래방 기계는 해외로 수출까지 된다. 지금 우리의 노래방 문화와 음주 문화를 중심으로 한 밤 문화 양상을 보면 밤낮없이 음주가무를 즐겼다고 하는 고대의 기록과 고스란히 일치한다.

한류를 형성하고 있는 주류 문화로서 대중문화는 모두 가무와 연관되어 있다. '가무일체'라고 할 정도로 노래와 춤은 원래 함께 가는 것이다. 가무를 즐겼다는 것은 신명이 많은 민족이라는 뜻이다. 세간에는 흔히 신명이라는 말 못지않게 신기(神氣)를 들먹인다. 노래를 잘 부르고 춤을 잘 추는 사람을 신명이 많다고도 하지만 신기가 있다고도 한다. 안에 간직하고 있는 신기가 밖으로 뻗어 어떤 행위나 표현 형태로 나타나는 것을 '신명을 푼다'고 한다. 그래서 신명풀이란 바로 신기발현(神氣發現)

---

92) 신치영, 〈술 독에 빠진 한국－OECD 국가 중 술 소비량 최고〉, 《동아일보》, 2001년 12월 18일자. 이 기사에 따르면, "한국이 경제협력개발기구(OECD) 30개 회원국 가운데 술을 가장 많이 마시는 나라인 것으로 조사됐다. 특히 소주 위스키 등 20도 이상 고도주(高度酒)의 소비량은 한국을 제외한 나머지 29개 OECD 회원국 평균 소비량의 5.6배에 이른다"고 한다.

이라는 말이다.[93] 노래와 춤 그리고 풍물은 신명풀이의 기본적 표현 양식
이자 해방을 추구하는 예술 활동이다.

가무로 신명풀이를 하는 데도 혼자보다 여럿이 더불어 해야 제격이다.
함께 노래하고 춤을 추면 신명이 더 고조되는 까닭이다. 이른바 '집단적
신명풀이'를 통해 인간 해방의 자유를 누리는 것이다. '군취가무' 또는
'가무 수십인'이라고 한 것은 공동체 문화로 자리 잡았다는 것을 말한다.
《삼국지》〈고구려전〉에서 볼 수 있는 "가무를 즐기는 풍속이 나라 전체
에 걸쳐 읍락마다 집단적으로 이루어졌다"고[94] 하는 말이 다 그런 차원이
다. 이때 이미 '읍락'의 문화와 '국중'의 문화로서 집단적으로 가무를
즐기는 인간 해방의 문화가 두루 형성되었던 것이다.

신명풀이로 가무가 가능하려면 필수적으로 '악(樂)'이 전제되어야 한
다. 악은 신명을 돋우는 기본 동력이기 때문이다. 따라서 신명풀이와
관련해 더 정확히는 '악가무(樂歌舞)' 일체라고 해야 할 것이다. '가무'를
즐긴다는 표현 속에 이미 '악', 곧 우리의 풍물 전통이 깃들어 있다. '악가
무'는 으레 놀이[戱]를 동반한다. 남녀가 무리를 지어 서로 노래와 '놀이'
를 밤늦도록 즐겼다고 하는 대목이[95] 그러한 상황을 증언한다. '가무'처
럼 '악희(樂戱)'나 '가희(歌戱)'도 함께 했던 신명풀이 양식이다.

놀이가 발전한 것이 곧 연극이자 드라마이다. 원래 '악·가·무·희'는
하나이지만, 음악을 기반으로 '가무희', 곧 '가요·춤·희곡'이 형성된다.
따라서 우리 연극사의 전개 양상도 '악·희·극'의 전통에서 포착할 수
있다.[96] 우리 탈춤은 악가무희(樂歌舞戱)이자 악가무극(樂歌舞劇)의 전형
이라고 할 수 있다. 제의 양식으로 보면 가무오신(歌舞娛神) 형식의 굿이

93) 조동일, 《카타르시스 라사 신명풀이》, 지식산업사, 1997, 106쪽.

94) 《三國志》, 같은 곳, 高句麗傳. "其民喜歌舞 國中邑落 暮夜男女群聚."

95) 《三國志》, 같은 곳. "暮夜男女群聚 相就歌戱."

96) 사진실, 《공연문화의 전통-樂·戱·劇》, 태학사, 2002, 5~8쪽 참조.

기도 하다. 탈춤은 굿에서 비롯되었다. 연극의 기원도 굿에서 찾는 것이 세계 연극사의 일반론이다. 주술적인 굿에서 예술적인 연극이 발전했으므로 굿이 흥하면 연극도 흥하게 마련이다. 지금 드라마가 한류의 주류를 이루는 것도 굿 문화의 전통에서 그 뿌리를 찾을 수 있다. 길거리 문화에 관한 기록도 흥미롭다. 거리 문화에 관한 열쇠말은 별도로 주목할 만하다.

行人無晝夜 好歌吟 音聲不絶
行道晝夜無 老幼皆歌 通日不絶

마을에서 공동체를 이루고 있는 경우에만 그런 것이 아니라, 길을 가는 사람들도 노인과 아이 구별 없이 노래 부르기를 좋아했다는 것이다. 밤낮으로 무리를 지어 가무를 즐기는 주체로 성인 남녀가 중심을 이루었다면, 길을 가면서 밤낮으로 노래를 부르는 주체로는 노인과 어린이의 구분이 없었다. 결국 주체로 보자면 남녀노소 모두 노래 부르기를 밤낮없이 즐겼는데, 다만 노약자들은 군취가무는 하지 않고 거리에서 노래 부르기를 종일 했다는 것이다.

밤늦게까지 길거리에서 아이와 어른들이 더불어 함께 노래를 부르는 상황은 예사 신명이 아니다. 따라서 동이족은 남녀노소 구분 없이 가무를 누구나 즐겼다고 할 수 있다. 그러므로 주체로 보면 남녀노소 구분이 없었으며, 시간적으로는 밤낮의 구분이 없었고, 공간적으로는 마을 광장과 길거리의 구분이 없었다고 할 수 있다. 붉은악마의 거리 축제가 가능했던 것도 이러한 문화적 전통과 무관하지 않다.

지금까지 살펴본 《후한서》와 《삼국지》의 내용을 요약하면 크게 두 가지 사실로 집약된다. 하나는 농경시필기에 제천행사로서 동맹(東盟, 고구려), 영고(迎鼓, 부여), 무천(舞天, 예) 등의 국중대회를 열어 국민적 축제를 벌였다는 것이며, 둘은 남녀노소가 더불어 밤낮으로 술을 마시고 노래를 부르며 춤추기를 며칠씩 계속했다는 것이다. 앞의 내용이 농경 문화의 제의적 전통으로서 국중대회의 시기와 양상을 설명한 것이라면, 뒤의 내용은 국중대회의 축제 양상을 구체적으로 나타낸 것이다. 국중대회의 축제 모습을 나타내는 열쇠말만 가려내면 남녀노소(男女老少)·주야무휴(晝夜無休)·군취가무(群聚歌舞)·연일음주가무(連日飮酒歌舞) 등으로 정리할 수 있다.

한국인의 신명풀이 문화의 전통을 절묘하게 설정하고 있는 이 열쇠말은 고대 중국인들이 동이족의 문화에 관해 서술하며 나온 것이지만, 사실은 우리 시대 한국 문화의 특징을 고스란히 포착하고 있는 긴요한 은유이기도 하다. 가무를 즐기는 음주 문화와 노래방 문화로 상징되는 한국의 밤 문화를 그대로 묘사한 것이자, 대중문화를 앞세운 한류의 자질과 근성을 드러내주는 문화적 유전자를 포착한 것이다. 그리고 세계를 놀라게 한 '붉은악마'의 응원 문화를 설명하는 열쇠말로도 딱 맞아떨어진다. 위의 열쇠말에다가 '행도개가(行道皆歌)'와 '통일부절(通日不絶)'의 열쇠말을 덧보태면, 마당놀이로서 군취가무뿐만 아니라 거리 축제로서 세계의 주목을 끈 '붉은악마'의 응원 열기를 고스란히 설명해주는 까닭이다.

'붉은악마'가 되는 데는 남녀노소 분별이 없었다. 모두 거리·광장·체육관 등에 모여 한 동아리를 이루었다. '필승 코리아'를 외치고 깃발을 돌리며 노래 부르고 춤추기를 밤낮없이 쉬지 않고 계속했다. 우리 대표팀의 경기가 있는 날 광화문 거리에는 종일 응원 소리가 끊이지 않았다. 2002년 한일월드컵이 진행되는 약 한 달 동안 '붉은악마'의 응원 축제는 계속되었다. 이야말로 '남녀노소·주야무휴·군취가무·연일음주가무'라고 할 만하다.

2002년 붉은악마의 월드컵 거리 응원은 단숨에 피파(FIFA)의 공식

선정 서포터즈 가운데 세계 최강으로 평가되었다. 2006년 월드컵에서도 붉은악마들의 응원 열기는 단연 압도적이었고, 독일의 거리 응원에도 크게 영향을 미쳐 월드컵의 새로운 문화를 창출하고 있다. 2002년 월드컵에서 한국 축구가 4강에 오른 사실을 두고 '기적의 4강' 또는 '4강 신화'로 규정하고 환호했다. 따라서 2006년 월드컵을 겨냥해 '4강 신화는 계속된다'는 구호를 내걸고 다시 한번 4강 진출을 꿈꾸었으나 좌절되고 말았다. 신화나 기적은 계속될 수 없기 때문이다.[97] 그러나 '붉은악마'의 응원 문화는 기적도 신화도 아닌 민족 문화의 전통이기 때문에 계속될 수 있었다. 축구는 기적의 4강이므로 지속될 수 없지만, '붉은악마'의 거리 축제는 우리 민족이 본디부터 지녔던 문화적 역량이므로 앞으로도 지속될 전망이며, 아울러 다른 나라까지 영향을 미칠 가능성이 크다.

5. 문화적 정체성의 지속과 현실 문화 읽기

세계를 압도한 '붉은악마'의 응원 열기는 우연한 것이 아니라, 고대부터 전해오는 민족 문화의 유전자가 세계적 축제인 월드컵을 통해 표현형으로 분출했던 현상이다. 월드컵 대회의 응원 축제는 곧 승리를 기원하는 현대적 제천행사이자 국중대회의 모습으로 나타났다고 해도 지나치지 않다. 제의와 축제 그리고 기원은 늘 함께 간다. 따라서 영고·동맹·무천 등의 고대 축제는 줄곧 우리 굿 문화의 기원으로 주목을 받아왔다.[98]

---

97) 초월적이거나 신비한 현상을 신화나 기적이라고 하는데, 이러한 현상이 계속되면 일상이거나 상식이어서 기적이나 신화라고 할 수 없다. 그러므로 4강에 오른 사실을 실력에 따른 것이 아니라 기적이나 신화로 인식하면서 거듭되기를 기대하는 것은 모순이다. 그러므로 '4강 신화는 계속된다'는 구호는 자기모순에 빠져 있다.

98) 柳東植, 《韓國巫敎의 歷史와 構造》, 延世大學校出版部, 1975, 47~48쪽 ; 金仁會,

노래와 춤으로 신을 즐겁게 해 소망을 비는 것이 바로 우리 굿 문화의 전통인 까닭이다. 가무오신(歌舞娛神)의 제의 양식이 바로 굿 문화의 전형이라고 할 수 있다.

정신분석학적으로 보면, 노래와 춤을 즐기는 신명풀이 문화는 우뇌형 기질을 가진 민족성과 만난다. 동이족의 풍속으로 기록되어 있는 가무음주·군취가무·연일음주가무는 모두 우뇌형 기질로 말미암아 형성된 굿 문화의 전통이라고 할 수 있다. 굿 문화가 우뇌형 문화로서 감성적 문화라면, 유교 문화는 좌뇌형 문화로서 이성적 문화에 해당한다.[99] 고려시대까지 이어지던 굿 문화의 민족적 전통이 조선조에 중국으로부터 들어온 유교 문화 때문에 최근까지 억압되어 겉으로 드러나지 않았다. 그러다가 유교적 전통이 약화되면서 그동안 잠복되어 있던 굿 문화의 유전자와 억압되었던 우뇌형 기질이 다시 살아나게 된 것이다.

하나는 밤 문화로 살아나고, 둘은 한류 문화로 발전했다. 밤 문화는 예사 시민들의 일상에서 찾을 수 있고, 한류 문화는 연예인들의 활동에서 잘 드러나고 있다. 예사 시민들은 낮과 밤이 다른 이중생활을 하고 있다. 낮에는 유교적 전통에 따라 점잖은 생활을 하며 마치 좌뇌형 인간처럼 이성적으로 활동하지만, 밤에는 상황이 바뀐다. 어둠을 이용해 낮의 질서와 체면에서 해방되는 까닭이다. 익숙한 이들끼리 어울리면 2차는 필수이고 3차는 선택 사항으로 가무음주를 즐긴다. 시군 단위의 소도시마저 불야성을 이룰 정도로 밤 문화가 흥청망청하는 것이다. 정신의학자 이시형 박사는 이러한 우리 문화의 이중성을 좌뇌형 낮 문화와 우뇌형 밤 문화로 흥미롭게 대조해 설명한다.[100]

《韓國巫俗思想硏究》, 集文堂, 1987, 60~61쪽.

99) 이시형, 〈좌담 : 웃음문화의 어제와 오늘〉, 한국웃음문화학회 제1회 학술발표대회, 한국방송통신대학교, 2005년 12월 19일. 발표자는 이날 토론에서 우리 문화의 이중적 전통을 좌뇌적 전통과 우뇌적 전통으로 설명했다.

우뇌형 전통   : 좌뇌형 전통
밤 문화   : 낮 문화
굿판   : 제사
무당형   : 군자형
무교적 감성   : 유교적 이성

남녀노소가 더불어 밤낮없이 군취가무하던 굿 문화의 전통이 유교 문화의 영향으로 남녀노소가 분별되며 억제되었으나, 도덕적 검열이 민감하게 작동되지 않는 밤이면 숨김 없이 다시금 드러났다. 이것이 낮과 완전히 다른 현실의 밤 문화이다. 최근에는 민주화와 더불어 밤 문화가 활성화해 불황을 모른 채 더욱 휘황찬란해지고 있다. 이것이 예사 시민들의 우뇌형 밤 문화 양상이자 신명풀이 굿 문화의 전통이다.[101]

예사 시민들의 밤 문화와 달리 연예인들의 우뇌형 기질은 한류 문화로 발휘되었다. 민주화가 정착되면서 반공 이데올로기나 정치적 억압이 더이상 문예 창작을 억압하지 않게 된 까닭이다. 1975년 군부 정권은 우리 가요 220곡을 금지곡으로 규제했는데, 1996년 정태춘의 반대 투쟁으로 금지곡이 해제되었다. 영화도 1996년 제1회 인권영화제에서 표현의 자유를 내세우며 처음으로 사전 심의를 거부하고 상영을 하게 되었다. 금지곡 규제와 영화의 사전 심의가 폐지되자, 대중문화 작가들의 창조력을 규제할 이념적 장벽과 정치적 억압이 비로소 사라지게 되었다. 이에 따라 1990년대 후반부터 예술인들의 자유로운 상상력과 기발한 창조력을 마음껏 펼칠 수 있는 한류의 기반이 형성된 것이다.[102]

---

100) 이시형, 〈토론 : 웃음문화의 어제와 오늘〉, 《웃음문화》 1, 한국웃음문화학회, 2006, 173~174쪽 참조.
101) 임재해, 〈무형문화재의 문화적 가치 재인식과 창조적 계승〉, 《무형문화재의 원형 전승과 창조적 계승》, 한국민속학회 제173차 학술발표회, 중앙대학교, 2006년 4월 29일, 4~7쪽.
102) 같은 글, 7~8쪽.

도덕적 검열이 작동되지 않는 밤에 우뇌적 감성의 신명풀이 문화가 발달하듯이, 사전 심의와 이념적 굴레에서 해방되자 예술적 창조력이 마음껏 발휘되어 우리 영화가 괄목할 만한 수준으로 성장한 것이다. 그 결과 세계에서 거의 유일하게 자국 영화 보급률이 50퍼센트를 웃돌게 되었다. 종래에 배우나 가수들은 광대와 같은 천민으로 취급되었으며, 한 세대 전까지만 해도 '딴따라'로 폄하되었다. 따라서 가무에 소질이 있고 신기를 타고난 재주꾼들도 한결같이 대중문화 활동을 기피했다. 공부깨나 하는 사람들은 거들떠보지 않은 것이 연예계여서, 우리 대중문화는 구조적으로 국제사회에서 주목받을 수 없는 상황이었다.

그러나 이제 좌뇌적 유교 문화의 가치관에서 해방되어 연예인들이 인기 스타로 선망의 대상이 되자 사정이 크게 달라졌다. 신기가 많고 가무에 재능 있는 사람들은 사회적 부러움 속에서 너도나도 연예 활동을 적극적으로 하게 되었다. 말리던 가족들도 제대로 밀어주지 못해 안타까워 할 지경이다. 본디부터 타고난 우뇌적 민족성에다 고대 굿 문화의 유전자를 지닌 연예인들이 마음껏 자기의 신기를 발휘하며 대중문화를 주도하고 나서자 독창적 한류 문화를 형성하게 된 것이다. 기질적 자질과 문화적 유전자를 지닌 까닭에 우리 대중문화는 국제사회에서 비교 우위를 확보하지 않을 수 없다.[103] 그러므로 한류 열풍은 우연한 것이 아니라 민족 문화의 유전자가 지속되다가 시대적 상황 속에서 자연스레 드러난 일반화 현상이라고 할 수 있다.[104]

풍물놀이의 전통이 사물놀이와 '난타'로 거듭나서 해외 공연을 하며 국제적으로 인정을 받고 있다. 요즘 한류를 이끌어가는 가수와 탤런트들

---

103) 같은 글, 같은 곳 참조.

104) 신채호의 역사적 개념으로 말하면, 이러한 지속성과 일반화 현상은 연속성과 보편성에 해당한다.

도 사실은 전통 사회의 굿판을 신명의 도가니로 몰고 간 소리광대와 탈광대들의 나타남새나 다름없다. 신기 많은 무당들의 가무오신 활동이 지닌 신명풀이 문화적 유전자가 현대적 표현형으로 나타나 대중을 휘어잡고 있는 것이 한류 현상이다.[105] 만일 중국인들이 현재의 우리 한류를 한자성어로 나타낸다면, 《후한서》와 《삼국지》에 기록한 열쇠말과 그리 다르지 않을 것이다.

한류와 함께 나타난 별난 우리 문화들도 같은 맥락에서 재해석되어야 한다. 일제강점기 이후 전통적인 축제가 거의 사라진 상황에서 최근에 만들어진 지역 축제가 수백 개에 이르고[106] 국제 영화제만 하더라도 열 개나 된다. 부산·부천·전주·광주 등에서 제각기 국제 영화제를 하는가 하면, 서울에는 서울영화제 외에 여성영화제·인권영화제·노동영화제를 제각기 국제 영화제 수준으로 하고 있다. 아마 국제 규모의 축제도 그렇거니와 국제 영화제도 세계에서 가장 많은 나라가 아닐까 한다.

기껏해야 10여 년 사이에 마쓰리(祭リ)의 나라인 일본보다 세계적인 규모를 표방하는 국제 축제나 국제 영화제가 더 많아졌다. 다시 말해서, 축제 문화의 전통이 단절된 상황에서 지역 축제가 우후죽순처럼 생겨나 축제 공화국을 방불케 할 뿐만 아니라, 이들 국제 규모의 세계 축제는 말 그대로 세계적이라고 할 수 있다. 사실상 지방 자치 단체에서 생색내기 지역 이벤트로 치르는 것이 대부분이기는 하지만, 축제 문화가 가장 빈곤한 나라에서 갑자기 세계적인 축제 왕국으로 성장한 현상은 놀랄 만하다.[107] 비록 졸속 행사라고 하더라도 일시에 수백 개의 축제가 만들

---

105) 필자는 〈굿 문화사 연구의 성찰과 역사적 인식지평의 확대〉, 《한국무속학》 11, 한국무속학회, 2006, 136~137쪽에서 이미 이러한 주장을 펼쳤다.

106) 통계에 따라 작게는 600개, 많게는 1,200개로 추정될 정도로 축제가 많다.

107) 임재해, 〈구비문학의 축제성과 축제에서 구비문학 기능〉, 《구비문학과 현실문화 만들기》 2, 한국구비문학회 2006년도 하계학술대회, 관동대학교, 8월 21~22일, 2쪽.

어질 수 있는 역량은 그저 주어지는 것이 아니다.

축제 말고도 최근 한 세대 사이에 세계적으로 두드러진 현상을 보인 우리 문화가 적지 않다. "한 세대 만에 최고 수준의 출산율이 세계 최저 출산율로 바뀌고, 이혼율이 최저에서 최고로 바뀌는가 하면, 머리카락도 함부로 자르지 않던 나라에서 최고의 성형수술 국가로 바뀌었다."[108] 게 다가 새마을사업으로 지붕 개량이 한창이던 때가 엊그제인데, 어느새 아파트 보급률이 세계 최고이며, 대중문화 수입국에서 수출국으로 비약해 한류 열풍을 일으키는가 하면, 우리 여성 골퍼들이 미국과 함께 세계 대회를 휩쓸고 있다.

오랜 역사를 생각할 때 아주 짧은 기간에 이처럼 비약적 변화를 보이는 문화 양상은 예사롭지 않고 또 그 원인도 쉽게 해명하기 어렵다. 나는 이러한 문화적 비약을 특히 문화적 전도(顚倒) 현상 또는 추월(追越) 현상이라고 일컫고자 한다. 문화의 전도 현상은 아예 반대 상황으로 뒤집어지는 충격적 양상을 말하고, 추월 현상은 뒤처진 채 따라가는 듯하다가 느닷없이 앞서는 상태로 발전하는 양상을 말한다. 우리는 지금 서구 문화 앞지르기를 하고 있는 것이다. 대중문화 중심의 한류 현상도 그렇게 읽을 수 있다.

그런데 이러한 문화적 전도나 추월 현상을 두고 "자신들의 정체성을 쉽게 포기하고 타자와 서구를 너무 의식하기 때문"이라거나 "식민지 정신의 근원인 따라하고 흉내 내기에 과도하게 몰두하고 있는 것"이라고 상당히 비판적인 해석을 하기도 한다.[109] 더 가혹한 비판은 우리 한류 현상을 두고 "서구의 지배적 문화 유행 형식이 생산해낸 또 하나의 오리엔탈리즘"이라고 깎아내리거나 "천박한 B급 문화자본의 파생물"에[110] 지

---

108) 이태주, 《문명과 야만을 넘어서 문화읽기》, 프로네시스, 2006, 174~175쪽.
109) 같은 책, 175쪽.

나지 않는 것처럼 매도하는 것이다. 가혹한 비판이 합리적 근거에 바탕
을 둔 자기 성찰로 이어지지 못하고 서구 문화에 바탕을 둔 편견이라면,
종속적인 자기 비하에 머물 수 있다.

이런 시각에 따르면, 따끈따끈한 돌침대를 만들어 외국에 의료 기기로
수출하고 김치냉장고를 만들어 채소와 날고기를 싱싱하게 갈무리하는
생장고(生藏庫)로 수출하는 것도 서구 기술 문화의 오리엔탈리즘이자
천박한 B급 기술의 파생물이라고 할 수 있다. 적어도 침대와 냉장고가
서구의 독점적 문화이자 그들 고유의 문화라는 지배적 관점에서 보면,
어떤 양식으로 재창조하든 어떤 기술을 새로 발명해 접목시키든, 그것은
서구 침대의 오리엔탈리즘이자 서구 냉장 기술의 파생물에 지나지 않는
다. 이러한 관점은 문화 양식과 기술 문명의 선후를 뒤집을 수 없는
강고한 틀로 유지되어야 정상이라고 믿는 제국주의적 서구 문화의 고정
관념이라고 할 수 있다.

그러나 돌침대는 고조선 시기부터 우리 민족이 누려온 구들의 전통에
서 비롯된 발명품이다. 구들이 보일러와 만나 온돌보일러로 발전하고,
전기를 만나 전기장판과 전기구들(전기패널)로 다시 발전하며, 침대를
만나 온돌침대까지 비약적으로 발전한 것이다. 이렇게 다양한 표현형으
로 전환되었지만, 그 기저에는 등을 따뜻하게 하는 구들의 밑면 난방
방식이 일관되게 지속되고 있다. 따라서 구들의 전통을 지니지 않은
나라에서는, 전기담요를 먼저 발명할 수는 있었겠지만 전기장판은 결코
발명하지 못했을 것이다. 벽난로의 전통을 지닌 나라는 보일러가 들어와
도 벽난로가 있던 측면에 라디에이터를 세워 여전히 측면 난방을 하게
마련이지, 우리나라처럼 보일러를 바닥에 깔아 밑면 난방을 하려는 구상

---

110) 조한혜정 외,《한류와 아시아의 대중문화》, 연세대학교출판부, 2003 ; 류철균, 〈디지털
시대의 한국 현대문학〉,《국어국문학》143, 국어국문학회, 2006, 78~79쪽에서 재인용.

을 할 수 없는 까닭이다.

우리 구들 문화가 세계 최초로 전기장판을 발명했듯이, 등을 따끈따끈
하게 하는 돌침대도 밑면 난방 방식을 누려온 구들 문화의 전통 아래에
서만 발명할 수 있는 것이다. 따라서 난방용 땔감이 어떻게 바뀌고 난방
방식과 잠자리의 이부자리가 무엇으로 바뀌든, 등을 따뜻하게 하는 밑면
난방의 구들 문화 전통은 문화적 유전자로 지속되고 있는 것이다. 보일
러든 전기담요든 스프링 침대든, 우리 주거 문화에 편입되면 구들과
같은 구실을 하는 온돌보일러·온돌장판·온돌침대로 바뀌는 것이다. 이
것이 바로 우리 문화의 정체성이다.[111] 김치 문화에 따른 김치냉장고 발
명도 마찬가지이다.[112]

그러므로 외국 문화를 우리답게 수용해 주체적으로 변화시키는 것을
두고 '자기 정체성을 포기한 천박한 서구 문화 따라하기' 정도로 자리매
김하는 것은 우리 문화의 정체성은 물론 문화 상생의 변증법적 논리를[113]
정확하게 포착하지 못한 탓이라고 하겠다. 노래 부르고 춤 잘 추는 우리
문화의 본디 전통을 이해하지 못하면, 한류는 서구 문화를 뒤따르며
흉내 내다가 앞서게 된 현상으로 추론하게 된다.

문화 현상은 남을 따라해서는 결코 앞지를 수 없다. 흉내 내기 문화는
기술 문명과 달라서 아무리 잘해도 최고가 될 수 없기 때문이다. 문화의
힘은 창조력과 독창성에서 비롯되는 까닭이다.[114] 특히 따라하는 것으로

---

111) 임재해, 〈문화자산으로서 민속문화유산의 경제적 가치〉,《比較民俗學》27, 比較民俗學
會, 2004, 73~76쪽에서 이 문제를 자세하게 다루었다.

112) 같은 글, 76~77쪽에서 김치냉장고의 신기술과 해외 수출을 다루었다.

113) 임재해,《민속문화를 읽는 열쇠말》, 민속원, 2004, 279쪽. "민속 문화의 전통과 외래
문화의 만남을 서구 문화적 시각에서 보는 문화접변의 논리로 획일화하여 적용할 것이
아니라, 민족 문화의 본디 이치와 주체적 시각에서 문화접촉 현상을 객관적으로 주목"해
야 한다.

114) 임재해, 〈구비문학의 축제성과 축제에서 구비문학 기능〉, 3쪽.

는 대중문화에서 앞서기 어렵다. "기술은 모방해서 원래의 것보다 더 잘나가는 상품을 만들 수 있지만, 문화를 모방하면 수입품 소비를 촉진할 따름이다. 문화 상품을 모방해서 소비자로 전락하고 만 사례는 일본의 영화 산업이 잘 보여주고 있다."[115]

지금 돌침대를 침대의 본고장인 유럽에 의료용 침대로 비싸게 수출하고 온돌보일러를 중국과 카자흐스탄 등지의 아파트에 시공함으로써 온돌보일러 기술과 건축술을 함께 수출하는 것은 천박한 서구 기술의 파생물이나 서구의 오리엔탈리즘을 수출하는 것이 아니다. 우리 주거 문화의 오랜 전통인 구들의 난방 기술을 독창적으로 수출하는 것이다. 그러므로 나는 한류 현상을 비롯한 우리 문화의 추월 현상을 서구 문화 따라하기가 아니라, 군취가무를 즐긴 우뇌형 민족의 문화적 유전자에 따른 창조적 문화 생산으로 해석한다.

실제로 한류를 받아들이는 외국인들은 한류를 서구 문화의 아류로 인식하지 않는다. 그렇다면 굳이 우리 대중문화를 두고 '한류'라고 일컫지 않을 것이다. '한류'라는 규정 자체가 한국 문화다운 정체성을 인정하는 용어이다. 한류를 수용하는 주류 국가인 중국이나 일본 전문가들의 인식은 더 적극적이다. 아예 문화 강국 한국의 정체성을 드러내는 '문화적 신분증'으로 받아들이는 것이다. 중국사회과학원 경제연구소 연구원 첨소홍(詹小洪)은 최근에 중국을 휩쓸고 있는 〈대장금〉에[116] 관한 평론에서 흥미로운 주장을 하고 있다.

---

115) 조동일, 《카타르시스 라사 신명풀이》, 232~234쪽에서 기술 상품과 문화 상품을 모방해서 성공하고 실패한 구체적 사례로 일본의 자동차 산업과 영화 산업을 들어 자세하게 설명하고 있다.

116) 김수이, 〈한류, 21세기 한국문화의 국가적 아젠다―한류의 발전방향을 중심으로〉, 《한류와 21세기 문화비전》, 청동거울, 2006, 24쪽. "조선시대 한국의 궁중문화가 난데없이 현대 중국 시민들의 일상 속에서 재현되는 미증유의 상황이 벌어진 것"이라고 할 정도로 그 영향력이 대단하다.

"〈대장금〉을 보면 유교 전통문화의 정수(精髓)가 진열된 박물관을 참관하는 느낌"이라고 하며, "이 드라마는 동아시아에서 한국의 궐기를 뜻하는 정치적 선언문일 뿐만 아니라 한국이 자랑스럽게 세계로 나아가는 문화적 신분증을 의미한다"고 논평했다. 그러고는 한국에 대해 "국토가 분열되고 정치·군사적으로 미국에 의존하며 경제가 낙후되고 의식이 보수적인 것으로 인식했는데, 최근에 정보통신 강국으로 도약과 더불어 한국에 대한 인상이 완전히 바뀌었다"고 말한다. 그러면서 "한국이 현대 중국보다 더욱 전통적인 이미지로 유교 문화의 주체 정신 해석권을 다투고 있는 데 주목해야 한다"고 주장했다.[117]

그는 한국 드라마에 유교적 전통문화의 알맹이가 담겨 있다는 사실에 주목했으며, 한류야말로 한국이 세계로 뻗어나가는 문화적 신분증이라고 해석한다. 드라마 양식은 비록 서구적이라고 하더라도 유교 문화의 전통을 살린 까닭에 한국 문화다운 정체성이 잘 살아 있다는 주장인데, 은근히 유교 문화 종주국을 내세우는 중국 중심의 해석이 깃들어 있다. 그러나 〈대장금〉은 유교 전통보다 반만년 이상의 역사 속에 가꾸어온 다양한 식품과 조리 방식, 정갈한 식기 등 한국 특유의 음식 문화 전통을 더 비중 있게 다루었다. 따라서 음식 문화의 전통이 〈대장금〉의 핵심 내용이라고 해야 할 것이다. 그렇더라도 〈대장금〉을 한국의 문화적 신분증으로 해석한 일은 주목할 만하다.

드라마가 주도하는 한류는 이전의 대중문화 향유와는 전혀 다른 양상을 띤다. 그것은, 미국을 비롯한 서구 문화나 일본을 거쳐 수용된 외래문화가 아니라, 한국에서 한국 문화의 정체성을 중심으로 생산된, 한국의 전통적 가치관을 담은 한국의 문화 상품이 아시아의 대중에게 널리 향유

---

117) 《新民週刊》, 2005년 9월 28일자. 이용욱, 〈'대장금'은 세계적 문화강국 뜻하는 신분증〉, 《마이데일리》, 2005년 9월 30일자에서 재인용.

되고, 아시아를 넘어 세계 문화 시장으로 진출하고 있다는 사실이다. 중국 학자가 한류를 세계로 나아가는 한국인의 문화적 정체성으로 자리 매김한 까닭도 여기에 있다.

일본의 지식인들도 한류를 보는 눈이 남다르다. 중국의 지식인은 한류에 나타난 유교적 전통으로 한국 문화의 정체성을 주목하지만, 거꾸로 일본의 지식인은 일본인의 생활 세계 속으로 깊숙하게 파고드는 한류의 인간적 감수성과 사회적 영향력에[118] 주목하며 계속해서 그 문화적인 상황을 분석한다.

소장 철학자인 오구라키조(小倉紀藏)는 〈겨울연가〉의 매력에 대해 인생론이 피력되고 연애의 논리력이 드러나 있다고 분석하면서, 그 성공 요인으로 짙은 인간관계의 형성 및 도덕 지향적이고 성공적인 인물 설정과 더불어 출생의 비밀, 낭만적 사랑, 최신 영상미, 고전적인 세계관 등이 잘 어우러진 점을 들고 있다.[119]

일본 언론에서는 이미 여러 차례 한류의 긍정적 기능을 특집으로 다루었다.[120] 식물인간처럼 누워 있던 92세 할머니가 한류 드라마를 보고 일어나 앉았으며 마침내 활기를 되찾았다는 등의 신기한 내용들이 대부

---

118) 木村惠子, 〈욘樣〈家族〉더욱 뜨겁다〉, *Asahi Shinbun Weekly AERA*, No. 35, 2006년 7월 24일자(창간 1000호 기념), 52쪽에서 일본 여성들의 생활 세계 속에 파고든 한류 현상을 다음과 같이 보고하고 있다. 가령, "욘사마는 일본의 여성에게 아내도 엄마도 아닌 '한 명의 여자로서' 빛나는 삶을 가르쳐 주었다", "주위 사람들에게 진정으로 배려하는 마음을 가지게 되었다", "시어머니와 친해지게 되었다", "개발도상국의 어린이 도우미가 되었다", "외양성복막내출혈을 이겨냈다" 등 다양한 층위의 생활 변화를 볼 수 있다. 개인적인 인격 변화에서 질병의 치유, 가족과 이웃의 관계 개선을 넘어 국제적인 봉사 활동까지 하게 되는 매우 깊고 넓은 변화를 경험하고 있는 것이다.

119) 小倉紀藏, 《韓國 드라마, 사랑의 方程式》, 포푸라사, 2004, 71~84쪽. 尹光鳳, 〈韓流でみた日韓文化交流〉, 尹光鳳·權俸基 외, 《草の根の日韓21世紀共同體》, 溪水社, 2006, 19쪽에서 재인용.

120) *Asahi Shinbun Weekly AERA*, No. 56~59, 2003년 12월 22일자에 〈한류가 아시아를 석권한다〉는 특집으로 한류를 다루기 시작했다.

분이지만, 지식인들은 한류가 일본 사회에 미친 의의를 문명사적으로 해석하기도 한다.

이를테면, 일본 여성들이 한류를 더 깊이 있게 즐기기 위해 컴퓨터와 인터넷 이용을 적극적으로 하게 되었다는 것이다. 컴퓨터와 인터넷 사용에 무심한 여성들에게 컴퓨터 교육을 여러 모로 시도해보았지만 별 효과가 없었는데, 한류에 빠진 중장년 주부들이 인터넷을 통해 욘사마를 만나고 팬들끼리 서로 정보 교환을 하느라 단숨에 컴퓨터 마니아가 되었다는 분석이다. 따라서 한류는 일본 중장년 여성들에게 컴퓨터를 보급하고 사용법을 익히는 데 결정적인 구실을 한 셈이다. 컴퓨터 판매량이 급증하는 데는 물론 주부들의 컴퓨터 교육에도 크게 이바지했다는 점에서, 한류는 일본에서 문명사적 의의를 가진다는 해석까지 한다.

최근에는 '배용준 팬들이 진화해 그 열기가 더욱 뜨겁다'는 보도까지 나왔다. 병원에서는 환자 가족들이 모여 〈겨울연가〉를 환자와 함께 보고 병세를 이기는가 하면, 팬들이 '배용준학회'를[121] 만들어 팬들의 유형을 분석하는 연구 발표를 했다. 이 학회에서 '〈겨울연가〉 스토리와 사생관(死生觀)을 엮은 철학적 분석'을 주제로 강연한 우치다 타츠루(內田樹) 교수는 스스로 〈겨울연가〉 팬을 자처한다. 우치다 교수는 학회 참여를 마친 뒤 자신의 홈페이지에, 다른 학회처럼 발표자들이 '지적 위신 때문에 남의 학설을 깔아뭉개거나 자신의 박식을 과시하려드는 등의 치사한 동기는 전혀 없으며, 한류의 즐거운 경험들을 지성적이고 정서적으로 솔직하게 발표하는 자리'였다는 논평의 글을 올려두었다.[122] 그러고는 일본의 배용준 팬들이 양적으로 줄어들었지만 질적으로는 더욱 뜨거워져서 전체 열기는 여전히 변함이 없다고[123] 진단했다.

---

121) 일본인들은 '日本욘욘學會'라고 일컫는다.

122) 木村惠子, 앞의 글, 54쪽.

중국과 일본 지식인들의 논평과 언론의 진단을 보면, 한류 현상을 한갓 서구 대중문화의 모방이나 파생물로만 치부할 수 없는 문화사적 의의가 있다. 그러한 문화사의 뿌리를 고대 문화의 원형과 우리 민족 문화의 정체성에서 찾는 작업을 진지하게 벌일 필요가 있다. 우리 스스로 우리 문화의 얼굴을 제대로 보지 못하고 민족 문화의 형성기 상황을 정확하게 포착하지 못하는 자가당착에서 벗어나야 한다. 그러므로 민족 문화의 원형을 찾아내고 그 정체성을 분석해내는 일련의 작업들이 우리 학계와 문화계로부터 지속적으로 전개될 필요가 있다.

우리가 고대 문화를 통해 확인한 것처럼, 지금 우리 문화의 한류 현상은 고대부터 노래 부르고 춤추기를 잘한 굿 문화의 전통에서 비롯되었으며,[124] 단숨에 세계 최강으로 도약한 '붉은악마'들의 응원 축제도 고대 국중대회와 같은 민족굿의 문화적 DNA가 되살아난 현상으로 해석할 수 있다.[125] 최근에 갑자기 지역마다 향토 축제가 벌어지고 대도시에는 너도나도 국제 축제를 기획해 일시에 축제가 번성하는 것도 우연한 일이 아니다. 이러한 현상은 국중대회와 같은 고대 나라굿의 전통에서 갈무리되어 있던 문화적 유전자가 나타남새 구실을 한 것이 아닌가 한다.

겨우 30년 사이에 초가 생활에서 거대한 집단 주택인 아파트 생활로 비약할 정도로 아파트 보급률이 세계 최고를 자랑한다는 점도[126] 고대부

---

123) 같은 글, 52쪽.

124) 임재해, 〈굿 문화사 연구의 성찰과 역사적 인식지평의 확대〉, 136~137쪽 및 〈무형문화재의 문화적 가치 재인식과 창조적 계승〉, 《무형문화재의 원형 전승과 창조적 계승》, 한국민속학회 제173차 학술발표회, 중앙대학교, 2006년 4월 29일, 4~9쪽.

125) 〈경북의 문화인프라 구축과 세계화 전략〉, 《새천년 경북발전의 비전과 전망》, 경북새천년연구원 심포지엄, 포항공대 산업과학연구원 강당, 2002년 7월 19일, 78~79쪽.

126) 아파트가 661만 6,000 가구로 전체의 52.5퍼센트를 차지했으며, 단독 32.1퍼센트, 다세대 9.2퍼센트, 연립 4.5퍼센트 순이다. 박진성, 〈우리나라 주택 1천331만 가구〉, mbn TV, 2006년 6월 27일 뉴스.

터 집을 짓고 정착 생활을 누려온 농경 문화의 오랜 전통에서 비롯된 것이라고 할 수 있다. 《삼국지》〈동이전〉 고구려조의 내용은 그런 사실을 뒷받침한다.

> 좋은 토지가 없으므로 부지런히 농사를 지어도 식량이 충분하지 못하다. 그들의 풍속에서 음식 먹을 때는 몹시 아껴 먹으나 집은 잘 지어 치장한다. 정침의 좌우에 큰 집을 세우고 귀신에게 제사한다.[127]

비록 식량이 부족해 음식을 절약해 먹어도 집은 잘 지어서 치레하기를 즐겼다. 농경 민족으로서 정착 생활을[128] 하는 사람들에게 집은 가장 중요한 생활공간이자 안정된 보금자리이다. 따라서 집을 잘 짓고 집치레까지 두드러지게 했을 뿐만 아니라, 귀신을 모시는 사당까지 집 좌우에 별도로 크게 지어 제사를 올렸다고 한다. 살림집과 사당을 번듯하게 짓는 것 외에 사위집도 별도로 지었다. 과년한 딸이 있어 사윗감이 정해지면 살림집 뒤에 별채로 서옥(婿屋)을 지어두고 사위될 사람이 찾아오면 서옥에 거처하도록 한다.[129] 따라서 고대부터 밥상은 유목민에 견주어 초라해도 정착민으로서 집 세 채는 필수였다.

고대 중국인들이 보는 상대적 인식이 기록으로 나타난 셈인데, 지금도 중국 사람들은 한국보다 살림집은 허술해도 음식은 더 잘 먹는다. 이 때문에 중국인들은 한국 관광을 하는 동안 잠자리에 만족하더라도 음식에는 늘 불만이다. 반대로 한국인이 중국 여행을 하면 잠자리는 다소

---

127) 《三國志》, 같은 곳, 高句麗傳. "無良田 雖力佃作 不足以實口腹 其俗節食 好治宮室 澶所居之左右立大屋 祭鬼神."

128) 윤내현, 《고조선 연구》, 114쪽에서 한반도와 만주 지역의 여러 유적을 근거로 신석기시대 초기부터 우리 민족은 붙박이 생활을 했다는 사실을 밝혔다.

129) 《三國志》, 같은 곳. "其俗作婚姻 言語己定 女家作小屋於大屋後 名婿屋 壻暮至女家戶外 自名跪拜 乞得娶女宿 如是者再三 女父母乃聽使就小屋中宿."

불편해도 음식은 호화판으로 먹는다. 중국 사람들 스스로 너무 잘 먹어서 문제라고 할 정도로 음식이 기름지다. 한국 사람들 스스로 아파트가 너무 호화판이라서 문제라고 인식할 정도로 아예 궁전 같은 집을 짓고 산다. 세계적으로 한국만큼 집을 많이 짓고 신도시를 즉각 만드는 곳도 없지만, 집값과 주택 정책으로 정부가 골치를 앓는 나라도 없다.

일본에 견주어도 우리 아파트의 크기나 수준은 훨씬 크고 집치레도 고급이다. 어느 모로 보나 이웃나라보다 집치레가 두드러진다는 사실을 부정하기 어렵다. 번듯한 집을 짓고 보란 듯이 집치레를 해 살던 풍속은 고대부터 구들을 놓고 정착 생활을 해온 오랜 민족 문화의 전통이라고 할 수 있다. 그러므로 아파트 보급률 세계 1위라는 주거 문화의 추월 현상은 물론, 주택 보급률이 106퍼센트로 상당히 높은데도[130] 집값이 폭등하는 역기능 현상은 한갓 서구 따라하기에서 비롯된 것이 아니라 고대부터 집을 많이 소유했던 정착 문화의 집단적 무의식, 곧 우리 민족의 문화적 원형이 표현된 까닭이 아닌가 한다.

그런데도 아직까지 우리 문화의 기원을 천막을 치고 떠돌이 생활을 하던 시베리아 초원 지대의 유목 문화에서 찾고 있다. 우리 문화의 독자적 정체성을 제대로 읽지 못하는 까닭에 빚어진 오류에 머물지 않고, 마침내 민족사의 기원을 북방 민족에게 진상하는 역기능을 빚게 된다. 그것도 자력적인 학설이 아니라 일제강점기의 일본 학자들이 해석한 시베리아 기원설의 식민사관을 고스란히 되풀이하고 있는 수준이다. 따라서 우리 굿 문화도 시베리아 샤머니즘에서 비롯된 것으로 해석하고, 세계적으로 가장 빛나는 문화유산인 금관조차 시베리아 샤먼의 무관에서 비롯된 것으로 여긴다.

---

130) 2003년 미국의 주택 보급률은 105.3퍼센트로, 현재 우리와 비슷한 수준이다. 따라서 우리 주택 보급률도 선진국 수준이라고 할 수 있지만, 주택 소유에 대한 관심은 우리가 훨씬 높은 것 같다.

자연히 세계 지성인들은 한국 문화의 독창성을 인정하지 않는다. 중국 문화의 패러디이거나[131] 일본 문화의 아류로 취급하는 것이다. 미국 중학교 2학년 역사교과서에는 "한국에는 전통문화가 없으며, 있다면 그 주변국인 중국과 일본의 아류"라고[132] 서술하고 있다. 우리 학자들 스스로 우리 문화의 정체성을 인정하지 않는데, 국제사회에서 그 독창성을 인정해줄 까닭이 없다. 5세기의 신라 금관을 19세기 시베리아 무당의 철제 사슴뿔모자를 모방해 만든 것이라고 하는 고고학자의 주장이나, 지금의 한류를 천박한 서구 문화의 B급 파생물로 규정하는 문화인류학자의 주장이나 우리 문화의 독자성을 인정하지 않기는 마찬가지이다. 지금 우리 문화의 근본을 백인들의 문화에서 찾고, 고대 선조들의 문화 원형을 시베리아 유목민의 문화적 얼굴에서 찾는 것이 우리 학계의 식민성이다.

세계 문명권을 분석한 《문명의 충돌》에서조차 중국 문명과 일본 문명은 인정하면서도 한국 문명은 그 존재를 인정하지 않는다.[133] 세계의 문명을 중화 문명과 일본 문명, 힌두 문명, 이슬람 문명, 동방정교 문명, 서구 문명, 라틴아메리카 문명, 아프리카 문명 등 여덟 개 문명권으로 나누면서 한국 문명은 제외시키고 있다. 한국 문명을 중국과 일본의 아류로 보는 까닭에 별도의 문명으로 인정하지 않은 셈이다. 우리 스스로 그러한 시각을 가지고 우리 문화를 외래문화에 종속적인 것으로 규정하고 있으니 외국 학자들이야 당연히 그럴 수밖에 없다. 그러므로 이 책을 널리 읽고 인용하면서도 한국이 세계 문명에서 빠진 사실에 대해 비판적으로 문제 삼는 이조차[134] 없는 것이다.

---

131) 이사벨라 버드 비숍, 이인화 옮김, 《한국과 그 이웃나라들》, 살림, 1994, 29~30쪽.

132) 이승헌, 《한국인에게 고함》, 한문화, 2006, 표지에 삽입된 글 참조.

133) 새뮤얼 헌팅턴, 이희재 옮김, 《문명의 충돌》, 김영사, 1997, 52~56쪽.

134) 임재해, 《민속문화의 생태학적 인식》, 당대, 2002, 131~139쪽에서 '문명충돌론의 한계와 문명 다양성의 회복'이라는 주제로 비판하고, 〈국학의 세계화를 겨냥한 이론 개척과

6. 금관 왕국 신라와 시베리아 기원설 극복

세계적으로 주목할 만한 우리 문화유산을 시베리아 샤머니즘이나 몽골 유목민의 문화인 것처럼 진상하는 연구를 끊임없이 하고 있는 학자들이 세계 문명권 속에 우리 문명이 포함되지 않은 사실을 문제 삼을 까닭이 없다. 스스로 자기 문화의 정체성을 부정하는 고정관념 속에 갇혀 있기 때문에, 자기 문화를 보는 자기 이론을 만들어내기는커녕 아예 제국주의적 문화 이론의 틀에다 끼워 맞추는 연구를 하는 데 골몰해 있다. 따라서 우리 문화의 정체성을 그 자체로 밝히는 연구나 자생적 기원설을 주장하는 연구는 국수주의적 연구로 매도되기[135] 일쑤이다. 그러므로 제국주의적 식민사관의 감옥에 갇혀 민족 문화유산을 종속적으로 해석하는 데 안주하고 있는 식민지 지식인들을 해방시키기 위해서는 실증적인 문화유산을 중심으로 종래의 시베리아 문화 전래설을 극복하는 작업을 하지 않을 수 없다. 그러한 구체적인 문화유산으로서, 시베리아 샤먼의 무관에서 온 것으로 부당하게 자리매김된 신라 금관을 주목하기로 하자.

금관의 발굴 내용과 분포 상황을 보면 우리나라는 금관의 종주국이자 금관 왕국이라고 해도 지나치지 않다. 가장 화려한 형상의 금관들이 경주 지역을 중심으로 한반도 남부 지역에 집중적으로 분포되어 있기 때문이다. 세계적으로 고대 순금관은 모두 10여 점에 지나지 않는데,

---

새 체제 모색〉, 《국학연구》 6, 한국국학진흥원, 441~443쪽에서 한국이 독자적 문명으로 인정받지 못하고 있는 현실을 비판적으로 주목했다.

135) 김욱동, 《탈춤의 미학》, 현암사, 1994, 39쪽에서 탈춤의 미학을 독창적 이론으로 밝히고자 하는 조동일을 대표적인 국수주의자로 몰아붙이고 있는 것이 한 보기이다. 김욱동의 연구에 대한 비판적 논의는 〈미학 없는 '탈춤의 미학'과 식민 담론의 정체〉, 《민족예술》, 1994년 겨울호, 130~143쪽에서 이루어졌다.

그 절반이나 되는 5점이 경주 신라 고분에서 발굴되었다.[136] 그나마 외국에서 발굴된 금관들을 신라 금관과 견주어보면 실제로 대등하게 여길 만한 금관은 두세 점에 지나지 않는데다가,[137] 그것도 서로 동떨어진 곳에 있어서 전혀 문화적 개연성을 찾기 어렵다. 그러므로 고대 금관은 사실상 경주 지역에 집중되어 있다고 해도 지나치지 않다.

게다가 금동관까지 고려하면 약 30여 점이 경주를 중심으로 동심원을 그리며 한반도 남부에 집중 분포되어 있다. 아직 발굴되지 않은 숱한 고분 속에 얼마나 많은 금관이 들어 있을까 추론해보면, 신라는 어느 모로 보나 세계적인 금관 왕국임에 틀림없다. 따라서 금관의 양적인 풍부함이나 분포의 집중성, 형상의 상징성 등을 고려하면 인류 문화유산 가운데 고대 금관의 중심지는 바로 경주를 구심점으로 한 한반도 동남쪽의 신라 지역이라고 해야 마땅하다.

한국이 고인돌 왕국이라는 사실을 떳떳하게 말해야 하는 것처럼[138] 우리나라가 금관 왕국이라는 주체적 인식이 필요한데도, 금관 연구는 계속 거꾸로 가고 있는 것이 우리 학계의 현실이다. 경주박물관 홈페이지에 금관을 찾아 들어가면 아예 사슴뿔을 먼저 보여준다. 시베리아 샤먼이 사슴뿔을 썼다는 사실을 근거로 금관을 설명하기 위해 제시하는 시각적 자료이다. 학계의 최근 연구를 보면, 신라 금관은 시베리아 무관에서 비롯되었다는 학설을 극복하기는커녕, 왕이 생전에 쓴 왕관이 아니라 주검을 매장할 때 묘지에 묻는 부장품으로 사용한 한갓 데스마스크에

---

136) 이한상, 《황금의 나라 신라》, 김영사, 2004, 42쪽.

137) 흑해 북쪽 해안의 로스토프 지역에서 발굴된 사르마트(Sarmat) 금관과, 아프카니스탄의 틸리아테페(Tillya Tepe) 6호분에서 발굴된 금관 정도가 고작이다.

138) 하문식, 《고조선 지역의 고인돌 연구》, 백산자료원, 1999 및 〈고인돌을 통해 본 고조선〉, 윤내현 외, 《고조선의 강역을 밝힌다》, 지식산업사, 2006, 201~250쪽을 보면 고조선 지역의 고인돌이 가장 많고 가장 먼저일 가능성을 제기하고 있는데, 〈고인돌왕국 고조선과 아시아의 고인돌문화〉에서 한층 진전된 논의를 하게 되었다.

지나지 않는다는 주장도 있다.[139]

이들은 금관 왕국인 신라 사람들이 스스로 금관을 만들지 못하고 시베리아 샤먼들이 굿을 할 때 쓰는 민속 모자를 본받아 만들었다고 하는 시베리아 무관 기원설을 펼침으로써[140] 신라 문화의 독창성과 민족적 창조력을 부정한다. 그리고 화려한 금관도 실제로 쓸 수 없는 관모이자 끝마무리가 제대로 안 되었을 정도로 조잡하게 만든 관모로 치부하고 한갓 껴묻거리로 무덤 속에 넣어주는 장례용 부장품이었다고[141] 함으로써 금관이 지닌 왕관으로서 가치를 한껏 깎아내리고 있다.

더 큰 문제는 이러한 해석들이 모두 1930년대 식민지 시기 일본인 학자들의 주장을 따른 것이라는 데 있다. 하마다 세료(濱田靑陵)는[142] 진작부터 이러한 주장을 펼쳤으며, 마노메 이치(馬目順一)도 최근에 금관이 장례용 부장품이라는 주장을[143] 펼쳤다. 우리 학계에서도 뒤질세라 일본 학자들의 주장을 확대재생산하고 있는 것이 금관 연구사의 최근 동향이다.

이한상의 주장에 따르면, 금관은 약한 구조여서 쓸 수 없을 뿐만 아니라 마무리가 매우 엉성하며 제작 실수를 방치할 정도로 대충 만들었다고 한다. 게다가 피장자의 얼굴을 감싼 모습으로 발굴된 까닭에 금관을

---

139) KBS 역사스페셜 제86회, 〈금관은 죽은 자의 것이었다〉, 2000년 9월 23일 방송 내용과 이한상, 앞의 책, 79~82쪽 참조.

140) 金烈圭, 〈東北亞 脈絡 속의 韓國神話 −金冠의 巫俗神話的 要素를 中心으로〉, 《韓國 古代文化와 引接文化의 關係》, 韓國精神文化硏究院, 1981, 302~305쪽 참조 ; 김병모, 《금관의 비밀−한국 고대사와 김씨의 원류를 찾아서》, 푸른역사, 1998, 122쪽.

141) 이한상, 앞의 책, 79~82쪽에서 금관은 머리에 쓰기 곤란하며 조잡하게 만든 관으로 왕이 살아 있을 때 쓴 것이 아니라 한갓 장례 용품이라는 근거를 여러 모로 들고 있다.

142) 濱田靑陵, 《慶州의 金冠塚》, 慶州古墳保存會, 似玉堂, 1932. 이한상, 같은 책, 81쪽에서 참고.

143) 馬目順一, 〈慶州古新羅王族墓 立華飾付黃金制寶冠編年試論〉, 《古代探叢》 IV, 1995, 601쪽. 이한상, 같은 책, 81쪽에서 참고.

장송 의례품으로 결론짓고 있다.[144] 금관이 왕관이 아니라 부장품이라는 근거는 결국 다음과 같이 네 가지로 요약된다.

첫째, 금관은 쓰기 불편할 정도로 무겁다. 둘째, 세움장식이 약하기 때문에 쓰면 꺾어질 가능성이 있다. 셋째, 실수로 구멍을 낼 만큼 조잡하게 만들어졌다. 넷째, 발굴 상태를 보면 금관이 주검의 머리에 씌인 상태가 아니라 얼굴을 가리고 있는 상태이다. 그런데 이와 같은 주장은 모두 금관 자체에만 주목할 뿐 왕관 문화나 관모 문화에 관한 최소한의 상황조차 모르는 데서 비롯된 억측이다. 이러한 주장이 왜 근거가 없는지 하나씩 살펴보자.

첫째, 금관이 1킬로그램이나 될 만큼 무거워 왕관으로 쓸 수 없다는 전제가 잘못되었다. 영국 왕실의 대관식에서 쓰는 순금제 '성 에드워드 왕관'은 3킬로그램이나 되며, 조선 사대부 여성들의 가채머리는 3~5킬로그램까지 되는데, 고작 1킬로그램의 무게가 무거워 쓸 수 없다는 주장은 설득력이 없다. 우리가 쓰는 생활모 정도로 가벼워야 쓸 수 있다고 여기는 것은 왕관의 상징성이나 장식성을 모르고 하는 주장이다.

둘째, 세움장식의 금판이 약해 머리에 쓰면 꺾어질 위험이 있다고 했는데, 지금까지 어느 금관의 세움장식도 꺾어진 적이 없다. 왜냐하면 세움장식 주변에 한두 줄의 점열문을 넣어 버티는 힘을 강화해두었기 때문이다. 점열문을 새기기 위해 뾰족한 쇠붙이를 금판에 대고 망치질을 할 때마다 충격을 받은 금판의 결정이 깨지면서 규칙적으로 배열되어 있던 전자의 분포가 엉키게 되므로 금판의 강도와 탄력은 현저하게 높아진다. 무늬 효과가 제대로 드러나지 않음에도 아주 정교하고 일손이 많이 가는 점열문을 새긴 것은 버팀 효과를 높이기 위한 것이다. 그러므로 세움장식이 꺾어져 머리에 쓸 수 없다는 주장도 억측일 따름이다.

---

144) 이한상, 같은 책, 같은 곳 참조.

셋째, 쓸데없는 구멍들을 뚫을 정도로 조잡하게 만든 관이어서 왕관으로 썼다고 보기는 어렵다는 주장도 설득력이 없다. 금관총 금관의 테에 있는 송곳 구멍 몇 개를 근거로 조잡하게 만들었다고 하는 것은 두 가지 오류 속에 빠져 있다. 하나는 용도를 알 수 없는 송곳 구멍을 실수로 뚫은 구멍이라고 여기는 것이다. 다른 용도로 쓰였을 가능성이 얼마든지 있기 때문이다. 게다가 금관의 다양한 세움장식과 달개, 곡옥의 화려함, 전체적인 양식의 아름다움 등은 고려하지 않은 채, 송곳 구멍 몇 개만으로 조잡하게 만들졌다는 판단을 할 수 있을까? 그리고 비록 실수로 뚫은 구멍이라고 하더라도 그러한 빈 구멍조차 없는 금관이 대부분인데, 특정 금관의 빈 구멍을 근거로 장례용품이라고 단정하는 것은 성급한 개괄의 오류에 빠진 셈이다.

넷째, 발굴 과정에서 금관이 주검의 머리 부분에 있는 것이 아니라 얼굴을 가리고 있는 형태로 발견되었는데, 단지 이러한 상황만으로 생전에 쓰던 금관이 아니라고 해석하는 것은 역시 근거가 빈약할 따름이다. 여기서 우선 두 가지 질문이 가능하다. 하나는 생전에 쓴 모자라고 해서 주검에 씌울 수 있는가 하는 것이며, 또 하나는 거꾸로 주검의 머리에 씌어 있지 않은 모자는 생전에 쓰지 않은 것인가 하는 것이다. 둘 다 아무런 개연성이 없다.

구조적으로 모자는 어느 것이든 누워서 쓸 수 없기 때문이다. 앉거나 선 자세에서 쓸 수 있는 모자도 주검처럼 누워 있는 자세에서 씌우면 벗겨지게 마련이다. 금관처럼 세움장식이 있는 모자는 생전에 평생을 쓰고 지내도 주검에는 결코 씌울 수 없다. 생전에 갓을 썼다고 해서 주검에다 갓을 씌울 수 없는 것과 같은 이치이다. 물리적으로 씌울 수 있다고 해도 주검에는 모자를 씌우지 않는다. 누운 사람은 모자를 쓰지 않기 때문이다. 그러므로 누워서 쓰도록 만든 모자는 처음부터 존재하지 않는다.

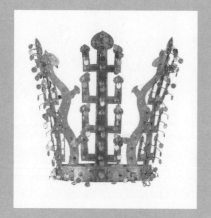 

〈그림 1〉 금령총 금관　　　　　　〈그림 2〉 시베리아 샤먼의 철관

생전에 확실히 머리에 썼다고 인정되는 절풍 모양의 속관은 발굴 과정에서 실제로 어느 위치에 놓여 있었는가? 절풍 모양의 속관은 고조선 이래 우리 관모의 오랜 전통이었다. 따라서 이 속관을 쓰지 않았다고 할 아무런 이유가 없으며, 실제로 그런 주장을 하는 이도 없다. 그런데 이 속관은 주검의 머리 위는커녕 아예 별도의 부장품 공간에서 발견되었다. 하지만 속관이 부장품이라거나 살아생전에 쓰지 않은 관이라고 해석하는 사람은 아무도 없다. 그러므로 주검의 머리에 씌울 수 없다는 구조적인 내용을 근거로 생전에 썼던 금관이 아니라고 하는 것은 이만저만한 모순이 아니다. 왜냐하면 누워서 쓸 수 없는 모자는 앉아서도 쓸 수 없다고 우기는 것이나 다름없기 때문이다.

금관이라고 하는 물질 자료 자체에 매몰된 채 묘지 속의 발굴 상태에만 집착한 나머지, 주검에 모자를 씌울 수 있는가 없는가 하는 문제는 물론 금관의 무게가 일반 순금 왕관의 무게보다 훨씬 가볍다는 사실조차 깨닫지 못하고 있다. 게다가 금관의 기원으로 삼는 시베리아 샤먼의 관은 19세기의 민속품이어서 1,500년 전에 발굴된 신라 금관의 기원으

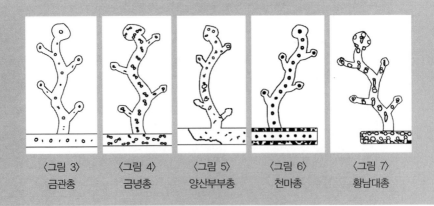

〈그림 3〉	〈그림 4〉	〈그림 5〉	〈그림 6〉	〈그림 7〉
금관총	금녕총	양산부부총	천마총	황남대총

로 삼을 수 없다는 사실조차 고려하지 않는다.

　신라 금관은 왕이 살아생전에 쓴 것이 아니라 죽을 때 데스마스크로 또는 주검의 부장품으로 사용되었다는 부정적 해석이 마치 새로운 학설처럼 새삼 제기되고 있듯이, 금관의 형상을 두고도 그 해석이 점점 억측으로 치닫고 있다. 우선 '곧은 줄기 굽은 가지' 나무 모양의 세움장식을[145] 두고 사람에 따라 직각수지형(直角樹枝形)이라고 하거나 출자형(出字形) 또는 산자형(山字形)이라고 하며 서로 어긋나게 해석하는 데다가, 산자형에 매몰된 연구자는 마침내 금관을 '삼산관(三山冠)'이라고 일컫는 지경에 이르렀다.[146]

　한편, '굽은 줄기 곧은 가지' 나무 모양을 한결같이 녹각형 또는 사슴뿔 모양이라고 하며 시베리아 샤먼의 무관에서 기원을 찾는 까닭에, 왕권을 상징하는 신성한 왕관이 한갓 민속품인 무당의 관모처럼 격하되

145) 임재해, 〈왜 지금 겨레문화의 뿌리를 주목하는가〉, 《比較民俗學》 31, 比較民俗學會, 2006, 224쪽에 금관의 세움장식을 이와 같이 새롭게 자리매김했다. 김병모가 자연수지형이라고 하는 것을 '곧은 줄기 곧은 가지 나무 모양', 녹각형이라고 하는 것을 '굽은 줄기 곧은 가지 나무 모양'이라고 했다.

146) 李鍾宣, 〈高新羅의 三山冠〉, 《高新羅王陵研究》, 學研文化社, 2000, 245～304쪽.

  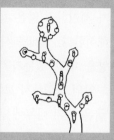

〈그림 8〉 기본형　　　　〈그림 9〉 가지 변이형　　　　〈그림 10〉 줄기 변이형

고 말았다. 더구나 이렇게 민족 문화의 독창성을 부정하는 데 머물지 않고, 아예 금관을 사용했던 신라 김씨 왕족을 알타이족의 후예로 여긴다.[147] 결국 금관 연구는 신라 김씨 왕조의 민족적 정통성까지 훼손하기에 이르렀다. 세계적으로 가장 화려한 신라 왕실의 금관 문화를 여전히 유목 생활을 하고 있는 시베리아 샤먼에게 가져다 바치거나, 또는 신라인의 문화적 유산이자 한국의 국보를 알타이 문화 유물의 하나로 진상하는 해석을 되풀이하고 있는 것이다.

　비전문가의 눈으로 보아도 금관의 세움장식에는 모두 나뭇잎이 달려 있고 가지 끝마다 새순이 돋아나 있어서 살아 있는 나무의 생명력을 잘 드러낸 수목형이라는 것을 쉽게 알아차릴 수 있다. 그런데도 '곧은 줄기 굽은 가지' 모양 세움장식을 산자형 또는 출자형이라고 하는가 하면, 굽은 줄기 곧은 가지 모양의 세움장식을 사슴뿔 모양이나 녹각형이라고 해석한다. 물론 왜 금관이 '산' 자나 '출' 자와 같은 한자의 글꼴을 해야 하는가 하는 의문도 제기하지 않은 채 시베리아 지역의 민속 모자와 연관성만을 주장한다. 그리고 왜 사슴뿔에 나뭇잎 모양이 달려 있고 뿔 끝마다 나뭇가지 끝에나 있을 법한 움이 돋아나 있는가 하는 의문조

147) 김병모, 앞의 책, 166~167쪽.

차 제기하지 않은 채 시베리아 무관의 사슴뿔에서 영향을 받은 것처럼 해석한다. 실제로 사슴뿔이라고 하는 세움장식을 보자. 과연 사슴뿔 모양을 하고 있는가?

앞의 그림에서 보는 것처럼, 사슴뿔 모양이라고 해석하는 것은 사실상 '굽은 줄기 나무에 곧은 가지'를 단 세움장식들이다. 사슴뿔은커녕 줄기가 자연스레 굽어 있는 다양한 양식의 나무 모양일 뿐만 아니라, 흥미롭게도 현재 밝혀진 금관 가운데 가장 후대에 나타난 세움장식들이다. 그리고 이 양식도 그 자체로 생겨난 것이 아니라 '곧은 줄기 곧은 가지' 모양의 기본형에서(〈그림 8〉), '곧은 줄기 굽은 가지 모양'의 가지 변이형(〈그림 9〉)으로 발전했다가, 다시 줄기 변이형으로(〈그림 10〉) 발전한 것이다. 따라서 〈그림 10〉의 줄기 변이형 세움장식을 사슴뿔이라고 하는 해석 자체가 잘못일 뿐만 아니라, 가장 발전된 형태를 초기 모습으로 단정해 기원론의 근거로 삼는 것 또한 큰 잘못이 아닐 수 없다.

금관의 시베리아 기원설을 보면, 나무 모양 세움장식을 사슴뿔 모양으로 해석하는데다가 기본형에서 두 차례 변이를 거쳐 가장 늦게 나타난 '줄기 변이형' 세움장식을 근거로 시베리아 샤먼의 사슴뿔과 연관지어 금관의 기원을 설명할 뿐만 아니라, 19세기에 발견된 시베리아 지역의 민속품을 가지고 5세기 신라 금관의 기원으로 삼는 삼중의 모순에 빠져 있다.[148] 앞에서 말한 것처럼, 〈그림 10〉의 줄기 변이형은 가장 늦게 나타난 세움장식이다. 〈그림 11〉과 〈그림 12〉를 거쳐 〈그림 13〉의 완성형에서 비로소 나타난 것이다.

그러므로 백보 양보해 〈그림 10〉의 세움장식을 사슴뿔 모양이라고 하더라도, 가장 늦게 나타난 양식을 근거로 시베리아 샤먼의 무관 기원

---

148) 임재해, 〈신라 건국신화의 맥락적 해석과 신라문화의 재인식〉, 《일연선사와 삼국유사》, 일연학연구원 국제학술발표대회, 한국학중앙연구원, 2006년 7월 20~21일, 473~475쪽에서 이 문제를 자세하게 다루었다.

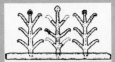  

〈그림 11〉 기본형　　　　〈그림 12〉 발전형　　　　〈그림 13〉 완성형

설을 펴는 당착에서 벗어날 수 없다. 그런데도 지금껏 이러한 모순과 당착을 아무도 발견하지 못하고 있는 것이 고고학계의 학문적 현실이다.

그러면 신라 금관은 무엇을 형상화한 것인가? 그것은 금관을 쓰기 시작한 신라 김씨 왕조의 시조 신화에서 비롯된다. 김씨 왕조의 후손들이 박·석·김 왕조 교체의 혼란을 딛고 김씨 왕조를 굳건하게 이어가기 위해[149] 그들의 시조인 김알지 신화를 시각적으로 형상화한 것이 곧 금관이다. 김알지 신화의 주요 무대이자 신라의 국림인 계림 그리고 신라의 초기 국호인 계림국의 상징을 시각화한 것이 바로 금관의 나무 모양 세움장식이다.

시조 신화와 왕관은 서로 다른 구조물이지만 모두 신성한 왕권을 강화하는 상징적 정치 기능을 발휘한다는 점에서 동질성을 지닌다. 건국 시조 신화가 왕권의 신성성을 통시적으로 지속시키고 공시적으로 널리 확산시키는 구술적 상관물이라면, 왕관은 왕권의 신성성을 시각적으로 드러냄으로써 보는 현장에서 그 권위를 즉각 실현시키는 조형적 상관물이라고 할 수 있다. 그러므로 건국 신화와 왕관은 시조왕의 위대함을 상징하며 왕권의 신성성을 강화하는 기능을 공유한다.[150]

---

149) 임재해, 〈굿 문화사의 성찰과 역사적 인식지평의 확대〉, 같은 책, 91~93쪽에 박·석·김 성씨 교체에 따른 역사적 상황을 자세하게 분석했다.

150) 林在海, 〈文化的 脈絡에서 본 金冠의 形象과 建國神話의 函數〉, 《孟仁在先生古稀紀念－韓國의 美術文化史論叢》, 學硏文化社, 2002, 233~235쪽에서 건국 시조 신화와 왕관의 관련성을 다루었다. 이 논의는 〈왜 지금 겨레문화의 뿌리를 주목하는가〉, 〈신라 건국신화의 맥락적 해석과 신라문화의 재인식〉 등의 논문에서 재론되었다.

따라서 김알지 신화의 서사적 줄거리를 포착하게 되면 금관의 형상적 구조물이 눈에 그려진다. 김알지 신화의 열쇠말은 알지와 금궤 그리고 계림이며, 시각적 아이콘은 번쩍이는 황금과 신성한 숲을 나타내는 계림의 형상이다. 왜냐하면 김알지는 닭이 울고 있는 시림의 나뭇가지에 걸린 금궤에서 나타났기 때문이다. 금궤의 금을 따라 알지의 성을 김씨로 삼고 닭이 운 시림을 계림으로 일컬었을 뿐만 아니라, 신라의 국호까지 계림으로 했던 것이다. 김알지 신화에 따르면, 계림은 곧 김알지가 출현한 신성한 성지이자 계림국의 상징물인 것이다. 그러므로 김알지의 후손들이 왕권을 잡고 김씨 세습 왕조를 꾸리면서 그들의 시조 신화인 김알지 신화의 내용을 시각적으로 형상화해 왕관으로 만든 것이 바로 금관이다.[151]

김알지 신화의 시각적 세계상을 왕관으로 나타낸 것이 신라 금관이다. 금궤를 상징하는 왕관의 재료는 순금으로 하고 계림을 상징하는 나무 모양 세움장식을 여러 개 배열해 왕관을 디자인한 결과, 현재 우리가 보는 다양한 모습의 금관이 만들어지게 된 것이다. 김알지의 출현 공간이자 신라의 국호 계림을 상징하는 신성한 숲을 형상화한 것이 금관이다. 처음에는 기본형의 나무를 세 그루 세우다가, 다음에는 가지 변이형 나무를 세 그루 세우고, 마지막으로는 가지 변이형 나무 세 그루에 다시 줄기 변이형 나무를 두 그루 보태어 다섯 그루의 나무가 모여 있는 〈그림 13〉과 같은 완성형의 금관을 이룬 것이다.

가장 후대의 줄기 변이형 세움장식을 사슴뿔이라고 주장하며 시베리아 기원설을 펼치는 일이 일제강점기 이후 계속되어왔다. 그러나 앞에서 살펴보았듯이 이러한 주장은 그 근거가 매우 빈약하다. 금관 연구의

---

151) 임재해, 〈신라 건국신화의 맥락적 해석과 신라문화의 재인식〉, 462~471쪽에서 본격적으로 다루었다.

종속성을 극복하고 금관 종주국으로서 신라 금관의 기원과 문화적 정체성을 되찾는 일은 우리의 문화와 역사 안에서 이루어져야 한다.

7. 민족 문화의 주체적 인식과 굿 문화 전통

금관처럼 양적으로 가장 풍부하고 질적으로 가장 화려한 우리 문화유산조차 그 원류를 시베리아에 가서 찾는데도 문제 제기를 하지 않는 것이 바로 우리 학계의 문제 상황이다. 물론 시베리아 샤머니즘 문화권에서는 눈을 씻고 찾아보아도 금관이 보이지 않는다. 흑해 북쪽 해안에서 발굴된 사르마트(Sarmat) 금관과 아프카니스탄의 틸리아테페 금관은 흔히 신라 금관의 원류로 이야기된다. 그런데 이들 금관에도 사슴뿔 모양이라고는 없다. 모두 살아 있는 수목 형상이다. 따라서 세계 어느 금관에도 없는 사슴뿔을 근거로 신라 금관의 기원설을 펴는 것은 시베리아 문화 기원설에 매몰되어 있는 고정관념 탓이다.

이미 고대 복식사 연구를 통해 "금관은 외부의 영향으로 이루어진 것이 아니라 고대 한민족이 널리 사용하던 변(弁)과 절풍(折風) 및 책(幘)의 변화 위에, 고조선 초기부터 계승된 한민족의 고유한 원형"에서 비롯되었음이[152] 밝혀졌는데도 주목하지 않는다. 일제강점기 때부터 조성된 고정관념에 매몰되어 한국 학계의 주체적 연구 성과일수록 의도적으로 외면하는 경향조차 있다.

하기야 현재 세계가 인정하고 있는 한류도 우리 문화로 인정하지 않는 지식인들이 고대 문화를 주체적으로 포착하고 고대의 한류로서 정확하게 해석할 까닭이 없다. 오히려 국내에서 대수롭지 않게 여기는 것과

---

152) 박선희, 앞의 책, 292쪽.

달리 국제사회에서 우리 문화를 한류로 대단하게 자리매김하는 것처럼, 고대 문화에 대해서도 중국은 한류 문화의 두드러진 사실들을 널리 기록해 동이족 문화의 정체성을 오롯이 드러내고 있다. 그러므로 중세에 발달한 중국의 기록 문화가 우리 고대 문화를 비추어주는 훌륭한 거울 구실을 담당하는 것이다.

우리는 자신의 문화적 모습을 비추어주는 거울을 보고도 자기 모습을 발견하지 못한다. 오히려 거울에 비친 다른 얼굴에서 자기 모습을 찾는 까닭이다. 그런 탓에, 우리 역사와 문화가 주체적으로 발전하지 못하고 북방 민족에 따라 타율적으로 전개되거나 정체되어 있었다는 관점이 알게 모르게 고고학계와 역사학계로부터 국문학과 민속학 그리고 인류학계에 이르기까지 광범위하게 자리 잡고 있다.

그 결과, 부분적 유사성이나 동질성을 근거로 전파주의적 해석을 하고 외래 기원설을 펼치는 데 익숙해졌다. 하지만 문화는 부분으로 전체를 구조화하지 못한다. 한 부분이나 특정 명칭의 어원으로 발생론을 펼칠 수 없다. 앨런 던데스가 설화의 전파론을 비판하면서 지적했듯이, 어디서나 흔하게 나타나는 화소 단위의 일부분으로 유형을 결정할 수 없기 때문이다. 더구나 문화의 기원을 설명하는 학설로는, 이미 전파설을 극복한 다원발생설(poly-genesis) 또는 독립발생설(independent invention)이 더 설득력을 지니고 있다.[153] 그런데도 대부분의 전파주의적 해석은 기본적인 요건을 충족시키지 못하고 있다. 문화가 전파되었다는 것을 입증하려면 형태의 준거, 양적 준거, 계속의 준거[154] 외에 상징의 준거[155]도 갖추어야

---

153) Richard M. Dorson, "Current Theories of Folklore", *Folklore and Folklife*, The University of Chicago Pess, 1973, 8쪽.

154) 크네히트 페터, 〈문화전파주의〉, 아야베 쓰네오 엮음, 이종원 옮김, 《문화를 보는 열다섯 이론》, 인간사랑, 1987, 25쪽.

155) '상징의 준거'는 두 문화의 형태뿐만 아니라 상징이 서로 같아야 전파의 가능성을 인정한

한다. 대부분의 전파주의적 해석은 이 가운데 가장 중요한 '계속의 준거'를 갖추지 못한다. 지리적 거리와 역사적 간격이 엄청나기 때문이다.

우리 학계는 가당찮은 전파론으로 우리 문화의 독창성을 스스로 부정한다. 그런 까닭에 세계 학계에서 동아시아 여러 나라 가운데 우리나라 문화만 독자성을 인정하지 않는다. 우리 문화를 일컫고 자리매김해주는 국제적인 용어가 아예 없다. 왜냐하면 우리 고대 문화의 가장 원형이라고 할 수 있는 굿 문화조차 시베리아 샤머니즘으로 간주하는 까닭이다. 우리 문화가 영향을 주었다고 우리 스스로 주장하는 일본 문화는 세계 학계에서 독자성을 인정받는다. 세계 학계에서 일본에는 우리와 달리 독자적인 신토(神道) 문화가 있다고 여기는 까닭이다.

동양 문화에는 힌두 문화와 불교 문화를 비롯해 유교·도교·신토 문화가 있는데, 모두 국제사회에서 힌두이즘(Hinduism)·부디즘(Buddhism)·컨퓨셔니즘(Confucianism)·타오이즘(Taoism)·신토이즘(Shintoism) 등 학술적 용어로 소통되고 있다. 그런데 한국 문화는 이 가운데 가장 중요한 세 가지 문화를 두루 가지고 있는데다가 우리 고유의 굿 문화를 따로 가지고 있으면서도 자기 문화의 정체성을 스스로 드러내지 않기 때문에 독자적인 문화를 가진 민족으로 인정되지 않는다.

인도에서는 힌두교와 불교가 발생했고, 시베리아에서는 샤머니즘이, 중국에서는 유교와 도교가 일어나 고유 문화로 존재하는가 하면, 일본에서는 신토가 국제사회에서 토착 문화로 공인되고 있다. 그런데 왜 한국에는 이러한 민족 고유문화가 없는가? 이는 분명 성찰해볼 만한 물음이 아닐까? 중국과 일본도 자기 고유의 종교와 문화가 있는데, 동아시아 세 나라 가운데 고대 문화가 가장 찬란했던 한국만이 시베리아의 샤머니즘에 종속되어야 할 문화적 이유가 있는가? 마땅히 근거도 제시하지

다는 것이다.

못하면서 일방적으로 우리 굿 문화를 샤머니즘의 틀에다 끼워 맞추려는 것은 곧 우리 문화의 정체성을 인정하지 않는 것이자 민족적 창조력을 스스로 부정하는 일이다.

실제로 우리 굿 문화는 시베리아 샤머니즘과 구조적으로 다르다. 외국 학자들이 그런 사실을 먼저 밝히고 있다. 한국 굿을 조사·연구한 알렉산더 기유모즈(A. Guillemoz)는 무당과 샤먼의 구조적 차이를 견주어 분석했다. 그는, 북방의 샤먼은 최면에 걸린 동안 영혼이 승천하거나 지옥으로 하강하기 위해 육체를 떠나지만, 한국의 무당은 천당이나 지옥으로 사라지지 않고 오히려 신이 내려온다고 했다. 따라서 샤머니즘에서는 굿을 하면 샤먼이 움직이지만, 한국 무당의 굿에서는 신이 움직인다는 것이다. "무당은 샤먼과는 반대로 신을 찾으러 가는 것이 아니라 신을 받아들이고 맞아들이는 것이다. 즉, 내려오는 것은 신들인 것이다."[156]

세계 여러 나라의 샤머니즘을 생태학적 시각에서 비교·연구한 피어스 비텝스키(Piers Vitebsky) 역시 우리 굿 문화를 유목 문화의 샤머니즘과 구별해 농경 문화의 제의 양식으로 다루었다.[157] 덕분에 유목민의 떠돌이 생활에 따라 신을 찾아 이계(異界)로 떠나는 시베리아 샤먼과, 농경민의 정착 생활에 따라 이계의 신을 불러오는 우리 굿 문화의 구조적 차이를 분석한 연구 성과를[158] 구체적으로 더 진전시킬 수 있게 되었다. 우리 굿 문화를 시베리아 샤머니즘과 견주어보면, "유목 문화와 농경 문화의 생태학적 차이에 따라 남성 샤먼과 여성 무당, 엑스터시(ecstasy)와 포제

---

156) 알렉상드르 기유모즈, 〈現世的 福樂追求의 信仰〉, 크리스챤아카데미 편, 《韓國의 思想 構造》, 삼성출판사, 1975, 406쪽.

157) 피어스 비텝스키, 김성례·홍석준 옮김, 《살아 있는 인류의 지혜 샤먼》, 도서출판 창해, 2005.

158) 임재해, 〈굿 문화사 연구의 성찰과 역사적 인식지평의 확대〉, 앞의 책, 120~131쪽에서 자세하게 다루었다.

션(possession), 이계 여행과 신의 청배(내림), 동물 몸주와 인격 몸주, 동물신 옹고드와 인격신의 무신도, 하늘로 상승과 땅으로 하강 등 일일이 대립적으로 맞서 있다"는[159] 사실을 알 수 있다.

제주도 큰굿 열두거리의 내용과 구조를 분석한 결과에서도 고대부터 고유의 굿 문화를 창조하고 전승해왔다는 민족적 독창성이 입증된다.[160] 그러므로 우리 굿 문화의 옛 기록을 보든 또는 실제 제의 양식의 특성을 보든, 더 이상 우리 굿이 시베리아 샤머니즘에서 비롯되었다고 할 아무런 이유가 없다. 우리 굿은 세계 어느 나라 문화와 견주어보더라도 가무악 중심의 굿 문화가 도드라지며, 생태학적 특징과 문화사적 고유성을 잘 확보하고 있다. 실제 조사에 따르면, 우리 굿 문화의 기원으로 떠받드는 시베리아 알타이의 무당들조차 '샤먼'이라고 하지 않는다. '샤먼'이라고 하면 무슨 말인지 알아듣지 못한다.[161] 따라서 지금까지 보편적인 것처럼 쓰고 있는 샤머니즘이라는 말도 퉁구스족 일부에서만 쓰고 있는 특수 용어일 뿐, 시베리아 지역의 굿 문화를 대표하는 것도 아니다.

그런데도 우리 무당과 굿을 기어코 샤먼 또는 샤머니즘에 끌어다 붙인 까닭에 고유문화로서 독창성을 인정받지 못하게 된 것이다. 따라서 샤머니즘·힌두이즘·부디즘·타오이즘·신토이즘과 나란히 우리 '굿 문화(Kut culture)' 또는 '굿이즘(Kutism)'으로 자리매김해야 한다. 그러자면 굿 문화를 더 이상 'Korean shamanism'과 같은 종속적 번역어로 나타내서는 안 된다. '굿'이나 '무당'이라는 우리말로 고스란히 소통시켜, '태권도'나 '김치'처럼 국제사회에서 우리 말과 함께 한국 고유문화로 인정받도록 해야

---

159) 임재해, 〈왜 겨레문화의 뿌리를 주목하는가〉, 같은 책, 213~214쪽.

160) 이수자, 《큰굿 열두거리의 구조적 원형과 신화》, 집문당, 2004, 408~407쪽.

161) 이건욱 외, 《알타이 샤머니즘》, 국립민속박물관, 2006, 152~153쪽에 따르면, 알타이 민족들은 "샤먼이라는 말을 쓰지 않을 뿐 아니라 아예 그 단어조차 모르고 있었다." "알타이 민족들은 샤먼이 아니라 '깜(kam)'이라는 용어를 쓴다."

한다.[162) 굿 문화의 정체성을 살려야 우리 문화가 세계 속에서 독자적인
문화 주권을 누리게 될 것이며, 더불어 고대 신명풀이 문화의 전통을
주체적으로 마음껏 누릴 수 있을 것이다.

오늘의 한류도 굿 문화의 문화적 유전자가 나타난 표현형의 하나라는
사실을 재인식해야 한다. 동이족들은 옛날부터 남녀노소가 더불어 밤낮
을 쉬지 않고 가무를 즐겼을 뿐만 아니라, 길을 걸어가면서도 노래 부르
기를 즐겨 종일토록 노랫소리가 끊어지지 않았다고 하지 않는가. 고대
사회의 연행 예술 문화가 이처럼 풍부하게 서술된 사례를 발견하기 어렵
다. 세계 어느 민족과 견주더라도 동이족만큼 노래와 춤을 즐기며 신명
풀이를 한 민족은 없을 것이다. 그러한 전통은 최근까지 고스란히 이어
져 마을마다 풍물이 갖추어져 있고 두레 노동을 하면서도 풍물을 치며
가무를 즐겼다. 마을굿을 할 때도 풍물이 빠지지 않았다.

한류를 형성하는 지금의 대중문화를 돌아보자. 노래와 춤 그리고 음악
은 대중문화의 본디 주류가 아닌가. 이는 고대 문화의 원형과 잘 맞아떨
어진다. 그러나 지금의 한류는 더 나아갔다. 동영상시대에는 노래와 춤
못지않게 영화와 드라마가 주류를 이루게 되었다. 우리는 지금 대중가요
못지않게 영화와 드라마로 한류를 이어가고 있다. 드라마의 한류 또한
굿 문화의 유전자에서 그 뿌리를 찾을 수 있다.

영화와 드라마의 연기는 연극에서 출발한 것이다. 연극배우가 영화배
우로 그리고 드라마의 탤런트로 발전해왔다. 모두 연기가 기본인데, 이
러한 연기야말로 굿을 하는 무당의 몫이다. 무당은 가무오신(歌舞娛神)
하는 까닭에 노래와 춤도 잘 추게 마련이지만, 신내림을 통해 신의 역할
을 하는 까닭에 광대 노릇을 곧잘 하지 않을 수 없다. 연극이 굿에서
기원했다는 것은 세계적 학설이며, 굿을 하는 무당이 배우 노릇의 출발

---

162) 임재해, 〈왜 지금 겨레문화의 뿌리를 주목하는가〉, 236~237쪽.

이라는 사실도 새삼스러운 것이 아니다. 신기를 타고난 사람이 무당 구실을 하듯, 신기가 많은 사람들이 소리꾼과 춤꾼은 물론 광대 노릇도 맡게 마련이다.

　실제로 무당은 광대나 배우와 같은 행위를 한다. 무당은 굿을 하는 도중에 신내림을 통해 다른 인물로 전환되며, 다른 인물의 역할을 하는 까닭이다. 음성·몸짓·말을 신내린 인물처럼 완전히 바꾸어 표현하는 것이다. 마치 배우가 특정 배역이 주어지면 그 배역에 맞추어 말하고 행동하는 것과 같다. 《배우의 길》을 쓴 브라이언 베이츠(Brian Bates)에 따르면, 무당은 제의적 공연을 통해 신이 전해준 미래의 사건들을 예언 하고 신성한 의식을 주재하는 신비한 공연자이자 지혜의 전달자이며, 신성한 배우로 규정된다고 한다.[163)

　무당이 굿을 하는 방식도 두 가지이다. 시베리아 샤먼처럼 이계로 여행하는 탈혼 상태에 이르는 굿이 있는가 하면, 우리 무당처럼 신을 불러들여 내림을 받아 빙의 상태에 이르는 굿도 있다. 탈혼 상태로 이계 여행을 하게 되면 연극적인 상황과 거리가 멀어진다. 혼이 나간 엑스터 시 상태는 일정한 배역을 하는 연극과 반대 상황을 이루기 때문이다. 그러나 신내림을 받아 빙의 상태로 굿을 하는 상황은 곧 연극적인 상황 과 일치한다. 왜냐하면 무당이 자신의 몸에 빙의된 신의 행위를 고스란 히 하는 까닭이다. 무당이 배우처럼 몸에 실린 신으로 인격 전환을 하는 것이 굿의 빙의 상황이다. 신들림 현상은 마치 배우가 주어진 배역의 인물 역할을 하는 것과 같다. 그러므로 우리 굿 문화는 구조적으로 연극 을 잘할 수밖에 없는 문화적 토양을 마련해주고 있다.

　무당은 굿을 하면서 인격 전환을 하게 되는데, 그것은 곧 배우가 연극 을 하면서 등장인물로 인격 전환을 하는 것과 다르지 않다. 인격 전환을

---

163) 브라이언 베이츠, 윤광진 옮김, 《배우의 길》, 예니, 1997, 33∼34쪽 참조.

잘하는 배우가 연기를 그럴 듯하게 잘한다. 신기가 많은 무당도 신내림을 잘 받고 신들림 현상이 두드려져 굿을 잘하는 것으로 인정된다. 무당은 신내림을 할 때마다 전혀 다른 인물로 인격 전환을 하는 까닭에, 배우가 배역에 따라 다른 인물로 전환되는 상황과 같다. 무당이 신에게 홀려 다른 사람처럼 되듯이, 배우도 배역에 빠져들어 전혀 다른 사람처럼 연기를 해야 연극이나 드라마가 더 돋보이게 된다.

자연히 연극학자들은 무당의 신들림 현상을 배역에 따른 배우의 홀림 현상과 같다고 해석한다. 리처드 홈비(Richard Homby)가 지적하듯이, 최상의 연기는 '역할이 배우를 연기하는 상태', 곧 무아의식의 상태에서 이루어지는 연기이다.[164] 그것은 곧 신내림을 잘 받는 무당이 훌륭한 굿을 하는 것과 다르지 않다. 자기의 본래 정체를 잊어버리고 마치 신인 것처럼, 아니 신이 자기를 통해 현신한 것처럼 행동하는 것이다. 가장 완벽한 연기가 이루어지는 셈이다.

실제로 굿판에서 연극이 생겨나고 발전했다. 자연히 연극의 기원도 제의에서 찾는다. 하회별신굿의 탈놀이가 훌륭한 보기이다. 우리 탈춤은 풍농을 기원하는 마을굿에서 비롯되어 발전했다.[165] 굿 문화의 전통이 마을 풍물놀이으로 전승되고 탈춤과 같은 연극예술로 지속되었다. 굿과 예술, 제의와 연기는 한 뿌리에서 성장했다. 따라서 고대부터 굿 문화의 신명풀이 전통이 발전한 민족의 연예인들은 노래와 춤뿐만 아니라, 드라마나 영화에서 연기도 잘하게 마련이다. 그러므로 오늘날 한류가 세계적으로 주목받는 것도 고대 굿 문화의 유전자가 아무런 제약 없이 자유롭게 발휘된 결과라고 할 수 있는 것이다.

---

164) Richard Homby, *The End df Acting*, Applause, 1992 ; 안창경, 〈배우의 연기체험과 샤먼의 트랜스〉, 《공연문화연구》 13, 한국공연문화학회, 2006, 209쪽 참조.

165) 조동일, 《탈춤의 역사와 원리》, 홍성사, 1979, 48~108쪽.

8. 고대 문화의 아시아적 지평과 '한류' 전망

고대 동이족들이 가무를 즐겼던 문화의 유전자는 지금 대중문화의 한류를 통해 이어지고 있다. 한류는 중국·일본·베트남·몽골·동남아시아를 석권하고 하와이를 거쳐 미국 본토까지 진출했다. 로스앤젤레스와 샌프란시스코, 시카고와 뉴욕 같은 대도시의 텔레비전 방송국에서도 한국 드라마를 방송하게 된 것이다. 동이족의 빼어난 문화에 대해 공자를 비롯한 고대 중국인들이 동경하고 흠모했듯이, 이제 한류 문화는 세계인들이 주목할 정도로 국제적 보편성을 확보해나가고 있다. 붉은악마의 거리 축제나 대중문화 중심의 한류 그리고 넘쳐나는 축제는 모두 고대 제천행사의 국중대회 모형이 오늘날의 상황에 알맞게 되살아난 셈이다.

'남녀노소·군취가무·주야무휴·연일음주가무'로 나타나는 가무오신 형식의 제천행사는 고대 우리 민족의 발전된 굿 문화의 양상을 말해준다. 동이족의 굿 문화가 중원에 영향을 미쳐 도교로 발전했고,[166] 공자가 동경했던 군자국으로서 동이족의 도덕성 역시 중원에 영향을 미쳐 유교 문화로 발전했다는 추론이 가능하다. 이러한 추론은 공연한 것이 아니라, 고대에 우리 문화가 여러 모로 더 발전했다는 사실을 중국의 기록을 통해 확인한 결과이다. 최근의 고고학적 발굴 유물들은 한층 실증적인 근거 자료를 제시하고 있다.

고대의 '한 > 중' 관계는 중세까지 지속되지 못하고 말았다. 중세에는 '중 > 한' 관계로 역전된 것이다. 중세에 이르면 중국에서 한문 문화와 유교 문화가 우세하게 발전한다. 우세한 중국 문화가 다시 한국으로 들어와 크게 영향을 미쳤다. 그런데 현재 우리 유교 문화의 전통이 종묘

---

166) 안동준, 〈고조선 지역의 무교가 중원 도교문화에 미친 영향〉, 《고대에도 한류가 있었다》, 민족문화의 원형과 정체성 정립을 위한 학술대회 1, 프레스센터, 2006년 12월 8일 참조.

제례를 비롯한 유교 제의를 통해 다시 중국에 영향을 미치고 있다. 이것은, 유교 문화의 뿌리는 우리가 더 깊다는 것을 상징하는 것이 아닐까? 그러나 중세에 중국 문화가 우세했다는 것은 분명한 사실이다. 이와 마찬가지로 근대에는 일본 문화가 가장 우세했다. 그러므로 동아시아 세 나라의 문화사적 전개를 제대로 이해할 필요가 있다.

고대에 우리 문화가 여러 모로 앞서서 중국과 일본에 영향을 미쳤다면, 중세에는 중국 문화가 여러 모로 앞서서 우리와 일본에 큰 영향을 미쳤다. 그리고 근대에는 일본 문화가 여러 모로 앞서서 우리와 중국에 큰 영향을 미쳤다는 사실이 동아시아 문화사의 실체적 진실이다. 그런데 지금은 다시 우리 문화가 '한류'로 선편을 잡고 있다는 사실을 부정할 수 없다. 고대 문화의 유전인자에서 한류의 뿌리를 찾을 수 있다.

고대 굿 문화의 전통에서 나라굿의 국중대회 양식은 마을굿의 동중대회(洞中大會)로 이어지고 있고, 고조선 건국 신화의 신단수와 단군의 전통은 마을의 당신화와 당나무 그리고 단골신앙으로 이어지고 있다. 고대 굿 문화의 가무악 전통이 예술적 신명풀이 활동으로서 현재의 '한류'로 되살아난 것처럼, 가무사제(歌舞司祭) 형식으로 이루어지는 굿 문화의 주술적 신앙 활동도 현재의 무당굿으로 여전히 지속되고 있다. 지금 한류의 대중문화가 국제사회에서 영향력을 미치는 것처럼, 무당굿도 세계적으로 가장 활발하고 가장 발전된 양식으로 살아 있어서 주목된다.

붉은 십자가들이 도시의 밤하늘 별자리를 가릴 만큼 교회가 많은 것이 우리 사회의 현실이다. 하지만 점술가와 무당들이 도시의 거리를 거대한 상가처럼 점유하고 있는 것도 우리 종교 문화의 특성이다. 세계에서 한국의 도시처럼 점술가와 무당이 많은 나라도 없으려니와, 한국만큼 굿 문화의 전통이 시각적으로 화려하고 문학적으로 풍부하며 예술적으로 수준 높게 전승되고 있는 나라도 없다. 대도시일수록 무당이 더 많고 굿도 한층 성행한다.

서울에는 지금 2~3만 명의 무당이 있으며, 평균 4개 정도의 굿방을 갖춘 굿당이 50여 개나 된다.[167] 따라서 굿방을 하루에 한 번씩만 이용해 굿을 한다고 하더라도 하루 200회의 굿이 이루어지는 셈이며, 굿당을 임대하지 않고 사사로이 하는 굿까지 고려하면 매일 엄청난 수의 굿이 이루어짐을 짐작할 수 있다. 서울에서 마을굿이 전승되는 지역은 40여 곳이나 되며, 굿을 할 때면 200여 명의 주민들이 참여한다.[168] 지방에는 마을굿도 더 드세게 전승되고 있다.

따라서 지역 상황까지 고려하면 전국적으로 한국처럼 굿이 풍부하게 전승되고 있는 나라는 없다고 하겠다. 게다가 굿의 내용과 양식도 상당히 발전되어 있다. 그러므로 우리나라는 세계적으로 굿 문화가 가장 발전된 양식으로 생생하게 전승되고 있는 나라라고 할 수 있다.

고대의 굿 문화 전통이 유교 문화의 억압과 일제 식민 정책의 탄압을 거치고도 꿋꿋하게 다시 살아나고 있는 것은 시대적 상황과 연관되어 있다. 최근에 정치적 민주화의 진전과 더불어 아무런 제약 없이 자유로운 문화 활동이 가능해졌기 때문이다. 더 이상 굿을 미신으로 취급하지도 않고 행정적으로 탄압하지도 않게 되었다. 굿을 설명하는 교과서 내용도 바뀌었다. 한류도 같은 문화적 상황에서 나타난 현상으로 해석되어야 한다. 지금 세계가 누리고 있는 한류는 바로 우리 고대 문화의 지속성이자 보편성으로 나타난 민족 문화의 정체성에서 비롯된 것이다. 아울러 자유로운 창조력을 발휘할 수 있는 민주적인 문화 상황과 세계화의 진전에 따라 조성된 결과이다.

현재의 한류는 고대의 한류를 읽는 거울이며, 고대의 한류는 현재의

---

167) 홍태한, 〈서울굿에서 여성과 남성〉, 《실천민속학연구》 7, 실천민속학회, 2005, 70쪽 참조.
168) 같은 글, 75~76쪽.

한류를 읽는 거울이다. 그런데 우리는 그 거울을 온전하게 들여다보지도
않았고 또 제대로 읽으려들지도 않았다. 우리 문화를 보는 우리 눈에
콩깍지가 끼어 있는 셈이다. 우리는 고조선 문화의 정체성을 나타내는
아사달 문양이나 태양신을 숭배하는 삼족오의 전통을 주목하지 않는다.
그 결과 우리 역사의 지속성과 우리 문화의 보편성을 축소시키는 결과를
빚어, 일본의 역사 왜곡이나 중국의 동북공정에 학술적으로 맞서지 못하
고 있다.

고조선의 동이족이 누렸던 아사달 문명의 유산은 아사달 문양으로
남아 있다. 중국 산동 지역의 대문구(大汶口) 문화 유적에서 발굴된 팽이
형 토기의 아사달 문양은 여러 가지 문명사적 의미를 지니고 있다. 이
유적의 아사달 문양을 연구한 중국 학자들은 아사달 문양에서 중국의
한자가 발명되었다고 해석한다.[169] 우리나라에서도 한자가 동이족으로
말미암아 만들어졌다는 본격적인 연구가 단행본 차원에서[170] 이루어져
더욱 주목을 끈다.[171] 따라서 아사달 문양은 고조선의 지리적 영역이 중
국 산동반도 일대까지 미쳤을 뿐만 아니라, 고조선의 문명이 중국에
영향을 미쳐 중국 문화를 발전시켰음을 보여준다. 중국 학자들 스스로
아사달 문명이 영향을 미친 산동 지방의 문화가 중국 전체에서 가장
선진적이었다고 해석한다.[172]

---

169) 신용하, 〈古朝鮮 '아사달' 文樣이 새겨진 山東 大汶口文化 유물〉, 《韓國學報》 102,
一志社, 2001 봄호, 9〜10쪽에 따르면, 소망평(邵望平)과 허진웅(許進雄)은 아사의 모양
을 아침 단(旦)의 기원으로, 공유영(龔維英)은 여름하늘 호(昊)의 기원으로, 왕수명(王
樹明)은 빛날 경(炅)의 조형으로 보았다. 이 글은 《한국 원민족 형성과 역사적 전통》,
나남출판, 2005, 63〜87쪽에 재수록되었다. 다음부터 전거는 이 책을 중심으로 밝힌다.

170) 兪昌均, 《文字에 숨겨진 民族의 淵源》, 集文堂, 1999, 5〜7쪽 참조.

171) 김성재, 《갑골에 새겨진 신화와 역사》, 동녘, 2000, 712쪽. "중국에서 동이라고 부르는
한민족은 아주 이른 시기에 이 한자 만들기에 참여한 것이다."

172) 신용하, 《한국 원민족 형성과 역사적 전통》, 75쪽 및 85〜86쪽 참조.

〈그림 14〉 칭기즈칸릉 깃발

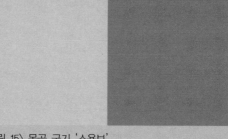

〈그림 15〉 몽골 국기 '소욤보'

그런데 이 아사달 문양이 중국 대륙에 지금도 깃발로 살아 펄럭이고 있다. 중국 내몽고 지역의 칭기즈칸릉(成吉思汗陵)[173] 입구와 제단에는 여러 개의 깃발이 세워져 있는데, 한결같이 아사달 문양을 그려져 있다.

---

173) 중국 내몽고자치구 얼튀스(東勝市)에 있는 칭기즈칸릉.

더 정확하게 말하면 아사달의 아랫부분인 달[山]에 해당하는 문양은 없
다. 이 문양은 해 윗부분에 올라가서 불꽃 문양 구실을 하기도 한다.
혼례식 공연을 할 때 쓰이는 북에도 같은 문양이 보인다. 몽골 지역의
국기와 깃발 등에는 고조선의 아사달 문양이 살아 있다. 몽골 국기 '소욤
보'에는 아사달 문양이 위에 있고 그 아래에는 태극 문양까지 보인다.

고조선 문명의 신화적 상징인 삼족오태양과 삼족오 문양의 분포 및
지속성도 주목된다. 선비족(鮮卑族)의 무덤이라고 하는 중국 조양 원대
자 벽화묘에서 삼족오 그림이 나왔는가 하면, 산동반도의 곡부에 자리
잡은 소호족의 삼족오태양 전설도 '구이(九夷)', 곧 동이를 묘사하고 있
다. 다시 말해서, 소호족 전설은 '구이'를 아홉 개의 삼족오태양으로 묘사
하고 있는 것이다.[174] 그런데 그리스인에게 삼족오태양 그림을 보여주면
태양신 아폴론을 떠올린다. 왜냐하면 아폴론을 상징하는 신이 까마귀이
기 때문이다.

까마귀로 태양신을 상징하는 문화는 세계적 보편성을 지니고 있다.
그리스의 아폴론 신화 외에 켈트족과 게르만족 신화, 이란의 미트라
신화, 중앙 유목민들의 타타르 신화, 바이칼 유역의 브리야트 신화 등에
서 까마귀는 하늘과 땅을 이어주는 신조(神鳥) 구실을 한다. 그러나 발을
셋 가진 까마귀를 태양신으로 믿는 삼족오 문화는 고조선 문화권에만
한정되어 나타난다. 따라서 삼족오 문화 역시 고조선 문명의 지리적
경계와 역사적 뿌리를 실증하는 긴요한 자료이다. 흥미로운 사실은 삼족
오 문양 또한 아사달 문양처럼 중국 내몽고자치구 성도인 호화호특(呼和
浩特)시의 현대적 조형물 속에[175] 살아 있다는 점이다.

---

174) 신용하, 《한국 원민족 형성과 역사적 전통》, 92~97쪽.
175) 중국 내몽고자치구 성도 호화호특(呼和浩特)시 내몽고호텔 로비 왼쪽에 거대한 칭기즈
    칸 입상이 서 있는데, 입상의 배경이 되는 벽면 중심부에 삼족오가 부조로 조각되어 있다.

그런데 아사달 문양이나 삼족오 문양을 현대의 우리 문화 속에서는 쉽사리 찾아보기 어렵다. 아사달 문양은 잊혀진 것이 아니라 아예 잃어버렸다. 삼족오 문양도 거의 쓰이지 않고 있다. 국학원과 실천민속학회 그리고 예맥출판사에서 삼족오를 상징으로 쓰고 있는 정도이다. 이처럼 우리 문화 속에서는 사라졌거나 흔적조차 남아 있지 않은 우리 고대 문화의 시각적 상징물인 아사달과 삼족오 문양이 내몽고 지역에서는 현대 문화로 지속되고 있다. 우리 민족 문화의 정체성을 몽골 문화가 이어가고 있는 것이다. 가무 중심의 한류 문화 못지않게 시각적 상징 문화의 한류에 대해서도 지속성과 보편성을 확보하는 노력이 필요하다. 민족 문화의 정체성을 드러내는 시각적 상징물로 삼족오와 아사달 문양을 널리 쓰지 않으면 이 또한 몽골 문화인 것처럼 해석될 가능성이 높다. 문화는 만든 사람이 주인이 아니라 누리는 사람이 주인이다. 문화를 지키고 가꾸는 사람이 바로 그 문화의 주인이다.

지금도 고대 동이족 지역에는 고고학적 발굴이 계속되고 있다. 그리고 이미 발굴된 유적에도 동이족 문화로 해석되는 자료들이 많다. 대표적인 것이 내몽고 지역의 홍산(紅山) 문화 유적이다.[176] 홍산 문화를 포함하는 요하 지역 문명은 중국의 황하 문명보다 신석기 문화가 훨씬 앞선다. 다시 말해서, 고대 동이족 문화가 시기적으로 중국 문화보다 앞서고 질적 수준도 훨씬 우수하다. 따라서 중국은 동이족 문화를 중화 문화로 귀속시키기 위해 '중화문명탐원공정'을 수행해 요하 문명은 물론, 동북아 지역의 모든 소수민족을 '중화민족'의 일원으로 해석한다.

중국의 의도대로 요하 문명론이 진전되면 고조선과 고구려의 건국 시조는 모두 황제족의 후예로 귀속된다. 자연히 고구려사를 비롯한 그

---

176) 이 책 제3부에 있는 우실하의 〈요하 문명, 홍산 문화와 한국 문화의 연계성〉에서 이 문제를 집중적으로 다루고 있다.

이전의 모든 고대사는 중국사에 포함되고 마는 것이다. 그러므로 중국의 이러한 역사 왜곡에 맞서는 역사 연구는 물론, 홍산 문화 유적에 대한 본격적인 현지 연구가 필요하다.

결국 동이족이 창출한 홍산 문화를 중심으로 한 요하 지역 문화는 고대 문화의 발상지로 알려진 황하 문화보다 훨씬 앞선 것이다. 한마디로, 동이족이 황하 문화보다 앞선 고대 문화를 누렸다는 것이다. 따라서 문헌의 기록으로 보나 고고학적 유물로 보나 우리 고대 문화는 동아시아에 여러 모로 영향을 미칠 정도로 가장 발전했다고 하지 않을 수 없다. 가무를 즐긴 공연 예술 문화와 제천행사를 성대하게 한 굿 문화 그리고 군자의 도리를 존중한 예절 문화가 발전했고, 아사달과 삼족오 문양 같은 시각적 상징 문화도 발전했다. 이러한 동이족의 발전된 문화는 중국과 북방에 큰 영향을 미쳤다. 지리적 영역도 만주와 몽골 지역은 물론 중국의 동북부 해안에 미칠 만큼 넓었고, 문화적 수준도 아주 드높았다.

중국은 동이족의 선진 문화를 받아들여 중세 문화를 꽃피웠다. 우리 굿 문화를 받아들여 도교를 발전시키고, 예절 문화를 받아들여 유교 문화를 창조하며, 아사달 문양과 같은 상형문자를 통해 한문 문화를 창조적으로 발전시켰다. 이와 같은 도교 문화와 유교 문화 그리고 한문 문화를 통해 중국의 중세 문화는 동아시아의 선진 문화를 이루었다. 그리고 발전된 중세 문화는 한문과 유교를 중심으로 조선을 비롯한 아시아 지역에 큰 영향을 미쳤다. 그러므로 중국은 문화적 대국으로서 이웃 나라를 책봉체제로 종속화하는 중세 질서의 중심이 되었다.

일본 열도는 중세까지 문화적으로 변방이나 다름없었다. 고대에는 한국 문화, 중세에는 중국 문화의 영향을 받으면서 동아시아 문화의 주변부에 머물렀다. 그러나 근대에 들어와 동양적 전통을 바탕으로 서구 문화를 적극 받아들여 근대 문화를 가장 발전적으로 꽃피웠다. 메이지유

신의 계기와 후쿠자와 유기치(福澤諭吉)의 '탈아입구론(脫亞入歐論)'을
사상적 배경으로,[177] 일본은 기술 문명의 발전과 군사적 대국화로 나아가
마침내 아시아 여러 나라를 지배하는 제국주의 질서의 중심에 섰다.
근대 선진국 일본의 지배로 아시아 여러 나라는 식민지로서 고통을 겪었
다. 일본의 근대 문화는 한국과 중국에 충격적 영향을 미쳤다. 그런 까닭
에 일본 국회에서 "아시아 여러 국민에게 끼친 고통을 인식하고, 깊은
반성의 뜻"을 표명하는 '전후 50년 국회결의'를 채택한 것이다.

　그러므로 아시아의 지평 속에서 보면, 한국은 고대에, 중국은 중세에,
일본은 근대에 각각 그 문화가 우뚝했다. 고대에는 한국이 중국과 일본
에, 중세에는 중국이 한국과 일본에, 근대에는 일본이 한국과 중국에
각각 문화적 영향을 주었다. 문화사적 전개 속에서 세 나라는 제각기
다른 시기에 문화적 우위를 점유하며 서로 영향을 주고받았다.

　따라서 동아시아 세 나라 문화는 역사적 전개에 따라 우열의 형태로
존재하는 것 같지만, 역사적 안목으로 길게 보면 서로 대등했다고 해야
할 것이다. 그러므로 세 나라의 대등한 문화적 관계를 역사적으로 정확
하게 포착하고 종래처럼 우열의 관계에 따라 일방적으로 소통시킬 것이
아니라 호혜적인 상생의 문화 교류로 가져가야, 아시아가 문화의 세기를
주도할 수 있을 것이다.

　'고대에도 한류가 있었다'는 문제 인식은 세 갈래 문화 이해의 길을
제시한다. 하나는 현재의 우리 문화가 한류라는 자기 얼굴을 오롯이
가지고 있다는 사실이다. 한류가 지속되려면 국제사회에서 문화적 정체
성이 도드라지도록 자기 얼굴의 개성을 더욱 가꾸어나가야 할 것이다.
둘은 우리 고대 문화 또한 자기 얼굴을 가지고 아시아에서 가장 앞섰다
는 사실이다. 현재의 한류 못지않게 우수했다는 역사적 인식을 근거로

---

177) 정일성, 《후쿠자와 유키치 - 脫亞論을 어떻게 펼쳤는가》, 지식산업사, 2001, 29~61쪽.

우리 고대사와 고대 문화 연구의 주체성을 온전하게 확보하는 것이 긴요
한 과제이다. 셋은 고대와 달리 중세와 근대에는 중국과 일본이 각각
우리보다 문화가 앞섰다는 사실이다. 고대에는 문화적 교류가 자유로웠
지만 중세와 근대에는 체제가 경직되어 문화 교류가 일방적이었다. 중세
에는 중국의 유교 문화가, 근대에는 일본을 통해 들어온 서구 문화가
우리 문화의 본디 전통을 억압해, 좌도나 미신으로 탄압했던 것이다.
그러므로 이 시기에는 우리 굿 문화의 신명풀이 전통을 창조적으로 살리
지 못했다. 그러나 국내적으로 민주화가 진전되고 국제적으로 세계화가
가속되는 가운데 문화의 세기가 도래하자 고대 굿 문화의 전통은 새로운
상황에 맞게 활성화했는데, 그것이 바로 오늘의 '한류' 현상이다.

고대의 굿 문화는 지금까지 문화적 유전자로 생생하게 살아 있지만,
시대적 상황에 따라서는 부침을 거듭했다. 사회체제의 억압 속에서는
잠복하고 해방 공간에서는 활성화했다. 고대에는 역동적으로 활성화해
이웃나라에 영향을 미칠 정도였지만, 봉건 질서의 중세와 제국주의체제
의 근대에는 좌도와 미신이라는 탄압 아래 잠복해 있을 수밖에 없었다.
그러나 현대에 이르러 해방 공간을 맞이하자, 굿 문화가 다시 자유롭게
활성화하고 더불어 대중문화도 아연 활기를 띠게 되었다. 그러므로 인간
해방의 문화가 성숙될수록 굿 문화는 새로운 표현 형태로 한류를 형성하
면서 세계적 보편성을 띠게 될 전망이다.

이러한 상황 인식 속에서, 문화의 세기를 살아가는 '지금·여기·우리'
의 현실 문화는 어떠한가 돌아보지 않을 수 없다. 일본은 근대 이후
지금까지 아시아의 문화적 중심지 구실을 했지만, 지금은 일본에서 한국
으로 그 중심지가 이동하고 있다. 한국에서 고대 문화의 주류를 이루었
던 군취가무의 연행 예술(performance art)이 현대의 공연 예술로 한류를
형성하며 국제사회에서 보편성을 획득하고 있는 까닭이다.

앞으로 인간 해방의 신명풀이 문화가 문화의 세기에 주류를 이룰 조짐

이다. 남녀노소가 군취가무하는 굿놀이 속에서는 모두 하나되는 집단적 신명풀이가 추구된다. 인간 해방의 대동사회가 형성되는 것이다. 한류는 기본적으로 해방 문화 속에서 성장했고 또 활성화했다. 서구 사회에서 대중문화가 앞섰던 것은 신분제를 극복하고 상대적으로 평등한 사회를 먼저 이루었으며 문화가 상품화했기 때문이다. 중세 문화의 중심지였던 중국은 신분 질서가 강고했고, 근대 문화의 중심지인 일본은 신분 질서 위에 다시 자본 중심의 계급제가 형성되었다. 이렇게 아시아에서 일본 대중문화가 앞설 조건을 갖춘 것이다.

한국은 중세에 중국의 영향으로 신분 사회를 형성하고 근대에는 일본의 영향으로 계급 사회로 바뀌었다. 그러나 현대는 신분도 계급도 넘어서서 해방 세계를 추구한다. 우리 고대 문화에는 신분 사회 이전에 형성되었던 문화 원형이 잘 갈무리되어 있다. 따라서 고대 문화의 유전자를 통해 현대 문화 창조의 선편을 잡은 것이 '한류'라고 할 수 있다.

백범 김구 선생이 소원하던 '문화 강국'의 꿈을 실현하기 위해서라도 잃어버린 우리 문화의 본디 모습을 되찾고 고대부터 지속된 신명풀이 해방 문화의 유전자를 민족적 창조력으로 활성화해야 할 것이다. 그러자면 민족 문화의 원형을 적극적으로 찾아 나서고 그 정체성을 밝히는 일에 관심을 기울이며 인간 해방의 문화를 만드는 데 특별히 힘을 모으지 않을 수 없다.

그러나 한류도 자본에 따라 유통되는 근대적 한계를 극복하지 못하고 있다. 여전히 문화 정책이 아니라 경제 정책의 하나로 한류를 수단화하려는 경향이 주류를 이루며, 문화 창조가 아니라 상품 투자의 대상으로서 한류를 주목한다. 이러한 문제를 해결하려면 고대처럼 이웃나라와 자유롭게 교류하며 무상으로 문화를 공유하는 대안 구상이 긴요하다. 그리고 중세처럼 동아시아 문명권의 공동 문화 자산으로 한류를 가지고 가는 길을 모색하는 것이 또 다른 과제이자 대안이 될 것이다.

고조선 문명권의 형성과 동북아의 '아사달' 문양

신 용 하

1. 잃어버린 고대 문명을 찾아서

세계사에는 해독할 수 있는 문자 기록이 남아 있지 않거나 부족해서 잃어버린 고대 문명들이 있다. 예컨대, 언어학자들이 다양한 논쟁을 전개하면서도 문법상 동일 계통으로 친연 관계가 있다고 본 어족 집단을 편의상 우선 '우랄·알타이어족'이라는 호칭으로 잠정적으로 빌려본다면, '우랄·알타이어족'은 그 기원과 형성 과정을 알지 못하기 때문에 이를 형성시킨 시원적 문명을 찾을 수 없다.

다시 말해서, 오늘날 한국·일본·만주·몽골·브리야트·야쿠트·위구르·키르키스·타타르·카자흐·우즈베크·투르크멘·타지크·터키·불가리아·헝가리·에스토니아·핀란드·카렐리야 등 유라시아 대륙의 서북쪽 끝 핀란드로부터 동아시아의 끝 한국과 일본에 이르는 나라와 민족들은 크게 동일 계열의 문법 구조를 가진 언어를 사용하는데, 그 기원과 형성 과정을 알지 못하는 것이다.

이 어족은 언어 구조만 비슷한 것이 아니다. 다른 기층문화의 항목들도 매우 큰 공통점을 갖고 있다. 예컨대, '태양 숭배', '천제(天帝) 숭배', '천손(天孫) 사상', '솟대 문화', '샤먼 문화', '무덤 문화', '제천(祭天) 문화', '축제 문화', '음악과 무용의 유형', '궁시(弓矢)', '주마(走馬)', '기사(騎射) 문화', '격구(擊毬)', '금환(金丸)', '씨름', '수박(手搏)', '권법', '격투기', '고대 금속 문화 유형' 등은 뚜렷한 공통성을 관찰할 수 있는, 우랄·알타이어족들의 공통의 기층문화 항목들이다.

유라시아 대륙의 이 긴 문화적 벨트를 산출한 시원적 고대 문명은 없었는가? 있었다면 그 고대 문명은 어떤 문명일까? 필자는 한국 민족의 기원과 형성 과정을 탐구하다가, 문자 기록이 부족했기 때문에 잃어버린 고대 문명이 있음을 알게 되었다. 그것이 바로 '고조선(古朝鮮, 아사달) 문명권'이다.

지금까지 보고된 고고 유물 발굴 결과를 보더라도, 황하 상류에 앙소(仰韶) 문화 등 고중국 문명의 시원적 문화가 있던 무렵, 그 이웃 동북아 지역의 강들인 한반도의 한강·금강·임진강·예성강·대동강·청천강·압록강 그리고 만주의 요하(遼河)·대릉하(大凌河)·난하(灤河) 유역에도 다른 유형의 시원적 문화가 나타난 것을 알 수 있다.

이들 강가에 나타난 문화들은 매우 일찍이 고대 국가를 세운 '고조선(조선)'이라는 고대 국가가 대륙으로 영역을 확대해감에 따라 많은 부분이 통합되어 상위의 공통된 문명으로서 '고조선 문명권'이 형성되었음을 역사사회학적으로 관찰할 수 있도록 해준다.

그리하여 이른 시기의 고대 동아시아에는 '고조선 문명권'과 '고중국 문명권'이라는 두 문명권이 비슷한 시기에 형성되어 때로는 협조·교류하고 때로는 대립·갈등해온 것을 알 수 있다. 이 가운데 학자들이 먼저 발견한 것이 '고중국 문명권'이고, 잃어버린 것이 '고조선(아사달) 문명권'이다.

지면이 매우 제한되어 있으므로, 이 글에서는 필자가 그동안 연구해 발표한 내용들의 요점과 주장하고 있는 논점을 정리해, 잃어버린 고대 문명인 고조선 문명권을 찾아가는 새 패러다임의 골간만을 간단히 설명하려고 한다.

2. 고조선 국가의 형성

중국의 고문헌으로는 기원전 7세기에 제(齊)나라 재상 관중(管仲)이 지은 《관자(管子)》에서 다음과 같이 '발조선(發朝鮮)'에 대해 기록한 것을 찾아볼 수 있다.

환공(桓公, 제나라 제후)이 관자에게 "내가 듣건대 해내에 귀중한 일곱 가지 예물이 있다고 하는데 그에 대해 듣고자 하오" 했다. 관자가 가로되 "음산(陰山)의 유민이 그 하나요, 연(燕)의 자산 백금이 그 하나요, '발조선(發朝鮮)'의 문피(文皮, 표범 가죽)가 그 하나요……"라고 대답했다.[1]

환공이 말했다. "사방의 오랑캐가 복종하지 않는 것은 아마도 잘못된 정치가 사방에 퍼져서 그런 것이 아닌가 걱정입니다.…… 발조선이 조근(朝勤)을 오지 않는 것은 문피와 태복을 예물로 요청하기 때문입니다.…… 한 장의 문피라도 여유 있는 값으로 계산해준다면 8,000리 떨어진 발조선도 조근을 오게 될 것입니다."[2]

이 자료는 기원전 7세기에 8,000리나 떨어진 제나라에서 '발조선'(=밝조선, 밝달조선 등/필자)을 알고 기록한 것이므로, '조선'이라는 나라가 기원전 7세기 이전에 제나라로부터 8,000리나 떨어진 먼 곳에 실재했음을 명확히 알려주고 있다. 또한 기원전 4세기에서 기원전 3세기 사이에 나온 《산해경(山海經)》은 '조선'의 위치에 대해 "조선은 열양(列陽)의 동쪽에 있는데, 해(海)의 북쪽이며 산(山)의 남쪽에 있다. 열양은 연(燕)에 속해 있다"고 기록했다.[3]

또한 《전국책(戰國策)》에서는 연의 문왕(文王)에게 소진(蘇秦)이 기원전 4세기경의 정세를 말하면서 "연의 동쪽에는 조선의 요동이 있다"고 설명하고 있다.[4]

그러므로 '조선(고조선)'이라는 나라가 기원전 7세기 이전에 뒤의 만리장성 너머 동쪽에 실재하고 있었음은 객관적으로 논란의 여지없이 명백

1) 《管子》 卷23, 揆道篇.
2) 《管子》 卷24, 輕重甲篇.
3) 《山海經》, 海內北經.
4) 《戰國策》 卷29, 燕策1 참조.

한 것이라고 할 수 있다.

고조선에 대한 중국 쪽 기록이 기원전 7세기에 보인다고 해서, 고조선이 기원전 7세기에 건국된 나라인 것은 물론 아니다. 고조선은 중국 산동반도 안쪽에 있던 제나라로부터 동쪽으로 8,000리나 떨어진 먼 나라인데, 중국에서 그 이름과 특산품을 알고 교역까지 논의했다는 사실은 그보다 훨씬 이전에 '조선'이라는 나라가 실재했음을 말해준다. 중국인이 기원전 7세기에 이러한 기록을 남겼다는 것일 뿐, 적어도 고조선은 기원전 7세기 훨씬 이전에 뒤의 만리장성 너머 동쪽에 건국되어 발전하고 있던 고대 국가였음이 명백한 것이다.

중국의 고대 국가 하(夏)·상(商, 혹은 殷)에 대한 문자로 된 역사 기술도 기원전 7세기가 되어야 체계화하는데, 그렇다고 하·상이 기원전 7세기에 건국된 고대 국가라고 해석하는 중국 학자는 아무도 없다. 당연히 그보다 훨씬 이전에 형성된 고대 국가라고 보고 있다. 이와 비슷하게 고조선도 기원전 7세기 훨씬 이전에 건국된 고대 국가임은 더 말할 필요도 없다.

고조선의 건국 과정을 가장 명료하게 기록하고 있는 것은 《삼국유사(三國遺事)》이다. 《삼국유사》에서는 두 개의 옛 문헌을 인용해 고조선의 건국 과정을 밝혔다. 그 하나가 《위서(魏書)》이고 다른 하나가 《고기(古記)》이다. 여기서 주목할 것은, 《삼국유사》가 인용하고 있는 《위서》는 완전히 사실만을 간단히 기록하고 있고, 《고기》에서는 설화(또는 신화)도 기록하고 있다는 사실이다. 《삼국유사》에 인용된 《위서》의 기록은 다음과 같다.

위서에 이르되, 지금으로부터 2,000년 전에 단군왕검이 있어, 도읍을 아사달(경에는 이르되 무엽산이라 하고 또한 백악이라고도 하니 백주에 있다. 혹은 이르되 개성 동쪽에 있다 하니 지금의 백악궁이 그것이다)에 정하고

나라를 개창해 이름을 조선이라 하니 고(高, 堯)와 같은 시기이다.[5]

정리하면, 중국의 《위서》라는 고문헌에 이르기를, (1) 이 책이 씌인 당시로부터 2,000년 전에 (2) 단군이라는 왕검이 있어서 (3) 아사달이라는 곳에 수도를 정하고 (4) 처음으로 국가를 세워 국호를 '조선'이라고 했으며 (5) 그 건국 시기는 중국의 '요(堯)' 임금과 같은 시기라는 것이다. 이 기록은 중국 역사가의 하나가 역사적 사실을 담담하게 기록한 것임을 주목할 필요가 있다. 《삼국유사》의 저자 일연은 이 《위서》의 기록을 그대로 전재하면서, 자기의 견해는 주로 달아놓았다(괄호 안의 내용).

이 기록으로 '조선'이라는 나라를 세운 임금은 '단군'이며, 처음의 수도는 '아사달'이었고, 건국 시기는 중국 고대의 요 임금(이 자료가 씌인 당시로부터 약 2,000년 전, 중국 위나라의 멸망 직후 이 자료가 씌였다면 지금부터 약 4,300여 년 전) 시기와 같다는 사실을 알 수 있다. 즉, 기원전 24세기에 아사달을 수도로 고조선이 건국된 것이다.

일연의 《삼국유사》는 이어서 고조선이 환웅족·곰토템족·범토템족의 3부족 연맹으로 성립되었음을 설화화해 설명한 《고기》의 기록을 인용·수록했다.

《위서》에서 단군이 도읍을 정했다고 기록한 아사달은 고조선어 '아사달'의 한자 소리표기이므로, 여기서 '아사달'의 뜻을 규명하는 것이 과제가 된다. 이병도 교수는 '아사'는 '아침'이고 '달'은 '산'과 '땅'으로서, '아사달'은 '아침산'·'아침땅'의 뜻이라고 했다. 일본어에 '아사'가 '아침'인 사실에서 이를 알 수 있다고 했다.[6] '아사달'의 뜻에 대한 여러 가지 학설이 나와 있으나, 필자는 이병도 박사의 이 해석에 찬동하는 쪽이다.

---

5) 《三國遺事》 卷1, 古朝鮮(王儉朝鮮)條. "魏書云 乃往二千載有檀君王儉 立都阿斯達 (經云無葉山 亦云白岳 在白州地 或云在開城東 今白岳宮是) 開國號朝鮮 與高同時."

6) 李丙燾, 〈檀君說話의 解釋과 阿斯達問題〉, 《서울大論文集》, 제2집, 1955 참조.

그러면 고조선어에서도 '아사'가 '아침'이었음을 증명하는 것이 남은 과제이다. 고조선어에서는 '아사'가 '아침'이었다. 중세 한국어에서는 아침이 '앗춤'이었다.[7] 필자는 '앗춤'은 '아사+춤' 또는 '아시+춤'의 준말이라고 본다. '아사'가 '아침'이고 '춤'은 '무렵'의 뜻으로, 일정한 시간대를 가리킨 명사이다. '아사춤'이 준말로 '앗춤'이 되었고, 이것이 '아춤'을[8] 거쳐 현대어에서 '아침'으로 변형된 것이다.

이병도 박사의 지적처럼, '아사달'은 그 뜻에 맞추어 한자로 '조선'이라고 번역되었다. 고대 한국에서 '나라'는 '나(那)'·'라(羅)'·'노(奴)' 등으로 표기되었기 때문에, 국가로서 조선은 '아사나(阿斯那, 阿史那, 阿史壤)'라고 표기되기도 했다. 그러나 수도가 나라의 뜻으로 일컬어지기도 했으므로, '아사달(阿斯達, 阿史德)'도 그 뜻에 따라 '조선'이라고 번역되어 고대 국가나 고대 민족을 나타내기도 했다.

고조선의 첫 수도인 아사달은 조선왕조시대 지리로서는 '강동현(江東縣)'이었다고 추정된다.[9]

3. 고조선 건국의 3부족설

한국 민족이 기원전 24세기경에 세운 최초의 고대 국가가 고조선이다. 그러면 '고조선'이라는 최초의 고대 국가는, 국왕인 '단군'을 별도로 하고, 어떠한 부족(또는 종족)들이 건국했을까? 이와 관련해 예전에는 '예

---

7) 《老乞大諺鮮》 上, 59.

8) 《訓蒙字會》 上, 2.

9) 《新增東國輿地勝覽》, 平安道 江東縣 古蹟條 ; 신용하, 〈한민족의 형성과 단군에 대한 사회사적 고찰〉, 《단국학보》, 제3호, 2000 ; 《한국原民族형성과 역사적 전통》, 나남출판, 2005 참조.

맥족'이 '고조선'을 건국했다고 하여 '예맥'을 한 개 부족으로 보는 1부족 설과,[10] '예'와 '맥'을 별개의 두 부족으로 보는 '고조선' 건국의 '예'·'맥' 2부족설이[11] 논쟁적으로 전개되었다.

그러나 이 두 개의 학설은 남아 있는 문헌 자료들이나 그뒤에 전개된 사실들과는 다르다. 필자는 고조선 건국의 '3부족설(三部族說)'을 주장한 다.[12] 자료들을 세밀히 검증해보면, '한'·'맥'·'예'의 세 부족이 결합해 '고조선'이라는 국가를 형성했음을 알 수 있다.

'한' 부족은 원래 한강 중상류 양안에서 발원해 북으로는 임진강·예성 강·대동강까지, 남으로는 금강 일대에 이르기까지 거주했던 부족이다. '한' 부족은 한반도에서 가장 일찍 농경 문화로 들어간 선진 부족이었 다.[13] 단군 설화에서는 '한' 부족이 '환(桓)'족으로 번안 기록되어 나온다. 또한 중국기록에서는 '한' 부족이 '한(馯)·한(韓)·한(寒)'으로 나온다.

《상서(尙書)》의 《주서(周書)》를 보면, "(주[周]의) 무왕이 이미 동이를 정벌하니 숙신의 사신이 와서 축하했다[武王旣伐東夷 肅愼來賀]"는 기원 전 5세기의 기사가 있다.[14] 《상서정의(尙書正義)》의 〈공안국전(孔安國 傳)〉은 이를 두고 "해동(海東)의 오랑캐들인 구려(句麗)·부여(扶餘)·한

10) 李丙燾,〈檀君說話의 解釋과 阿斯達問題〉,《韓國古代史研究》, 1976 참조.

11) 金庠基,〈韓·濊·貊 移動考〉,《東方史論叢》, 1974 참조.

12) 이와 관련해서는 신용하,〈民族形成의 이론〉,《한국사회학연구》, 제7집, 1984 ;〈한국민 족의 기원과 형성〉,《韓國學報》, 제100집, 2000 ;〈檀君說話의 사회학적 해석〉,《韓國 社會史學會논문집》, 제47집, 1995 ;《한국민족의 형성과 민족사회학》, 지식산업사, 2001 참조.

13) 孫贊基 외,《일산 신도시지역의 학술조사보고 1》, 경기도·한국선사문화연구소, 1992 ; 국립중앙박물관 편,《岩寺洞》, 1994 ; 李隆助 외,〈한국 선사시대 벼농사의 새로운 해 석〉,《先史와 古代》, 제11집, 1998 ; S. M. Nelson, "The Question of Agricultural Impact on Sociopolitical Development in Prehistoric Korea", 任孝宰 편저,《韓國古代稻作文化의 起源》, 학연문화사, 2001 참조.

14)《尙書》卷22, 周官 참조.

모(馯貌) 등의 족속들이 무왕이 상(殷)을 이기자 모두 길을 통하게 되었
는데, 성왕(成王)이 왕위에 오르자 회수(淮水) 지방의 동이들이 반란을
일으켰으므로 성왕이 이를 정벌했고 숙신이 와서 축하한 것이다"라고
해설했다.[15] 이 내용에 이어 〈공안국전〉은, '한(馯)'은 읽을 때 '호단반(戶
旦反, 한)'으로 발음하며 《지리지(地理志)》(漢書)에서는 '한맥(寒貊)'으로
기록했다고 쓰고,[16] 공자는 '맥(貉)'은 '맥(貊)'이라고 말했다고 기록했다.

즉, '한맥(馯貊, 馯貌, 馯貉)' 또는는 '한맥(寒貊)'이라고 하여 한(馯)족과
맥(貊)족이 결합한 동이가 주 무왕이 상나라를 쳐서 이긴 기원전 5세기
경에 새 왕국 주나라와 통하게 되었음을 기록한 것이며, 이때 한맥(馯貊)
은 고조선을 가리킨 것임을 바로 알 수 있다. 고조선을 '한맥'으로 표현해
그것이 '한'과 '맥'의 결합 민족임을 시사했을 뿐만 아니라, '한(馯)' 자를
써서 '한'족은 동이족이면서 기마민족임을 알려주고 있는 것이다.

《상서》의 《주서》에 보이는 이러한 기록과 관련해 《상서정의》는 구
려·부여·한맥 등 족속이 공군(孔君)의 때에 모두 그 이름이 있었다고
쓰고 있다.[17] 정현(鄭玄)은 이들 기록에 대해 "고구려·부여·한은 있으되
이 한(馯)은 없으니, 한(馯)은 곧 피한(彼韓, 저들의 한)이며 음은 같고
글자는 다르다"고[18] 하여 '한(馯)'은 '피(동이)한'이라고 했다.

즉, 기원전 5세기에 해당하는 주의 무왕과 성왕 때에 주나라와 교류한
동이의 '한맥'이 있었음은 단편적인 기록으로나마 확인할 수 있는 것이

---

15) 《尙書注疏》卷18, 周書 孔安國傳. "海東諸夷 句麗·扶餘·馯貌之屬 武王克商 皆通道
    焉. 成王卽政而叛 王伐而服之 故肅愼氏來賀."

16) 《尙書注疏》卷18, 周書, 孔安國傳. "馯戶旦反 地理志音 寒貊."

17) 《尙書注疏》卷18, 周書, 孔穎達疏. "正義曰 成王伐淮夷滅徐奄 指言其國之名此傳言.
    東夷非徒淮水之上夷也. 故以爲海東諸夷 駒麗·扶餘·馯貊之屬 此皆於孔君之時有此
    名也."

18) 《尙書注疏》卷18, 周書疏. "鄭玄云 北方曰貉 又云東北夷也. 漢書有高句麗·扶餘·韓
    無此馯 馯卽彼韓也 音同而字異."

다. 또한 《정씨집운(丁氏集韻)》에서는 이미 살펴본 바와 같이 "한(馯)의 음은 한이니 동이의 별종을 일컫는 것이다"라고 했다.

맥 부족은 곰토템 부족이었다. 《후한서(後漢書)》에서는 '맥이(貊夷)'는 '웅이(熊夷)'라고 하여 "식철사웅이(食鐵似熊夷)"라고 했다. 또한 일본에서는 '웅'을 '고마·구마'로 읽을 뿐만 아니라 '맥'도 '고마·구마'로 읽으며, 이것들은 모두 바로 '곰'을 가리킨다. 한국 민족의 기원을 맥 부족이라고 본 신채호는 그 기원을 송화강 중류 강가(하얼빈 부근)라고 보았다.[19] 대체로 송화강 중류부터 동가강 일대, 요하 일대, 압록강 중류, 대동강 중류 일대에 널리 흩어져 거주하고 있던 부족으로 해석된다.

예 부족은 범(虎) 토템 부족이었다. 《후한서》의 〈동이열전〉 예조에는 "(예족은) 해마다 10월이면 하늘에 제사를 지내는데, 주야로 술 마시고 노래 부르며 춤추니 이를 '무천(舞天)'이라고 한다. 또 범을 신으로 여겨 제사지낸다"고 기록했다.[20] 또한 《삼국지》의 《위서》 〈동이전〉 예전에서도 예족은 "또 범(虎)을 신으로 여겨 제사지낸다"[21]며 같은 내용을 담고 있다. 예 부족은 요동반도에 거주했다는 기록이 있다.[22] 실제로는 요동·요서의 해안과 한반도의 서북 해안에 거주하고 있던 부족이었다고 해석된다.

(1) 한(馯·韓·桓) 부족, (2) 맥 부족, (3) 예 부족들 가운데 대동강 중상류에서 서로 만나 같은 지역에 거주하게 된 사람들은 기원전 24세기경에 동아시아 최초의 고대 국가인 고조선을 수립했다. 이 사실은 단군 설화에도 투영되어 있다. 단군 설화는 하느님의 자손·아들이라고 생각하는 '태양(해)' 숭배 부족 '한(桓·韓·馯·寒, Han)'의 수장 '환웅'이 무리 3,000

19) 申采浩, 《朝鮮上古史》, 《改訂版 丹齋申采浩全集》 상권, 75~76쪽 참조.
20) 《後漢書》, 東夷列傳, 濊條. "常用十月祭天 晝夜飮酒歌舞 名之爲舞天 又祠虎以爲神."
21) 《三國志》, 《魏書》, 東夷傳, 濊條.
22) 《呂氏春秋》, 治郡覽 참조.

(다수)을 이끌고 주도해, 곰 토템 부족인 '맥' 부족과 범 토템 부족인 '예' 부족과 결합, '조선(고조선)'이라는 최초의 고대 국가를 건설했음을 전해주는 구전역사(口傳歷史, oral history)이다.

고문헌과 단군 설화는 고조선이 '한(桓·韓)' 부족, '맥' 부족, '예' 부족의 3부족이 '한' 부족을 중심으로 결합해 형성된 고대 국가임을 알려주고 있다.

고조선을 건국한 '한'·'맥'·'예' 3부족의 결합 방식을 보면, '한' 부족과 '맥' 부족은 '혼인동맹(婚姻同盟, matrimonial alliance)'에 따른 것이었다. 이 때 가장 선진적 부족으로 고조선 국가 형성을 주도한 '한' 부족에서 '왕'(天王)을 내고 '맥' 부족에서 '왕비'를 내는 규칙이 합의되었음을 단군 설화를 통해 알 수 있다. 단군 설화에 나오는 '웅녀'가 곰의 변신이 아니라 '맥' 부족의 여자임은 더 설명할 필요가 없을 것이다.

한국 고대 민족사를 보면, 부족들의 결합에 따라 국가를 형성할 때 '혼인동맹'의 방법을 택한 경우가 종종 있었다. 예컨대, 고조선의 후예인 고구려는 처음 5부의 결합으로 국가를 형성했는데, 《삼국지》의 《위서》〈동이전〉 고구려조에 따르면 연노부(涓奴部)·절노부(絶奴部)·순노부(順奴部)·관노부(灌奴部)·계루부(桂婁部)의 5부 가운데 처음에는 연노부에서 왕을 내기로 했다가 세력이 약해지자 계루부에서 계속 왕을 내게 되었다.[23] 한편 왕비는 절노부에서 계속 내었고, 이에 따라 계루부 다음으로 절노부가 높은 권위를 가졌으며, 절노부의 대인(大人)은 '고추(古雛, 加)'의 칭호를 더했다.[24] 계루부가 왕을 내고 절노부가 왕비를 내는 '혼인동맹'은 그 결합 방식이 매우 공고해 함부로 그 밖의 부족 여자를 제일

---

23) 《三國志》, 魏書, 東夷傳, 高句麗條 참조.
24) 李基白, 〈高句麗王妃族考〉, 《震檀學報》, 제20집, 1959 ; 《韓國古代政治社會史研究》, 李基白韓國史學論集 第5卷, 1996, 65~90쪽 참조.

왕비로 취하기가 어려웠다.[25]

한편, 고조선 국가와 관련해 예 부족의 결합 양식은 어느 정도 자율권을 가진 부족 군장의 '후국(侯國)' 제도에 바탕한 것이었다고 추정된다. 뒤의 일이지만 중국의 한이 말기 고조선을 침입한 시기에 '예왕(濊王)'의 투항 기사와 '예왕'의 글자를 새긴 인장이 발견된 것으로 보아, 고조선 형성에 참가한 예의 왕은 고조선 왕검의 제후의 하나로서 지위를 인정받는 상태로 결합했음을 미루어 알 수 있다.

즉, 한(馯·桓·韓) 부족과 맥 부족은 '혼인동맹'으로 공고하게 결합하고, 예 부족은 족장이 제후의 하나로 인정받는 방식으로 결합한 것이다. 이렇게 세 부족이 결합해 '조선(고조선)'이라는 고대 국가를 최초로 형성하게 되었다.

고조선 국가를 수립한 부족이 예와 맥의 2부족이라고 보아온 종래의 시각에서 한 걸음 나아가, 한(馯·桓·韓)·예·맥의 3부족이라고 하여 '한(馯·桓·韓)' 부족을 새로이 발굴·정립한 일은 매우 중요하다.[26] 왜냐하면 '한'이 고조선 건국의 주역이며 왕계였기 때문이다. 고조선 건국의 주역과 왕계 부족이 명확히 됨으로써, 그뒤 동아시아에서 고조선의 활동과

---

25) 《三國志》, 魏書, 東夷傳, 高句麗條에는 "伊夷模(고구려 山上王)는 아들이 없어 灌奴部의 여자와 淫하여 아들을 낳으니 이름이 位宮이다. 伊夷模가 죽자 즉위하여 王이 되니 지금의 고구려 왕 宮이 그 사람이다"라고 기록했다. 다시 말해서, 계루부 출신의 산상왕이 처음에 절노부 출신의 왕비와 혼인했으나 아들이 없자 관노부 출신의 여자와 혼인해 아들을 낳았는데, 새 왕비가 절노부 출신이 아니었기 때문에 '私通'을 의미하는 표현으로 '淫'하여 라고 했다. 따라서 공식적으로는 이 관노부 출신 여자와 혼인한 일을 인정하지 않고 절노부 출신 여자와 혼인한 일만을 인정하고 있는 것이다. 즉, 고구려는 계루부와 절노부의 '혼인동맹'을 중심으로 하고, 기타 세 부(涓奴部·順奴部·灌奴部)를 다른 방식으로 결합시켜 성립한 고대 국가였던 것이다.

26) 고조선을 형성하는 데 처음부터 '한(馯·桓·韓)' 부족이 들어가 주도한 것이 아니라 고조선 멸망 뒤 準王이 남하해 마한을 설립하고 결국 삼한인 韓 부족이 뒤늦게 한민족 형성에 들어갔다고 본 것은, 고조선 형성을 주도한 '한(馯·桓·韓)'을 발견하지 못해 생긴 별개의 견해이다.

분화 그리고 각 민족의 형성과 관련해 그 내부 동태가 명확히 밝혀지기 때문이다.

고조선이 멸망한 뒤 한(馯·桓·韓)이 마한(馬韓)·진한(辰韓)·변한(弁韓)의 삼한을 거쳐 한국 민족 형성에 들어가는 것이 아니라, 그보다 수천 년 앞서 고조선의 최초 건국의 주역으로 그리고 왕계로 활동함으로써 한국 민족 형성을 주도했다는 사실은, 그뒤 역사 전개에서 매우 중요함을 유의할 필요가 있다. 심지어 고조선 문명권에서 제왕을 일컬어 '한' 또는 '칸(가+한)'이라고 한 것은 '한'이 고조선의 건국 왕족이라는 사실과 연결되어 있다고 본다.

4. 고조선어와 고조선 원민족의 형성

고조선은 한·맥·예 3부족의 연맹 통합으로 형성되어 1천 수백 년을 한 나라로 지속·발전했기 때문에, 한·맥·예 부족의 언어가 통합되어 자연스럽게 고조선어(古朝鮮語)가 형성되었다고 필자는 생각한다. 현대어로 표기하면, 예컨대 단군 설화에 나오는 '한', '환', '단', '탄', '탄굴', '해', '아사', '달', '밝', '박', '박달', '밝은(안)', '환하다', '밝다', '검', '곰', '임검', '홀', '궁홀', '금미' 등은 고조선어라고 볼 수 있다. 그리하여 고조선 나라에 통합된 한 부족과 맥 부족 그리고 예 부족은 그 부족을 융합해 나가면서 고조선어를 함께 쓰게 되었고, 원래의 한·맥·예족의 후손들에게 보이는 언어상의 차이는 고조선어를 공통어로 한 사투리의 차이로만 남게 되었다고 볼 수 있다.

현대 한국어의 기원은 부여족어와 한족어의 공통성을 증명하면 밝힐 수 있으며,[27] 이것은 민족의 형성 과정과 직결되어 있다. 현대 한국어의 기원이라고 보아온 부여족어와 한족어의 언어상 차이는 고조선어를 공

용어로 한 사투리의 차이로만 남게 되었다고 볼 수 있다. 이 부여족어와 한족어의 조어(祖語)가 고조선어라고 생각한다. 이 고조선조어가 현대 한국어의 원민족어(原民族語)라는 것이 필자의 견해이다. 고조선의 멸망을 전후해 고조선을 형성했던 한·맥·예족 계열의 고조선 사람들이 각지에서 분립해 여러 나라를 세웠을지라도, 그들 모두 고조선어와 그 사투리를 사용했을 것임은 충분히 미루어 알 수 있다.

이 고조선조어의 형성이 그뒤 고구려·백제·신라·가라의 건국 당시 사람들이 모두 통역 없이도 자유롭게 직접 의사소통을 할 수 있었던 배경이라고 필자는 생각한다. 고조선조어가 현대 한국어의 원민족어인 것이다.

고조선에 연맹으로 통합된 한·맥·예 부족은 고조선을 건국한 뒤 1천 수백 년 동안 공동의 국가와 정치체제 안에서 '지역의 공동'을 이루었으며, 다른 민족의 침략에 공동으로 대항해 싸웠다. 그리고 공동의 고조선어를 사용하며 공동의 문화를 창조해 생활하는 동안 고조선 원(原)민족을 형성하게 되었다. 고조선 원민족이 현대 한국 민족의 민족적 기원이 되는 한국 원민족이라고 필자는 생각한다.

고조선은 그 발전 과정에서 한·맥·예 부족뿐만 아니라 옥저(沃沮)와 숙신(肅愼)의 일부도 지배하고 동화시켰다. 현대 한국 민족의 민족적 원형은 여러 부족들을 통합해 고조선원민족이 형성됨으로써 확고하게 정립된 것이다.

고조선 국가는 건국 뒤 영역 면에서도 크게 발전했다.[28] 이를 몇 단계로 나누어볼 수 있다. 제1단계는 한반도 안에서 북으로는 압록강, 남으로는 한강까지를 영토로 한 초기의 고조선이다. 제2단계는 고조선이 요동

---

27) 李基文, 〈韓國語形成史〉, 《韓國文化史大系》, 제5권, 1967, 참조.
28) 尹乃鉉·朴仙姬·河文植, 《고조선의 강역을 밝힌다》, 지식산업사, 2006 참조.

지방에 진출해 영역을 크게 넓힌 시기이다. 이때는 수도도 요동 지방으로 옮긴 것으로 추정된다. 제3단계는 고조선이 요서 지방에 진출해 영역을 더욱 넓힌 시기이다.[29] 이때는 요서 지방에 부수도를 두 개 이상 설치했던 것으로 보인다.

고조선 국가의 발전은 요동·요서 지방에서 '아사달'이나 '조선'의 명칭을 가진 곳이 세 곳 이상 발견되는 데서도 확인할 수 있다. 그 하나는 《사기(史記)》의 〈조선열전〉에 나오는 요동부 '험독(險瀆)'인데, 그 주에서 '험독'을 '왕검성(王儉城)' 또는 '조선왕의 구도(舊都)'라고 해석한 것이다.[30] 이것은 오늘날 요동 지방의 개평현(蓋平縣) '험독'을 가리킨 것인데, 고조선의 제2단계에 이곳이 한때 수도였음을 전하는 것이다.

다른 하나는 요서 지방 대릉하 중류에 있는 '조양(朝陽)' 지역이다. 이곳에도 백랑산(白狼山)이 있고 대릉하의 원래 이름이 백랑수(白狼水)였으므로, 이곳 역시 '아사달'의 하나였다고 볼 수 있다. 이 지역은 '아사달'의 구조를 모두 갖추고 있다고 할 것이다.

'아사달'과 관련된 또 한 곳이 영평부(永平府, 북경 바로 동북쪽 지역) '조선'현이다. 즉, 지금의 난하 유역의 '아사달'이다. 이것은 영평부 일대가 고조선의 영토였음을 시사하는 것이다. 그러나 고조선의 발생 건국지가 되려면 신석기시대로부터 청동기시대로 이행하는 시기의 고조선 문화유물들이 나와야 한다.

'아사달'이 여러 곳에 있게 된 것은 고조선의 영토가 확대됨에 따라 고조선이 '삼경오부제(三京五部制)'를 실시하고 또 후국제도(侯國制度)를 실시했기 때문이었다고 생각된다.[31] 여기서 네 곳의 '아사달' 가운데

29) 복기대, 《요서지역의 청동기시대 문화연구》, 백산자료원, 2002 참조.

30) 《史記》, 朝鮮列傳. "奚隱曰 遼東有險瀆縣 朝鮮王舊都."

31) 申采浩, 《朝鮮上古史》, 《改訂版丹齊申采浩全集》上, 69쪽 참조.

어느 '아사달'이 역사적으로 가장 오래된 것인가를 판별하는 것이 중요
하다. 가장 오래된 '아사달'이 고조선의 첫 수도가 되고, 나머지 세 개의
'아사달' 또는 '왕검성'은 부수도가 되거나 뒤에 천도한 수도가 될 수밖에
없다. 이 문제는 (1) 팽이형 토기(고조선 초기인 기원전 3000년~기원전 2000
년에 만들어진 독특한 토기), (2) 지석묘(支石墓, 고인돌 무덤)의 연대와 분포,
(3) 비파형 청동단검의 연대와 분포 그리고 형태 등 매우 명료한 지표에
준거해 여러 고고학적 발굴물들을 비교·고찰함으로써 해결할 수 있을
것이다.

지금까지 고고학계에 보고된 내용을 보면, 대릉하 중류 조양 지방에는
비파형 청동단검과 청동기류는 많이 출토되고 있지만 팽이형 토기나
고인돌 무덤은 없는 것이 특징이다. 따라서 대릉하 중류의 '조양'은 고조
선의 부수도 또는 융성기의 천도한 수도 '아사달'은 될 수 있겠지만,
고조선 건국 때의 첫 수도 '아사달'은 되기 어려울 것이다. 만일 이 지역
에서 팽이형 토기나 '고인돌 무덤'이 집중적으로 발굴된다면 그것은 또
다른 문제이다.

영평부의 '조선'현(난하 유역의 조선) 지방에서는 팽이형 토기나 고인돌
무덤도 없을 뿐만 아니라 비파형 청동단검도 대릉하 유역 '조양'지구보
다 훨씬 적게 나오고 있다. 그러므로 고조선의 서방 영토였음은 증명되
지만 고조선이 건국된 '아사달'이라고는 볼 수 없을 것이다.

지금의 요동의 '험독' 지방에는 팽이형 토기는 없으나 '고인돌 무덤'이
258기가량 흩어져 있고, 발전된 비파형 청동단검과 청동기 유물들도
대동강 유역 강동현 '아사달'의 출토를 뒤쫓는 매우 오래된 것들이 발굴
되었다. 이 때문에 요동 개평현의 '험독(왕검성)'과 대동강 중류의 '아사
달' 가운데 어느 것이 먼저인가를 판별하는 것이 과제가 된다. 그러나
요동 개평현의 '험독'의 문제점은, 고조선 초기의 팽이형 토기가 없고
비파형 청동단검과 함께 그 주변에 같은 시기의 대총(大塚)·대왕릉(大王

陵)의 발굴 보고가 없으며, 또 그러한 것이 미발굴 상태로 실재하고 있다는 보고도 없다는 것이다.

한편 대동강 유역 강동현의 '아사달' 지역에서는 기원전 3000년에서 기원전 2000년경에 만들어진 고조선 특유의 팽이형 토기가 다수 출토되었을 뿐만 아니라, 수천 개의 '고인돌 무덤'이 집중적으로 분포되어 있음이 보고되었다. 아울러 비파형 청동단검과 청동기 유물들도 요동 지방보다 앞선 것들이 발굴되어 비파형 청동단검 문화와 세형청동단검 문화의 발상지가 대동강 유역이라는 해석을 가능하게 해주고 있다. 뿐만 아니라 《신증동국여지승람》의 강동현 대총조에서는 '단군능묘' 1기와 '고황제묘' 1기 등 2기의 단군능묘가 실재함을 기록하고 있다.

따라서 대동강 유역 강동현의 '아사달'이 단군의 건국 당시 고조선의 첫 수도임을 알 수 있다. 그리고 요동의 '험독(왕검성)'은 제2기에 천도한 수도라고 볼 수 있다. 요서 대릉하 유역의 '아사달(조양)' 및 난하 유역 영평부의 '조선현(아사달)'은 제3기의 고조선의 부수도 또는 부수도급 대도시였거나 뒤에 천도한 수도였다고 볼 수 있을 것이다.

즉, 고조선은 한반도의 한강 유역부터 압록강·두만강 유역까지, 그리고 요동 지역, 요서의 조양 지역, 대릉하와 난하 지역까지 포괄한 거대한 국가로 발전했음을 알 수 있다.

5. 고조선 문명권의 형성

고조선시대에는 토지가 상대적으로 넓으면서도 인구는 많지 않았으므로 고조선 국가가 이 지역의 모든 거주자들을 직접 통치했다고 볼 수는 없다. 고조선의 행정·통치 조직 체계의 또 하나의 특징은 널리 지적되고 있는 바와 같이 후국제도(조선왕조 학자들의 표현으로는 봉건제도)

였다. 통치 영역과 영토가 넓어지고 다수의 부족이 통치권 안에 들어오
자, 고조선시대에는 역대 단군이 자기의 직접 통치 영역을 가짐과 동시
에 왕·후·두만(豆滿, Tuman, 萬戶)을 파견하거나 임명해 간접 통치를 하
는 후국제도를 두었다.

　필자는 후국제도를 다시 두 개의 유형으로 나눌 필요가 있다고 생각한
다. 그 하나는 제1유형 후국으로서 '직할후국(直割侯國)'이라고도 부를
수 있는 것인데, 매우 일찍 후국으로 편입되어 고조선어를 많이 사용하
고 중앙정부와의 거리가 상대적으로 가까운 후국이다. 건국에 참여하지
않았던 맥·예 그리고 부여·옥저·구려·진(辰)·숙신·읍루 등이 이에 해
당한다.

　다른 하나는 제2형 후국으로서 '변방후국'이라고도 부를 수 있는데,
후국으로 편입된 시기가 상대적으로 후기이고 중앙정부와의 정치적 거
리가 제1형보다 상대적으로 먼 후국들이다. 동호(東胡)·오환(烏桓)·선비
(鮮卑)·해(奚)·오손(烏孫)·유연(柔然)·산융(山戎, 凶奴)·돌궐(突厥, 원투
르크)·실위(室韋, 원몽골) 등이 이에 해당한다.

　지금까지 후국에 대한 고찰은 주로 제1형 후국에 집중되어왔고, 제2
형 후국에 대해서는 등한시했다. 그러나 제2형 후국에 대한 고찰과 연구
가 수행되어야 고조선과 세계사의 관련이 특히 문명사적으로 선명하게
밝혀질 수 있다는 데 주목할 필요가 있다.

　고조선이 동북아시아에서 매우 이른 시기에 최초의 고대 국가를 건국
해 크게 발전했으므로, 고조선 국가의 직접·간접의 지배를 받는 (1) 제1
형 후국과 (2) 제2형 후국들 및 후국 민족들 그리고 (3) 고조선인들이
진출해 거주한 지역에서는 고조선 문화를 공유하고 분유하여 고조선
문명권을 형성하게 되었다. 여기서 고조선 문명권이란 제1형 후국과
제2형 후국의 하위 각 민족 문화들의 상위에 있는 공통의 상징적 문화
유형의 총화를 가리키는 것이다.

뿐만 아니라 고조선 민족과 그 후국 민족들이 지금의 산동성·산서성·하북성·하남성 등으로 진출해 거주하고 자치 소국들을 설립해 생활함에 따라 고조선 문명권은 산동반도 산동성 및 산서성 일대와 하북성·하남성·회하(淮河) 일대 그리고 지금의 만리장성 일대에 미치게 되었다. 이 지역에서는 앙소 문화 계통의 고중국 문명권이 뒤이어 들어오거나 또는 들어와 있었기 때문에 두 문명이 접촉해 변경에서는 중첩하게 되었다. 따라서 고조선 문명은 고조선 국가보다 그 지리적 범위가 더 넓고 그에 속한 고대 민족들의 수도 더 많았다.

고조선 문명권에 속한 여러 민족들이 고조선으로부터 영향을 받으며 공유한 문명 항목으로는 (1) 고조선의 언어, (2) 고조선의 통치 양식, (3) 고조선의 무기, (4) 고조선의 금속 기술, (5) 고조선의 태양 숭배 사상, (6) 고조선의 천손(天孫) 사상, (7) 고조선의 신앙과 종교, (8) 고조선의 기마 문화, (9) 고조선의 궁사(弓射) 문화, (10) 고조선의 축제 문화, (11) 고조선의 경기 문화, (12) 고조선의 음악과 무용 등 여러 가지를 들 수 있다.

고조선 문명과 고중국 문명을 대비해볼 때, 초기에 고조선 문명이 우세를 보이며 일찍이 난하를 넘어 하북성·하남성·산동성·산서성·회하 일대까지 발전할 수 있었던 데는 적어도 세 가지 특징적 요인이 있었다고 볼 수 있다.

첫째는 고조선 금속 문명의 선진적 발전이다. 고조선은 청동기와 철기 문명을 황하 유역 문명보다 상당히 빨리 일으키고 더욱 발전시켰다. 이것은 두 문명권 지역에서 발굴되는 청동기와 철기의 연대 측정으로 증명된다. 특히 철기 문명과 철제 무기 제조에서 고조선 문명은 황하 유역보다 훨씬 앞서 있었다.

고조선 문명권의 이러한 철기 문명의 조기 발생·발전에서 필자는 특히 요하 중류 무순(撫順) 지방 일대의 노천철광(露天鐵鑛)의 광범위한 분포를 강조하고자 한다. 이러한 노천철광은 고대인들이 철광석을 쉽고 풍부하게 제련해 철기 문화를 선진적으로 발전시킬 수 있는 유리한 조건이 되었다. 특히 전투 무기를 철제 무기로 바꿀 경우 그 전투력은 비약적으로 늘어나기 때문에 청동무기가 대항하기 어려웠다.

고대 중국인들도 철은 '동이'인 고조선이 먼저 발견해 철기 문명을 발전시켰다는 사실을 잘 알고 있었다. 그 증거가 '철'의 문자이다. 철의 고자(古字)는 '銕'이었는데, 이는 '동이의 쇠붙이'라는 뜻이었다.

둘째는 고조선 문명권의 기마술의 제도화와 발전이다. 기마술은 동아시아에서는 고조선 문명권에서 처음으로 제도화한 것이었다. 기마술의 발상지는 대흥안령 동쪽 송화강 중류의 고조선 영역 평원으로, 뒷날 부여와 실위의 영토가 된 지역이었다. 이곳에서 유목 부족들이 야생마를 가축화해 축력으로 사용하다가 인간이 직접 말 위에 타는 기마술을 개발하게 되었고, 이 말을 군마로 사용해 기마전술과 기사술(騎射術)을 개발하게 되자 사태는 완전히 달라졌다.

고조선 문명권의 군대가 갖추게 된 기마전술과 기사술은 '기동력'에 그야말로 혁명을 가져왔으며, 이로 말미암아 공격과 후퇴 등에서 질풍노도와 같은 속도전이 가능해졌다. 고조선이 다수의 후국들을 휘하에 두면서 하북성·하남성·산동성·산서성 지방까지 진출하고 황하 북방의 초원지대를 왕래하게 된 것도 이 기마술 덕분이었다. 또한 고조선의 후국 부족과 원민족들이 이러한 기마전술을 이용해 소수의 병력으로 중국의 영역을 질풍노도처럼 공격함에 따라 고중국 국가들은 이를 막기 위해 부심했으며, 나중에 진시황은 결국 만리장성을 연결하고 쌓도록 했다.

고조선 문명권 세력이 매우 강성했으며 고조선 세력의 영토가 만리장성 일대까지 닿아 있었기 때문에, 만리장성은 바로 고조선 세력과 고중국 세력의 경계선이었음을 실증하는 유물이라고 볼 수 있다.

셋째는 고조선 문명권의 궁술의 선진적인 발전이다. 고조선의 활과 화살은 중국에서도 '단궁(檀弓)'·'맥궁(貊弓)'이라고 일컬어지며 이름을 떨칠 만큼 크고 매우 우수했다. 원래 중국인들이 고조선과 그 후국 부족들에게 붙인 이름인 '동이'의 '夷' 자는 '큰 활을 쓰는 종족'이라는 뜻이었다. 고조선과 그 후국들에서는 어릴 때부터 활쏘기 훈련을 시켜 소년 명사수가 대거 배출되었다. 고조선 문명권 영역의 부족들 가운데는 반농반렵(半農半獵) 또는 반목반렵(半牧半獵)의 부족들도 포함되어 있었기 때문에, 이러한 궁사 문화는 생존의 유지를 위해서도 반드시 필요했다고 볼 수 있다.

또한 고조선 문명권에서는 이러한 선진적 궁술이 기마술과 결합되어 기사술이 개발됨으로써 경이로운 전투력을 생산했다. 말을 타고 고속으로 달리면서 정면과 측면 목표물을 사격하는 것은 물론이요, 말을 탄 채 달리면서 뒤를 돌아보고 자유자재로 조준·사격하는 고조선의 기마궁술은 다른 문화에서는 일찍이 개발하지 못한 독특하고 매우 숙련된 것이었다. 이 때문에 고조선과 그 후국들의 군대에서는 매우 일찍부터 기병대가 큰 비중을 차지했으며, 이로써 막강한 전투력과 기동력을 가진 군대가 갖추어질 수 있었다.

한편 고조선 문명권은 고중국 문명권에 견주어 내부적으로 취약점도 지니고 있었음을 주목할 필요가 있다.

첫째는 농업 생산의 상대적 부족이다. 고대의 경제적 부(富)는 농업 생산력에 의존하고 있었는데, 이는 비옥한 토지 면적에 따라 크게 좌우되었다. 고중국 문명권은 그 이남의 양자강까지 비옥한 평원을 농경지화해 일찍이 농경 사회를 크게 발전시켰다. 반면, 고조선 문명권은 지리적 조건으로 말미암아 고조선의 대동강 유역과 황해도 평야, 요동·요서 평야의 일부만을 농경 사회로 발전시켰고, 후국들 가운데도 진국(辰國)과 부여 등의 일부만 농경 사회로 발전했을 뿐, 나머지 후국들은 반농반렵·반목반렵·유목 생활을 하는 경우가 많았다.

고대에 경제적 부를 생산·축적하는 기본적인 방법은 농업이었기 때문에, 고조선 문명권이 고조선 직영지만이 아니라 모든 후국들을 급속히 발전하는 농경 사회로 만들지 못하는 한 시간이 흐름에 따라 경제적 부에서 고중국 문명에 뒤떨어질 위험이 있었다. 그러므로 이를 극복할 대책이 필요했다고 볼 수 있다.

둘째는 고조선 문명권의 식량 공급의 제한성으로 말미암은 인구 증가의 한계이다. 고대 문명은 다산(多産) 문화이므로 식량 공급 수준이 인구 증가를 결정하는 주요 요인이 되었는데, 고조선 문명권은 고중국 문명권에 견주어 식량 총생산과 그 공급량이 적었기 때문에 인구 증가에 제한을 받았다.

이와 달리 고중국 문명권은 식량 총공급량이 많았기 때문에 지속적이고 상대적으로 빠른 인구 증가가 이루어졌다. 물론 1인당 식량 공급 수준은 두 문명이 비슷했을 것이지만, 식량 총공급량은 고중국 문명권이 훨씬 많았기 때문에 총인구의 증가는 고중국 문명권에서 훨씬 빠르게 진전되었다.

고대 사회에서는 총인구가 총병력수를 결정하는 요인이 되었고, 고대 군사에서는 병기의 성능이 낮았기 때문에 군사의 강성은 총병력수가 결정하는 것이 보통이었다. 고대인들이 '중과부적(衆寡不敵)'이라는 말을 군사작전의 원리로 상용한 것도 이 때문이었다. 이러한 측면에서 고중국 문명권은 내부의 동원체제만 갖추면 거대한 규모의 병력을 총동원할 수 있는 기반이 계속 확대되어갔는데, 고조선 문명권은 그러한 기반이 상대적으로 취약했다고 볼 수 있다.

셋째로 고조선 문명권은 초기에 신지문자(神誌文字)를 발명하고서도 그것을 계속 발전시킬 수 있는 조건이 열악했다. 그러나 고중국 문명권은 비슷한 상형문자를 발명한 뒤 그것을 꾸준히 발전시켜 한자 문화를 이룰 수 있었다.

신지문자든 한자든 발생기에는 모두 상형문자였고 어려운 글자였다.[32] 그러나 고중국 문명권은 사회 전체가 농경 사회로 정착되었기 때문에, 그 안정성을 바탕으로 실로 장기간에 걸쳐 어려운 상형문자인 한자를 꾸준히 발전시킬 수 있었다. 이에 견주어 고조선 문명권은 농경 사회는 적고 후국들에서는 기동성이 빠른 유목과 수렵 문화가 큰 비중을 차지했기 때문에 안정성이 부족해 신지문자를 꾸준히 발전시키기가 어려웠다.

고중국 문명권이 자기의 문자를 발전시킨 것은 문화의 축적을 더욱 높이는 데 결정적으로 중요한 작용을 했다. 이에 견주어 고조선 문명권이 자기의 신지문자를 발전시키지 않고 대부분 한자를 수입해 차용한 것은 문화의 축적에서 취약성을 내포한 것이었다고 볼 수 있다.

고조선 문명권의 문명적 특징과 이에 포함된 고조선 및 그 후국 민족들의 공통의 문화 유형은 상당히 많다. 여기서는 고조선 문명권에서 공통으로 사용된 '아사달' 문양과 고조선 문명권의 공통 신앙인 삼신(三神) 신앙의 상징으로서 '태양 세 발 까마귀'와 '삼족오태양신'에 대해 간단히 다루고자 한다.

6. 고조선 문명권의 '아사달' 문양

종래 중국 학자들이 한문자의 기원적 도문이라고 여긴 대문구(大汶口) 문화의 토기에 새겨진 그림은 글자이기 이전에 고조선의 '아사달' 문양이었다.

---

32) 李相佰, 〈甲骨學〉, 《李相佰著作集》, 제3권, 乙酉文化社, 1978, 536~566쪽 참조.

〈그림 1〉 아사달 문양

중국 고고학계는 제2차 세계대전 종결 이전에는 고중국 문명의 기원을 대체로 황하 상류 앙소 문화에서 구해 이를 역사적으로는 하(夏)의 기원적 문화 기반으로 보고, 산동 지역의 용산(龍山) 문화를 동이계 문화로 보아 이를 상(商, 혹은 殷)의 문화 기반으로 해석하는 경향이 있었다.

그러나 1959년에 산동성 태안현에서 유적이 새로 발굴되기 시작해 100개소 이상이 확인되었고, 1961년부터는 '대문구 문화'의 고고학적 명칭이 정립되었다. 1974년에는 대문구 2차 발굴이 있었으며, 그뒤 보고서가 나왔다.[33)

중국 고고학계는 바로 이 대문구 문화가 산동 용산 문화에 선행하는 동이계 문화라고 설명하고 있다. 즉, 대문구 문화를 계승해 산동 용산 문화가 형성·발전된 것이라고 해석하는 것이다.[34) 중국 고고학계의 C-14 연대 측정에 따르면, 대문구 문화는 기원전 4300년에서 기원전 2200년까지로 비정된다.[35) 신석기 말기에서 청동기 발생기까지 약 2,000여 년에 걸친 문화이다. 학자에 따라서는 대문구 문화를 다시 초기(기원전 4300년~기원전 3500년)와 중기(기원전 3500년~기원전 2800년) 그리고 말기(기원전 2800년~기원전 2000년)의 세 시기로 구분하기도 한다.[36)

이러한 대문구 문화 말기의 유적으로 1961년 산동성 거현(莒縣) 능양하(陵陽河)에서 출토된 '팽이형 토기'의 윗부분 가장 잘 보이는 곳에 '아사달' 문양이 선명하게 새겨져 있다. 중국 고고학계는 이 그림이 '아사달' 문양인 줄은 물론 알지 못했다. 그들은 한문자의 기원이 되는 도문이 새겨져 있다고 해서, 고중국 문명의 문자 기원 설명을 위해 그뒤 대부분의 고고학 서적에 대문구 문화 유물인 이 팽이형 토기를 수록했다.

중국 고고학계의 설명에 따르면, 이 토기는 대문구 문화 말기에 해당하는 기원전 2800년에서 기원전 2000년 사이의 유물이다. 해외의 한

---

33) 山東省文物管理處 濟南市博物館 編,《大汶口新石器時代墓葬發掘報告》, 文物出版社, 1974 참조.

34) 같은 책, 119쪽 참조.

35) 鄭漢德 編著,《中國考古學硏究》, 學硏文化社, 2000, 194쪽 참조.

36) 高廣仁,《考古學報》, 1978年 4期 ; 金仁喜,〈上古史에 있어 韓·中의 文化交流 : 중국 大汶口文化와의 관계를 중심으로〉,《東아시아 古代學》, 제2집, 2000 참조.

〈그림 2〉
대문구 문화 유물 팽이형 토기에 새겨진 문양 (1)
거현(莒縣) 능양하 대문구 문화 말기 유적층에서 1957년 발굴.
1963년에 다시 한 개 추가 발굴(유물 개수 : 2)

〈그림 3〉
대문구 문화 유물 팽이형 토기에 새겨진 문양 (2)
제성시(諸城市) 서남 30리(중국리) 적구진 교장촌 서북 8리에
있는 저일유지(這一遺址)에서 1970년대 발굴(유물 개수 : 1)

〈그림 4〉
대문구 문화 유물 팽이형 토기에 새겨진 문양 (3)
거현 능양하 대문구 문화 유적에서 1957년에 발굴
(유물 개수 : 1)

〈그림 5〉
대문구 문화 유물 팽이형 토기에 새겨진 문양 (4)
거현 능양하 대문구 문화 유적에서 1979년에 세 개 발굴
(유물 개수 : 3)

〈그림 6〉
대문구 문화 유물 팽이형 토기에 새겨진 문양 (5)
거현 능양하 대문구 문화 유적에서 1979년에 두 개 발굴
(유물 개수 : 2)

〈그림 7〉
대문구 문화 유물 팽이형 토기에 새겨진 문양 (6)
거현 능양하 대문구 문화 유적 묘26군사령수묘장에서 1979년
에 한 개 발굴(유물 개수 : 1)

〈그림 8〉
대문구 문화 유물 팽이형 토기에 새겨진 문양 (7)
대주촌(大朱村) 유지 북부 대문구대형묘장에서 1982년에 한
개 발굴(유물 개수 : 1)

중국 고고학자는 이 대문구 문화의 도문이 있는 팽이형 토기의 연대를
기원전 2500년에서 기원전 2000년 사이로 보고, 대문구 문화 말기의
토기라고 설명했다.[37)]

---

37) 許進雄, 洪憙 옮김, 《中國古代社會》, 東文選, 1991, 19쪽 참조.

〈그림 9〉 대문구 문화의 팽이형 토기에서 볼 수 있는 문양 가운데 '아사달'의 '달'

대문구 문화에서 발굴된 '팽이형 토기'의 윗부분을 보면 〈그림 2〉와 같은 문양이 새겨져 있는데, 필자는 이것을 '아사달' 문양이라고 해석·판단한다. 〈그림 4〉가 '아사'를 나타내고, 〈그림 9〉는 '달'을 나타낸다. '아사'는 '아침'의 고조선어이고, '달'은 '산'을 나타낸다. 이를 합쳐 하나의 '아사달'을 표시하면 원래 고조선 말에 따른 나라 이름과 수도 이름인 '아사달'이 되고, 한자로 번역하면 '조선'이 되는 것이다. 즉, 대문구 문화 유물로 발굴되어 중국 고고학자들이 기원전 2800년에서 기원전 2000년경의 유물이라고 측정하고 있는 거현 능양하 출토 '팽이형 토기'의 문양(〈그림 2〉)은 '아사달', 곧 '조선'이라는 표시로, 이 '팽이형 토기'를 제조해 사용한 주인공이 '아사달'·'조선'족임을 알리고 증명해주는 것이다.

주지하듯이, 팽이형 토기는 고조선 전기에 보이는 독특한 유형의 토기이다. 이것은 발굴 때 한반도의 한강 양안부터 청천강 양안에 분포되어 있었으며, 평안남도와 황해도 그리고 한강 유역에서 집중적으로 나왔다. 종래에 이 토기는 기원전 3000년경 이전부터 기원전 2000년경까지의 것으로 편년되어왔다.

대문구 문화에서 '아사달' 문양은 〈그림 2〉~〈그림 8〉에서 보듯이 팽이형 토기 위에 새겨진 형태로 모두 11점이 나왔다.

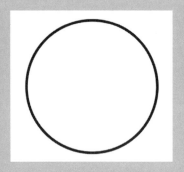

〈그림 10〉 아사달 문양의 윗부분

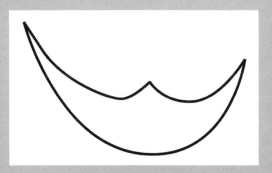

〈그림 11〉 아사달 문양의 아랫부분

11점의 '아사달' 문양들은 산을 도안해 넣은 〈그림 2〉와 산을 생략한 〈그림 8〉, 이렇게 두 개의 큰 유형으로 구분해볼 수 있다. 산을 생략한 〈그림 8〉도 '아사달', 곧 '조선'의 표시인지 확인하려면 그 문양도 '팽이 형 토기'에 새겨졌는지를 재검토해볼 필요가 있다. 〈그림 8〉의 문양도 전형적인 '팽이형 토기'에 새겨져 있다.[38] 그러므로 산이 생략된 〈그림 8〉도 '아사달'·'조선'을 표시하는 문양으로, 그 제조자·소유자·사용자가 '아사달'족, 곧 '조선'족임을 나타내는 것이다.

---

38) 《大汶口 新石器時代墓葬發掘報告》, 118쪽 참조.

　중국 고고학자들과 역사학자들은 고조선어나 한국어를 알지 못하므로 〈그림 2〉의 '아사달' 문양이 한 덩어리가 되어 '아사달'·'조선'을 나타내는 문양이나 문장이 된다는 사실에는 착안하지 못했으며, 이를 한문자의 기원으로만 보아 여기에 집착했다. 또한 '팽이형 토기'가 고조선 문명 특유의 토기 양식이라는 사실도 간과했다.

　중국 학자들은 대문구 문화의 토기에 새겨진 그림들이 상형문자인 한문자의 일부 기원이라고만 보았다. 왜냐하면 대문구 문화 말기의 이 '팽이형 토기'의 연대는 기원전 2800년에서 기원전 2000년이고 이때는 아직 한문자가 성립되지 않았는데, 상형문자의 발생을 알려주는 그림이 이 '팽이형 토기'에 새겨져 있다고 보았기 때문이다.

　예컨대, 소망평(邵望平)[39]과 허진웅(許進雄)은 〈그림 8〉의 모양을 '旦(아침 단, 새벽 단)' 자의 기원으로 보았다.[40] 〈그림 10〉의 문양을 '日' 자로, 〈그림 11〉의 문양을 '一' 자로 해석해 '旦' 자의 기원으로 본 것이다. 공유영(龔維英)은 〈그림 8〉의 문양을 '昊(여름하늘 호)' 자의 기원으로 보았다.[41] 〈그림 10〉은 역시 '日' 자로 보고 〈그림 11〉은 '天' 자로 보아 '昊' 자의 기원으로 여긴 것이다. 왕수명(王樹明)은 〈그림 8〉의 문양을 '炅(빛날 경)' 자의 기원으로 보았다.[42] 그 역시 〈그림 10〉은 '日' 자로 보고, 〈그림 11〉은 '火' 자로 여겼다. 그리고 이를 합쳐 '炅' 자의 조형(祖形)이라고 판단한 것이다. 또 그는 〈그림 2〉의 문양을 '炟(불일어날 달)' 자의 기원으로 보았다.[43]

39) 邵望平, 〈遠古文明的火花－陶尊上的 文字〉, 《大汶口文化討論文集》, 濟魯書社, 1979 ; 金仁喜, 앞의 글 참조.

40) 許進雄, 《中國古代社會》, 1991, 20쪽 참조.

41) 龔維英, 〈論東夷族團的分化及昊陶族的南徙〉, 《江漢古考》, 제1집, 1989 ; 金仁喜, 앞의 글 참조.

42) 王樹明, 〈陶尊文字－古代文明的火花〉, 1992, 21쪽 참조.

43) 같은 글 참조.

　오직 허진웅만이 〈그림 9〉의 문양을 '산'이라고 정확하게 해석했으나, 한문자에 '旦' 자 아래에 '山' 자를 합성한 문자가 없으므로 할 수 없이 "산을 따르는[從山], 산 속에 살고 있는 단족(旦族)"44)의 표시일 것이라고 풀이하고, 〈그림 9〉를 생략했다. 허진웅은 '아사달'이 '조선'의 고조선 고유어임을 몰랐던 것이다. 그러나 그가 생각한 단족은 산을 따라 산 속에 살면서 이 '팽이형 토기'를 만든 것이 아니었다. '팽이형 토기'는 '아사달[朝鮮]'족이 바다를 건너 산동반도에 들어와 황하 하류 유역에 살면서 제조하고 사용한 것이며, 이 '팽이형 토기'가 발굴된 곳도 능양하라는 강변 지대였다.

　필자의 지적과 같이 〈그림 2〉는 하나의 단위 그림으로서 '아사달족', 곧 '조선족'을 상징하는 문양이었다. 그러므로 산이 보이지 않는 하류 일대 강가에서 문명을 창조하면서도 그들은 산(〈그림 9〉)을 아침(〈그림 8〉)과 함께 그려 '아사달'·'조선'(〈그림 2〉)을 표시한 것이었다.

　'아사달' 문양이 새겨진 '팽이형 토기'가 제조된 기원전 2800년에서 기원전 2000년까지, 〈그림 2〉의 문양은 산동반도에 들어간 고조선족들이 소국들을 세워 고조선 문명을 전파·발전시키면서 자기들이 '아사달족'·'조선족'임을 밝히기 위해 새겨 넣은 문양인 것이다.

　중국 산동의 대문구 문화의 유물들에 '아사달', 곧 '조선'의 문양이 명백하게 새겨져 있으므로, 필자는 대문구 문화가 고조선 건국 직후 무렵에 고조선족들이 산동반도에 들어가 선진적 고조선 문명을 전파하면서 창조한 고조선 문명권의 '하위문화(sub-culture)'이며(사회학적 용어를 빌려 설명하면 그렇다), 고조선 문명권의 한 부분이었고, 그 창조자들도 고조선인들이었다고 생각한다.

　이러한 사실을 중국 고문헌에서는 어떻게 해석하고 있을까?

---

44) 許進雄, 앞의 책 참조.

중국 학자들은 거의 모두가 대문구 문화를 동이족 문화라고 보고 있다. 그 가운데 비교적 세분해 고찰한 중국 학자의 견해를 보면, 양동신(楊東晨)은 대문구 문화를 세 시기로 구분해 초기 대문구 문화는 태호족(太昊族), 중기 대문구 문화는 소호족(少昊族), 후기 대문구 문화는 전욱족(顓頊族)의 문화라고 생각했다.[45] 당난(唐蘭)은 대문구 문화를 소호족이 창조한 문화라고 보았는데, 태호의 도읍은 진(陳, 지금의 하남성 회양)이고 소호의 도읍은 산동성 곡부(曲阜)로서 태호와 소호가 모두 동이이지만, 대문구 문화를 만든 것은 소호라고 생각했다.[46]

여기서 중국 학자들이 대문구 문화를 창조했다고 본 태호·소호(및 전욱)는 번역하면, '큰 밝달족', '작은 밝달족', '고조선족'이다. '昊'(여름하늘 호)의 본래 고문자는 '皞(흴 호, 밝을 호)'이다. 《좌전(左傳)》에서는 '太昊'를 '太皞'라고 했다.[47] '皞'는 '白' 자를 두 개나 합성해 본래 '백족(白族)', '밝달족'임을 강조해 밝힌 것이다. '太白'족, '少白'족은 모두 '밝달족'이고 '고조선족'인 것이다. 즉, 대문구 문화를 창조한 동이는 바로 '밝달족', '조선족'인 것이다.

중국 고문헌들에서는 이 '밝달족', '고조선족', '고조선 문명권'에 속한 민족들이 세운 소국들을 모두 '동이'라는 이름으로 불렀는데, 진의 통일 이전의 동이는 고조선 문명권에 속한 고조선 계열 원민족들을 가리키는 것이었다.

중국 고문헌들은 하(夏)왕조를 중국계, 은(殷, 또는 商)왕조를 동이계와 연합한 왕조, 주왕조를 중국계 왕조로 설명하면서, 산동·산서·하북·하

---

45) 楊東晨, 〈東夷的 發展與秦國在西方的 復位〉, 《中南民族學院報》, 哲學社會科學版, 1989(第5期, 總第38期), 19~21쪽 ; 金仁喜, 앞의 글 참조.

46) 唐蘭, 〈從大汶口文化的陶器文字看我國最早文化的年代〉, 《大汶口文化討論文集》 ; 金仁喜, 같은 글 참조.

47) 《左傳》, 昭公 17年條. "陳 太皞之虛也."

남 지방에 동이 계열의 소국들과 주민이 매우 많았음을 기록으로 남겼다. 주의 무왕이 은을 멸하고 새 왕조를 세운 기원전 1122년 이전까지는 산동·산서·하북·하남 지방에 먼저 이동해 들어간 고조선 계열 주민들과 황하 중·상류에서 하류로 점차 내려오는 원중국계 주민들 사이에 오랫동안 평화적 교류 관계가 형성되었다. 그러나 주왕조가 수립된 뒤에는 두 계열 사이의 갈등과 충돌이 본격적으로 전개되기 시작해 중국 문헌에도 원중국(華夏) 계열이 승리한 경우를 중심으로 과장해 기록하기 시작했다. 특히 주왕조의 무왕이 죽고 어린 성왕이 대를 이은 뒤에는 고조선 계열 소국들이 반란을 일으키고, 주왕조 계열들도 제후들이 후국들을 독립시켜 갈등은 더욱 격화되었다. 이 갈등의 시기가 춘추시대로 직결되어 나간 것이다.

중국 고문헌의 기록에 따르면, 이 갈등의 시기에 산동과 그 주변 지방에 있던 고조선 계열 소국들로는, 산동 지방에 엄(奄)·서(書)·수(遂)·래(萊)·거(莒)·근(根)·의(矣)·서(舒) 등이 있었고, 북쪽으로 북평현(北平縣) 부근에 산융(山戎)·영지(令支)·고죽(孤竹) 등이 있었다. 또한 산동 지방과 북평현 지방에서 활약한 주왕조계 소국들로는 제(齊)·노(魯)·진(晋)·채(蔡)·위(衛)·연(燕) 등이 기록되어 있다.

중국 쪽의 고문헌들은 비록 주왕조가 있기는 해도 제후가 실세를 이루어 통치하는 봉건제도가 지배했으므로, 고중국계 소국들이 고조선 계열 소국들을 제압하지 못하고 도리어 고조선 계열이 우세했음을 시사하는 기록을 남겼다. 그러다가 제의 환공이 기원전 7세기에 관중이라는 뛰어난 인물을 재상으로 발탁해 관중의 정책으로 제(齊)가 급속히 강성해졌다. 그리하여 북으로는 고조선 문명권 소국들인 영지·산융·고죽을 공격해 제압하고,[48] 이어서 산동 지방의 고조선 계열 소국들인 수(遂)를 기원

―――――――

48) 《管子》 券6, 小匡 中 20 참조.

전 682년에,[49] 서(徐)를 기원전 644년에,[50] 내(萊)를 기원전 615년에,[51] 근(根)과 의(矣)를 기원전 613년에 공격해 패배시켰다.[52] 물론 이때 고조 선 계열 소국들이 바로 멸망한 것은 아니지만, 그 세력이 현저히 약화되 어 동화의 단계로 들어선 것이었다.

그러나 그 이전의 산동·산서·하북·하남 지방의 고조선 계열 소국들 은 크게 융성했다. 예컨대, 《후한서》〈동이전〉의 기록에 따르면, 산동 지방 서국(徐國)의 경우는 매우 강성해 회대(淮岱)·산동 지방의 동이족 36제후의 조공을 받았으며, 주의 수도를 정벌하려고 황하 상류까지 올라 왔으므로 주의 목왕(穆王)이 그 세력의 치성을 두려워 해 동방 제후를 나누어주고 그 왕을 서언왕(徐偃王)에 임명해 제후들의 주인이 되게 했 다고 한다.[53] 기원전 1000년경의 일이다. 단재 신채호는 이 동이족이 조선족이라고 보았으며, 기원전 1000년에서 기원전 600년경까지 고조 선족이 이 지역에서 매우 강성했음을 지적했다.[54]

여기서 우리는 고조선 문명권이 지금의 산동 지방에도 파급되어 형성 되었음을 확인할 수 있다. 즉, 고조선 문명권은 서북쪽으로는 우북평(右 北平)·난하 지방에서 고중국 문명권과 만났으며, 바다 건너에서는 산동· 산서·하북·하남 지방에서 고중국 문명권과 만나 함께 생활했음을 알 수 있다.

중국 학자들은, 종래 앙소 문화와 산동 문화가 대체로 평준했는데

---

49) 《左傳》, 莊公 13年 夏 6月條 참조.

50) 《左傳》, 莊公 26年條 참조.

51) 《春秋》 卷17, 魯宣公 7年條 참조.

52) 《春秋》 卷17, 魯宣公 9年條 참조.

53) 《後漢書》, 東夷列傳, 第75. "康王之時 肅愼復至. 後徐夷僭號 乃率九夷 以伐宗周 西 至河上. 穆王畏其方熾 乃分東方諸侯 命徐偃王主之. 偃王處潢池東 地方五百里 行仁 義 陵地而朝者 三十有六國."

54) 申采浩, 《朝鮮上古史》, 《改訂版 丹齋申采浩全集》 상, 87~88쪽.

산동반도에 동이족의 대문구 문화가 일어남으로써 산동 지역이 전 중국에서 가장 선진적인 고대 문명을 창조했다고 설명하고 있다. 단지 이 동이족의 정체를 밝히고 있지 않을 뿐이다. 이제 이 동이족이 '고조선', 곧 '아사달'족이라는 사실이 밝혀지면 고조선 문명이 적어도 최초의 고대 국가 건국기에는 앙소 문화나 황하 상류 문명, 고중국 문명보다 먼저 일어나고 선진적인 문명이었음이 밝혀지는 것이다.

중국 산동반도 대문구 문화 유물 '팽이형 토기'에 새겨진 '아사달' 문양은 적어도 다음과 같은 역사적 사실을 우리들에게 알려주고 있다.

첫째, 한반도에 고조선이 건국되어 발전하며 고조선 문명권을 형성해 나가는 과정에서 산동반도에도 고조선 문명이 전파·형성되었다는 사실이다. 즉, 필자가 제기하고 있는 '고조선 문명권'이 발해와 서해를 건너 산동반도 일대와 그 부근에도 서변으로 형성되었음을 이 문양이 증명해 알려주는 것이다.

둘째, 산동 지방에서 신석기시대 말기부터 청동기시대 초기에 선진 문명을 창조하면서 크게 활동한 민족과 소국들을 중국 학자들은 '동이'라고 통칭하고 있는데, 대문구 문화 유물의 '아사달' 문양은 이 진(秦)의 통일 이전의 '동이'에 대한 구체적 실명이 '아사달', '조선'족임을 명료하게 증명해 알려주고 있다. 특히 '아사달' 문양이 고조선 문화의 독특한 토기 양식인 '팽이형 토기'에 새겨져 있고 현재 11점이나 출토되었으며 앞으로도 계속 출토될 가능성이 높다는 사실은, 중국 학자들이 말하는 산동 지방 진의 통일 이전(先秦)의 '동이'가 '아사달', 곧 '조선'족이었음을 더욱 명료하게 증명해준다고 할 것이다.

셋째, 중국 학자들이 연대를 측정해 편년한 대문구 문화 말기 층에서 발굴된 기원전 2800년에서 기원전 2000년의 '팽이형 토기'에 새겨진 '아사달' 문양은 고조선의 건국 연대가 기원전 2800년에서 기원전 2000년 이전의 어느 시기임을 간접적으로 증명·시사해준다. 왜냐하면 고조선이 건국해 '아사달'에 도읍을 정하고 국호를 '조선'(아사달의 한자 번역)이라고 정한 뒤에야 고조선에서 건너간 고조선족과 고조선 문명이 '아사달' 문양을 만들어 사용했을 것이기 때문이다. 따라서 중국 고고학자들의 연대 측정이 정확하다면 기원전 2800년에서 기원전 2000년경에 만들어진 '팽이형 토기'(고조선 문화 특유의 토기 양식)의 '아사달' 문양은 고조선 건국 연대가 적어도 기원전 2800년에서 기원전 2000년 이전임을 간접적으로 증명해주는 것이다.

넷째, 대문구 문화 말기의 유물 '팽이형 토기'에 새겨진 '아사달' 문양은 대문구 상층문화 자체가 고조선족이 창조한 문화임을 증명해준다. 중국 학자들은 대체로 대문구 상층문화의 창조자들은 동이로서 태호·소호족이라고 설명하고 있다. 이 호족을 더 따져보면 '아사달' 문양을 만들어 표시한 고조선족이 대문구 상층문화의 창조자라는 사실을 더욱 보강해 알 수 있다. 왜냐하면 '昊(여름하늘 호)' 자는 현대 문자이고 옛 문자는 '皞' 자인데 '흰 호', '밝을 호'로서 '白' 자를 두 개나 합성해 본래 '백(白)'족임을 시사하고 있으며, '태호'·'소호'는 곧 '태백(太白)'·'소백(少白)'과 같은 것이고, '태백'·'소백'족은 곧 고조선족이기 때문이다.

다섯째, 대문구 문화 유물 '팽이형 토기'에 새겨진 '아사달' 문양은 고조선 문화와 고조선 문명권의 선진성을 잘 증명해준다. 중국 고학자들은 대체로 황하 상류의 앙소 문화(고중국 문화)와 황하 하류의 북신(北辛) 문화는 같은 수준의 문화였는데, 동이족이 들어와 대문구 문화를 만듦으로써 산동 지방의 문화가 중국에서 가장 선진 문화가 되었다고 설명하고 있다. 이는 간접적으로 '박달족[太白·少白族]'·'아사달[朝鮮族]'이 한반도에서 창조한 고조선 문명과 고조선족의 일부가 산동반도에 건너가 창조한 고조선 문명이 당시 시기적으로 상당히 빠른 선진 문명이었으며, 황하 상류·중류 문명에 견주어도 더 선진적 문명이었음을 알려주는 것이다.

〈그림 12〉 몽골에서 쓰인 아사달의 변형

여섯째, 대문구 문화 말기 상층유물에 새겨진 '아사달' 문양은 한문자의 기원 가운데 하나를 이루고 있으므로, 산동 지방에 꽃핀 고조선 문명의 일부로서 대문구 문화가 한자의 가장 오랜 기원의 한 갈래를 이루고 있음을 알려준다. 한문자의 기원에는 몇 갈래가 있지만, 그 가장 오래된 기원으로서 산동에 건너가 선진적 문명을 창조한 고조선족이 하나의 큰 역할을 했음을 '아사달' 문양은 증명해주는 것이다.

일곱째, 산동 대문구 문화 말기 유물 '팽이형 토기'에 새겨진 '아사달' 문양은 중국 학자들이 중국 고대 문명 창조에 가장 먼저 선진적 역할을 수행했다고 높이 평가하는, 신석기 말기에서 청동기 초기 산동반도의 동이 문화가 고조선 문명의 일부임을 증명해줌으로써, 고조선 문명의 일부(산동 지방의 고조선 문명의 갈래)가 중국 고대 문명의 형성·발전에 큰 영향을 주고 기여한 사실을 알려주고 있다.

그러면 고조선 국가의 붕괴와 고조선 문명권의 해체 뒤 고조선 문명권에 속했던 민족이나 국가 가운데 산동 지방 이외에 다른 곳에서도 '아사달' 문양이 발견되는가?

필자는 몇 년 전에 몽골을 몇 차례 방문하면서 이를 발견했다. 몽골에서는 12세기에 칭기즈칸이 몽골 부족들을 통일할 때 그리고 13세기에 유라시아 대륙을 정복할 때 자기 직할부대(또는 친위대)의 깃발에 '아사달' 문양을 사용했다. 이것은 몽골의 칭기즈칸의 초상화나 그 직할부대의 그림에도 그려져 있다.

17세기 몽골 복드(Bogd)왕조의 자나바잘(Gegeen Zanabazar) 왕은 1686년에 몽골의 알파벳으로 소욤보(soyombo)를 만들었는데, 그 무렵 몽골의 상징으로 채택한 문양의 머리 부분에 '아사달' 문양을 수정해 넣었다. 단지 '달(산)' 부분에만 삼각형을 역으로 변형해 그려 〈그림 12〉와 같이 표시했다. 이 문양은 울란바토르 교외 복드박물관에도 전시되어 있다.

또 17~18세기의 몽골 왕국의 국경 초소와 세관에서는 국가 인장으로 '아사달' 문양을 넣은 것을 사용했는데, 이때 '아사달'은 아침을 나타내는 〈그림 4〉의 머리를 변형해 불꽃 모양을 덧붙여 표시했다. 이 국경 초소 세관의 몽골 왕국 인장은 국립 몽골역사박물관에 그 진품이 두 개나 진열되어 있다.

현대 몽골 공화국은 몽골 국기의 왼쪽 3분의 1 되는 면에 소욤보 문양을 넣었는데, 이때는 '아사달' 문양에 불꽃 모양의 문양 꼭지를 보태어 변형해 표시했다.

몽골에서는 한국을 칭기즈칸 이전부터 무지개를 뜻하는 '솔롱고스'라고 불렀는데, 몽골에서 '무지개'는 동쪽 '이상향(무지개 뜨는 나라)'의 뜻을 담고 있다.

7. 고조선 문명권의 삼신 신앙과 '삼족오태양신'

고조선 문명권의 실재를 증명하는 또 하나의 상징으로 '삼족오태양신(三足烏太陽神, 세 발 까마귀 태양신)' 문양이 있다. 필자는, '세 발 까마귀 태양신'은 고조선 민족의 신앙이 고조선 문명권에 전파됨으로써 공유하

게 된 삼신 사상과 삼신교 그리고 신교의 상징이라고 생각한다.[55]

고조선족과 고조선 문명권에 포함된 부족 및 원민족들은 '태양 숭배', '하느님 숭배', '천제 숭배' 사상을 가지고 있었음이 여러 유적들에서 증명된다. 그들은 스스로를 '태양신의 자손', '하느님의 자손', '천손(天孫)'으로 여겼으며, '태양'·'하늘'·'하느님'과 자기들을 연결해주는 동물 매체를 '새'(鳥)라고 생각해 '솟대 문화'와 '소도 문화'를 형성해 공통으로 갖고 있었다.

고조선족과 고조선 문명권의 원민족들은 '태양'과 '새'를 결합해 태양신을 상징적으로 형상화할 때는 '삼족오(三足鳥)', '세 발 까마귀'로 상징화해 그리고 표현했다. '까마귀'를 신성시하는 원시 부족은 사회사에서 가끔 보이지만, '삼족오', '세 발 까마귀'는 오직 고조선 문명권만이 가졌던 '태양신'의 상징이었다.

'삼족오태양'은 고조선의 후예인 고구려의 고분벽화에서 3점 그리고 진파리 7호 무덤의 해뚫음무늬 금동장식품 유물에서 1점이 이미 발견되었다. 또한 최근에는 백제의 금동관에서도 삼족오가 발견되었다. 익산 입점리 백제 고분에서 발굴된 백제 금동관의 앞면 절풍(折風, 고조선시대부터 쓰던 고깔 모양의 변[弁]에서 변형된 모자)으로 보이는 부분에 삼족오가 한 개, 관테 둘레의 좌우에 각각 한 개씩, 모두 세 개의 삼족오가 있음이 확인되었다.[56]

그리고 선비족의 것으로 추정되는 조양 원대자(袁台子) 벽화묘에서 1985년에 삼족오가 또 하나 발견되었다.

55) 신용하, 〈古朝鮮文明圈의 三足烏太陽 상징과 朝陽 袁台子壁畵墓의 三足烏太陽〉,《한국학보》, 제105집, 2001 ;《한국 原民族 형성과 역사적 전통》, 나남출판, 2005 참조.
56) 朴仙姬, 〈우리나라 金冠의 역사를 밝힌다〉(2006년 10월 28일, 고조선연구회 발표회에서 발표) 참조. 박선희 교수의 연구 결과에 따르면, 문화재연구소의 《익산 입점리 고분 발굴 보고서》(1989)에 실린 〈도판 16〉 (1)~(4)와 〈도판 28〉 (1)·(2)의 금동관 유물에는 삼족오가 있음이 확인되었다.

그러면 '삼족오태양'과 관련한 문헌 기록으로는 어떠한 것이 남아 있을까? 중국 산동 지방에서 신석기시대 말기인 기원전 2800년에서 기원전 2000년에 소왕국을 건설해 살았던 소호족의 설화(또는 신화)에 '삼족오태양'의 전설이 나온 것을 전한시대에 채록한 것이 남아 있다.[57] 이 설화의 줄거리는 다음과 같다.

> 태양이 돋는 곳은 (산동 지방으로부터) 바다 건너 동쪽 '양곡(暘谷, 또는 湯谷)'이라는 곳이다.[58]
>
> 양곡을 다스리는 황제는 천제인 '제준(帝俊)'이었는데, 열 개의 아들 태양을 낳았다. 열 개의 태양을 차례로 하나씩 번갈아 이어서 떠오르게 해 세상을 환하고 따뜻하게 비추도록 잘 관리하고 있었다.[59]
>
> 태양들은 모두 '까마귀'를 싣고(이고) 있었다. 즉, 이 태양 가운데는 까마귀가 있었다. 《산해경》 대황동경(大荒東經)에서는 "계곡이 있는데 온원곡(溫源谷)이라 한다. 탕곡(湯谷) 위에 부목(扶木)이 있는데 하나의 태양이 바야흐로 도달하면 (다른) 하나의 태양이 바야흐로 나오며, (태양들은) 모두 '까마귀'를 이고 있다"[60]고 했다. 전한시대에 이 전설을 채록한 곽박(郭璞)은 "까마귀는 태양 가운데 세 발 까마귀이다[烏是太陽中三足烏]"[61]라고 했다.
>
> 열 개 태양(아들)은 오랫동안 번갈아 뜨고 지는 똑같은 일의 반복에 싫증을 느껴 요(堯) 임금 때 열 개 태양이 동시에 함께 떠올랐다. 세상은 열 배 혜택을 받은 것이 아니라 갑자기 너무 뜨거워져서 식물이 타 죽고 동물들도 더위에 지쳐 죽어갔다.
>
> 요 임금은 이에 놀라 천제에게 도와달라고 간청하고 기도했다.
>
> 천제 제준은 열 개 아들 태양에게 훈계했으나 아들들은 아버지 제준의 훈계

57) 郭墨蘭 編, 《齊魯文化》, 華藝出版社, 1997, 54~58쪽 참조.
58) 《淮南子》, 天文訓. "日出于暘谷."
59) 《山海經》, 大荒南經과 海外東經 참조.
60) 《山海經》, 大荒東經. "湯谷上有扶木 一日方至 一日方出 皆載于烏."
61) 《齊魯文化》, 58쪽 참조.

를 들으려 하지 않았다. 이에 활을 지극히 잘 쏘는 예(羿, 夷羿)를 내려 보내어 요 임금을 도와 열 개 아들 태양을 징벌하도록 했다.[62]

활 잘 쏘는 예는 '태양'의 심장을 향해 정확히 화살을 쏘았다. '태양'은 '예'의 화살에 심장을 맞아 땅에 떨어졌는데, 달려가 보니 '예'의 화살에 심장이 꿰뚫린 황금빛 태양신 삼족오(세 발 까마귀)가 죽어 있었다. 예가 활시위를 당길 때마다 태양이 땅에 떨어지는 데를 가 보면 태양신인 삼족오(세 발 까마귀)가 떨어져 있었다. 태양신이 곧 삼족오였던 것이다.[63]

요 임금은 태양이 하나는 남아 있어야 세상이 알맞게 따뜻할 터인데, 예가 열 개 태양을 모두 쏘아 떨어뜨릴까 염려되어 예의 화살통에 꽂혀 있는 열 개의 화살 가운데 한 개를 뽑아내 감추어버렸다. 이 때문에 예는 아홉 개의 '삼족오태양신'만을 떨어뜨리고 한 개 태양은 남아 있게 되었다.

여기서 주목할 것은, 중국의 옛 학자들은 소호족(少昊族)의 이 '삼족오태양신' 전설을 하족(夏族)이 구이(九夷) 동이족을 무찔러 나라를 보전한 사실을 전설화한 것이라고 해석해왔다는 사실이다.

한편 고려와 조선왕조시대 한국의 전통 사학자들은 단군이 고조선(왕검조선)을 건국했을 때 단군조선이 처음에는 구이(九夷)를 다스렸으며, 요(堯)와 순(舜)의 치세를 도와주었다고 생각한 학자들이 많았다는 사실에 주목할 필요가 있다.

'삼족오태양' 전설의 시기는 중국의 경우에는 요 임금의 시대이고 조선은 고조선시대이다.《삼국유사》에 인용·수록된《위서》는 단군이 '아사달'에 도읍을 정하고 고조선을 건국한 시기를 중국의 요(高=堯) 임금과 같은 시기라고 했다.[64]

구이가 아홉 개 '삼족오태양'으로 묘사된 소호족의 전설은 중국의 전

---

62)《招辭》, 天問 참조.
63)《山海經》, 大荒南經과 大荒東經 참조.
64)《國遺事》卷1, 古朝鮮(王儉朝鮮)條 참조.

설과 신화 속에 들어가 있지만, 그 내용을 보면 '삼족오태양'은 중국의 부족들 또는 원민족들을 가리킨 것이 아니라, 고조선이 지배했다는 '구이', 곧 중국 학자들이 말한 '동이'의 '구이' 이야기인 것을 바로 알 수 있다. 아홉 개 '삼족오태양'은 바다 건너 동쪽 양곡에서 떠오른 동쪽 나라의 '삼족오태양'이었던 것이다. 즉, 동쪽 나라 천제 제준의 아들들이 었던 것이다.

산동 곡부(曲阜) 지방 노나라 출신인 공자는 일찍이 이 지방에서 도가 행해지지 않자 제자들에게 한탄하면서 "바다에 뗏목을 띄워 구이(九夷)에 가서 살고 싶다"[65]고 했는데, 안사고(顔師古)는 '구이'는 곧 '동이'라고 주석을 달았다.

《후한서(後漢書)》의 〈동이열전〉에서는 다음과 같이 기록된 것을 볼 수 있다.

> 왕제(王制)에 이르기를 "동방을 이(夷)라 한다"고 했다. 이(夷)란 근본이 다. 이(夷)는 어질어서 생을 좋아하므로 만물이 지(地)에 근본해 생출하는 것과 같다는 말이다. 그러므로 [이(夷)는] 천성이 유순하고 도로써 다스리기 쉽기 때문에 군자국·불사국(不死國)이 있기까지 하다. 이(夷)에는 구종(九 種)이 있으니, 견이(畎夷)·우이(于夷)·방이(方夷)·황이(黃夷)·백이(白 夷)·적이(赤夷)·현이(玄夷)·풍이(風夷)·양이(陽夷)가 그것이다. 옛날 요 임금이 의중(義仲)을 우이(嵎夷)에 살도록 명했고 양곡(暘谷)을 말했는데, 그곳은 대개 대양(大陽, 日)이 돋는 곳이다.[66]

---

65) 《論語》, 子等篇 참조.

66) 《後漢書》 85, 東夷列傳 第75. "《王制》傳 '東方曰夷' 夷者柢也 言仁而好生 萬物柢地 而出. 故天性柔順 易以道御 至有君子不死之國焉. 夷有九種 曰畎夷·于夷 方夷 黃夷 白夷 赤夷 玄夷 風夷 陽夷. 故孔子欲居九夷也. 昔堯命義仲宅嵎夷 曰暘谷 蓋日之所 出也."

〈그림 13〉 삼족오(집안[集安] 오회분 4호묘)

　이러한 '삼족오태양'이 고조선의 후예인 고구려의 고분에서 네 개나 발견되었고, 백제 고분에서도 세 개가 발견되었다. 또한 흉노의 옛 그림에서도 보이고 선비족의 조양 원대자 고분벽화에도 보이니, 이는 '삼족오태양'이라는 상징이 고조선 문명권에 공통적이었음을 거듭 알려준다.

　고조선 문명권의 '삼족오태양'의 특징은, 신의 상징 또는 천사조를 실재하는 '두 발 까마귀[鳥]'로 구상화하지 않고 반드시 '세 발 까마귀', 곧 '삼족오'로 구상화한 데 있다.

　인류 고대 문명의 수많은 부족과 원민족들 가운데는 '까마귀'를 토템으로 하거나 '태양신'으로 삼은 집단이 더러 있었다. 그러나 이때의 '까마귀'는 '두 발' 까마귀이다. 예컨대, 북유럽 민족들의 태양신인 오딘의 천사조(天使鳥), 이란 전설의 천사조 까마귀, 기독교 성경의 까마귀, 중국 장사(長沙)의 마왕퇴1호한묘(馬王堆1號漢墓)의 그림에 나온 태양신 까마귀 등이 그 대표적인 것들이다. 그러나 이 까마귀들은 모두 '두 발' 까마귀이다.

오직 고조선 문명권에서만 태양신 또는 태양신의 천사를 '삼족오(三足烏)'로 표현했다. 지금의 중국 영토의 화북 지방을 중심으로 '삼족오'가 그려진 화상석이 다수 발견되고 있는데, 이를 그린 종족·민족들은 원래 모두 고조선 문명권에 속했다고 본다. 이들이 서방으로 이동하면서 '삼족오' 그림을 남겼으며, 또 이것이 다른 종족들에게도 전파되었을 것이다. 그런데 왜 '삼족(세 발)'일까?

필자는 이것이 삼신을 상징화한 것이라고 생각한다. 고조선 문명권에서는 '삼족오' 자체가 실재하지 않는 까마귀이기 때문에 처음부터 '신' 자체였으며, '삼족오'는 삼신을 상징화한 것이었다고 본다.

왜 고조선 민족은 삼신을 까마귀로 상징화해 표현했을까? 고조선에서 신(神)은 '검'이었으며, 색깔로는 '검정색'으로 상징화했다. 신(검)을 검정색으로 상징화하는 것이 천사조 사상과 결합되면 '까마귀' 새로 향할 것이라고 추정하는 것은 전혀 어려운 일이 아니다.

왜 이것을 태양과 결합시켰을까? 고조선 민족이 '태양 숭배' 민족이었음을 생각하면 삼족오(세발 까마귀)와 태양의 결합은 매우 자연스러운 일이라고 할 수 있다.

그러면 '세 발 까마귀 태양신'으로 상징화한 고조선의 삼신은 무엇일까? 고조선에서 '삼신'이란 널리 아는 바와 같이 '환인·환웅·단군'으로 인지되어왔다. 민간에 전승되어온 전설책 《단군기(檀君紀)》에서는 "환인·환웅·단검 삼신이 나라를 열고 기초를 정한 공덕을 항상 전승하고 외어서 잊지 않았다"[67]고 했다. 《삼국유사》 고기의 설명과 그 계열이 같은 것이다.[68]

또한 《단군기》는 "고대의 나라 임금은 반드시 먼저 상제(하느님)로부

---

67) 《檀君紀》. "桓因 桓雄 檀儉 三神之 開倉肇定之功德 常傳誦而不忘."
68) 《三國遺事》 卷1, 古朝鮮(王儉朝鮮)條 참조.

터 단군에 이르기까지 삼신을 모시어 섬기는 것을 도리로 삼았다"[69]고
해 '삼신' 숭배가 일종의 신앙과 같은 것임을 기록했다. 구한말의 《신단
실기(神壇實記)》에서도 "환인·환웅·환검을 삼신이라 한다"[70]고 했다.

이러한 책들은 물론 후대에 나온 일종의 신앙 서적들이지만, 어차피
'삼족오태양'·'삼신' 등이 신앙과 의식의 문제이므로 이 문제와 관련해서
는 문헌 자료가 될 수 있는 것이다.

박은식은 "조선의 풍속에 아들이나 딸을 낳게 되면 반드시 삼신에게
제사를 지내고 잘되게 해달라고 비는 관습이 있다. '삼신께서 우리 아이
를 낳으셨으니 삼신께서 이 아이를 보살펴주소서' 하는 것이 그것이다.
삼신이라 함은 환인·환웅·단군을 가리키는 것이다. 삼신은 생민(生民)
의 조(祖)가 되니 그래서 국민은 태어나온 그 근본을 잊지 않고 중하게
여기는 것이며, 단군을 하늘에 제사지내 교화의 조(祖)로 삼게 된 것이
다"[71]라고 했다.

박은식은 고조선의 종교가 신교(神敎, 三神敎)였으며, 이 삼신교가 부
여·고구려·백제·고려까지도 전승되었다고 다음과 같이 서술했다.

　　시조 단군은 신도로써 교를 베풀고 제천으로써 보본(報本)하였으니, 부여·
고구려·백제·고려가 대대로 그 교를 준수하였다. 우리나라 사람들이 자식을
낳으면 반드시 삼신께 제사하여 생산의 신을 위한다고 하니, 삼신은 환인·환
웅·단군을 말한다.[72]

국가로서 고조선 백성들과 그 직접적 후예인 부여·고구려·백제·신

---

69) 《檀君紀》. "故古代國君 必先敬事上帝(卽一大主神也)及檀君三神 因以爲道."

70) 金敎獻, 《神檀實記》 가운데 〈檀君世紀〉. "桓因 桓雄 桓儉 是爲三神."

71) 朴殷植, 《韓國通史》, 14쪽 "歷史之大槪" 참조 ; 《朴殷植全書》 上, 檀大東洋學硏究所,
　　54쪽.

72) 朴殷植, 《韓國通史》, 179쪽 ; 《朴殷植全書》 上, 359쪽.

라·고려 등이 '삼신'을 존숭한 것은 더 이상 쓸 필요가 없을 것이다.

따라서 고구려와 백제 고분벽화와 유물에 '삼족오태양'이 태양신으로 그려져 있는 것은 당연한 일이라고 말할 수 있다.

그런데 1982년에 발굴된 중국 요령성의 조양 원대자 고분벽화에 '삼족오태양'이 그려져 있어서 이 무덤의 주인공이 '삼족오태양' 숭배 민족의 하나임을 나타낸 것은 어떻게 설명될 것인가?

필자는 고조선 문명권을 형성한 고조선의 제1형 후국들과 제2형 후국들을 앞에서 다루었다. 고조선의 제1형 후국은 고조선 건국에 참여하지 않았던 나머지 맥(貊)·예(濊)와 부여(夫餘)·고려(句麗)·진(辰)·숙신(肅愼)·읍루(挹婁) 등이었고, 제2형 후국은 동호(東胡)·흉노(凶奴)·오환(烏桓)·선비(鮮卑)·해(奚)·유연(柔然)·돌궐(突厥)·오손(烏孫)·실위(室韋) 등이었다.[73] 이들은 모두 고조선 문명권을 이루고 있다가 기원전 3세기에 연의 고조선 공격과 기원전 2세기에 진과 뒤이은 한 무제의 공격으로 민족대이동을 시작함으로써 유라시아 대륙에 긴 띠를 만들며 널리 흩어지게 되었다.

중국 고대학자들은 이들을 모두 '동이'(때로는 北夷)라고 기록했는데, 이들은 공통적으로 '태양신'을 숭배했다. 이는 곧 '삼신' 숭배였으며, 그 구체적 표현이 '삼족오태양'으로 이루어진다.

만일 조양 원대자 고분벽화의 '삼족오태양'이 중국 학자들의 주장처럼 선비족의 것이라고 판명된다면, 선비족도 '삼족오태양신'과 '삼신' 숭배 사상을 갖고 있었으며, 고조선 문명권의 후예 원민족임을 증명하는 것이라고 볼 수 있다.

위의 고조선 문명권을 구성했던 원민족들은 '삼족오태양'·'삼신(桓因·

---

73) 愼鏞廈, 〈韓國民族의 起源과 形成〉, 《韓國學報》, 제100집 ; 《한국민족의 형성과 민족 사회학》, 62~90쪽 참조.

桓雄·檀君)'을 존숭했으며, 공통된 신에 대해 공동의 신앙을 형성하고 있었음을 미루어 알 수 있는 것이다.

흉노도 '삼족오태양' 존숭의 관습을 갖고 있었다. 흉노족은 태양 숭배 족이었다. 흉노의 대인(大人)의 성명도 '단자(檀柘)'로서 '단'씨였다.[74]

돌궐은 왕족이 'Asana(阿史那)'족, 최고귀족은 'Asadar(阿史德)'족이었는데,[75] 이것은 '조선'을 뜻하는 '아사나'·'아사달'과 통하는 것이다.

동호(東胡)는 흉노의 공격으로 붕괴되어 오환(烏桓)·선비(鮮卑)·해(奚, 庫莫奚)로 계승되어 나누어졌는데, '오환'은 그 명칭부터 '삼족오태양'을 상징한 원민족이었다. '오환'의 '오'는 '(세 발) 까마귀'이며 '환'은 '태양'임을 쉽게 알 수 있는 것이다. 오환은 당시대에는 스스로 '해(奚)'라고 하면서 원민족과 국가 이름으로 일컬었는데,[76] 이것은 '해'·'태양'의 한자 음역임을 쉽게 알 수 있다. '오환'이야말로 '삼족오태양' 상징과 가장 일치하는 이름이라고 볼 수 있는 것이다.

선비는 2세기에 대제국을 세운 임금이 단석괴(檀石槐)로서 왕족의 성씨가 '단'이라고 했다.[77]

'해(奚)'는 '고마해(庫莫奚)'라고도 했다.[78] '고마(庫莫)'는 '곰'의 뜻이고, '해(奚)'는 '해'·'태양'의 뜻이다.

유연(柔然)의 왕족은 '대단(大檀)'족이었으며, 제국을 세운 임금은 '흘승개가한(紇升蓋可汗)'이라고 불렀다.[79] 고구려의 첫 도읍지인 환인성(桓仁城)을 '흘승골(紇升骨)성'이라고 한 사실과 대비가 된다.

---

74) 《三國志》, 魏書, 烏桓·鮮卑·東夷傳 참조.

75) 《周書》, 突厥傳과 《隨書》, 突厥傳 참조.

76) 《新唐書》, 奚傳 참조.

77) 《後漢書》, 烏桓·鮮卑列傳, 鮮卑條 참조.

78) 《隨書》, 奚傳과 《新唐書》, 奚傳 참조.

79) 《魏書》, 蠕蠕傳과 《宋書》, 芮芮傳 참조.

전설에 따르면, 오손(烏孫)은 '까마귀 태양신'의 자손이라고 했는데, 이때의 '까마귀 태양신'은 '삼족오태양신'이었을 것이다.[80] 오손=오손늑 아산='아사나'의 준말이기도 한 것이다.

실위(室韋, 원몽골)는 '불칸(Burqan)산'에 터를 잡고 나라를 세웠다고 했는데,[81] '불칸산'은 '백산(白山)', '밝은 산'에 해당한다.

부여족의 한 갈래로 해석되는 불(Bul)족·불가(Bulgar)족은 대전(大戰) 에 앞서 하늘에 계신 태양신이며 조상신인 탕구르(Tangur)신에게 동쪽에 떠오르는 태양을 향한 채 제천의식을 행했는데, 이때 그들의 태양신은 '탕구르'신이었다.[82] '불'족은 동로마군을 격파하고 지금의 불가리아 땅 에 정착하자 '발칸산(Balkan, 밝산, 白山)' 밑에 수도를 정해 '소비(Sobi)'라 고 불렀다. '소비'·'사비'는 부여어로 '서울'의 뜻이다. 또한 발칸산에서

---

80) 《漢書》, 西域, 烏孫國傳과 《魏書》, 列傳, 西域 烏孫條 참조.

81) 《몽골秘史》(유원수 옮김) 제1권, 혜안, 1994, 25쪽 참조.

82) 申采浩, 《朝鮮上古史》, 《改訂版丹齋申采浩全集》上, 87~88쪽을 보면, 고조선 계통의 '弗'족이 代縣에 한 나라를 건설해 山東·山西·直隷省에서 활동하며 지명에 반드시 '불' 자 음을 넣어 작명하는 용감한 원민족이 있었는데, 그뒤 행방을 찾을 수 없다고 했다. 이들은 秦의 중국 통일기에 만리장성 이북으로 민족이동을 했는데, 필자는 이들이 결국 서방으로 옮겨 가 서양에서 불(Bul) 또는 불갈(Bulgar)의 이름으로 등장했다고 생각한다. 약 10여 년 전에 불가리아 국립영화제작소가 만든 〈불가리아 건국사〉라는 장편영화를 영문 자막으로 보았는데, 그 관습이 고조선·부여의 기록과 흡사했다. 영화의 대본은 동로 마제국이 발칸반도에 들어온 불갈족을 떠나보내기 위해 불갈족에 파견·상주시킨 동로마 군 연락장교의 견문기와 보고서를 사용한 것이었다. 영화에서, 정착할 '땅'을 동로마에 구하다가 거절당한 불갈족 카간(Khagan, 王)은 동로마제국과 결전을 앞두고 새벽녘 동방 에 돋는 태양을 향해 "탕구르(Tangur) 조상신께서 이 먼 곳에 도달한 자손들에게 용기와 승리로 가호해주시라"며 큰 소리로 기원한다. '탕구르 조상신'을 외치는 것이 매우 인상적 인데, 승리해 정착하자 '발칸(Balkan)'산에 올라가 '탕구르 신'에게 제천하는 모습이 바로 동방의 제천의식 그대로였다. 필자는 그뒤 불가리아의 소피아를 일부러 찾아갔는데, 수도 'Sofia'의 원래 이름은 고대 제1왕국의 카간이 수도를 정한 때는 'Sobi'였다고 하며, 'Balkan' 산도 그때의 이름이고 동방의 이름이어서 그 뜻은 알 수 없다고 했다. 필자는 불가리아 고대 제1왕국의 'Sobi'·'Sofi'가 부여족의 '서울'을 의미하는 '스비'·'泗沘'·'所夫里'·'소불' 과 통하며, Balkan산은 '밝산'·'밝은산'·'白山'과 통한다고 생각한다. 소피아 바로 위의 발칸산에 올라 보니 제천에 매우 적합한 웅장한 산이었다.

발칸반도의 명칭이 나왔다. '불가리아'는 '불(불가)족의 땅'이라는 뜻이다. 백제가 광개토대왕에 패해 하남 위례성을 버리고 남하했을 때 성왕이 나라 이름 백제를 '남부여'라고 고치면서 수도를 '사비(泗泚)'라고 일컬었다. 'Sobi'와 'Sabi'는 호환되는 것이다.

이들은 모두 '환(桓)'·'단(檀)'·'백(白)'·'아사나(조선)'와 연결되어 있는데, 혈통은 별도로 하고 '태양신'·'삼신' 숭배 사상과 연결되어 있으며, 고조선 문명권의 후예임을 알 수 있다.

일본의 《고사기(古事記)》〈신무기(神武紀)〉에는 일본 최초의 왕 신무가 기내(畿內) 지방으로 동정(東征)을 할 때 신무는 천손이므로 천제가 '야다가라쓰(八咫鳥)'라는 까마귀를 내려 보내 길 안내를 시켰다는 전설이 기록되어 있다. 일본의 왕족은 고조선 문명권의 후예인 변진미오야마국(弁辰彌烏邪馬國)의 왕족 계통이 건너가 형성했으므로, 이를 까마귀 그림으로 그린다면 '삼족오'로 나타냈을 것이다. 일본에서 보이는 '삼족오태양' 그림은 모두 이 계통의 것들이라고 생각한다.

8. 고조선 문명권과 고조선조어

고조선 문명권의 공통의 문화 항목은 위에서 든 '아사달' 문양과 삼신 신앙의 상징인 '세 발 까마귀 태양신' 이외에도 상당수가 있다.

이 가운데 특히 주목해야 할 것은 고조선조어라고 생각한다. 고조선 국가가 전조선(前朝鮮) 시기만 해도 무려 1,500년 동안이나 다수의 부족들을 포함하면서 융성기에는 서로는 중국 산동성·산서성·하북성·하남성까지, 북으로는 송화강 하류와 흑룡강까지, 동으로는 동해까지, 남으로는 한반도의 영산강과 낙동강 유역까지 미치는 후국들을 두게 된 사실은, 고조선 직령지와 고조선 후국들에서 고조선어를 형성·통용시키고,

고조선어와 후국들의 언어 사이에 융합과 특별한 친연 관계를 형성시켰음을 말해준다.

고조선의 제1유형 후국들인 맥·예·부여·옥저·구려·진·숙신·읍루 등은 모두 고조선어를 자기 언어로 쓰거나 공통조어로 해 그뒤 언어가 통일·발전했기 때문에 구태여 긴 설명을 요하지 않을 것이다.[83]

고조선의 제2유형 후국들인 동호·오환·선비·해·유연·산융·돌궐·오손·실위 등도 고조선 출신 왕족들이나 '두만(萬戶長)'들의 통치 아래 오랫동안 고조선 후국으로 있으면서 고조선 문명을 기초로 뒤에 분립했으므로, 고조선어를 공통조어로 한 각 민족의 언어를 형성·발전시키게 되었다.

먼저 동호·오환·선비·해·유연은 모두 중국인들이 호맥(胡貊)이라 일컫고 신채호가 '신조선'이라고 부르던 맥족 계통으로, 동일 계열의 부족·원민족들이었다. 예컨대, 오환은 고조선 왕족의 통치를 받았으며, 그 부족·원민족 명칭에서도 고조선 계통임이 밝혀진다. 그들 근거지의 중심 산에 '백산(白山=밝달)', '붉달(紅山, 赤峰=박달)'의 명칭을 붙이고 '해(태양·광명·하늘)'를 숭배했다는 사실로 볼 때, 그들이 고조선 계통이며 그들의 언어도 고조선어를 조어·근간으로 해 형성·발전했음은 명백하다고 할 수 있다.

선비에서는 2세기에 단석괴가 대제국 선비국을 세우고 황제가 되었는데, 이 건국 황제 '단'씨는 바로 고조선 왕족 '박달족'이었다. 선비국의 왕족이 고조선 왕족이었으므로 지배층의 언어인 고조선어가 선비족 언어 또는 그 조어의 근간이 되었을 것임은 더 말할 필요가 없을 것이다. 고대 중국인들이 붙인 한자 '鮮卑'에는 '조선의 예속족'의 의미가 담겨

---

83) 朴殷植, 〈大東古代史論〉, 《韓國學報》, 제67호, 1992 참조. 또한 《夢拜金太祖》, 《朴殷植全集》 中卷, 187~364쪽에 金나라 등 만주족이 단군(고조선)의 후손 민족임을 스스로 밝힌 해설이 수록되어 있다.

있다고 본다.

해족은 아예 그 부족 명칭을 '해(태양)'라고 했다. 중국인들이 이 부족에 여러 가지 해괴한 동물 이름을 붙이자 스스로 '고막해'라고 했는데, 이것은 '고마해'로서 '맥(곰, 고마)'족 계통의 고조선 후예임을 자처한 것이었다. 옛 중국인들이 이들을 한때 '白韅靼(밝달탄)'이라고 부른 것도 그들이 '白(밝달)'족 계통임을 시사하는 것이었다. 이들이 고조선조어를 근간으로 자신들의 언어를 형성·발전시켰음은 더 말할 필요가 없다.

유연은 제국의 건국자 '대단(大檀)'이 '한밝달'족이었다. 또한 제국을 확대한 황제 아나괴(阿那瓌)의 '阿那'는 '阿斯那'·'阿史那'·'아사나'의 한자 준말이어서 그 왕족들이 고조선 왕족 계통임을 알려준다. 유연은 또한 민족 이름을 '대단(大檀)'·'단단(檀檀)'이라고 했는데, 이 명칭에도 그들이 '박달족' 계통임을 나타내고 있다. '단단'은 그뒤 중국인과 서양인들이 'Tartar'라고 읽었지만, 본래 뜻은 '한 밝달', '박달박달'의 뜻이었음은 재차 강조하지 않아도 된다. 중국인들은 뒷날 이들을 역시 '백달단(白韅靼)'이라고 부르기도 했다. 유연의 언어는 물론 고조선어를 근간과 공통조어로 해 형성·발전되었을 것이다.

고조선의 제2유형 후국인 산융(원 凶奴)은 고조선의 변방 수위장인 만호(萬戶, 豆滿, Tuman, Tumen, 頭曼, 吐門)의 세습 통치를 받았는데, 고조선어를 지배층 언어로 부족에 보급했기 때문에 고조선어를 근간과 공통조어로 해 흉노족의 언어가 형성·발전되었다. '두만(Tuman, 頭曼, 萬戶)' 추장의 아들인 '목돌(冒頓)'이 기원전 3세기에 흉노국을 세워 고조선으로부터 완전 분립했으나, 단군을 숭배하는 소도(蘇塗) 문화를 분유했고 또한 '해'를 숭배한 것이나 봄 5월과 가을 10월에 큰 축제를 연 것 등, 모두 여전히 고조선 문화를 분유했음을 읽을 수 있다. 흉노의 언어는 수천 년을 고조선 문명과 고조선어권 안에서 후국으로 생활하는 동안 고조선어를 근간과 공통조어로 해 그들의 민족 언어를 형성·발전시켜 동일 계통의 언어 구조를 갖게 된 것이었다.

돌궐은 서양인들이 말하는 투르크(Turk) 민족으로, 《주서(周書)》에 기록되어 있는 바와 같이 '아사나(阿史那)'씨가 추장족이어서 처음에는 '아사나'족이라고도 불리었다. '아사나'는 '조선국'이라는 뜻이며, 돌궐족의 왕족·지배층은 고조선족이었다. 원래는 고조선 왕족을 국경 수비 사령관인 두만(萬戶, Tuman, Tumen, 頭曼, 吐門)으로 파견했는데, 고조선 멸망 뒤 두만(吐門)이 왕(王, 可汗, Khan)을 칭하면서 분립해 점차 강성하게 된 것이었다. 돌궐족의 언어는 왕족과 지배층이 고조선 왕족으로서 고조선어를 근간과 공통조어로 해 형성·발전시켰기 때문에 동계어(同系語)의 친족 관계를 갖게 된 것이었다고 본다. 투르크어와 고대 한국어의 친연 관계가 밝혀지고 있다.[84]

오손은 'ᄋᆞᄉᆞ나'·'ᄋᆞ손'을 한자로 소리표기한 고조선 후국족으로, 고조선어를 공통조어로 해 민족어를 형성·발전시켰음은 나라 이름과 관직 이름에서도 알 수 있다.

몽골은 13세기에 테무진이 처음으로 통일해 대제국을 수립하기 이전까지는 실위라는 이름으로 대흥안령 동북쪽 송화강의 지류인 눈강 유역에서 유목 생활을 하던 부족들이었다. 몽골실위족은 고대 원몽골 계열의 한 부족과 고조선 후국인 부여족의 일부가 결합해 형성되었고, 그뒤 다시 북부여와 고구려의 지배를 받는 오랜 동안에 고조선어를 공통조어로 해 몽골의 민족어를 형성·발전시키게 되었다. 《위서》의 〈실위전〉은 실위의 "언어가 고막해·거란(契丹)·두막루(豆莫婁) 등과 동일하다"고 했는데,[85] 이것은 고막해(해족)가 고조선어를 근간과 공통조어로 해 민족어

---

84) 최한우, 〈한반도 민족형성에 관한 역사 비교언어학적 조명〉, 《설화와 의식의 사회사》, 韓國社會史學會論文集, 제47집, 1995 참조.

85) 《魏書》, 室韋傳 참조.

를 형성·발전시킨 것과 같이 실위어도 (거란·두막루어와 함께) 고조선조어를 근간으로 해 몽골의 언어를 형성·발전시켰음을 나타내는 것이다. 앞에서도 지적한 것처럼, 《신당서(新唐書)》의 〈실위전〉에 따르면 20여 부 실위 이름 가운데 처음으로 '몽골실위(蒙兀室韋)'가 나오는데 아직도 군장은 없고 각각 막하돌(莫賀咄, 마하돌, 모돌)이라고 부르는 대수장이 돌궐의 지배를 받는 상태이며, 토지에는 금과 철이 많이 나는데 고구려에 이를 많이 바친다고 기록되어 있다.[86]

실위는 원몽골족으로, 13세기에 이르면 테무진이 전 부족들을 통일하고 처음으로 몽골제국을 건설하게 되는데, 몽골어는 이미 실위시대에 고조선어를 근간과 공통조어로 해 형성·발전되어 있었음을 주목할 필요가 있다.

일본은 고조선 후국(侯國)은 아니었으나, 고조선 국가의 붕괴 뒤 고조선 계열 사람들이 일본 열도에 건너가 정착해 고대 국가 성립의 주도 세력이 됨으로써 고조선어를 조어로 일본어가 형성되어갔다.

고대 일본 소국들을 통일한 '야마토(邪馬臺)'국은 변한의 '변진미오야마국(弁辰彌烏耶馬國)' 세력이 일본에 이동·이주해 그 분국으로서 규슈(九州)에 수립되어 나중에 기나이(畿內) 분지로 이동한 소국이었다고 여겨진다.

진·한의 중국 통일과 이웃 민족 침공에 따른 고조선의 해체가 전개된 기원전 2세기에서 1세기 사이에 동아시아에서는 '민족대이동'이 시작되어, 6세기 말기까지 그 연쇄적 파급이 유라시아 대륙 전체를 뒤흔들어놓았다. 이 과정에서 한반도에서 일본 열도로 '민족이동'도 끊임없이 이어졌다. 변진미오야마국이 부여 세력의 남하에 밀려 고령(高靈, 高天原) 지방의 고토를 빼앗기고 바다를 건너 규슈 지방으로 이동했을 뿐만 아니

---

86) 《新唐書》, 室韋傳 참조.

라, 마한·진한과 변한의 다른 소국 세력의 일부도 일본 열도의 규슈와 혼슈(本州) 서쪽 지역으로 이동해 들어갔다.

삼국시대에 들어와서도 백제·가라(加羅)·신라 세력뿐만 아니라 부여와 고구려 세력까지 규슈 지방을 비롯한 일본 열도의 서쪽 지방에 각각 자기 고국의 명칭을 취한 분국들을 다수 세웠다. 이주민들의 선진적 소분국들을 모방해 일부 원주민까지도 소추장국들을 수립해서, 《삼국지》의 《위서》 〈왜인전〉에 따르면 약 100개의 소국이 수립되었다. 이들 가운데 비교적 강대했던 소국들은 한반도로부터 규슈 지방으로 이동해 들어와 한반도 본국의 선진 문명을 갖고 수립되었던 소분국들이었음은 물론이다. 한반도 남부 고령 지방의 변진미오야마국으로부터 일본 규슈 지방에 이동해 들어간 '야마토(邪馬臺)' 분국도 그 가운데 하나였다.

야마토는 한반도의 백제·고구려·신라 등과 긴밀히 연계해 규슈(九州) 지방과 혼슈(本州) 서쪽에 널리 수립된 가라·백제·신라·고구려·마한·진한의 이주민 소분국들을 압도하려는 정책을 취했다. 야마토는 특히 백제와 동맹 관계를 수립해 백제 선진 문명을 적극적으로 수입했다.

이 일본 열도의 소국들 가운데서도 규슈 지방에 있던 소국들은 거의 한반도에서 들어간 이주민들이 세운 분국들이었고, 혼슈에 있던 소국들 가운데서도 강성한 소국들은 한반도 계열의 소국들이었다. 그들은 여러 가지 형태의 이름으로 백제·신라·가라·고구려·진한·마한 계통의 분국들임을 표시하고 있었다. 《위략(魏略)》은 왜인의 기사에 "그 구어(舊語)를 들으니 스스로 태백(太白)의 후손이라고 말한다"고 기록했다. 여기서 태백은 '큰 밝달'이며 고조선을 가리키는 것이다. 야마토를 비롯해 규슈 지방과 혼슈의 왜인들이 본래 고조선(태백)의 후손들로부터 나온 것이라고 스스로 말했음을 기록한 것이다.

야마토는 규슈 지방의 소국들을 대부분 통일한 뒤 동정을 감행해 6세기경에는 저항하는 소국들과 한반도 계열 분국들을 무력으로 통합하고 지금의 나라·교토(京都)·오사카(大阪) 지방에 자리를 잡아 통일 고대 국가를 수립했다.

이러한 역사를 거쳤기 때문에 일본어는 기층에는 미크로네시아·동남 아계·아이누 원주민의 어휘들이 남았고, 그 위에 고조선조어에 뿌리를 둔 한·부여·고구려·가라·백제어가 지배층의 언어로서 압도적인 힘으로 지배하게 되었다. 이것들이 통합되어 언어 형태(문법), 어순, 주요 어휘들 에서는 고조선조어가 지배하면서, 어휘에서는 종성이 모음으로 끝나는 남방의 영향이 남은 일본어가 형성되었다.

요컨대, 일본은 고조선의 후국은 아니었으나, 고조선 해체 뒤 고조선 인들과 그 후예들인 변진미오야마국을 비롯한 한·부여·가라·백제 사람 들이 대대적으로 일본 열도에 건너가 다수의 분국들을 세우고, 왕가와 집권한 귀족들이 한반도에서 도래한 사람들인 까닭에 고조선어를 공통 조어로 한 언어를 사용하면서 최초의 일본 고대 국가를 수립해 나라를 운영했다. 그렇기 때문에 종합적으로 볼 때 일본어가 고조선조어의 한 가지로 형성되었다는 점은 움직일 수 없는 역사적 사실이다.

9. 민족대이동과 고조선조어의 유라시아 대륙 확산

고조선이 고대 국가로 건국되어 강성해지고 고조선 문명권을 더욱 넓게 형성한 시기에, 고조선의 제1유형 후국과 제2유형 후국들이 되었던 부족과 원민족들은 고조선이 멸망한 기원전 2세기까지 약 22세기에 걸 친 긴 세월 동안 모두 고조선어를 근간으로 부족 언어와 원민족 언어들 을 발전시켰다.

고조선이 기원전 3세기부터 연·진·한의 연이은 공격을 받고 해체되 기 시작해 결국 기원전 108년에 붕괴되기에 이르자, 기원전 2세기부터

1세기에 걸쳐 동아시아에서 '민족대이동'이 일어나게 되었다. 이 '민족대이동'은 동아시아에서 제일 먼저 건국되어 22세기나 지속된 거대한 제국 고조선과 그에 포함된 모든 후국들의 뿌리를 흔들어놓은 사건이었기 때문에, 결국 세계사 전체를 뒤흔들어놓았다.

서방으로 돌궐(Turks)족의 일부는 수 세기에 걸쳐 아나톨리아반도와 발칸반도까지 이동해 가면서 국가를 세웠고, 흉노(Huns)족과 유연(Avars)족 그리고 불(Bul, Bulghar)족은 우랄산맥을 넘어 발칸반도의 불가리아·헝가리·에스토니아·핀란드까지 이동해 정착하면서 고대 국가를 건설했다. 이 이동 과정에서 넓은 지역에 그들이 만든 방대한 역사는 아직 연구되지 않은 미개척 분야로 남아 있다. 그러나 그들이 이동해 만든 나라의 고대 언어들이 고조선어를 공통조어와 근간으로 형성·확산·발전되었음은 더 의심할 여지가 없다.

즉, 고조선 국가와 고조선 문명권 해체를 기점으로 시작된 거대한 세계사적 '민족대이동'이 고조선어를 유라시아 대륙에 널리 확산시켰고, 고조선조어를 공통조어와 근간으로 한 고조선어족(종래의 우랄·알타이어족)이 유라시아 대륙 도처에 형성·분포된 것이다.

19세기 중엽부터 카스트렌(M. A. Castrén), 람스테트(G. L. Ramstedt), 폴리바노프(E. D. Polivanov)와 그 밖에 핀란드·헝가리 등 서양의 극소수 언어학자들은 자기 나라의 언어가 주위 다른 나라의 언어들과 문법 구조, 언어의 음성, 단어의 형태가 전혀 다른 이유를 알고자 언어의 역사를 추적했다. 그리하여 그들의 언어의 뿌리가 동쪽으로 우랄산맥을 넘고 알타이산맥에까지도 닿는다는 경악할 만한 사실을 알게 되었다. 그들은 이 언어 유형과 언어 계통에 우랄·알타이어족, 우랄어족, 알타이어족 등의 명칭을 붙였다. 또 어떤 서양학자들은 13세기 이후 몽골 민족과 터키 민족이 매우 강성해 서양에 널리 알려지자 '몽골어족'·'터키어족'이라는 이름을 만들어내기도 했다.

그러나 이러한 모든 명칭과 가설 정립은 사회과학과 역사과학의 측면
에서는 역추정이어서 과학성이 없는 역소급 유형 분류에 지나지 않는다.
알타이산맥 부근에 돌궐족이 대제국을 건설한 것은 6세기경의 일로,
그 이전에 그들이 말한 우랄·알타이어족의 모든 언어들은 이미 형성·발
전되어 있었다. 또한 13세기에 몽골 민족과 터키 민족이 세계 강대국으
로 부상되기 훨씬 이전에, 위에서 말한 바와 같이 그들이 연구하던 어족
들은 이미 형성·발전되어 있었다.

따라서 서양학자들은 알타이어족, 우랄어족, 우랄·알타이어족의 뿌리
를 다시 더 추적하지 않으면 안 된다. 그러지 않고서는 이 신비한 어족의
뿌리를 밝힐 수 없는 것이다.

그러면 서양 언어학자들이 말하는 우랄·알타이어족의 뿌리는 무엇인
가? 그것이 바로 고조선조어이다. 우랄어족, 알타이어족, 우랄·알타이
어족은 시간과 역사 개념이 결여된 단순한 유형론이고, 역사과학과 사회
과학에서 그것은 고조선어족의 갈래언어에 지나지 않는다. 따라서 서양
학자들도 궁극적으로는 '고조선어족'의 학문적 개념을 새로이 정립해야
하고, '고조선어'가 뿌리와 기둥이 되어 형성·분화·발전한 '고조선어족'
의 새로운 언어 계통도 또는 언어 수형도를 작성해야 할 것이라고 본다.

서양 언어학자들이 우랄·알타이어족, 알타이어족, 또는 몽골어족의
용어를 만들어 보급시킨 영향 때문에, 암묵적으로 그 영향을 받아 흔히
한국 민족과 한국어가 서방에서, 알타이산맥 부근에서, 바이칼호 부근에
서, 또는 몽골 지방에서 비롯되어 동방으로 이어져 만주와 한반도로
들어온 것이라고 해석하는 것을 가끔 보게 되는데, 이것은 역사적 사실
과는 반대되는 것이다.

민족대이동의 흐름은 동방인 한반도와 만주에서 서방으로 이어진 것
이다. 한국 민족의 원민족인 고조선 민족은 한반도와 만주에서 형성되었
으며, 한반도와 만주를 중심으로 형성되었던 고조선의 제1형 후국과

제2형 후국 민족들이 고조선 문명권의 해체에 따라 동방에서 서방으로 오랜 기간에 걸쳐 민족대이동을 함으로써 언어학자들이 말하는 우랄·알타이어족 또는 알타이어족이 형성된 것이다.

고대 한민족의 대외 활동과 백제의 중국 동부 지배

윤 내 현

1. 시작하며

그동안 한민족의 고대 문화를 이해하는 데 두 가지 잘못된 선입관이 작용해왔다. 하나는 황하 유역이 동아시아 문명의 발상지로 동아시아에서 가장 앞선 문화 지역이라는 것이다. 따라서 고대 한민족의 문화는 황하 유역에서 전달된 것으로 황하 유역보다 늦을 수밖에 없다고 믿었다. 다른 하나는 한민족 활동 지역의 고고학 연대가 중국이나 중앙아시아 또는 시베리아 등 주변 지역보다 늦을 것이라고 본 것이다. 따라서 이들 지역에 동일한 문화가 존재할 경우 한민족의 것은 다른 지역에서 전파되어 온 것으로 보았다. 그러므로 그 수준도 낮게 평가하는 경향이 있었다.

그러나 근래의 고고학적 발굴과 연구 결과에 따르면, 한민족 활동 지역의 구석기 문화나 신석기 문화의 연대는 주변 지역보다 결코 늦지 않으며 청동기 문화는 동아시아에서 가장 앞선다는 사실이 밝혀졌다. 따라서 한민족의 문화와 주변 문화의 관계를 지난날과는 달리 해석할 필요가 생겼다. 곧 한민족 문화가 주변으로 전파되었을 가능성을 생각해 볼 수 있게 된 것이다. 문헌 기록이나 고고학 자료를 보면, 고대에 한민족은 주변 지역과 매우 활발한 문화 교류를 했고 심지어는 그 지역으로 이주해 새로운 사회와 문화를 출현시키기도 했다.

한민족의 첫번째 국가인 고조선은 한반도와 만주 전 지역을 그 영역으로 하여 주변 지역에 문화를 전파시켰고, 고조선의 분열로 출현한 여러 나라는 주민들의 대외 진출이 매우 활발했다. 북부여의 시베리아 이주, 가야의 일본 열도 진출, 백제의 중국 동부 지배 등이 그것이다. 이러한 문화 교류와 이주를 통해 매우 강한 위력을 가진 한류가 주변 지역에 파고들었던 것으로 확인된다.

2. 고대 한민족과 중국 및 북방의 교류

한민족과 중국은 일찍부터 교류가 있었다. 신석기시대에 한반도와 만주에서 사용된 곰배괭이, 반달칼, 동물의 이나 돌로 만든 낫 등의 농구가 중국 동부 해안 지역에서도 널리 사용된 점, 한반도와 만주에 분포되어 있는 고인돌이 산동성에서도 발견된 점,[1] 한반도와 내몽골에서 출토되는 점뼈가 중국에서도 출토된 점[2] 등은 이러한 사실을 알려준다.

한민족은 고구려 주몽[3]과 신라의 혁거세,[4] 탈해,[5] 그리고 여섯 가야의 시조[6] 등이 알에서 태어났다는 난생설화를 가지고 있고, 만주족은 선녀가 신성한 까치가 물고 온 붉은 과일을 먹고 잉태해 시조를 낳았다는 설화[7]를 가지고 있다. 중국에는 간적(簡狄)이 현조(玄鳥)가 떨어뜨린 알을 삼키고 잉태해 상족(商族)의 시조 설(契)을 낳았고[8] 여수(女脩)는 현조가 떨어뜨린 알을 삼키고 진족(秦族)의 시조 대업(大業)을 낳았다는[9] 설화가 있다. 이러한 난생설화는 문화의 교류가 있었음을 말해주는데, 중국의 것은 여인이 알을 삼키고 잉태했다고 되어 있어 다소 합리적인 반면, 한민족의 것은 여인이 알을 낳고 그 알에서 직접 아이가 출생한

1) 王儀, 《古代中韓關係與日本》, 臺灣中華書局, 1973, 4쪽.
2) 中國科學院考古硏究所內蒙古工作隊, 〈內蒙古巴林左旗富河溝門遺址發掘簡報〉, 《考古》, 1964年 第1期, 1쪽 ; 황기덕, 〈무산읍 호고동 원시유적 발굴보고〉, 《고고민속론문집》 6, 1975, 124~226쪽 ; 沈奉謹, 《金海府院洞遺蹟》, 東亞大學校博物館, 1981 ; 李亨求, 《韓國古代文化의 起源》, 까치, 1991, 112쪽.
3) 《魏書》 卷100, 〈高句麗傳〉 ; 《三國史記》 卷13, 〈高句麗本紀〉, 始祖 東明聖王條.
4) 《三國史記》 卷1, 〈新羅本紀〉, 始祖 赫居世居西干條.
5) 《三國史記》 卷1, 〈新羅本紀〉, 脫解尼師今條.
6) 《三國遺事》 卷2, 〈駕洛國記〉.
7) 《淸太祖實錄》, 國書刊行會, 1974, 2~3쪽.
8) 《史記》 卷3, 〈殷本紀〉.
9) 《史記》 卷5, 〈秦本紀〉.

것으로 되어 있어 가장 원초적 형태일 것으로 생각된다.

중국 서주시대에 동부 해안 지역에 있었던 서국(徐國)의 언왕(偃王)에 관한 설화는 고구려 주몽의 설화[10]와 비슷하다. 서국의 궁인이 임신해 알을 낳았는데 그 속에서 언(偃)이 나왔고, 그는 어질고 지혜가 많아 서국 군주의 자리를 잇게 되었으며, 주궁(朱弓)과 주시(朱矢)를 얻었으므로 이름을 궁이라고 했다고 한다.[11] 서국은 서이(徐夷)라고도 불리는 동이족이다.

진(秦)나라 때는 고조선의 선인(仙人) 사상이 중국에 전해졌던 것으로 보인다. 《사기(史記)》에 따르면, 진시황제는 제(齊, 지금의 산동성) 지역을 순행하는 도중 방사(方士) 서불(徐市) 등의 건의를 받아들여 그로 하여금 소년·소녀들을 거느리고 바다에 들어가 선인을 찾도록 했다고 한다.[12] 그들이 가고자 했던 곳은 동쪽 바다 가운데 단주(亶洲)였다고 하는데,[13] 단주는 단군의 땅을 일컫는 말일 것이다. 단군은 《삼국유사(三國遺事)》에는 '壇君',[14] 《제왕운기(帝王韻紀)》에는 '檀君'으로,[15] '단' 자가 다르게 표기되어 있다. 이러한 차이는, 한민족의 토착어인 단군이라는 명칭을 한자로 음사하는 과정에서 음은 같으나 뜻은 다른 문자로 씌어 일어난 현상일 것이다. 따라서 단군은 '亶君'으로도 표기될 수 있다. 단주는 바로 단군이 다스리는 땅, 곧 고조선을 말한 것으로 생각된다.

《삼국사기(三國史記)》에 단군 왕검(壇君 王儉)을 선인 왕검(仙人 王儉)이라고 부른 기록도 있어[16] 고조선에서는 정치와 종교의 지도자를 선인

---

10) 《魏書》 卷100, 〈高句麗列傳〉; 《三國史記》 卷13, 〈高句麗本紀〉, 始祖 東明聖王條.

11) 張華, 《博物志》 卷8, 徐偃王條.

12) 《史記》 卷6, 〈秦始皇本紀〉, 秦始皇 28年條.

13) 秦始皇 28年條의 주석 《史記正義》의 내용 참조.

14) 《三國遺事》 卷1, 〈紀異〉, 古朝鮮條.

15) 《帝王韻紀》 卷下, 〈前朝鮮紀〉.

이라고도 불렀음을 알 수 있다. 한반도의 여러 곳에는 진시황제가 보낸 서불(徐巿)이 도착했다는 전설이 있다. 경상남도 남해군 금산에는 '서불 일어나 일출(日出)에 예(禮)를 올렸다'는 주문(籒文)으로 새긴 마애석각 (磨崖石刻)이 있으며 제주도 정방폭포에는 '서불 이곳을 지나갔다'는 글귀가 암벽에 새겨져 있었다고 한다.[17]

또 전국시대의 제나라 위왕(威王)과 선왕(宣王), 연(燕)나라 소왕(昭王) 등이 사람을 시켜 동쪽 바다에 들어가 선인과 불사약이 있다는 삼신산(三神山)을 찾도록 했다는 기록이 있다.[18] 이것은 중국 문헌에 나타난 가장 이른 선인에 관한 기록이다. 선인 사상은 고조선 사상의 핵심이었는데, 이것이 중국에 전파되어 그 명칭이 신선 사상으로 바뀌고 도교가 성립되는 과정에서 그 중심 사상이 되었던 것으로 보인다. 선인 사상이 중국에 전달된 것은 고조선 말기쯤 될 것이다.[19]

고조선 말기에 단군 신화가 중국 사상 체계의 일부를 형성했음을 알려주는 화상석도 보인다. 동한(東漢)시대에 만들어진 산동성 무씨사석실(武氏祠石室)의 화상석에 조각된 그림 내용은 8~90퍼센트가 단군 신화의 내용과 일치한다.[20] 이 점을 들어 단군 신화는 한민족의 고유 신화가 아니라 중국과 한국에 보편적으로 존재했던 것이며, 그 형성에서 중국 사상의 영향을 받았다고 보는 견해가 있었다.[21] 심지어 고조선은 중국에서 이주해 온 사람들이 건국했을 것이라는 견해도 제기되었다.[22]

---

16)《三國史記》卷17,〈高句麗本紀〉, 東川王 21年條.

17) 李元植,〈徐福渡來傳說を追う〉,《讀賣新聞》, 平成 元年(1989) 12月 28日字 文化面.

18)《史記》卷28,〈封禪書〉.

19) 尹乃鉉,〈古朝鮮의 宗敎와 그 思想〉,《東洋學》, 第23輯, 檀國大學校 附設 東洋學硏究所, 1993, 143~165쪽 ; 윤내현,〈고조선의 종교와 사상〉,《고조선 연구》, 일지사, 1994 참조.

20) 金載元,《檀君神話의 新硏究》, 探求堂, 1976, 61~93쪽.

21) 같은 책, 같은 곳 참조.

단군 신화는 고조선이 건국되기 이전의 사회상을 전하는 내용을 담고 있으며, 고조선 이전부터 전해오던 한민족의 사상이 함축되어 있다. 그런데 무씨사석실이 만들어진 시기는 그 명문에서 확인되듯이 동한시대로, 고조선이 붕괴된 뒤 300년쯤 되는 때이다. 그 그림의 원본은 기원전 2세기경에 세워진 영광전(靈光殿)에 있었다[23]고 하지만 확인할 수가 없는데, 그것을 인정한다고 하더라도 이러한 그림이 중국에 나타난 것은 고조선 말기이거나 고조선 붕괴 이후가 된다. 따라서 무씨사석실의 그림이 출현한 시기는 단군 신화가 형성된 시기보다 2,300년가량은 늦다고 보아야 한다. 무씨사석실 화상석의 그림은 단군 신화가 중국에 전달되어 중국 사상 형성에 영향을 주었음을 알게 해주는 것이다.

고조선과 중국의 교류는 정치와 경제 면에서도 일찍부터 이루어졌다. 《죽서기년(竹書紀年)》에는 한민족의 구성 종족인 숙신의 사신이 활과 화살을 예물로 가지고 기원전 2209년(제순 25년)에 제순(帝舜)을 방문했다는 기록이 나온다.[24] 활과 화살 및 화살촉은 고대에 매우 강한 위력을 지닌 무기인데, 한민족의 특산물로 중국 고대 문헌에 자주 등장한다. 주 무왕이 숙신의 화살에 '숙신씨가 공납한 화살'이라는 명문을 새겨 그의 장녀 태희(太姬)가 우호공(虞胡公)과 결혼할 때 가보로 소장하도록 나누어주었다는[25] 기록도 보인다. 이는 중국인들이 한민족의 활과 화살 그리고 화살촉을 얼마나 귀중한 것으로 여겼는지를 말해준다.

춘추 초기의 패자였던 환공(桓公)과 관중(管仲)이 나눈 대화 가운데는 고조선의 특산물로서 문피(文皮)와 타복(鮀服)이 등장하며,[26] 《시경》의

22) 李鐘旭,《古朝鮮史硏究》, 一潮閣, 1993, 46~49쪽.

23) 李基白,《韓國古代史論》, 探求堂, 1975, 11쪽.

24)《竹書紀年》,〈五帝紀〉, 帝舜有虞氏條.

25)《國語》卷5,〈魯語 下〉.

26)《管子》卷24,〈輕重甲〉.

〈한혁(韓奕)〉 편에는 한후(韓侯)가 주나라를 방문하면서 예물로 비휴(貔
貅)가죽과 붉은 표범가죽, 누런 말곰가죽 등을 가지고 갔다고[27] 했다.
한후는 고조선의 단군을 가리킨 것으로 추정된다. 문헌에 기록된 물품들
은 중국인들이 대단히 선호했던 고조선의 특산물이었을 것이다.

한민족은 중앙아시아 및 시베리아 지역과도 일찍부터 문화 교류를
가졌던 것으로 보인다. 한반도와 만주, 연해주 지역에서 보이는 돌널무
덤은 시베리아 카라수크-타가르 청동기 문화(기원전 1200~기원전 200년)
에서도 보인다.[28]

근래의 연구 결과에 따르면, 고조선에서 청동기 문화가 성숙한 단계에
이르렀던 비파형 동검의 개시 연대는 기원전 16세기에서 기원전 14세기
경으로 확인되었고,[29] 청동기 문화 개시 연대는 그보다 훨씬 앞선 기원전
25세기경으로 나타났다.[30] 북한에서는 단군릉에서 왕관에 사용되었던
금동장식이 나왔는데, 그 연대는 기원전 3000년경인 것으로 확인되었

---

27) 《詩經》, 〈大雅〉, 〈蕩之什〉, '韓奕'.

28) G. I. Andreyev, "Problems Relating to the Shellmound Culture", Michaels ed., *The Archaeoldgy and Geomorphology of Northern Asia*, 1964, 257쪽.

29) 한창균, 〈고조선의 성립배경과 발전단계 시론〉, 《國史館論叢》, 第33輯, 國史編纂委員會, 1992, 10쪽.

30) 문화재관리국 발굴단이 발굴한 경기도 양평군 양수리 고인돌 유적의 방사성 탄소 연대 측정 결과는 기원전 1950±200년(Chan Kirl Park and Kyung Rin Yang, "KAERI Radiocarbon Measurements III", *Radiocarbon*, Vol. 16, No.2, 1974, 197쪽)으로 나왔는데, 교정 연대는 기원전 2325년경이 된다. 목포대학 박물관이 발굴한 전남 영암군 장천리 주거지 유적의 방사성 탄소 연대 측정 결과 그 연대는 기원전 2190±120년(4140±120B.P.)·1980±120년 (3930±120B.P.)으로 나왔는데(崔盛洛, 《靈巖 長川里 住居址》2, 木浦大學博物館, 1986, 46쪽), 교정 연대는 기원전 2630·2365년경이 된다.
遼寧省 지역의 夏家店下層文化(豊下文化라고도 부른다)의 연대는 기원전 2410±140년 이다(中國社會科學院考古研究所 編著, 《中國考古學中碳十四年代數據集》, 文物出版社, 1983, 24쪽). 夏家店下層文化 유적은 吉林省 서부에도 많이 분포되어 있는데, 이 지역은 아직 발굴되지 않았다(文物編輯委員會, 《文物考古工作三十年》, 文物出版社, 1979, 103쪽).

다.[31) 이 연대를 인정한다면 한국의 청동기 문화 개시 연대는 고조선 건국보다 700여 년 앞선다. 단군릉의 연대를 제외하더라도 고조선의 청동기 문화는 동아시아에서 가장 빠르다.

단군 신화에는 곰이 등장하는데, 고아시아족의 후예로서 오늘날 시베리아에 거주하고 있는 길랴크(Gilyarks)족 등은 곰 숭배 사상을 가지고 있다. 이러한 곰 숭배는 신석기시대에 아시아 지역에 광범위하게 퍼져 있었던 사상 가운데 하나였던 것으로 확인된다.[32)

한민족은 고대로부터 새에 대한 신앙도 가지고 있었다. 오늘날에도 장대에 새를 깎아서 만들어 세워놓은 솟대라는 것이 있다. 대전에서 출토된 농경문청동기(農耕文靑銅器)에는 'Y'자 모양으로 갈라진 나무가 있는데, 그 양쪽 가지 위에 새가 한 마리씩 앉아 마주보고 있는 모양을 하고 있다.[33) 고구려 시조 주몽과 신라 석탈해의 전설에도 새가 등장하며, 고구려 벽화에는 세 발 달린 까마귀가 나온다.[34) 주몽이 망명 도중 나무 밑에서 쉬고 있을 때 그의 어머니가 보낸 비둘기 한 쌍이 보리씨를 물고 와 전해주었다는 전설도 있다.[35) 신라 탈해왕은 알에서 출생했는데, 그 알이 든 궤짝이 진한(辰韓)의 아진포구(阿珍浦口)에 도착한 것을 해변의 노파에게 알려준 것은 까치였다.[36) 변진에서는 큰 새의 깃털을 사용해

---

31) 〈북한 사회과학원의 단군릉 발굴 보고문〉, 《북한의 〈단군릉〉발굴관련자료》, 북한문제조사연구소, 1993, 3~13쪽 ; 김교경, 〈단군릉에서 나온 뼈에 대한 연대측정결과에 대하여〉, 앞의 책, 42~52쪽.

32) A. I. Hallowell, "Bear Ceremonialism in the Northern Hemisphere", *American Anthropologist*, 28-1, 1926, 1~175쪽 ; A. P. Okladnikov, "The Bears Cult among the Neolitic Tribes of Eastern Siberia", *SA*, 14, 8쪽.

33) 韓炳三, 〈先史時代 農耕文 靑銅器에 대하여〉, 《考古美術》 112, 韓國美術史學會, 1971, 2~13쪽.

34) 金基雄, 《韓國의 壁畵古墳》, 韓國史選書, 同和出版公社, 1982, 15~268쪽.

35) 李奎報, 〈東明王篇〉, 《東明王篇·帝王韻紀》, 乙酉文化社, 1987, 71~72쪽.

36) 《三國史記》 卷1, 〈新羅本紀〉, 〈脫解尼師今〉 참조.

장사를 지냈다.[37]

독립국가연합의 돌무지무덤인 카자흐스탄의 이식(Issyk) 고분에서 출토된 유물 가운데는 모자에 꽂는 금제 장식에 새가 앉아 있는 모양을 한 것이 있다. 오늘날에도 시베리아에는 샤먼들이 솔개를 아버지로 하여 탄생한다고 믿는 민속신앙이 있는데, 이 장식은 이러한 민속신앙과 일치하는 것으로 보기도 한다.[38] 요컨대, 위에서 말한 것들은 고대 한민족이 시베리아 및 중앙아시아 지역과 문화적으로 교류했음을 보여준다.

일부 학자들은 이러한 문화가 시베리아나 중앙아시아에서 한반도로 전파되었을 것이라고 보았다. 한반도의 고고학 연대를 늦게 잡았기 때문이다. 그러나 지금은 한반도의 고고학 연대가 주변 지역보다 빠른 것으로 확인되었기 때문에, 그와 같은 가설은 성립될 수 없다. 오히려 한민족의 문화가 그 지역에 전파되었을 가능성이 있다.

여기서 알아야 할 것은, 고대에 한민족 일부는 멀리 연해주 밖까지 이동했다는 사실이다. 《위서(魏書)》와 《신당서(新唐書)》에는 "두막루국(豆莫婁國)은 물길국(勿吉國)의 북쪽 1,000리에 있고, 동쪽으로는 바다에 이르러 사방 2,000리이다",[39] "그 사람들은 스스로 북부여의 후예라고 말하는데, 고구려가 그들의 나라를 멸하자 남은 사람들이 나하(那河)를 건너 그곳에 거주하게 되었다" 등의 기록이 보인다.[40] 북부여가 멸망하고 그 일부는 멀리 연해주 밖까지 이동해 간 것이다.[41] 이들과 그 후예가

---

37) 《三國志》 卷30, 〈烏丸鮮卑東夷傳〉, 〈韓傳〉, 弁辰條.
38) 金秉模, 《韓國人의 발자취》, 集文堂, 1992, 150쪽.
39) 《魏書》 卷100, 〈豆莫婁傳〉.
40) 《新唐書》 卷220, 〈流鬼傳〉.
41) 일부 학자들은 豆莫婁의 위치를 지금의 黑龍江省 松花江과 嫩江 유역으로 보고 있다 (金貞培, 〈高句麗 建國의 諸問題〉, 《高句麗文化學術大會發表要旨》, 高句麗·渤海學術研究委員會, 1995, 7쪽). 그러나 黑龍江省 지역은 부여 영토였다가 고구려가 부여를 멸망시킨 뒤에는 고구려의 영토가 되었다. 그러므로 그곳에 豆莫婁가 자리할 수는 없다.

연해주와 시베리아 지역에 거주한 고아시아족을 형성해 한민족의 문화
를 그 지역에 전달했을 가능성도 생각해보아야 할 것이다.

3. 고대 한민족의 일본 열도 진출

한반도와 일본 열도는 구석기시대부터 계속해서 교류를 가졌다. 일본
열도의 신석기 문화인 죠몽(繩文) 문화에 보이는 융기문토기(隆起紋土
器)·증전토기(曾畑土器)·결합식조침(結合式釣針)·석거(石鋸)·옹관묘(甕
棺墓) 등의 유물은 한반도로부터 영향을 받은 것이다.[42] 이 문화의 뒤를
이은 야요이(彌生) 문화는 완전히 한민족 문화의 전달과 주민 이주로
이루어진 것이다. 야요이 문화와 교체된 고분(古墳) 문화도 한민족 문화
의 성격을 지닌 문화였다.

죠몽 문화 사람들은 사냥이나 고기잡이·그러모으기의 경제생활을 했
으나, 야요이 문화 사람들은 벼농사 중심의 농경과 질그릇·묘제·청동
기·철기 등 새로운 문화 요소를 가지고 정착 생활을 하는 생산경제 사회
에 들어섰다. 이 문화는 죠몽 문화의 요소를 지극히 부분적으로 이어받
으면서 갑자기 나타난 새로운 문화인데, 질그릇·묘제·벼농사 등 문화의
주요소가 한반도에서 전파된 것이었다.

야요이 문화는 한반도에서 가까운 거리에 있는 서북 규슈(九州) 지방
에서 시작되어 그 말기에는 홋카이도(北海道) 일부를 제외한 일본 열도
전 지역에 확산되었다. 그 연대는 기원전 300년부터 서기 300년까지로,
약 600년 동안 계속되었다. 한반도에서 기원전 6000년 이전에 이미 농경

---

42) 任孝宰, 〈新石器時代의 韓日文化交流〉, 《韓國史論》 16(古代韓日關係史), 國史編纂
委員會, 1986, 10~21쪽 ; 조희승, 《초기조일관계사》 상, 사회과학출판사, 1988, 10쪽.

을 기초로 정착 생활에 들어간 것에 견주면, 일본 열도의 정착 생활은 매우 늦게 시작되었음을 알 수 있다. 한반도에는 기원전 2300년대에 이미 고조선이라는 국가가 섰는데, 일본 열도에서는 기원전 300년경에 겨우 정착 생활에 들어가기 시작했던 것이다.

죠몽 문화 말기의 구로가와식(黑川式) 질그릇 시기에 고조선의 무문 토기 문화가 일본 열도에 전해졌고, 이것은 야요이 문화 질그릇의 원류가 되었다.[43] 이 뒤를 이은 야요이 문화 초기의 유우스식(夜臼式) 질그릇 단계에서는 고조선의 무문토기 문화의 영향을 한층 강하게 받았다. 이들은 고조선에서 가까운 서북 규슈 지방을 중심으로 분포되어 있다.[44] 유우스식 질그릇 단계의 뒤를 이은 이타즈케(板付)I식 질그릇과 그 뒤를 이은 이타즈케IIb식 질그릇도 고조선 무문토기의 영향을 강하게 받았다.[45]

고조선 말기에 고인돌 무덤도 일본 열도에 전해졌다. 일본 열도의 고인돌 무덤은 대부분이 고조선의 그것과 같은 양식을 하고 있고, 서북 규슈 지방에만 편재해 있다. 역사적으로나 지리적으로 한반도와 밀접한 관계를 맺고 있는 규슈의 가라쓰만(唐津灣)을 중심으로 해서 그 주변 지역에 분포되어 있는 것이다. 일본 열도의 고인돌 무덤에서 출토된 유물 내용도 고조선의 고인돌에서 출토된 것들과 별로 차이가 없다. 고인돌이 일본 열도에 전해진 시기는 기원전 4세기에서 기원전 3세기경으로 보고 있다.[46]

아울러 이 시기부터 일본 열도에서 벼농사가 시작되었음을 보여주는 농경 도구와 탄화된 벼 등이 출토되었는데, 그 지역은 고인돌 분포지와

---

43) 沈奉謹,〈彌生文化를 통하여 본 韓·日文化의 交流關係〉,《韓國史論》16(古代韓日關係史), 國史編纂委員會, 1986, 36~38쪽.

44) 같은 글, 38~46쪽.

45) 같은 글, 47~50쪽.

46) 沈奉謹,〈日本 支石墓의 一考察〉,《釜山史學》第3輯, 釜山史學會, 1979, 62쪽.

중첩된다.[47] 한반도와 일본 열도에서 출토된 벼는 모두가 짧은 알맹이 벼로, 기본적으로 같은 종류였다. 그리고 농구를 보더라도 일본 열도의 여러 유적에서 출토된 것은 고조선의 것과 같다.

일본 열도에서 초기 벼농사 유적은 후쿠오카시(福岡市) 이타즈케(板付), 가라쓰시(唐津市) 나바타케(菜畑) 등의 유적을 비롯해 기타큐슈(北九州)에서 많이 발견되는데, 이 유적들에서 출토된 유물이나 유적의 구성 등은 한반도의 것과 일치한다. 이들 유적에서는 마을을 이룬 집터들이 발견되어 한반도의 거주민 가운데 일부가 이곳으로 이주해 집단 마을을 형성했음을 알게 해준다.[48] 벼농사 기술은 간단한 모방만으로는 습득할 수 없는 것이므로, 생활 기술을 몸에 지닌 사람들이 이주해 마을을 형성하고 벼농사 문화를 전파했을 것이다.[49] 따라서 고조선에서 일본 열도로 문화만 전달된 것이 아니라 상당수의 사람들이 이주해 간 것으로 보인다.

고조선과 일본 열도의 문화 교류는 청동기에서도 나타난다. 일본 열도의 청동기 문화는 고조선 말기에 한반도 남부로부터 전달되어 시작되었다. 일본 열도에서 청동기 문화가 가장 일찍 나타난 지역은 한반도로부터 무문토기·고인돌·벼농사 등의 문화 요소를 가장 일찍 받아들였던 기타큐슈 지방이었다. 기타큐슈 지방에서는 대체로 야요이 문화 중기가 시작되면서 고조선의 남부 지역에서 제조된 청동기가 그대로 수입되어 사용되었다.[50] 이른바 '박재동기(舶載銅器)'이다. 고조선에서 건너간 박재동기의 대표적인 것은 다뉴세문경(多鈕細紋鏡), 세형(細形) 동검, 동과

47) 같은 글, 58~65쪽.

48) 조희승, 《일본에서 조선소국의 형성과 발전》, 백과사전출판사, 1990, 15~29쪽.

49) 〈日本 II〉, 《世界考古學大系》, 平凡社, 1962, 122쪽.

50) 全榮來, 〈靑銅器의 비교 III(日本과의 비교)〉, 《韓國史論》13(韓國의 考古學 II) 下, 國史編纂委員會, 1983, 448~512쪽.

(銅戈), 동모(銅矛), 동탁(銅鐸) 등이다.

고조선 말기에 철기도 일본 열도에 수출되었다. 일본 열도에서 철기가 등장하는 시기는 야요이시대 전기 말부터 중기 초가 될 것으로 보고 있다. 고조선에서 철기 문화가 시작된 것은 기원전 8세기경으로 보고 있으므로, 철기가 일본 열도에 전달된 것은 고조선에서 철기를 사용하기 시작하고 무려 700여 년이 지난 뒤가 된다. 일본 열도에서는 5세기 후반부터 6세기 중반 사이에 비로소 철을 생산하기 시작했다. 이 시기까지는 한반도에서 철을 수입했다.[51]

청동기 문화와 철기 문화 그리고 벼농사가 전달된 야요이 문화 시기에는 경제적으로 잉여생산도 가능했고, 이에 따라 사회 구성원 사이에 빈부의 차이와 신분의 분화도 일어났다. 이러한 사실은 고인돌 무덤이 출현한 것에서 알 수 있다. 더욱이 고조선으로부터 이주해 간 야요이 문화인들은 한반도에서 이미 고조선이라는 국가조직 속에서 생활한 경험을 가지고 있었다. 따라서 이들은 정치적 권력이 있는 사회조직이 필요하다고 생각했을 것이다. 이에 따라 여러 마을이 연맹을 맺고 추장과 같은 정치적 권력자가 출현한 마을연맹체 사회[52] 단계의 사회를 형성시켰을 것이다.

야요이 문화 시기에는 고조선의 이주민들이 이룬 마을연맹체들이 기타큐슈 지역을 시발점으로 하여 일본 열도 전 지역에 출현하게 되었다.[53] 한반도와 만주 지역에서는 기원전 40세기경에 이 단계의 사회에 들어섰

---

51) 安春培, 〈考古學上에서 본 古代 韓日交涉〉, 《한국민족학연구》 1, 단국대학교 한국민족학연구소, 1993, 59쪽.

52) 필자는 인류학자들이 말하는 'chiefdom' 단계의 사회를 한국의 고대 상황에 맞게 '고을나라'라고 부르고 있다. 한국어의 고을이 일본어에 고호리로 그대로 남아 있기 때문에 이 명칭은 일본의 경우에도 적용될 수 있을 것이다.

53) 조희승, 앞의 책, 44쪽.

는데, 일본 열도는 기원전 3세기 이후에야 고조선 이주민들에 따라 겨우
그러한 단계의 사회를 향하고 있었던 것이다.

한반도에서는 청동기, 철기, 고인돌 무덤, 옹관묘, 벼농사 등이 상당한
시차를 두고 나타난다. 그러나 일본 열도에서는 이것들이 거의 동시에
모두 야요이 문화의 요소로 출현했다. 일본 열도가 이러한 문화 현상을
보인 것은 여러 문화 요소를 모두 지닌 고조선 사람들이 갑자기 이주했
기 때문이었다. 그뒤 4세기경에 이르면 한반도로부터 고분 문화가 전달
되며, 이 고분 문화인들이 국가를 출현시키게 된다.

4세기 말부터 5세기에 걸쳐 기타큐슈와 긴키(近畿) 지방을 중심으로
한 일본 열도에는 한반도의 도질토기(陶質土器)가 반입되어 이를 바탕으
로 스에키(須惠器)라고 불리는 토기가 생산되기 시작했다.[54] 일본 오사카
부(大阪府) 노나카(野中) 고분과 기후현(岐阜縣) 유우즈카(遊塚) 고분에
서는 가야 질그릇이 출토되었는데, 이것들은 당시 한반도에서 반입된
것이다. 유우즈카 고분에서는 가야 질그릇과 함께 당시 일본 열도에서
만들어진 토기도 출토되었으며, 이들은 아주 밀접한 관계에 있는 것으로
확인되었다.

4세기부터는 철정(鐵鋌)도 한반도에서 일본 열도로 전달되었다. 철정
은 4세기 초에 기타큐슈에서 보이기 시작해 5세기 중엽에는 긴키 지방을
중심으로 일본 서부 지역에 걸쳐 나타난다. 이러한 철을 사용해 본격적
인 철기 생산이 이루어진다.[55]

5세기 중엽 후반에는 철제의 투구·갑옷·견갑 등 무구 세트가 완성되
는데, 이러한 갑주(甲冑)의 제조 기술도 한반도의 가야로부터 들어간

---

54) 西谷 正, 〈加耶와 倭의 文物交流〉, 《加耶史論》, 고려대학교 한국학연구소, 1993, 123~
124쪽.
55) 같은 책, 124쪽.

것이다. 일본 열도 갑주의 변화는 가야에서 볼 수 있는 변화와 같고, 칼에 그림이나 명문을 상감한 이 시기의 기술은 가야와 백제에서 볼 수 있는 것들이다. 일본 열도의 이 시기 고분에서 출토된 귀고리도 한반도 가야의 것과 비슷하다.[56]

일본 열도에서 출토되는 이 시기의 유물들은 한반도에서 제조된 것이거나 그 영향을 받은 것들이며, 이러한 유물이 출토되는 고분도 한반도의 가야 고분과 비슷하다. 이 문화와 함께 거주민의 이주가 이루어져, 일본 열도와 대마도 지역에 있었던 임나(加耶)·고구려·백제·신라는 바로 한반도에서 이주해 간 사람들이 살았던 곳의 지명이었고 동시에 그들이 세운 소국의 명칭이었다. 임나일본부가 있었다는 임나도 그 가운데 하나였던 것이다. 이는 지금의 오카야마(岡山)로 추정된다.

일본의 건국 신화도 가야의 영향을 받은 것이다. 신화에 따르면, 아마테라스오호미카미(天照大御神)와 다카키신(高木神)의 명에 따라 손자인 히코호노니니기노미코토(日子番能邇邇藝命)가 오반서(五伴緒)를 거느리고 구슬·거울·칼 등 삼신기(三神器)를 든 채 구름을 헤치고 타카치호(高千穗)의 쿠지후루타케(久士布流多氣)에 강림해 나라를 세웠다고 한다.[57]

히코호노니니기노미코토의 강림지인 쿠지후루타케는 가야국의 수로왕이 강림했다는 구지봉과 그 음이 비슷하고, 구슬·거울·칼 등 일본의 세 가지 신기(神器)는 단군 신화에 나오는 천부인 세 개와 비슷하다. 히코호노니니기노미코토가 강림할 때 따라온 오반서는 고구려 건국 초의 다섯 부족을 연상하게 한다.

그리고 히코호노니니기노미코토가 쿠지후루타케에 자리를 잡을 때 "이곳은 가라쿠니(韓國)를 바라보고 있고 카사사(笠沙)의 곶(岬)과도 바

---

56) 같은 책, 154~155쪽.
57) 魯成煥 譯註, 《古事記》, 예전사, 1987, 166~176쪽.

로 통해 있어 아침 해가 바로 비치는 나라, 저녁 해가 비치는 나라이다. 그러므로 여기는 정말 좋은 곳이다"[58]라고 말했다고 전한다.

가라쿠니는 한반도를 뜻하는데, 원래는 가야국이었던 것이다. 이상의 사실들을 통해 볼 때 건국 설화의 주인공들은 한반도 가야에서 이주해 간 사람들이었을 가능성이 있다. 《신찬성씨록(新撰姓氏錄)》에는 스스로 가야의 후손임을 자처했던 일본 귀족들의 성씨가 많이 보인다. 《일본서기(日本書紀)》를 보면, 한반도의 가야 본국은 서기 562년에 멸망했으나, 일본 열도의 임나(가야)는 646년경까지 지속된 것으로 나온다.

4. 백제의 중국 동부 지배

백제는 일찍이 3세기 전반기에 중국의 동부 해안 지역에 진출해 그 지역을 지배했다. 그러한 사실은 《송서(宋書)》·《남제서(南齊書)》·《양서(梁書)》·《남사(南史)》·《북제서(北齊書)》·《통전(通典)》·《문헌통고(文獻通考)》 등에 나타난다.[59]

중국 남북조시대의 송나라 역사서인 《송서》〈백제전〉에는 "백제국은 본래 고구려와 더불어 요동의 동쪽 1,000여 리 되는 곳에 있었는데, 그뒤

---

58) 같은 책, 171·176쪽.

59) 지금까지 백제의 중국 진출에 관한 연구는 다음과 같은 것들이 있다. 《增補文獻備考》 卷14, 〈輿地考〉 2, 〈歷代國界〉 2 ; 申采浩, 《朝鮮上古史》, 《丹齋申采浩全集》 上(改訂版), 丹齋申采浩先生紀念事業會, 1987, 204~205쪽 ; 鄭寅普, 《朝鮮史硏究》 下卷, 서울신문社, 1947, 60~65쪽 ; 김세익, 〈중국 료서지방에 있었던 백제의 군에 대하여〉, 《력사과학》, 1967년 제1호, 1~10쪽 ; 〈중국 료서지방에 있었던 백제의 군에 대하여〉(계속), 《력사과학》, 1967년 제3호, 13~23쪽 ; 金庠基, 〈百濟의 遼西經略에 對하여〉, 《東方史論叢》, 서울大學校出版部, 1984, 426~433쪽(《白山學報》 第3號, 1967에 게재되었던 것과 같은 글임) ; 方善柱, 〈百濟軍의 華北進出과 그 背景〉, 《白山學報》 第11號, 1971, 1~30쪽.

고구려는 요동을 침략해 소유하게 되었고, 백제는 요서를 침략해 소유하게 되었다. 백제가 다스리는 곳을 진평군(晉平郡) 진평현(晉平縣)이라고 한다"[60]고 씌어 있다.

송의 다음 왕조 남제의 뒤를 이은 양나라의 역사서 《양서》〈백제전〉에는 백제의 중국 진출과 관련해 《송서》보다 더 자세한 내용이 실려 있다. 그 내용인즉, "그 나라(백제)는 본래 고구려와 더불어 요동의 동쪽에 있었는데, 진(晉)나라 때 고구려가 이미 요동을 침략해 소유했고 백제 또한 요서·진평 두 군의 땅에 웅거하면서 소유해 스스로 백제의 군을 설치했다"고[61] 한다.

이 기록에 따르면, 중국의 진나라 때 고구려는 이미 요동을 차지하고 있었고 백제는 요서군과 진평군을 차지해 그곳에 백제군을 설치했다는 것이다. 백제가 요서 지역에 진출한 것은 진시대 이전인 것이다. 백제가 다스리던 곳이 요서군과 진평군이라는 《양서》의 기록은 그 지리적 위치와 범위는 물론 '백제의 군'을 그곳의 명칭으로 했다는 사실 등도 알려준다. 이들 내용으로 그 설치 시기도 어느 정도 짐작할 수 있다. 이러한 내용은 《남사(南史)》[62]·《통전(通典)》[63]·《자치통감(資治通鑑)》[64]·《문헌통고(文獻通考)》[65]·《계동록(啓東錄)》[66] 등에서도 보인다.

송의 뒤를 이은 제(齊)나라의 역사서 《남제서》〈백제전〉에는 "이해에 북위 오랑캐가 또다시 기병 수십만을 동원해 백제를 공격하니 모대(牟

---

60) 《宋書》 卷97, 〈列傳〉 57, 〈百濟傳〉.

61) 《梁書》 卷54, 〈列傳〉 48, 〈百濟傳〉.

62) 《南史》 卷79, 〈列傳〉 69, 〈百濟傳〉.

63) 《通典》 卷185, 〈邊防〉 1, 〈東夷〉 上, 百濟條.

64) 《資治通鑑》 卷136, 〈齊記〉 2, 〈世祖〉 上之下, 永明 6年條.

65) 《文獻通考》 卷326, 〈四裔考〉 3, 百濟條.

66) 《啓東錄》 卷1, 百濟條.

大)가 장군 사법명(沙法名)·찬수류(贊首流)·해례곤(解禮昆)·목간나(木干那)를 파견해 무리를 거느리고 오랑캐군을 기습 공격하여 크게 격파했다"[67]는 기록이 보인다. 모대는 백제의 동성왕을 말한다.[68] 사씨·해씨·목씨는 백제의 대귀족이었다.[69] 이 기록은 중국 북방에 있었던 북위와 백제의 전쟁에 관한 것이다. 《남제서》〈백제전〉은 이어서 북위와 벌인 전쟁에서 공로가 큰 사법명을 비롯한 장수들에게 표창으로 남제에서 관작을 내려줄 것을 요청하고 있다.[70]

이 전쟁에 관한 기록은 《삼국사기》〈백제본기〉에도 보이지만, 그 내용이 매우 간략하다. 여기서는 "(東城王) 10년에 위나라가 군사를 보내어 쳐들어왔으나 우리에게 패했다"[71]고 전한다. 《남제서》〈백제전〉에 실린 글을 보면 백제와 북위(北魏)의 전쟁은 여러 해 동안 계속되었다. 북위는 선비족이 세운 정권인데, 유목민들로 이루어졌다. 따라서 바다에 대한 지식이 전혀 없고 해군도 없었다. 《남제서》〈백제전〉에도 북위의 군사는 기병이라고 말하고 있다. 기병이 바다를 건너와 백제와 전쟁을 했을 리는 없다.[72] 북위가 육로로 백제를 치려면 고구려를 경유해야 하는데, 당시 고구려는 장수왕 때로 국력이 매우 강했으므로 북위에게 길을 내주었을 리 없다. 이러한 정황으로 볼 때 백제와 북위의 전쟁은 중국 북부 지역에서 벌어졌다고 보아야 할 것이다.

《남제서》〈백제전〉에는 백제 장군들이 제수받은 관직명으로 행건위장군(行建威將軍) 광양태수(廣陽太守), 행건위장군(行建威將軍) 조선태수

---

67) 《南齊書》 卷58, 〈列傳〉 39, 〈百濟傳〉.

68) 《三國史記》 卷26, 〈百濟本紀〉, 東城王條.

69) 《隋書》 卷81, 〈百濟傳〉.

70) 《南齊書》, 〈百濟傳〉.

71) 《三國史記》 卷26, 〈百濟本紀〉, 東城王 10年條.

72) 金庠基, 앞의 글, 430쪽 ; 김세익, 앞의 글, 9쪽.

(朝鮮太守), 가행용양장군(假行龍驤將軍) 대방태수(帶方太守), 가행건위
장군(假荇建威將軍) 광릉태수(廣陵太守), 가행광무장군(假行廣武將軍) 청
하태수(淸河太守), 행용양장군(行龍驤將軍) 낙랑태수(樂浪太守), 행건무
장군(行建武將軍) 성양태수(城陽太守) 등이 보인다. 여기에 나오는 광양·
조선·대방·광릉·청하·성양 등은 중국에 있었던 지역의 이름이다.[73]

조선·대방·낙랑은 원래 한사군(漢四郡)의 행정구역인데, 이 시기에는
고구려로 말미암아 이미 축출되었다. 따라서 그 유민들은 지금의 난하
(灤河) 서부 유역에 정착해 있었다. 광양군은 지금의 하북성 융화(隆化)
지역으로 난하 상류 유역이었고, 광릉군은 지금의 강소성 양주(揚州)
지역이었으며, 청하군은 지금의 산동성 익도(益都) 지역이었다.[74] 성양군
은 남북조시대에는 지금의 하남성 신양(信陽) 지역이었고,[75] 진(晉)나라
때는 광릉군과 청하군의 중간 지점이었다.

《진서(晉書)》에는 서기 372년에 진나라에서 사신을 보내어 백제왕
여구(餘句, 近肖古王)를 진동장군(鎭東將軍)으로 삼고 낙랑태수를 거느리
도록 했다고 전한다. 낙랑군은 원래 지금의 난하 동부 유역에 있었으나,
313년 고구려 미천왕으로 말미암아 축출되자 모용외(慕容廆)가 그 유민
을 모아 영주(營州) 서남에 낙랑의 교군(僑郡)을 설치해 살도록 했다.[76]
그러므로 이 시기에 낙랑군은 지금의 난하 서쪽에 있었다.

그러한 낙랑군의 태수를 백제왕에게 거느리도록 했다는 것은 당시에
백제가 지금의 난하 서부 지역을 다스리고 있었음을 방증한다. 《진서》
〈재기(載記)〉에는 모용황(慕容皝)의 기실참군(記室參軍) 봉유(封裕)와
접경한 세력으로 고구려·백제 및 우문(宇文)·단부(段部)가 있다고 씌어

73) 方善柱, 앞의 글, 4~10쪽.
74) 같은 글, 50~51쪽.
75) 같은 글, 65~66쪽.
76) 《讀史方輿紀要》卷18, 亦在營州西南, 晉建興初, 慕容廆僑置郡於此, 以處樂浪流民.

있다.[77] 이는 백제가 중국 북부 모용씨(慕容氏)와 가까운 지역에 영토를 가지고 있었음을 알려준다.[78]

북위가 분열해 일어난 북제(北齊)의 역사서 《북제서》〈후주기(後主紀)〉에도 백제가 중국에 진출했음을 알려주는 기록이 있다. 무평(武平) 2년(571년)에 "백제왕 여창(餘昌)을 사지절(使持節)·도독(都督)·동청주 자사(東靑州刺史)로 삼았다"[79]는 기록이 그것이다. 《삼국사기》〈백제본기〉에도 같은 내용이 실려 있다.[80] 북제가 백제의 위덕왕(威德王)에게 동청주의 군사와 행정의 대권을 맡겼다는 것이다.

동청주는 지금의 산동성 동남부로, 그 치소(治所)는 교주만(膠州灣)에 있는 불기성(不其城)이었다.[81] 이곳은 지금의 청도시(靑島市) 지역이며, 해로의 요충지이다. 이러한 중요한 지역의 문무 대권을 백제왕이 장악하고 있었던 것이다. 북제는 그러한 현실 상황을 인정했다.

《송서》와 《양서》가 말한 진(晉) 때의 요서군과 진평군은 지금의 어느 지역일까? 《진서》〈지리지〉에 요서군은 보이지만 진평군은 보이지 않는다. 요서군은 진제국(秦帝國)에서 설치했는데, 양락(陽樂)·비여(肥如)·해양(海陽) 등의 현이 있었고 진(晉)나라에 이르기까지 그 위치가 변하지 않았다.[82] 《위서》〈지형지〉도 같은 내용을 싣고 있는데, 비여현(肥如縣)에는 고죽산사(孤竹山祠)·갈석(碣石)·유하(濡河)가 있다[83]고 했다. 고죽국과 갈석은 지금의 난하 유역에 있었고[84] 유하는 난하의 옛

---

77) 《晉書》 卷109, 〈載記〉, 慕容皝條.

78) 김세익, 앞의 글, 8쪽.

79) 《北齊書》 卷8, 〈帝紀〉, 〈後主紀〉, 武平 2年條.

80) 《三國史記》 卷27, 〈百濟本紀〉, 威德王 17年條.

81) 方善柱, 앞의 글, 3~4쪽.

82) 《晉書》 卷14, 〈地理志〉 上, 遼西郡條.

83) 《魏書》 卷106上, 〈地形志〉 上, 遼西郡條.

84) 陳槃, 《不見於春秋大事表之春秋方國稿》 冊1, 〈孤竹〉, 中央研究院歷史語言研究所,

이름이다.[85] 따라서 진(晉) 때의 요서군은 지금의 난하 유역에 있었음을
알 수 있다. 진제국(秦帝國)으로부터 진(晉)나라에 이르는 시기의 요서군
은 지금의 난하 유역에 있었다. 진제국과 서한시대에 난하 하류 유역에
는 요동군이 있었는데, 그 동쪽 경계는 갈석산이었으며 요동군의 서북쪽
에 요서군이 있었다.[86] 그러므로 백제가 진출했던 요서군은 지금의 난하
서부 유역이었다. 그런데 《진서》〈지리지〉에 진평군은 보이지 않는다.
이를 보완할 수 있는 기록이 《통전》에 보인다.

《통전》〈백제조〉에는 진(晉)시대에 백제가 요서·진평 두 군에 웅거
했다고 말하고는, 그곳은 "당(唐)시대의 유성(柳城)과 안평(安平) 사이"
라고 했다.[87] 《통전》〈주군(州郡)〉에 따르면, 안평은 지금의 하북성 안평
지역이었다.[88] 한편 《신당서》〈지리지〉에 따르면, 유성현은 지금의 난하
유역에 있었다. 《통전》에 기록된 백제의 진출 지역은 지금의 난하 유역
에서 서남쪽으로 하북성 중부에 이르렀던 것이다.[89]

지금까지 살펴본 내용을 종합해보면, 백제는 북쪽으로는 지금의 난하
유역으로부터 남쪽으로는 강소성의 남부에 이르기까지 넓은 지역에 걸
쳐 지배권을 행사했다. 《삼국사기》〈최치원전〉에 실린 〈상태사시중장
(上太師侍中狀)〉을 보면, "고(구)려와 백제는 전성했을 때 강한 군사가
100만 명이어서 남쪽으로는 오와 월을 침공하고 북쪽으로는 유(幽)·연

民國 59(1970), 28~31쪽 ; 譚其驤 主編, 《中國歷史地圖集》第1冊(原始社會·夏·商·
西周·春秋·戰國時期), 地圖出版社, 1982, 20~21쪽.

85) 譚其驤 主編, 《中國歷史地圖集》第5冊(隋·唐·五代十國時期), 地圖出版社, 1982, 3
~4쪽 참조.

86) 윤내현, 〈고조선의 서쪽 경계〉, 《고조선 연구》, 一志社, 1894, 172~188쪽.

87) 《通典》卷185, 〈邊防〉1, 〈東夷〉上, 百濟條의 주석.

88) 譚其驤 主編, 《中國歷史地圖集》(秦·西漢·東漢時期), 地圖出版社, 1982, 27~28쪽
참조.

89) 唐 시대의 安平과 北平郡 위치에 대해서는 譚其驤 主編, 《中國歷史地圖集》第5冊(隋·
唐·五代·十國時期), 地圖出版社, 1982, 38~39쪽을 참조.

(燕)·제(齊)·노(魯) 등의 지역을 흔들어 중국의 큰 두통이 되었으며, 수의 황제가 세력을 잃은 것은 저 요동을 정벌했기 때문입니다"[90]라는 내용이 나온다.

이 글에서 백제가 침공했다고 말한 북쪽의 유·연·제·노는 지금의 난하 유역으로부터 산동성에 이르는 지역이며, 오나라는 강소성 지역에, 월나라는 절강성 지역에 있었다. 월나라가 있었던 절강성을 제외하면 앞에서 확인된 백제의 중국 지배 영역과 일치한다. 최치원의 글은 당나라의 태사시중에게 쓴 편지인데, 백제의 중국 침공이 사실이 아니라면 그러한 내용을 감히 적을 수 없었을 것이다.

백제가 요서 지역에 진출한 시기는 서기 246년 이전이었을 것이다. 《삼국사기》〈백제본기〉에는 "고이왕 13년(246년)에 위나라의 유주자사(幽州刺史) 관구검(毌丘儉)이 낙랑태수 유무(劉茂), 삭방태수(朔方太守) 왕준(王遵)과 더불어 고구려를 침략했는데, 고이왕은 낙랑이 비어 있는 틈을 이용해 좌장(左將) 진충(眞忠)을 파견하여 낙랑의 변경을 습격하고 그곳 주민을 빼앗았다"[91]는 기록이 있다. 이 시기의 낙랑군은 고구려로 말미암아 축출되기 전이므로 난하 동부 유역에 있었다. 백제가 그 지역이 빈 것을 바로 알고 군사를 움직인 것으로 보아 백제는 이전부터 난하 유역에 근거지를 두었을 가능성이 있다.

백제의 중국 진출에 관한 가장 늦은 시기의 기록은 《북제서》〈후주기〉와 《삼국사기》〈백제본기〉 위덕왕 17년조로, 북제 후주가 백제의 위덕왕을 사지절·도독·동청주자사로 삼아 문무대권을 장악하도록 한 사실을 인정한 기록이다.[92] 북제의 후주(後主)가 재위했던 연대는 서기

---

90) 《三國史記》 卷46, 〈列傳〉 6, 〈崔致遠傳〉.

91) 《三國史記》 卷24, 〈百濟本紀〉, 古尒王條. "十三年, 秋八月, 魏幽州刺史毌丘儉與樂浪太守劉茂·朔方太守王遵伐高句麗, 王乘虛遣左將眞忠, 襲取樂浪邊民, 茂聞之怒, 王恐見侵討, 還其民口."

565년부터 577년까지이다. 북위가 분열해 534년에 동위(東魏), 535년에
서위(西魏)가 서는데, 이것들이 각각 북제와 북주(北周)이다. 577년에
북제는 북주로 말미암아 멸망했다. 그로부터 오래지 않은 581년에 북주
의 정권은 외척인 양견(楊堅)에게 넘어가 수(隋)나라가 세워졌다. 수나라
는 589년에 남쪽의 진(陳)나라를 멸망시키고 중국을 통일했다. 백제의
위덕왕이 중국 북제의 후주로부터 사지절·도독·동청주자사로 제수된
것은 수나라가 중국을 통일하기 겨우 10여 년 전이었다. 이러한 사실을
종합해볼 때 백제가 중국 동부 해안 지역에 대한 지배권을 포기한 시기
는 수나라가 중국을 통일한 시기이거나 그보다 겨우 몇 년 앞선 시기였
을 것으로 추정된다.

이상과 같이 백제는 서기 246년 이전부터 589년경까지 매우 오랫동안
중국 동부 해안 지역을 지배했다. 그 영역은, 초기에는 지금의 난하 유역
으로부터 하북성 중부까지였으나 점차 남쪽으로 확대되어 산동성을 포
함하고 강소성 남부에 이르렀다.

5. 맺으며

한반도와 주변 지역의 교류는 선사시대부터 있어왔다. 그것은 유적과
유물에서 확인된다. 한민족과 중국에 비슷한 난생설화가 있는 것도 매우
일찍부터 문화 교류가 있었음을 알려준다. 한민족의 난생설화는 여인이
낳은 알에서 바로 아이가 출생한 것으로 되어 있고, 중국의 것은 여자가
새의 알을 먹고 임신해 아이를 낳은 것으로 되어 있어, 한민족의 난생설
화가 원초적인 것으로 보인다.

---

92) 주 79·80 참조.

진제국시대에 이르면 고조선의 선인 사상이 중국에 전해지며, 그것이 도교의 핵심 사상인 신선 사상을 형성한 것으로 보인다. 고조선 말기에 단군 신화가 중국 사상 체계의 일부를 이루었음을 알려주는 화상석도 발견되었다. 산동성에 있는 무씨사석실의 화상석에 조각된 그림이 그것이다.

고조선과 중국의 교류는 정치와 경제 면에서도 이루어졌다. 기원전 2209년에 한민족의 사신은 활과 화살을 중국에 전했는데, 활·화살·활촉 등은 고대에 매우 강한 위력을 지닌 무기였다. 고대에 한민족은 이러한 무기를 중국에 수출했던 것이다. 한민족의 특산물로 문피와 타복, 비휴(貔貅)가죽, 붉은 표범가죽, 누런 말곰가죽 등이 중국에 수출되었음이 문헌에 보인다. 이것들은 중국에서 매우 선호했던 물품들이다.

한민족은 중앙아시아 및 시베리아 지역과도 일찍부터 문화 교류를 했다. 한반도와 몽고·만주·연해주 지역에 나타나는 돌널무덤이 시베리아 카라수크－타가르기 청동기 문화에서 보인다든가, 곰 숭배 사상이 단군 신화와 시베리아 길랴크(Gilyarks)족의 신앙에서 보이는 것, 새에 대한 신앙이 한민족의 설화와 이식(Issyk) 고분에서 출토된 유물 그리고 시베리아 샤먼의 신앙에서 보이는 것 등은 이를 방증한다.

일부 학자들은 이러한 문화가 시베리아나 중앙아시아에서 한반도로 전파되었을 것이라고 보고 있다. 이는 한반도의 고고학 연대를 늦게 잡은 데서 비롯되었다. 지금은 한반도의 고고학 연대가 주변 지역보다 앞선 것으로 확인되기 때문에 그러한 견해는 성립할 수 없다. 오히려 한민족의 문화가 그 지역으로 전파되었을 가능성이 있는 것이다. 여기서 알아야 할 것은, 고대에 한민족은 멀리 연해주와 시베리아 지역까지 이동했다는 사실이다. 이들의 후예가 연해주와 시베리아 지역에 거주한 고아시아족을 형성해 한민족의 문화를 그 지역으로 전달했을 가능성이 있다.

한민족은 일본 열도와도 긴밀한 교류를 가졌다. 문화의 교류뿐만 아니라 일본 열도로 주민 이주도 활발했다. 일본 열도의 신석기 문화인 죠몽 문화에서도 한반도로부터 영향을 받은 것이 보이지만, 이 문화의 뒤를 이은 야요이 문화는 한반도로부터 주민 이주와 문화 영향으로 형성된 것이다. 야요이 문화와 교체된 고분 문화도 한민족 문화의 성격을 이어받은 것이다.

야요이 문화의 사람들은 벼농사가 위주인 농경과 질그릇·묘제·청동기·철기 등 새로운 요소를 가지고 갑작스럽게 생산경제 사회에 들어섰다. 한반도의 주민이 이주해 새로운 문화를 출현시켰던 것이다. 초기에는 한반도에서 청동기와 철기 등을 수입해 사용하다가 점차 모방하여 만드는 과정을 거쳤다. 이 문화는 기타큐슈에서 시작해 말기에는 홋카이도 일부를 제외한 일본 열도 전 지역에 확산되었다. 그 연대는 기원전 300년부터 서기 300년까지 약 600년 동안일 것으로 보고 있다. 이 시기에 고조선의 이주민들이 형성한 마을연맹체들은 기타큐슈 지역을 시발점으로 하여 일본 열도 전 지역에 출현하게 되었다.

그뒤 4세기경에 이르면 한반도로부터 새로운 문화가 전해진다. 고분문화가 그것이다. 고분 문화인들은 국가를 출현시켰다. 일본 오사카부노나카 고분과 기후현 유우즈카 고분에서는 가야 질그릇이 출토되었는데, 이것들은 한반도에서 반입된 것이다. 유우즈카 고분에서는 일본 열도에서 만들어진 토기도 출토되었는데, 가야의 것과 아주 밀접한 관계가있는 것이다.

4세기부터는 한반도에서 철정도 수입되어 4세기 초에 기타큐슈에서 보이기 시작하고, 5세기 중엽에는 긴키 지방을 중심으로 일본 서부 지역에 걸쳐 나타난다. 일본 열도에서 출토되는 이 시기 유물들은 한반도의 것이거나 그 영향을 받은 것들이며, 이러한 유물이 출토되는 고분도 한반도의 가야 고분과 비슷하다. 이러한 문화와 함께 주민의 이주도 이루어져 일본 열도와 대마도 지역에는 한민족 국가의 명칭과 같은 것이 나타난다. 임나(가야)·고구려·백제·신라는 바로 한반도에서 이주해 간 사람들이 살았던 곳의 지명이었는데, 그들이 세운 소국의 명칭이기도 했다. 임나일본부가 있었다는 임나(가야)도 그 가운데 하나였던 것이다. 임나일본부는 지금의 오카야마에 있었던 것으로 추정된다. 일본의 건국 신화도 한민족 건국 신화의 영향을 받은 것이다.

백제는 일찍부터 중국 동부 해안 지역에 진출해 그곳을 지배했다. 백제가 중국에 처음 진출했던 지역은 요서군과 진평군 지역이었다. 지금의 난하 유역으로부터 서남으로 하북성 중부의 안평 지역까지였다. 백제는 난하 유역으로부터 하북성 중부를 차지한 뒤 그 세력을 점차 남쪽으로 확장해 지금의 산동성 지역을 거쳐 강소성 남부 양주 지역까지 장악했다. 지금의 절강성까지 진출했을 가능성이 있지만 분명하지 않다. 백제가 차지하고 있었던 이 지역은 중국의 동부 해안 지역으로, 한반도 남부의 본국에서 관리와 연락이 용이한 지역이었다.

백제가 중국에 진출한 시기는 서기 246년 이전으로 추정된다. 이보다 앞서 고구려는 이미 당시의 요동(지금의 요서) 지역에 진출해 있었다. 백제는 589년 수나라가 중국을 통일하기 직전까지 중국의 동부 해안 지역을 지배했다. 고구려의 요동 진출과 백제의 동부 해안 지역 진출로 말미암아 이 지역에 일부 한민족의 이주와 문화의 전파가 이루어졌을 것이다.

백제가 중국에 진출했던 시기는 중국이 위(魏)·촉(蜀)·오(吳)의 세 나라로 분열되어 있던 때인데, 그뒤 진(晉)나라가 통일한 시기가 있었다고는 하지만 그것은 잠시뿐이었고, 이민족들의 정권이 흥망을 거듭하면서 혼란이 계속되었다. 이러한 혼란은 백제가 중국에 진출해 그 지역을 지속적으로 지배하는 데 유리한 조건을 제공해주었다.

백제가 중국 동부 해안 지역을 지배한 것은 340년이 넘는 오랜 기간이었다. 백제와 중국은 이 기간 동안에 많은 변화를 겪었다. 그러므로 백제가 처음부터 끝까지 같은 영역을 지속적으로 지배했을 것으로 생각하기는 어렵다. 그러나 그 말기까지 산동성 지역을 지배하고 있었음은 분명하다.

그뒤 당(唐)시대에 산동성을 중심으로 한 중국의 동부 해안 지역에서는 고구려 유민 이정기 일가가 치청번진(淄靑藩鎭)을 형성하고 작은 왕국과 같은 세력으로 55년 동안 당 황실에 대항했다. 치청번진이 멸망한 뒤에는 오래지 않아 장보고 대사가 이 지역을 차지하고 해상권을 장악했다. 이러한 한민족의 활동은 이전에 백제가 이 지역을 지배했던 역사적 기초가 있었기에 비로소 가능했을 것이다.

아시아 구석기 문화에서 '청원 두루봉 문화'의 위상

이 융 조

1. 시작하며

구석기 사람들은 생활에 많은 영향과 제약을 주는 대자연을 이용·극복해 좀더 나은 삶을 꾸리려고 노력했다.

곧선 사람(*Homo erectus*)들은 열대 특유의 불쾌한 습기뿐만 아니라 살을 에는 추위에도 적응해나갔고, 집단을 이루어 동굴 안팎에 근거지를 만들고 생활했다. 이들은 불을 능숙하게 사용했고, 언어도 어느 정도 구사했을 것으로 생각되며, 계절에 따라 거주지를 옮겨 다니는 이동 생활을 했다(〈그림 1〉).

뒤이어 나타난 네안데르탈 사람(*Homo sapiens neanderthalensis*)들은 따뜻한 시기의 야외 생활을 비롯하여 추운 기후에서도 환경의 변화에 적응하기 위해 동굴과 바위 그늘에 거주지를 마련하는 등, 다양한 환경 조건 아래에서 살았다. 나무가 없는 곳에서는 뼈와 가죽으로 자신들의 집을 만들었다. 그들은 능숙한 사냥꾼이자 기술적인 연모 제작자였으며, 옷가지들도 만들어 입었다. 필요할 때면 불을 피울 만큼 불의 사용에 능숙했고, 동굴 바닥에 화덕을 마련할 정도로 진보했다. 그들은 동굴 속에서도 살았지만 야외에 집도 지었다. 인류 역사에서 네안데르탈 사람들은 최초로 삶과 죽음에 대한 감정을 가지고서 매장의식을 보편화했다.[1]

슬기슬기 사람(*Homo sapiens sapiens*)들에 이르러서는 종전보다 지적으로나 문화적으로 훨씬 우수해져 훌륭한 예술적 표현이 나오기도 했다. 이들은 네안데르탈 사람처럼 동굴이나 바위 그늘에 살고 있었지만, 집단이 커짐에 따라 이전보다 더욱 영구적인 집에 살았다. 야영지에서는 여러 가지 천막을 쳤고, 추운 겨울에는 반지하식 집이나 가죽과 진흙으

---

1) F. C. Howell, "The Evolutionary significance of varieties of 'Neanderthal' Man", *Quarteranry Review of Biology*, 32, 330~347쪽.

〈그림 1〉 북경 곤선 사람의 생활(복원도)

로 된 집을 지은 것으로 생각된다.

구석기시대 사람들은 일정 규모의 공동생활을 했으며, 가족 구성원의 수는 다섯 명에서 여덟 명쯤이었을 것으로 여겨진다. 구석기시대 사람들에게 동굴은 좋은 안식처 구실을 했을 텐데, 그 가운데 석회암 동굴은 당시 사람들이 잡아먹고 남긴 뼈화석과 뼈연모들이 보존되기에 좋은 조건을 갖고 있었다. 덕분에 석회암 동굴 유적에서는 많은 뼈화석과 사람뼈가 발굴되어 구석기 문화의 주인공을 알 수 있고, 또한 층위들이 층서(層序)로 잘 보존되어 있어 시대를 분명하게 파악할 수도 있다.

청원 두루봉 동굴은 이러한 석회암 동굴 유적으로서, 2006년에 발굴 30주년을 맞이했다. 이 글에서는 청원 두루봉 동굴의 문화 해석을 통해 아시아의 구석기 문화에서 차지하는 위치에서부터 그 의미를 세워보고자 한다.

2. 한국의 동굴 유적과 두루봉 동굴의 조사

1957년 11월, 쿤(C. S. Coon, 미국 펜실베이니아대학교) 교수가 동아시아의 인류학적 조사를 위해 한국을 방문했다. 그는 필리핀과 타이를 거치는 프로그램의 일환으로 한국을 방문했는데, 고(故) 김정학 교수(당시 고려대학교 박물관장)의 안내로 단양 지역을 답사하게 되었다. 김 교수는 바로 전해에 미국 하버드대학교에 교환교수로 갔다가 귀국한 뒤였기 때문에 아마도 즐거운 마음으로 안내를 맡았으리라 짐작된다.

이들 교수 일행은 단양읍 북하리에 있는 굴(이 굴은 필자의 조사로 지금의 단성역 앞에 있는 '뒤뜰굴'인 것으로 밝혀졌다)을 조사했으나(〈그림 2〉), 추운 날씨와 짧은 낮 때문에 별다른 성과를 얻지 못하고 귀경길에 올랐다고 한다. 이 조사와 관련해 쿤 교수는 영문으로, 김 교수는 국문으로 《고려대학교 문리논집》(3호)에 그 내용을 소개하면서 구석기 유물이 나올 가능성을 제기했다.

사실 김 교수는 구석기 전문가는 아니었지만, 하버드대학교 체류 때 세계적 구석기학자인 모비우스(H. L. Movius Jr.) 교수가 수집한 몽골 출토의 잔석기[細石器]를 많이 보아서 우리나라의 어떤 학자들보다 타제석기에 대한 뛰어난 감각과 해석을 갖고 있었다. 그는 이 뒤뜰굴 답사로 일제강점기에 조사한 종성 동관진 유적의 유물에 대해 재해석을 하면서, 한국의 구석기 문화의 존재 가능성을 제시하고 이 내용을 논문 제목(〈한국에서의 구석기 문화의 존재 가능성〉)으로 삼았다.

이처럼 단양 뒤뜰굴의 조사는 우리나라의 구석기에 대해서뿐만이 아니라 충북 지역의 선사 문화에 대한 중요한 특징을 보여주었다는 점에서 아주 의미 있는 사건으로 기록되어야 할 것이다. 실제로 앞에서 소개한 김 교수의 논문은 구석기와 관련해 우리나라 학자가 쓴 최초의 논문이다. 이 논문을 통해 구석기 문화에 대한 인식과 그 지평이 열렸다는

〈그림 2〉 멀리서 본 '뒤뜰굴'

점에서, 한국 구석기에 대한 김 교수의 개척자적 업적은 높이 평가되어
야 할 것이다.

　그런 뒤 1964년에 이르러서야 공주 석장리 구석기 유적에 대한 조사
가 이루어졌으며, 이 유적 또한 학계에서 인정받는 데 10년이나 걸렸다.
이 조사를 이끈 손보기 교수(당시 연세대학교 박물관장)는 10차 석장리
유적을 끝으로 8년 동안 제천 점말 용굴(석회암 동굴)을 찾아 조사했는데,
이때가 1973년 11월이었다. 이처럼 동굴 유적 조사를 벌이는 데는 쿤
교수와 김 교수의 뒤뜰굴 답사 이후 16년이라는 세월이 지나야 했고,
그것도 국가의 지원 없이 모두 사립대학의 예산으로 추진해야 했다.

　이렇게 연세대학교 박물관에서 점말 동굴 조사가 진행되고 있던 때,
필자는 1973년부터 청주대학교 역사교육과에 출강하면서 석회암 동굴
인 청원 청석굴과 작은 용굴 등을 조사했으며, 충북대학교에 출강하면서
(1976년) 충북대학교 박물관의 조성진 관장, 박상일 주임교수 등과 함께
두루봉에 관해 알게 되었다.

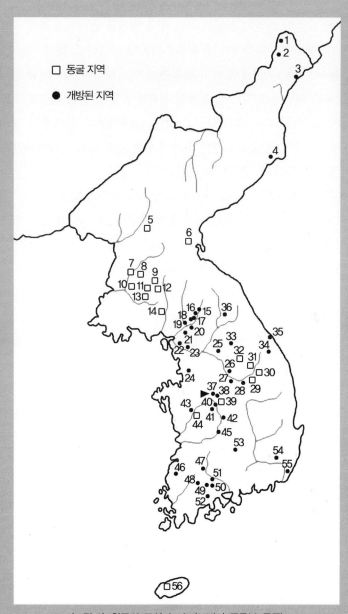

〈그림 3〉 한국의 구석기 지도(37번이 두루봉 동굴)

두루봉 동굴이 자리하고 있는 곳은 충북 청원군 문의면 노현리 시남부락 산 75-1번지 두루봉이다. 두루뭉수리하게 생겼다고 해서 이름이 붙여진 '두루봉'과 그 일대의 지질은 옥천계 변성퇴적암류와 이를 관입한 화성암류로 이루어져 있으며, 결정질 석회암이 잘 발달한 곳으로서 많은 동굴들이 있었으리라 여겨진다. 그러나 1964년부터 이곳에서 석회암 채취 허가를 받은 한흥문의광산의 채광 활동으로 유적이 파괴되었는데, 이 과정에서 동굴이 발견되었다(〈그림 3〉).

두루봉 동굴 답사는 당시 한국일보 강승원 기자의 발견·제보로 처음 이루어졌으며(1976년 7월 26일), 사슴을 비롯한 여타 짐승의 많은 턱뼈와 원숭이 아래턱, 큰곰 송곳니 등 동물화석 그리고 잘 손질된 뼈연모가 원상태(in situ)로 드러나 있음이 확인되었다.

이 소식을 들은 충북대학교 박물관(관장 조성진 교수)과 당시 필자가 근무하던 연세대학교 박물관(관장 손보기 교수)에서, 유적이 발견되고 10여 일 뒤에 긴급 공동 조사에 착수해(1차, 1976년 8월 7~13일) 문화층을 확인할 수 있었다.

그뒤 필자가 충북대학교로 발령을 받으면서 2차 조사(1977년)를 하게 되었다. 충북대학교에서는 1차 때의 2굴을, 연세대학교에서는 9굴을 조사했으며(두 차례), 나중에 충북대학교에서는 15굴·새굴·처녀굴·흥수굴 등을 차례로 찾아내어 모두 열 차례(1976~1983년)에 걸친 발굴 조사가 이루어졌다.

3. 두루봉 동굴의 구성과 고고학적 조사

(1) 두루봉 2굴

1976년에서 1978년까지 충북대학교 박물관팀이 3차에 걸쳐 발굴한 2굴은 평지에서 약 30미터쯤 높은 두루봉 중턱에 자리한다. 굴은 평면굴의 형태를 띠고 있으나 굴 입구와 천장 부분은 이미 대부분 파괴된 상태였으며, 굴 입구는 남향이었다(〈그림 4〉, 〈그림 5〉).

퇴적층은 제1층 석회마루층(〈그림 6〉)에서 맨 아래의 노란 점토층까지 36층으로 구분되며, 퇴적 두께는 약 4미터이다. 문화층은 석회마루로 덮여 있던 점토퇴적층(7층)으로 석기와 많은 동물화석·뼈연모가 나왔고, 불을 피운 화덕 자리(평면 타원형, 90×65센티미터)도 발견되었다(〈그림 7〉).

석기는 주먹대패·긁개·밀개·수정연모 등 16점이며, 주로 석영으로 만든 것이었다. 동물화석은 멸종된 첫소·쌍코뿔이·하이에나·큰원숭이 등 11종을 비롯해 3문 7강 15목 28과 37속 46종이 발굴되었는데, 이것은 지금까지 발견된 우리나라 구석기 유적 가운데 가장 많은 것으로 매우 중요한 의미를 지닌다. 이들 동물들은 대부분 따뜻한 기후 환경에서 살던 더운 짐승(La faune chaude)으로, 중기 홍적세의 따뜻한 시기(약 20~30만 년 전)에 살았던 것으로 해석된다.

발굴된 동물화석 가운데 사슴과의 뼈화석이 가장 많아, 사슴이 두루봉 구석기 사람들의 주된 사냥 대상이었던 것으로 보인다. 출토된 이들 사슴의 이빨을 가지고 사냥 계절을 분석한 결과, 9·10월에 집중적인 사냥 활동이 이루어졌고, 12월에서 3월 사이에도 사슴 사냥 활동이 있었던 것으로 밝혀졌다. 이러한 분석 결과로 볼 때, 두루봉 유적은 계절에 따라 사냥 활동을 위해 이용하던 사냥용 주거 유적(temporal hunting site)의 성격을 갖고 있는 것으로 생각된다.

〈그림 4〉 굴의 전체 모습(1977)

〈그림 5〉 굴을 발굴하는 모습(1977)

〈그림 6〉 두루봉 2굴의 석회마루층 사진

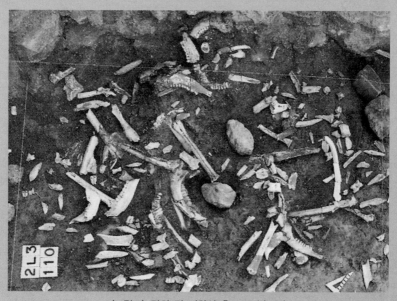

〈그림 7〉 망치 및 뼈화석 출토 모습(1978)

발굴된 2굴의 면적은 40.48제곱미터로 약 다섯 사람이 살 수 있었던 공간으로 판단되며, 2굴 출토 전체 동물화석을 중심으로 인구 고고학적인 연구를 통해 분석한 결과 이곳에 사람이 살았던 일수는 2,780일로 추정되었다.

꽃가루 분석으로 밝혀진 식물상은 2강 10목 13과 12속인데, 나무 꽃가루가 대부분을 차지한다. 특히 두루봉 2굴의 사람이 살던 7층에서는 굴 입구 모서리 부분에서만 157개의 진달래(Ericaceae) 꽃가루가 한꺼번에 검출되어 주목된다.

진달래나무는 산성 토양에서 자라는 식물로, 알칼리성 토양인 두루봉 일대에서는 자생할 수 없다. 또한 한 곳에서 집중적으로 출토된 것으로 보아 사람이 일부러 꽃을 꺾어서 갖다놓은 미의식의 표현 행위로 해석되며, 그 시기는 3월 하순쯤이었을 것으로 보인다.[2] 따라서 두루봉에 살았던 사람들을 "꽃을 사랑한 첫 사람들(The First Flower People)"이라고 불러야 하겠다.[3] 이 말은 샤니다르 동굴을 발굴한 솔레키(R. S. Solecki) 박사의 *Shanidar : The First Flower People*(Alfred A. Knopf Co., 1971)이라는 책 이름에서 나온 것인데, 샤니다르 동굴보다 이 2굴의 연대가 훨씬 앞서기 때문에 이와 같은 해석을 할 수 있다.

(2) 두루봉 9굴

두루봉 9굴은 2굴 아래쪽에서 연세대학교 박물관팀(관장 손보기 교수)

---

2) 이융조, 《청원 두루봉동굴 구석기유적 발굴보고서(I)》, 충북대학교 박물관 조사보고 제4책, 1983, 308쪽 ; 《한국의 구석기문화(II)》, 탐구당, 1984, 412쪽 ; "Paleontological and Archeological Remains from Turubong Cave Complex in Korea", Presented Paper to *International Symposium of Cultural Propeties on Paleolithic Cultere of East Asia*, 1992, 81~121쪽.

3) 두루봉 2굴에 이러한 합리적인 해석을 할 수 있도록 꽃가루 분석을 해준 강상준 교수(충북대)와 박문숙 선생께 감사한다.

이 새로이 찾은 굴로, 1977년과 1978년 2차에 걸쳐 발굴되었다. 전체적인 퇴적 양상은 2굴과 비슷하나 9굴은 4개 층으로 구분되며, 이 가운데 문화층은 붉은흙층(I)과 노란흙층(II)의 2개 층으로 밝혀졌다.

아래 문화층인 노란흙층에서는 4종의 동물화석과 석회석·석영에 간단한 떼기와 잔손질을 베풀어 만든 주먹대패·찍개 등이 발굴되었다. 위 문화층인 붉은흙층에서는 2문 4강 9목 22과 27속 1아속 31종의 동물화석이 출토되었는데, 이 가운데 큰원숭이·사자·큰꽃사슴변종 등 사멸종이 10종을 차지하고 있다.

또한 여러 종류의 박쥐 화석이 확인되어 당시의 자연환경을 이해하는데 큰 도움을 준다. 사슴 정강뼈에 새긴 사람 얼굴의 예술품은 당시 사람들의 정신세계를 이해할 수 있는 좋은 자료가 된다. 이 층에서는 큰원숭이·사자와 같은 따뜻한 기후를 나타내는 더운 동물들이 출토되어, 중기 홍적세의 추운 기후에서 따뜻한 기후로 넘어가는 시기에 형성된 것으로 보인다.[4]

(3) 두루봉 15굴

두루봉 15굴은 두루봉 산봉우리 8부 능선쯤의 동쪽에 있고 2굴보다는 약간 위쪽에 자리하며, 1979년과 1980년 2차에 걸쳐 충북대학교 박물관 팀이 발굴 조사했다.[5] 여기서는 커다란 석회암 바위 네 개를 이용해 인위적으로 길이 40센티미터쯤 되는 길쭉한 형태의 석회석들을 한 줄로 세워 담돌로 만든 집터가 발견되었다. 집터 중앙부에는 '뜸숯'이 출토되는

---

4) 손보기, 《두루봉 9굴 살림터》, 연세대학교 선사연구실, 1983, 108쪽.

5) 이 굴은 당시 학생으로 발굴에 참여했던 김성명 님(현 국립청주박물관 학예연구실장)의 노력으로 찾게 되었으며, 이 유적 조사 비용은 정범모 총장(당시 충북대)과 조건상 관장(당시)의 특별한 배려로 마련된 것이기에 이에 감사의 말을 전한다.

〈그림 8〉 두루봉 15굴 불땐자리

30×30센티미터 크기의 불땐자리(〈그림 8〉)가 있다.[6] 그리고 그 주변에서 석영으로 만든 긁개·자르개 등의 석기가 집중적으로 출토되어, 불을 이용한 조리 행위가 있었음을 알 수 있다.

　집을 만든 형태를 보면, 프랑스의 테라 아마타(Terra Amata) 유적처럼[7] 오리나무와 같은 잘 휘어지는 나무를 이용해 칡넝쿨로 엮어 지붕을 씌웠던 것으로 여겨진다. 발굴된 집터의 면적은 약 9.6제곱미터로 두 세 명의 사람이 살았던 것으로 해석된다(〈그림 9〉, 〈그림 10〉).[8]

---

6) 화력이 매우 강한 숯불을 다음에도 쓰기 위해 물·흙으로 화력을 멈추어놓은 뒤 다시 숯불을 만드는 숯을 말하는데, 15굴은 적어도 세 차례 이상 흙을 덮은 상태였음이 발굴 결과 밝혀졌다. 이렇게 해석할 수 있도록 발상을 준 민두식 교수(충북대 명예교수)에게 감사한다.

7) H. de Lumley, "A Paleolithic Camp at Nice", Scientific American, 220-5, 1969, 42~50쪽.

8) 이융조·우종윤, 〈청원 두루봉동굴 유적의 고고학적 접근〉, 《先史와 古代》 25, 한국고대학회, 2006, 99~116쪽.

〈그림 9〉 두루봉 15굴의 굴 집터 복원 과정

〈그림 10〉 굴 집터 복원 모습

(4) 두루봉 새굴

두루봉 새굴은 두루봉 정상부의 비교적 높고 가파른 절벽에서 발견되었는데, 새로 발견된 굴이라는 뜻에서 '새굴'이라고 했다. 이 굴은 석회암 채취를 위한 발파 작업 도중 발견된 것으로, 1979년과 1980년 2차에 걸쳐 발굴이 이루어졌다. 절벽 위에서 동아줄로 몸을 묶은 채 조사를 했기에 특히 감회가 깊다(〈그림 11〉).

이러한 어려운 조건에서 이루어진 발굴 결과, 11종 1,770여 점의 뼈유물과 37점의 석기를 찾았다. 석기는 찍개·긁개·새기개·몸돌·격지 등으로 몸돌과 격지가 많은 수를 차지하며, 잔손질된 석기는 적은 편이다. 암질은 모두 외래 암질인 석영을 사용했다.

출토 유물 가운데 특히 주목되는 것은 옛코끼리(*Elephas antiquitas*) 상아(길이 61.8센티미터, 지름 7.6센티미터)로, 이는 우리나라에서 옛코끼리의 존재를 알려주는 유일한 자료이다(〈그림 12〉, 〈그림 13〉). 이 상아의 뿌리쪽에 남아 있는 넓게 떼어낸 자국은 뼈격지를 얻기 위한 제작 행위의 결과로 보이며(〈그림 14〉), 가운데 부분에는 네 줄의 자른 자국이 관찰되어 상아를 떼어내고 손질했음을 알 수 있다.

또한 약 1제곱미터 범위인 굴의 구석 부분에서 사슴머리뼈 13점이 집중 출토되었는데, 이 가운데 2점의 머리뼈에서 도살한 흔적이 확인되었다. 그리고 45점의 큰꽃사슴뼈에서 자른 자국이 확인되어 새굴에 살았던 사람들이 사슴을 사냥하고 도살하는 행위를 했음을 보여준다. 아울러 같은 개체의 사슴뿔을 갈아서 만든 치레걸이 2점 발견되어 구석기시대 사람들의 사슴 숭배(deer cult)에 따른 주술과 사유의 형태를 해석하는 데 하나의 기준을 제시해준다.

한편 꽃가루를 분석한 결과 67개의 꽃가루와 7개의 나비 날개 비늘이 검출되었는데, 이것들은 동물화석의 특징과 함께 새굴에서 사람이 살았

〈그림 11〉 새굴 발굴 모습

〈그림 12〉 옛 코끼리 상아 출토 모습

〈그림 13〉 출토된 상아(길이 61.8센티미터)

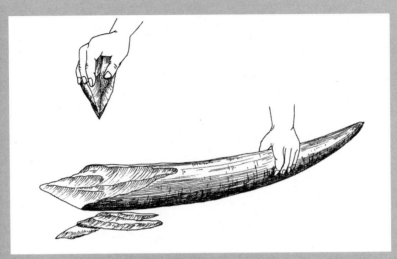

〈그림 14〉 찍개로 상아를 찍는 모습 복원도

던 시기의 기후가 따뜻하고 건조했음을 보여준다. 2굴·9굴의 동물상과 견주어볼 때 새굴의 연대는 중기 홍적세로 가늠된다.[9]

(5) 두루봉 처녀굴

두루봉 처녀굴은 새굴 아래쪽에서 석회석 발파 작업 도중 발견된 것으로, 사람의 손길이 닿지 않은 굴이라고 해서 '처녀굴'이라고 했다(〈그림 15〉). 이 굴에서는 거의 완전한 개체의 동굴곰(*Ursus spelaeus*)·쌍코뿔이·꽃사슴·크로쿠타 크로쿠타(*Crocuta crocuta*) 아래턱 등 10종 1,237점의 동물화석과 1점의 석기가 출토되었다(〈그림 16〉).

---

9) 이융조·우종윤·하문식·조태섭, 〈청원 두루봉 새굴·처녀굴 출토유물의 고고학적 연구〉, 《先史와 古代》 12, 한국고대학회, 101~189쪽.

〈그림 15〉 처녀굴 발굴 모습

〈그림 16〉 처녀굴 동굴곰 출토 모습

출토된 석기는 석영 자갈돌에서 떼어낸 격지에 잔손질을 한 밀개(1점)
이다. 동물화석 가운데 대표적인 종은 큰꽃사슴으로 전체 동물화석의
80퍼센트(992점)를 차지한다. 사슴이 당시 사람들의 주된 사냥 대상물이
었음을 알 수 있다. 동물의 도살과 해체를 가늠할 수 있는 자른 자국이
30점의 동물뼈에서 확인되었는데, 그 가운데 25점이 꽃사슴뼈라는 점은
이를 뒷받침해준다.

동굴곰의 발굴 당시 모습을 보면, 다섯 살 된 큰꽃사슴의 뿔을 가운데
에 놓고 곰의 머리뼈를 오른쪽에, 아래턱을 머리뼈에서 1미터 떨어진
엉덩뼈 위에 'X' 자로 얹은 상태로 왼쪽에 놓았으며(〈그림 17〉), 팔뼈·다
리뼈 같은 긴 뼈들을 동쪽으로 향하도록 놓아 그 배치가 의도적임을
알 수 있다. 당시 이곳에서 의식(儀式) 행위가 이루어졌음을 보여주는
자료로서 중요한 의미를 지닌다. 출토된 동굴곰뼈들은 3년 여에 걸친
복원 작업으로 완전히 한 개체로 복원되었으며(〈그림 18〉), '수놈'으로
판단된다(〈그림 19〉).[10]

이와 더불어 처녀굴에서 두번째로 많이 나온 것은 쌍코뿔이다. 발견
된 것은 어른 짐승 2개체와 어린 짐승 1개체인데, 이 가운데 1개체는
거의 완전한 뼈대 구조를 갖추고 있으며, 평양 상원 검은모루 동굴의
출토 화석과 비교된다. 처녀굴의 전체 동물상의 종적 구성은 새굴과
비슷한 특징을 보이고 있기 때문에, 처녀굴의 연대도 새굴과 같다고
판단할 수 있다.[11]

---

10) 조태섭 박사(충북대학교 강사)의 노력으로 이 뼈화석 가운데 곰의 성기를 찾게 되었고,
   이로써 성별을 확인할 수 있었다.

11) 이융조·우종윤·하문식, 〈淸原 두루峰 舊石器文化의 考古學的 考察〉,《淸原 두루峰發
   掘 20周年 紀念 國際學術會議 : 東北亞 舊石器 洞窟遺蹟과 文化》, 충북대학교 박물관,
   1996, 67～74쪽 ; 이융조·우종윤·하문식·조태섭, 앞의 글, 1999 참조.

〈그림 17〉 출토된 동굴곰

〈그림 18〉 1986년에 복원한 동굴곰 모습

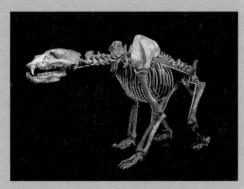

〈그림 19〉 2005년에 복원한 동굴곰 모습

(6) 두루봉 홍수굴

홍수굴은 9굴 동북쪽 아래 지점에서 발견된 평면굴로 두루봉 산봉우리의 끝자락 부분에 해당하며, 두루봉에서 찾아낸 동굴 가운데 가장 낮은 곳에 자리한다. 이 굴은 1982년 12월 5일에 한흥문의광산 김흥수 전무의 "사람 이빨과 같은 것이 있다"는 제보에 따라 발견되었으며, 여기서 사람뼈를 찾음으로써 그 동안 10차에 걸친 두루봉 유적 발굴에서 최대의 성과를 얻었다. 이 때문에 굴을 처음 제보한 김흥수 전무의 이름을 따 '홍수굴'이라고 했다. 1982년 12월에서 1983년 1월까지 두루봉 유적의 10차 발굴로 조사가 이루어졌다(〈그림 20〉, 〈그림 21〉).[12]

그런데 홍수굴은 발견 당시 동굴 외형이 많이 파괴된 상태였고, 굴 입구 일부와 입구 안쪽의 동굴 벽 일부 그리고 부분적인 퇴적층만이 남아 있었다. 그러나 여기서 완전한 사람뼈와 석기 그리고 동물화석과 식물 자료가 나와 가장 이상적인 구석기 유적의 문화 성격을 지닌 동굴로 밝혀졌다.

홍수굴의 층위는 비교적 잘 보존되어 있는 입구 쪽을 기준으로 할 때 12층으로 구분되며, III층은 3개 층으로 세분된다. 이 가운데 문화층은 3개 층(III·IV·VI층)이다. IIIㄴ층에서는 2개체의 어린이뼈가 출토되었는데, 거의 완전한 형태로 발굴된 '홍수아이 1호 사람'은 의도적인 매장임이 확인되었다(〈그림 22〉, 〈그림 23〉).

체질인류학적 연구 결과, 다섯 살가량의 아이로 머리 크기는 1,260cc쯤이고 키는 110센티미터에서 120센티미터로 밝혀졌다. 머리뼈는 좁고 길며(Dolichocrany) 높은 머리(Hypsicrany)로, 특히 윗머리뼈의 굽은 길이가

---

12) 앞에서 쓴 새굴·처녀굴과 함께 이 홍수굴을 발굴하도록 예산을 마련해준 이수봉 박물관장(당시)과 발굴에 참여한 당시 역사교육과 학생들에게 좋은 성과를 얻도록 해준 데 대해 진심으로 감사한다.

〈그림 20〉 멀리서 본 흥수굴

〈그림 21〉 흥수굴 발굴 모습

〈그림 22〉 박희현 교수와 함께 흥수아이 1호를 발굴하는 모습

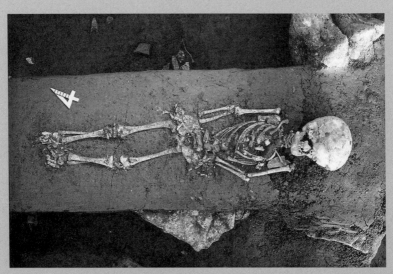

〈그림 23〉 출토된 흥수아이 1호

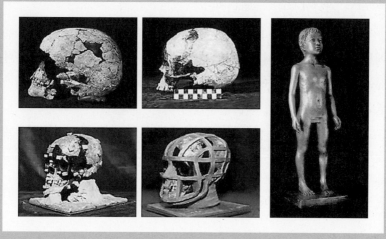

〈그림 24〉 복원되는 흥수아이 1호

매우 긴 가운형 얼굴이다.[13] '흥수아이 2호 사람'은 가슴 윗부분이 없어진 상태로 1호의 서쪽에서 출토되었는데, 1호보다 작고 어린 사람이다.

약 4만 년 전에 살았던 것으로 보이는 흥수아이는 머리뼈의 해부학적 특징과 측정값으로 볼 때, 현대 사람과 슬기슬기 사람의 특징을 함께 지니고 있어 한민족의 기원 연구에 중요한 의미를 갖는다. 이 가운데 1호 사람은 여러 분야의 전문가들이 참여해 복원했다(〈그림 24〉).

동물화석은 비교적 빈약한 편이지만, 석기는 많이 출토되었다. 굴 입구 쪽에서 석기 제작소를, 굴 입구 안쪽에서 화덕 자리를 찾아냈으며, 이곳을 중심으로 석영·규암·편암·사암·반암 등 거의 대부분 외래 암질

---

13) 이융조·박선주, "A New Discovery of the Upper Pleistocene Child's Skeleton from Hungsu Cave(Turubong Cave Complex), Ch'ongwon, Korea", *The Korea Journal Quaternary Research*, Vol. 4, 한국제4기학회, 1990, 1∼13쪽 ;《清原 두루봉 흥수굴 發掘調査 報告書》, 충북대학교 박물관, 1991 ;〈우리 겨레의 뿌리에 관한 고인류학적 연구〉,《先史文化》1, 충북대학교 선사문화연구소, 1992, 47∼142쪽.

로 만든 석기가 집중 출토되었다.

석기 구성상 III층과 IV·VI층은 서로 다른 특징을 보이고 있는데, III층에서는 긁개·밀개·톱니날 등 작고 가벼운 석기가 많은 반면, IV·VI층에서는 찍개·주먹도끼·찌르개·주먹대패·사냥돌 등 크고 무거운 석기가 중심을 이룬다.

꽃가루는 사람뼈가 출토된 III ㄴ층에서 보이는데, 주로 1호 사람의 팔과 몸통 부분에서 국화 꽃가루가 집중 검출되어 매장과 관련된 의식 행위가 있었던 것으로 해석된다.[14)

4. 두루봉 동굴 문화의 해석

(1) 꽃가루 분석과 생활 문화

구석기 유적에서 발굴된 자료들을 해석하고자 할 때는 과학적인 분석 방법이 뒤따라야 한다. 구석기학이 시작된 프랑스를 비롯해 전세계 학자들은 이를 따라 좀더 과학적인 분석 결과를 얻고자 여러 가지 방법을 쓰기도 하고 또 그 방법을 개선하기도 한다.

구석기 유적의 분석에서 꼭 실시되어야 할 과학적 분석 가운데 하나는 꽃가루 분석(pollen analysis, 花粉分析)이다. 이 방법으로 르루아-구랑 교수(Leroi-Gourhan, A., 파리대학교)는 이라크의 샤니다르 동굴(미국 스미소니언 박물관팀이 발굴)에서 채취한 흙 토양 시료를 분석해 히야신스 등 여덟 가지 꽃가루를 검출했다. 그녀는 이것들이 8~9월에 피는 꽃들임을 밝혀

---

14) 이융조·우종윤·하문식, 〈淸原 두루峰 興洙窟의 舊石器文化〉, 《國際學術會議 : 東北亞 舊石器文化》, 韓國 國立 忠北大學校 先史文化硏究所·中國 遼寧省文物考古硏究所, 1996, 83~109쪽.

〈그림 25〉 샤니다르 동굴 복원도

내고, 또한 이 꽃가루들이 덩어리진 채로 검출된 것은 샤니다르 동굴에
묻힌 네안데르탈 사람들이 장례에 꽃을 썼기 때문이라는 놀라운 해석을
학계에 내놓았다(〈그림 25〉).[15]

당시까지만 해도 네안데르탈 사람과 그들의 문화에 대해서는 원시성
과 야만성만이 강조되고 있던 때였다. 르루아-구랑 교수의 연구 보고를
접한 구석기학자들은 이 자연과학자의 놀라운 연구 결과를 바탕으로

---

15) A. Leroi-Gourhan, "The Flowers Found with Shanidar Ⅳ, a Neanderthal Burial in Iraq",
   Science, Vol. 190, 1975, 562~564쪽.

〈그림 26〉 진달래 꽃가루

네안데르탈 사람도 미래 세계와 영혼의 세계를 기원했으며, 그들의 슬픔
을 이기고자 하는 의식이 있었다고 문화 해석을 하게 되었다.

좀더 나아가 솔레키(R. S. Solecki) 박사는 자신의 책 제목《샤니다르 :
꽃을 사랑한 첫번째 사람(*Shanidar : The First Flower People*)》(Alfred A. Knopf
Co.)으로 샤니다르 동굴에 살았던 사람들을 일컫기까지 했다. 이로써
네안데르탈 사람의 문화 해석에 혁명적인 계기가 만들어졌다.

그런데 우리가 발굴한 두루봉 2굴의 입구 모서리에서도 진달래 꽃가
루가 157개나 검출되었다(〈그림 26〉). 이는 샤니다르 동굴과 똑같은 사례

로 해석된다. 진달래꽃은 호산성 식물이어서 석회암 지대에서는 잘 자라지 않는다. 뿐만 아니라 굴 전체의 어느 곳에서도 검출되지 않던 진달래꽃가루가 바로 입구의 모서리에서만 집중적으로 발견된 것은 이들 꽃가루가 바람에 날려 온 것도 아니고 짐승이나 인간의 몸에 붙어서 들어온 것도 아님을 극명하게 보여준다고 하겠다.

그렇다면 먼저 진달래 꽃가루들을 통해 이들이 피는 계절과 왜 굴 입구의 모서리에서만 나왔는가를 살펴볼 필요가 있다. 2굴에서 출토된 동물상의 구성을 보면, 더운 동물(La faune chaude) 주된 것임을 알 수 있다. 따라서 당시는 지금보다 좀더 따뜻했을 것으로 해석되기 때문에, 진달래꽃은 지금보다 좀더 빠른 시기에 피었을 것으로 보인다. 오늘날 청주 부근의 개화 시기는 3월 하순이므로 두루봉 2굴 사람들이 살던 때는 좀더 빠른 3월 초순이 진달래꽃의 개화기였을 것이며, 2굴 사람들이 꽃을 꺾은 시점은 3월로 여겨진다.[16]

이렇게 꺾은 진달래꽃을 한 움큼 들고 굴 입구의 모서리에 갖다놓은 것으로 보는 것은 여기서 검출된 진달래 꽃가루가 무려 157개나 되기 때문이다. 당시에 살았던 구석기인들이 자기들이 살던 생활터(동굴)의 모서리에 꽃을 갖다놓았기에 여기서 꽃가루가 검출된 것이라고 보아야 할 것이다.

이렇게 확인된 꽃(가루)은 분명 생활의 터[場]를 더욱 아름답게 하기 위해 쓰였을 것이다. 앞서 샤니다르 동굴에서 검출된 꽃가루가 장례의식에 쓰인 꽃에서 나온 것이라면, 두루봉에 살았던 2굴 사람들의 진달래꽃은 생활 문화에 쓰인 것이라고 하겠다. 두루봉 2굴 사람들은 아름다움(beauty)을 생각했던 것으로 보인다(〈그림 27〉).

---

16) 이와 같은 사실은 두루봉 2굴에서 출토된 사슴이빨의 분석으로도 알 수 있는데, 연구 결과 3월달에 2굴에 살던 사람이 사슴을 사냥한 것으로 해석된다.

〈그림 27〉 두루봉 2굴 생활 복원도

거기에 5~6만 년 전(뷔름빙기)의 샤니다르 동굴에 견주어 두루봉 2굴
은, 열대-아열대의 더운 시기에 살았던 큰원숭이(*Macaca robustus*)가 나오
는 것으로 보아(〈그림 28〉), 늦어도 10만 년 이전, 제3간빙기(리스/뷔름
간빙기) 때의 생활공간이었을 것으로 해석된다.

(2) 꽃가루 분석과 자연 문화

샤니다르 동굴의 토양 시료를 분석한 르루아-구랑 교수는 꽃가루
분석과 함께 꽃에 묻은 나비 날개 비늘(scale of butterfly wing)을 찾아 학계

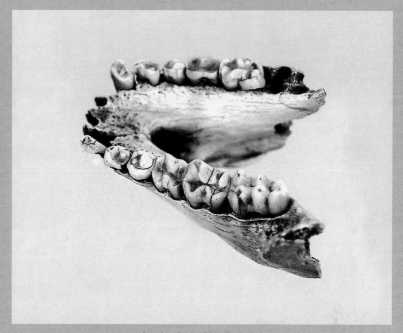

〈그림 28〉 큰 원숭이 아래턱

에 보고했다(1975년). 이러한 나비 날개 비늘이 두루봉 동굴에서 확인된 것은 정말 큰 발견이라고 생각한다(〈그림 29〉).[17]

1982년 당시 필자의 연구실에서 꽃가루 분석을 하고 있던 박문숙 님 (현 성남 장안중학교 교사)의 노력으로 찾게 된 이 나비 날개 비늘들은 여러 형태로 나타난다. 필자는 이미 그것을 학계에 보고해 그 의미를 높이고자 했다.[18]

---

17) 지금까지 국제회의를 통해 세계의 여러 구석기학자들 앞에서 이 나비날개와 관련한 내용을 발표하고 토론했지만, 그들은 이에 관한 별다른 대답을 하지 못하고 있었다.

18) 이융조, 〈청원 두루봉 새굴·처녀굴의 자연환경 연구〉, 《孫寶基 博士 停年紀念 考古人 類學論叢》, 지식산업사, 1988, 29~68쪽.

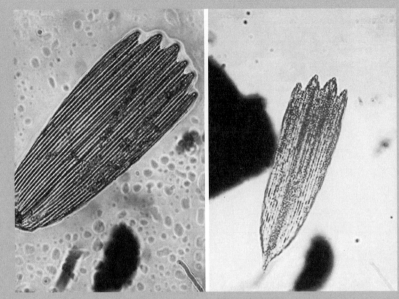

〈그림 29〉 나비 날개 비늘

앞에서 설명한 것처럼 샤니다르 동굴보다는 2굴과 새굴·처녀굴의 연대가 훨씬 앞서는 것으로 판명되었기 때문에, 이들 나비 날개 비늘들은 세계에서 가장 오래된 것이라고 확실하게 말할 수 있다. 또한 이 비늘들이 꽃을 좋아한 나비들의 행위로 남겨진 것들이며, 더불어 이들의 다양한 형태는 당시의 나비 종류들을 보여주므로 이와 관련해 앞으로의 연구가 기대된다.

사실 이들 자료를 약 20년 전에 학계에 보고했지만 지금까지도 별다른 연구 진전이 없는 상태이다. 이들 자료에 대한 우리 학계의 좀더 진전된 관심과 연구를 촉구하는 바이다. 나비가 꽃을 따라다니는 것은 자연의 섭리이자 생태 현상이기에, 다른 나라의 학자들도 각기 조사한 유적의 분석에서 이와 같은 자료를 토대로 연구를 하고 결과를 내어주기를 기대해본다.

(3) 옛짐승뼈의 출토와 의식(儀式) 문화

처녀굴의 발굴 과정에서 동굴곰(*Ursus spelaeus*)과 꽃사슴의 뼈들이 같이 출토되었다. 발굴이 진행되는 동안 큰꽃사슴의 뿔 달린 머리뼈(5년생)를 한가운데 놓고 남쪽으로 윗머리뼈가, 그 머리뼈의 반대쪽으로 엉덩뼈 위에 곰의 왼쪽·아래쪽 턱이 'X' 자 모양으로 놓여 있음을 알게 되었다. 또한 이 곰의 긴 뼈(사지뼈)들이 같은 방향으로 나란하게 놓여 있다는 사실도 파악했다. 이 뼈들의 출토 상태를 정밀히 분석한 결과, 모두 동쪽을 향하고 있었다.

이들 자료로 볼 때, 이것은 자연사한 것이거나 다른 동물들로 말미암아 흩어진 채로 놓여 있는 것이 아니라, 인위적인 목적에 따라 배열한 것이라고밖에 할 수 없다. 이렇게 배열한 구조를 보면, 결국 그 중심은 사슴 머리뼈이고 그 둘레는 곰뼈들이다. 곧, 가운데 사슴이 주신(主神)이고 둘레의 곰이 부신(副神)이었을 것으로 보인다. 더욱이 뿔을 갖고 있는 사슴을 수놈으로, 곰을 암놈으로 해석하는 시베리아의 샤머니즘적 관점을 고려할 때, 여기서 주목되는 것은 사슴—수놈·주신, 곰—암놈·부신의 구실이다.

세계 여러 학자들은 이들 사슴과 곰이 모두 성스러운 상징 동물(symbolic animal)임을 밝혀냈다. 동굴 벽화에서도 이것들은 정성스럽게 그려져 있는데, 이로 볼 때 결국 두 짐승은 당시의 문화생활에서도 상당히 비중 있는 자리를 차지하고 있던 것으로 보인다.

이들 두 짐승의 출토 상태와 더불어 출토된 바닥 면으로 볼 때 어떤 의식이 있었던 것이 아닐까 여겨진다. 그 의식은 바로 사슴과 곰 숭배 (deer and bear cult)와 관련해 치러진 의식이었을 것이다. 이들 자료를 여러 차례에 걸쳐, 특히 중국과 러시아에서 있었던 국제회의에서 발표해 큰 관심을 끌었다.[19]

(4) 사람뼈와 장례 문화 – 바로펴묻기

홍수굴에서 찾아낸 두 개체의 사람뼈는 우리나라뿐만 아니라 아시아에서 처음으로 발굴된 완전한 사람 개체들로서, 크게 주목받는 자료들이다. 더욱이 발굴된 이들 자료들이 슬기슬기 사람(*Homo sapiens sapiens*)들이어서 아시아 고인류의 기원과 관련해 중요한 문제를 제기해주고 있다. 이들 자료에 대해서는 지금 연구가 진행되고 있기 때문에,[20] 그 결과를 기대해본다.

여기서는 홍수아이 1호 사람의 출토 상태에 관해 살펴볼 필요가 있다. 홍수아이 1호 사람의 발굴 과정을 보면, 먼저 네모꼴의 판자돌이 발견되었고, 그 돌을 걷어내자 고운 흙이 드러났으며, 흙을 치우니 바로펴묻기[伸展葬]로 된 홍수아이가 있었다. 바로 이 홍수아이의 뼈대 밑으로 두께 10센티미터의 고운 흙이 깔렸으며, 그 밑에 또 다른 네모꼴의 판자돌이 놓여 있었다.

다시 말해서, 먼저 판자돌을 놓고 그 위에 고운 흙을 깐 뒤 홍수아이를 바로 펴 묻었으며, 다시 그 위로 고운 흙을 뿌린 다음 다른 넓적한 판자돌을 덮어놓은 것이다. 결국 이 홍수아이 1호는 의식적으로 매장(埋葬)되었다는 점과 그 매장에도 여러 가지 순서와 절차가 있었다는 점을 알 수 있다(〈그림 30〉).

---

19) LEE Yung-jo and CHO Tae-sop, "The Diversity of Durubong Cave Complex, Korea", Present Paper to *the 40th Anniversary of Yuanmou Man Discovery and International Conference on Paleoanthropological Studies*, Yuanmou : China, 2005a, 6쪽 ; "Paleolithic Cave Site in South Korea", Presented Paper to *International Symposium of Early Human Habitation of Central, North, and East Asia : Archeological and Paleoecological Aspects*, Denisova : Russia, 2005b, 24쪽.

20) 한국-프랑스 수교 120주년 기념 'STAR Project'의 일환으로 프랑스의 세계적 구석기학자 앙리 드 룸리 교수와 2005~2007년까지의 연구 계획이 진행되고 있으며, 2006년 4월에 이어 12월 2~6일에 걸쳐 프랑스 국립고인류연구소(프랑스 파리 소재)에서 워크숍을 연 것을 비롯해 이 홍수아이에 대한 본격적인 연구가 전개되고 있다.

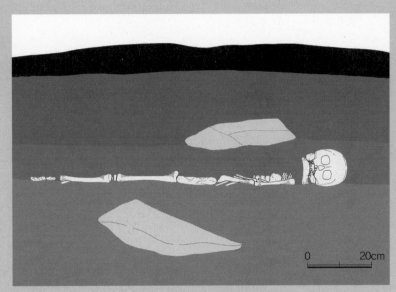

〈그림 30〉 흥수아이 1호 매장 복원도

그런데 사람뼈 주위에서 채취한 흙을 가지고 꽃가루 분석을 한 결과, 엉덩뼈 주위에 국화 꽃가루가 덩어리진 채 있었다는 사실이 확인되었다. 이러한 내용을 통해 흥수아이가 죽은 때는 국화꽃이 피어 있던 계절이었음을 알 수 있다. 결국 이 국화꽃은 흥수아이의 죽음을 애도하기 위해 쓰였던 것이라고 생각된다.

이러한 사실들을 종합해볼 때, 다섯 살(가량)밖에 되지 않은 흥수아이의 신체적인 결함(충치를 앓고 있던 이) 그리고 15세 정도의 수준이었던 것으로 보이는 뇌 용적량(1,260cc) 등의 사실은 흥수아이에 대한 여러 가지 해석을 갖게 한다. 결국 이 흥수아이의 죽음에 대한 애도의 뜻으로 일정한 절차에 따라 묻기(매장 의례)가 있었고, 이와 함께 국화꽃을 뿌리는 일종의 장례 행위 및 관련 의식이 있었던 것으로 분석된다.

5. 맺으며

2006년은 두루봉이 발굴된 지 30주년이 되는 해였다. 가장 이상적인 구석기 자료들이 발굴됨에 따라 우리나라와 아시아의 구석기학자들은 큰 관심을 보여왔다. 필자는 두루봉에서 발굴된 여러 연구 자료들을 논문과 국제회의를 통해 학계에 발표하고 설명해왔다(〈그림 31〉, 〈그림 32〉).[21]

이 두루봉 동굴의 자료와 문화 내용은 아시아에서는 보고되지 않은 독특한 문화 성격이기에 더욱 큰 관심을 불러일으키고 있다.

산업사회로 발전되어가던 1970년대에 결국 이 동굴은 광산 활동으로 없어지게 되었지만, 여기서 찾아낸 여러 고고학 자료들은 우리나라는 물론 아시아와 세계 구석기학계에 새로운 것으로 등장해 신선한 충격과 기대를 갖게 해주었다.

그러나 이런 연구는 한 지방 국립대학의 박물관이나 개인이 진행할 수 있는 수준 이상의 것이기에, 관계 기관과 학계에서 좀더 많은 관심을 기울일 필요가 있다. 이들에 대한 종합적이고 과학적인 연구가 진행되어 훌륭한 보고서로 국내외 학계에 제출될 수 있기를 바라는 것은, 발견자이자 연구자인 필자만이 아니라 구석기 문화에 관심을 가지고 있는 세계인들도 마찬가지일 것이다.

---

21) 충북대학교 박물관에서는 두루봉 발굴 20주년 기념 국제회의(《東北亞 舊石器洞窟遺蹟과 文化》, 1996. 10. 21~30, 106쪽 참조)와 30주년 기념 국제회의(《구석기시대의 동굴유적과 문화》, 2006. 11. 8~14, 38쪽 참조)를 개최했다.

〈그림 31〉 두루봉 발굴 20주년 기념 국제학술회의

〈그림 32〉 두루봉 발굴 30주년 기념 국제학술회의

제 2 부

우리 고대 문화가 동아시아에 미친 영향

고대 한국 갑옷의 원류와 동아시아에 미친 영향

박 선 희

1. 고대 복식과 갑옷을 보는 주체적인 시각

일반적으로 한류란 한국의 드라마·대중음악·영화 등의 대중문화가 동아시아의 여러 나라로 수출되고 인기를 얻는 문화 현상을 말한다. 구체적으로 한류의 시작 시기는 1997년경으로 잡는다. 그러나 우리 문화가 이웃나라에 영향을 준 것을 한류라고 일컫는다면, 역사적으로 한류 현상은 지금 우리 시대에 비로소 나타난 일이 아니라 고조선시대부터 있었던 문화 현상이라고 할 수 있다.

특히 고조선의 복식 분야는 높은 수준을 이루어 이웃나라에 영향을 미쳤다. 고조선은 가죽과 모피·모직물·실크·마직물·면직물 등의 복식 재료들을 동아시아에서 가장 이른 시기에 독자적으로 생산해 복식 문화의 우수성을 뒷받침했다. 고조선의 복식 재료들은 품질이 우수해 주변 나라와 중요한 교역 상품 구실을 했다. 고조선의 우수한 복식 재료들이 중국에서는 지배 계층에서만 주로 사용되었으나, 고조선에서는 이미 대중화해 있었다. 따라서 높은 수준의 직물 재료를 기초로 한 고조선의 복식은 화려한 장신구들과 함께 동아시아에서 가장 높은 수준이었다.[1] 자연히 고조선 복식은 한류를 형성하고 이웃나라에 영향을 미쳤다.

고조선 복식 가운데도 갑옷의 품질은 특히 우뚝하다. 이웃나라에 미친 갑옷의 영향은 오늘의 한류 못지않았다. 고조선의 갑옷은 여러 모로 우수하고 이웃나라에 견주어 기술적으로 앞섰을 뿐만 아니라, 그 전통이 지속적으로 이어져 고대 우리 민족 갑옷의 전형을 이루었다. 그런데도 마치 고대의 우리 갑옷이 중국에 뒤떨어진 것처럼 인식하고, 아예 중국의 갑옷 기술을 수입해 만든 것처럼 왜곡하고 있는 것이 현실이다. 요즘 방영되고 있는 역사 드라마에는 그러한 왜곡이 심각하다. 복식학계의

---

1) 박선희, 《한국고대복식―그 원형과 정체》, 지식산업사, 2002.

해석과 고증이 잘못되어 있는 까닭이다. 그러므로 고대에 존재했던 복식 분야의 한류 현상 가운데 고조선의 갑옷과 이를 계승한 여러나라시대의 갑옷을 중심으로 그 독창성과 우수성을 밝혀 민족 문화의 정체성을 재해석하고자 한다.

지금까지 고조선의 갑옷에 대한 연구는 거의 이루어지지 않았다. 그것은 다음과 같은 이유 때문이라고 생각한다. 고조선의 복식 수준이 매우 높았는데도, 고조선에서 훌륭하고 다양한 종류의 갑옷을 동아시아에서 가장 앞서 생산했으리라고는 아무도 생각하지 않았던 것이다. 이러한 편견 때문에 갑옷은 고구려·백제·신라·가야의 사국시대에나 생산되었던 것으로 인식되었다.

또한 이전에는 고대 한민족이 북방 지역으로부터 문화를 수입해 발전했던 것으로 믿어왔다. 따라서 사국시대에 착용한 갑옷들은 고조선으로부터 계승된 것이 아니라, 그 원류가 북방 유목민의 무장 형태에 있다거나,[2] 중국 문물과 밀접한 연관을 지닌 것으로 보는가 하면,[3] 북방 계통의 무장 모습을 기본으로 하고 중국 계통의 무장 방법을 들여와 복합적으로 형성시킨 것으로 보기도 했다.[4] 더구나 일본 학계에서는 일본에서 출토된 갑옷과 투구들을 그들의 문화적 소산이며 나아가 한반도 남부 고분에

---

2) 石田英一郎·江上波夫·岡正雄·八幡一郎, 〈朝鮮半島との關係〉, 《日本民族の起源》, 平凡社, 1969, 104~116쪽 ; 駒井和愛, 〈スキタイの社會と文化-武器〉, 《考古學槪說》, 講談社, 1972, 380~381쪽 ; 增田精一, 〈武器·武裝-騎馬戰鬪と札甲〉, 《考古學講座》 5-原史文化 下, 雄山閣, 284~285쪽 ; 增田精一, 〈馬面と馬甲〉, 《國家の起源》, 日本 角川新書, 1966, 106~107쪽 ; 이은창, 《한국복식의 역사-고대편》, 교양국사총서, 1978, 127쪽 ; 전주농, 〈고구려시기의 무기와 무장 Ⅱ〉, 《문화유산》 1, 사회과학원출판사, 1959, 53~68쪽.

3) 金榮珉, 〈嶺南地域 板甲에 대한 一考察〉, 《古文化》, 第46輯, 韓國大學博物館協會, 1995, 124쪽.

4) 李殷昌, 〈三國時代武具〉, 《韓國の考古學》, 河出書房, 1972, 229~237쪽 ; 宋桂鉉·金舜圭, 〈古代의 軍服飾〉, 《韓國의 軍服飾發達史》 1, 國防軍史研究所, 1997, 1~156쪽.

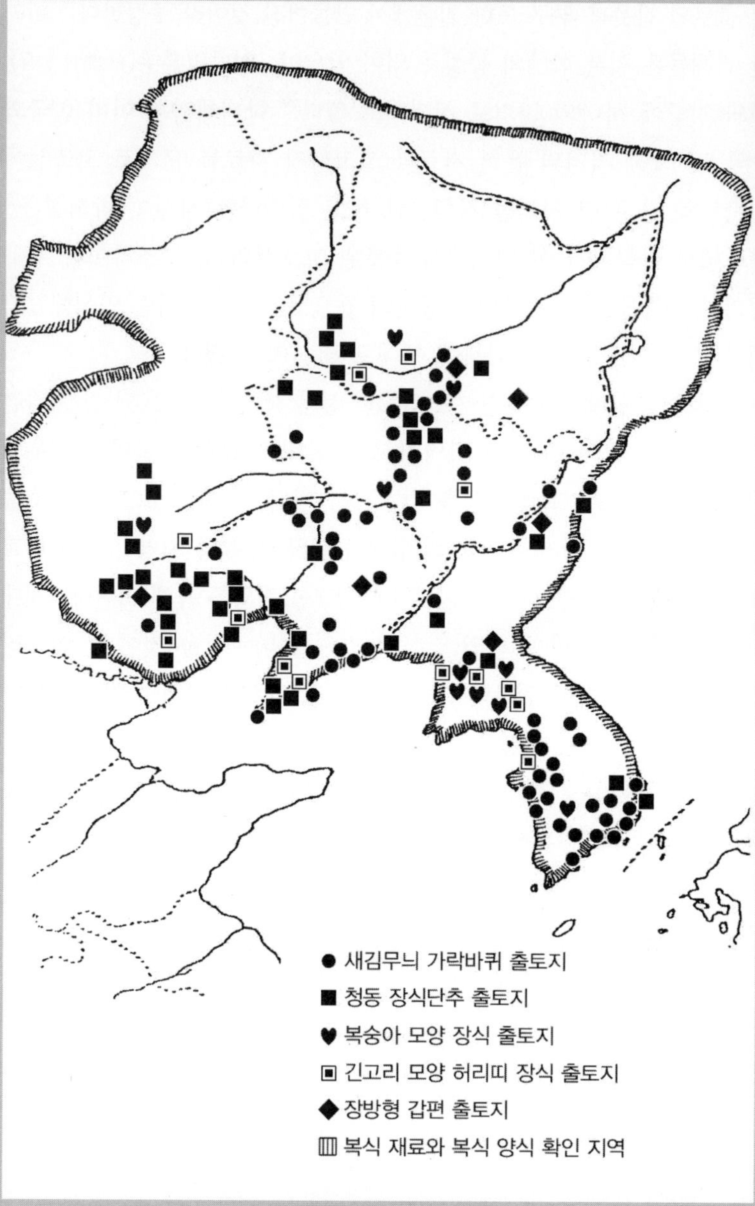

● 새김무늬 가락바퀴 출토지

■ 청동 장식단추 출토지

♥ 복숭아 모양 장식 출토지

▣ 긴고리 모양 허리띠 장식 출토지

◆ 장방형 갑편 출토지

▥ 복식 재료와 복식 양식 확인 지역

〈그림 1〉 한민족 특징의 복식 유물 출토지와 복식 재료 및 복식 양식 확인 지역

서 출토된 갑옷과 투구 또한 일본에서 만들어진 것이라 주장한다.[5] 이러
한 견해들은 일본 학계의 통설로 되어 있으며, '임나일본부(任那日本府)'
설의 방증에 하나의 근거로 여겨지고 있다.[6] 학계에서는 이미 한국과
중국 및 북방 지역의 문헌 자료와 고고학적 자료를 근거로 고조선이
한반도와 만주 전 지역을 강역으로 하고 있었다는 사실이 밝혀졌다.[7]
그런데도 아직까지 이 지역에서 출토된 고조선의 갑옷 조각이나 투구
등의 유물들을 북방 민족이나 중국의 것으로 고정관념처럼 인식해왔기
때문에 고조선 갑옷의 실체를 제대로 밝히지 못했다.

따라서 이 글에서는 문헌 자료와 고조선의 강역에서 출토된 갑옷 관련
유물 자료를 중국 및 북방 지역의 것들과 비교·분석해 한민족 갑옷의
원형을 제시하고 그 독창성을 밝히고자 한다. 그리고 고조선 갑옷을
계승해 발전시킨 여러나라시대의 갑옷을 중국 및 북방 지역의 것과 비교
해 상대적 우수성을 입증하고자 한다. 이러한 작업을 통해 여러나라시대
갑옷의 기원에 대한 종래의 잘못된 견해를 바로잡을 것이며, 아울러
중국과 북방 지역 및 일본의 갑옷 생산이 고조선시대부터 한민족의 영향
으로 이루어졌다는 사실을 새로이 밝히게 될 것이다. 따라서 한반도
남부 고분에서 출토된 갑옷과 투구가 일본에서 만들어진 것이라고 주장
하는 일본 학계의 통설도 비판적으로 극복될 것이다.

고조선 갑옷의 독창성에 관한 연구 결과는 복식 일반으로 확산될 수
있을 뿐만 아니라, 고조선의 여러 문화 영역에 두루 적용될 수 있는
일반화의 가능성을 지니고 있다. 갑옷의 예처럼 고조선 문화가 가장

---

5) 末永雅雄, 《增補 日本上代の甲冑》, 創元社, 1981 ; 野上丈助, 〈甲冑製作技法と系譜
をめぐる問題點(上)〉, 《考古學研究》, 第21卷, 第4號, 1975 ; 末永雅雄·伊東信雄, 《挂
甲の系譜》, 雄山閣, 1979 참조.

6) 穴澤和光·馬目順一, 〈南部朝鮮出土の鐵製鋲留甲冑〉, 《朝鮮學報》, 第78輯, 1976 참조.

7) 윤내현·박선희·하문식, 《고조선의 영역을 밝힌다》, 지식산업사, 2006.

발전했던 까닭에 중국과 북방 지역은 물론 일본에까지 여러 모로 영향을 미쳤다면, 이것이야말로 고대의 한류라고 하지 않을 수 없다. 따라서 한민족 문화가 창출한 한류는 최근에 비로소 만들어진 새로운 흐름이 아니라, 이미 고조선시대부터 동아시아의 문화 중심지로서 그 뿌리를 형성했다고 할 수 있다. 그러므로 고조선 갑옷 문화의 우수성을 밝히는 이 글은 '고대에도 한류가 있었다'고 하는 실증적 연구의 한 사례일 따름이다. 앞으로 복식 문화 일반으로 확장하는 후속 연구가 이어지면 복식 문화와 더불어 고대 문화 일반의 우수성과 그 영향력을 입증할 수 있을 것으로 생각하며, 아울러 그러한 연구를 기대해 마지않는다.

2. 고조선 갑옷이 중국에 준 영향

고조선의 유적들 곳곳에서 청동이나 철로 만든 여러 종류의 공격 무기와 방패·투구 등과 같은 방어 무기와 함께 뼈나 청동 또는 철로 만든 갑옷 조각 등이 출토되고 있다. 이러한 유물들은 고조선이 발달된 무기와 방어 장비를 다양하게 갖추고 있었음을 알려준다. 갑옷은 뼈와 가죽으로 만든 것이 가장 먼저 생산되었던 것으로 보인다.

지금까지 고조선의 영역에서 출토된 골갑편(骨甲片) 가운데 가장 이른 연대의 것은 신석기시대 후기 유적들인 흑룡강성 조원현(肇源縣)의 망해둔(望海屯) 유적[8]과 영안현(寧安縣)의 대모단둔(大牡丹屯) 유적에서 출토된 것으로,[9] 그 형태는 장방형이다. 고고 발굴에 따라, 한반도와 만주에는 구석기시대부터 계속해서 사람들이 살고 있었기 때문에 신석기

---

8) 丹化沙, 〈黑龍江肇源望海屯新石器時代遺址〉, 《考古》, 1961年 第10期, 544~545쪽.
9) 黑龍江省博物館, 〈黑龍江寧安大牡丹屯發掘報告〉, 《考古》, 1961年 第10期, 549~550쪽.

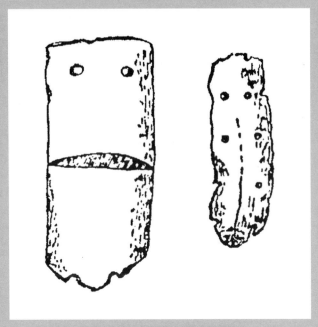

〈그림 2〉 대모단 유적에서 출토된 뼈갑편

시대나 청동기시대의 주민들이 다른 곳으로부터 이주해 왔다는 견해가
성립될 수 없다는 사실이 밝혀지고 있다.[10] 따라서 흑룡강성 지역은 한민
족의 오랜 거주지였다고 하겠다. 한반도와 만주 지역에서는 기원전 8000
년경에 신석기시대가, 기원전 2500년경에 청동기시대가 시작되었다.[11]

---

10) 李鮮馥, 〈신석기·청동기시대 주민교체설에 대한 비판적 검토〉, 《韓國古代史論叢》 1,
   駕洛國史蹟開發研究院, 1991, 41~66쪽.

11) 청동기시대 시작 연대를 이보다 늦게 잡는 학자들이 있지만, 필자는 이 연대가 타당하다
   고 생각해 이를 택한다. 윤내현, 《고조선연구》, 一志社, 1994, 29쪽. "만주 지역에서 가장
   이른 청동기 문화는 요서 지역의 하가점 하층문화이다. 내몽고자치구 赤峰市 蜘蛛山
   유적은 그 연대가 서기 전 2015±90년(3965±90B.P.)이고 교정 연대는 서기 전 2410±140
   년(4360±140B.P.)으로, 이 연대는 지금까지 확인된 하가점 하층문화 연대보다 다소 앞설
   것이므로 서기 전 2500년경으로 잡을 수 있을 것이다. 하가점 하층문화 유적은 길림성

신석기 후기에 속하는 위의 두 유적은 한민족이 적어도 기원전 25세기보다 훨씬 앞서 뼈로 만든 갑옷을 생산했음을 입증하는 것이다. 그리고 이 같은 뼈갑옷은 이후 고조선의 대부분 지역에서 계속해서 생산되었음을 다음의 분석에서 확인할 수 있다.

고조선의 기원전 2000년기 후반기 유적에 속하는 함경북도 무산 범의구석 유적 40호 집터에서는 동물의 뼈를 얇게 갈아 장방형으로 만든 두 쪽의 뼈갑편이 발굴되었다.[12] 문헌 자료로는, 고조선의 영역에 있던 숙신(肅愼)에서 가죽과 뼈로 갑옷을 만들었다는 내용이 대표적인 예일 것이다.

(숙신에는) 소와 양은 없고 돼지를 많이 길러, 그 고기는 먹고 가죽은 옷을

서부에도 많이 분포되어 있는데, 이 지역은 아직 발굴되지 않았다. 한반도에서도 서기 전 25세기로 올라가는 청동기 유적이 두 곳이나 발굴되었다. 하나는 문화재관리국 발굴단이 발굴한 경기도 양평군 양수리의 고인돌 유적이다. 다섯 기의 고인돌이 발굴된 이 유적에서 채집한 숯에 대한 방사성 탄소 연대 측정 결과는 서기 전 1950±200년으로 나왔는데, 교정 연대는 서기 전 2325년경이 된다. 이 유적에서 청동거울은 출토되지 않았으나 고인돌은 청동기시대 유물이라는 것이 학계의 정설이므로 이 연대를 청동기시대 연대로 볼 수 있는 것이다. 다른 하나는 목포대학 박물관이 발굴한 전남 영암군 장천리 주거지 유적이다. 이 청동기시대 유적은 수집된 숯에 대한 방사성 탄소 연대 측정 결과 그 연대가 서기 전 2190±120년(4140±120B.P.)과 1980±120년(3930±120B.P.)으로 나왔는데, 교정 연대는 서기 전 2630년과 2365년경이 된다"; 中國社會科學院考古硏究所 編著,《中國考古學中碳十四年代數據集》, 文物出版社, 1983·1992, 27·55쪽 ; Chan Kirl Park and Kyung Rin Yang, "KAERI Radiocarbon Measurements III", *Radiocarbon*, Vol. 16, No. 2, 1974, 197쪽 ; 李浩官·趙由典, 〈楊平郡兩水里支石墓發掘報告〉, 《八堂·昭陽댐水沒地區遺蹟發掘綜合調査報告》, 文化財管理局, 1974, 295쪽 ; 崔盛洛, 《靈巖 長川里 住居址》 2, 木浦大學博物館, 1986, 46쪽 ; 신숙정, 〈한국 신석기 : 청동기시대의 전환과정에 대하여-문화발달과정에 대한 자연스러운 이해를 위한 몇 가지 제언〉, 《전환기의 고고학》 1, 학연문화사, 2002, 15~44쪽. "…… 남한 지방의 탄소 자료들과 요동 지방의 것들을 참고할 때 북한에서 주장하는 기원전 2000년기의 청동기 문화라는 것이 '제 형식의 무문토기'의 발생을 의미한다면 그다지 무리랄 것도 없다는 생각이다."

12) 황기덕, 〈무산범의구석유적 발굴보고〉, 《고고민속론문집》 6, 사회과학원출판사, 1975, 165쪽 ; 조선유적유물도감편찬위원회, 《조선유적유물도감》 1(고조선·진국·부여편), 203쪽.

〈그림 3〉 범의구석 유적 40호 집터에서 출토된 뼈갑편

만들며 털은 짜서 포(布)를 만들었다.…… 석노(石砮)와 가죽과 뼈로 만든
갑옷이 있고, 단궁(檀弓)은 3자 5치이며, 고시(楛矢)의 길이는 1자가 조금
넘었다.[13]

숙신의 유적지로 추정되는 요령성 접경 내몽고자치구 적봉시(赤峰市)
의 하가점 상층문화 유적에서는 2개의 장방형 뼈갑편이 출토되었다.[14]

---

13) 《晋書》卷97, 〈東夷列傳〉蕭愼氏傳. "無牛羊, 多畜猪, 食其肉, 衣其皮, 積毛以爲
布…… 有石砮, 皮骨之甲, 檀弓三尺五寸, 楛矢長尺有咫."

14) 中國科學院考古硏究所內蒙古工作隊, 〈赤峰葯王廟·夏家店遺址試掘報告〉, 《中國考
古集成》東北卷, 靑銅時代(一), 688쪽의 圖版壹肆. 고조선시대에 숙신이 지금의 요서
지역에 위치해 있었다는 사실과 관련해서는 《史記》卷1, 〈五帝本紀〉의 息愼에 대한
주석으로 실린 《史記集解》, 《春秋左傳》卷23의 昭公 9年條, 《史記》卷117의 〈司馬相

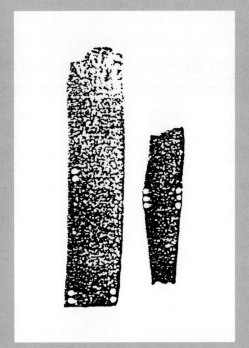

〈그림 4〉 하가점 상층유적에서 출토된 뼈갑편

발굴자들은 이 유적을, 출토된 청동 유물들과 중국에서 만들어진 청동 유물들을 기준으로 비교해, 서주 초기에서 춘추 시기에 속하는 것으로 보았고, 이 뼈갑편을 단순한 골패(骨牌)로 보았다.[15]

───────────────

如傳〉 등을 참조함.

15) 같은 글, 663~688쪽. 중국 학자들이 숙신의 뼈갑편을 골패로 정리한 것은 다음과 같은 까닭에서였을 것이다. 첫째, 고대의 중국은 뼈로 만든 갑옷을 생산하지 않았기 때문에 이 지역의 유물을 중국의 유물로 편입시키는 과정에서 이 갑편의 기능을 잘못 처리한 것이다. 둘째, 중국 학자들은 이 지역이 현재 그들의 영토이기 때문에 되도록 고대로부터의 연고권을 주장하고 싶어해 이곳의 유적들을 늘 중국의 유적으로 보거나 혹은 중국의 유적과 관계지어 해석하고자 하는 경향이 있다. 그러므로 고대에 이 지역에 위치해 있던 나라나 종족을 한국 고대사와 관계가 없는 것으로 해석하고자 하는 경향이 강한데, 이 뼈갑편이 발굴된 하가점 상층유적 보고의 내용에서도 마찬가지였던 것이다. 그 결과 고조

이 뼈갑편이 출토된 하가점 상층유적은 고조선 문화의 특징인 비파형
동검 문화에 속한다. 그리고 기원전 2500년경에서 기원전 1500년경에
속하는 고조선 초기 청동기 문화인 하가점 하층문화를 계승하고 있다.[16]
한창균(韓昌均)은 한반도와 만주에서 발굴된 고고학 자료들을 종합적으
로 분석해 하가점 상층문화기를 기원전 1500년 무렵에서 철기시대 이전
에 속하는 것으로 보았다.[17] 철기시대로 진입한 고조선의 유적들에서는
항상 청동기와 철기가 함께 출토되었으며, 후기로 갈수록 철기의 비율이
차츰 높아지는 특징을 갖는다. 뼈갑편이 출토된 하가점 상층유적에서는
철기 유물이 전혀 출토되지 않았다. 따라서 필자는 이 유적이 서주 초기
에서 춘추 시기에 속한다고 보지 않는다. 고조선 철기 문화는 중국보다
앞서 기원전 12세기 이전으로[18] 거슬러 올라가기 때문에, 하가점 상층유

선에서 뼈로 만든 갑옷을 생산했다는 사실을 언급하지 않았던 것이다.

16) 한창균, 〈고조선의 성립배경과 발전단계 시론〉, 《國史館論叢》, 第33輯, 國史編纂委員
   會, 1992, 10쪽 ; 林炳泰, 〈考古學上으로 본 濊貊〉, 《韓國古代史論叢》 1, 駕洛國史蹟開
   發硏究院, 1991, 81~95쪽.
17) 한창균, 같은 글, 29~31쪽.
18) 중국은 철기의 시작 연대를 대략 기원전 8~6세기경으로 보고 있다. 金元龍은 한국의
   철기시대 시작 연대를 기원전 3세기로 보고 있으나(金元龍, 《韓國考古學槪說》 第3版,
   一志社, 1986, 101~103쪽), 황기덕과 김섭연은 길림성 騷達溝 유적 돌곽무덤에서 출토
   된 철기에 대한 분석에 근거해 기원전 8~7세기 또는 그 이전으로 소급해 보아야 한다고
   주장했다(황기덕·김섭연, 〈우리나라 고대 야금기술〉, 《고고민속론문집》, 과학백과사전
   출판사, 1983, 172쪽). 윤내현은 중국의 전국시대에 해당하는 요령성 지역의 유적에서
   보편적으로 출토되는 철기의 제조 기술 수준이 황하 중류 유역과 동등하고 철제 농구가
   많이 출토되고 있다는 점에 근거해, 철기가 보편화하기까지는 오랜 기간을 필요로 할
   뿐만 아니라 황하 중류 유역과 기술 수준이 동등하다면 그 시작 연대도 비슷할 것으로
   보았다. 이에 따라 한국의 철기 시작 연대가 기원전 8세기보다 앞설 것이라고 파악하고
   있다(《고조선연구》, 108쪽). 이 같은 주장들을 더욱 확실히 해줄 수 있는 유물이 서기
   전 12세기경의 무덤인 강동군 송석리 문선당 1호 돌판무덤에서 출토되었다. 이 유적에서
   는 순도가 높은 철로 만든 쇠거울이 출토되었는데, 그것의 절대 연대는 기원전 3104년이
   어서(조선기술발전사편찬위원회, 《조선기술발전사》 1, 백산자료원, 42~43쪽 ; 강승남,
   〈고조선시기의 청동 및 철 가공기술〉, 《조선고고연구》, 사회과학원출판사, 1995년 2기,
   24쪽) 한국의 철기 시작 연대가 기원전 12세기 이전으로 거슬러 올라갈 수 있음을 입증해

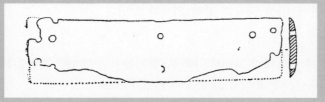

〈그림 5〉 흑룡강성 경화 유적에서 출토된 뼈갑편

적은 서기 전 12세기보다 앞설 것으로 생각한다. 따라서 숙신이 뼈갑옷을 생산한 시대는 하가점 상층문화보다도 앞설 것이다.

흑룡강성 빈현(賓縣) 경화(慶華) 유적에서 장방형의 뼈갑편 4점이 출토되었다.[19] 이 유적은 전국초기에서 서한 말기(기원전 9세기~기원전 3세기)에 속한다. 흑룡강성 지역은 고조선이 붕괴된 뒤 요서 지역에 있던 북부여가 기원전 59년 지금의 길림성 부여현 지역으로 오면서 동부여라는 새로운 국명을 사용하며 정착했던 곳이다.[20]

고조선 문화권의 뼈갑편은 장방형을 특징으로 했다. 이와 달리 중국에서는 뼈갑옷을 생산했다는 문헌 기록이 없고 아직까지 유물이 출토된 적도 없다. 따라서 이곳에서 발굴된 뼈갑편은 고조선의 유물이라고 할 수 있을 것이다.

이상과 같이 고조선은 건국 초기부터 여러 지역에서 뼈갑옷을 만들었으며, 붕괴될 때까지 줄곧 생산했던 것이다.

이제 가죽갑옷에 대해 살펴보자. 《진서(晉書)》〈동이열전(東夷列傳)〉숙신씨전(肅愼氏傳)은 앞의 돌화살, 가죽갑옷과 뼈갑옷, 단궁, 호시에 관

주었다. 이 유적의 발굴 결과는 윤내현·황기덕·김섭연의 주장을 확실하게 뒷받침해주고 있으며, 고조선의 철기 시작 연대가 중국보다 무려 4~6세기나 앞섰음을 알려준다.

19) 黑龍江省文物考古硏究所,〈黑龍江賓縣慶華遺址發掘簡報〉,《考古》, 1988年 第7期, 596~598쪽.

20) 윤내현,《열국사연구》, 지식산업사, 1998, 271~296쪽.

한 내용에 이어 다음과 같이 기재하고 있다.

> 주 무왕 때 그 고시(楛矢)와 석노를 바쳤다.…… 위(魏) 경원 말경에 고시·
> 석노·궁·갑·초피(貂皮) 등을 바쳤다.[21]

이 내용으로부터 숙신은 서주 초와 조위(曹魏) 때도 가죽갑옷을 생산
했음을 알 수 있다. 이는 비교적 후대의 기록이다. 그러나 숙신은 중국의
동북쪽에 거주했던 종족 가운데 가장 일찍부터 중국과 교류를 가졌다.
《죽서기년(竹書紀年)》에 따르면, 중국의 제순(帝舜) 25년(기원전 2209년)
에 숙신의 사신이 중국을 방문했다.[22]

그뒤 서주 무왕(武王)이 상나라를 멸망시키자(기원전 12세기~기원전
11세기경) 숙신의 사신이 서주를 방문하면서 고(楛)나무로 만든 화살과
돌화살촉을 가져갔는데, 무왕은 그의 딸이 우호공(虞胡公)과 결혼할 때
그 화살에 '숙신이 보낸 화살'이라는 글을 새겨 기념으로 준 바 있다.[23]
이는 숙신이 만든 화살과 돌화살촉이 우수한 품질을 갖추었음을 말해주
는 것이다. 그 생산 연대는 기원전 11세기경보다 훨씬 거슬러 올라갈
것으로 생각되는데, 이 무기들과 함께 생산한 가죽갑옷의 경우도 마찬가
지일 것으로 생각된다. 숙신에서 생산한 뼈갑옷의 생산 시기가 신석기
후기까지 거슬러 올라가는 것으로 보아, 가죽갑옷의 생산 시기도 매우
이를 것으로 생각된다.

중국의 경우 가장 이른 연대의 것은 안양(安陽) 후가장(侯家莊) 서북강

---

21) 《晉書》 卷97, 〈列傳〉, 肅愼. "周武王時, 獻其楛矢·石砮.…… 魏景元末, 來貢楛矢·石
砮·弓·甲·貂皮之屬."

22) 《竹書紀年》, 〈五帝本紀〉, 帝舜有虞氏條.

23) 《國語》 卷5, 〈魯語〉 下. "…… 그런 까닭에 그 호목에 '肅愼氏가 바친 화살'이라고
새겨 太姬에게 나누어주고 虞胡公과 결혼시켜 陳에 봉했다(…… 故銘其楛曰肅愼氏貢
矢, 以分太姬, 配虞胡公而封諸陳)."

〈그림 6〉 안양 서북강 1004호묘 유적에서 출토된 가죽갑옷편

(西北岡) 1004호 상왕조의 묘에서 출토된 가죽갑옷이다. 1004호묘가 만들어진 시기는 기원전 1300년경이며, 묘주는 무정(武丁)의 아들로 추정된다.[24] 가죽갑옷의 모습을 보면, 앞가슴과 등 부분은 큰 조각의 두터운 가죽으로 만들었고,[25] 어깨와 허리 부분은 활동에 편하도록 비교적 작은

---

24) 張光直, 尹乃鉉 옮김, 《商文明(Shang Civilization)》, 民音社, 1989, 152~167쪽, Kwang-chih Chang, *The Archaeology of Ancient China*, Yale University, Fourth edition, 1986, 152~167쪽과 322~331쪽.

25) 楊泓, 〈中國古代的甲胄〉上, 《考古學報》, 1976年 1期, 20~21쪽.

장방형의 갑편을 연결해 만들었다. 중국의 경우 왕실의 무덤에서만 이같은 갑옷이 발견된다는 점과 가죽갑편의 형태가 고조선 뼈갑옷의 갑편과 같은 장방형이라는 점에서, 일찍부터 뼈갑옷와 가죽갑옷을 생산했던 고조선의 영향이거나 고조선으로부터 수입한 것일 가능성이 크다고 생각된다. 이는 상나라 때 가죽갑옷의 문양과 고조선의 고유한 문양 특징을 견주어보면 분명해진다.

갑옷은 복식의 일부이므로 먼저 상나라 때 복식에 나타나는 문양과 견주어보자. 상왕조 복식의 문양은 사회문(斜回紋)·방승문(方勝紋)·수면문(獸面紋)·도철문(饕餮紋)·용문(龍紋)·요곡문(窈曲紋)·성문(星紋)을 특징으로 한다.[26] 상왕조 때는 청동기에도 주로 수면문과 호두문(虎頭紋) 및 용문으로 장식했고, 그 밖에 인문(鱗紋)·환대문(環帶紋)·운뢰문(雲雷紋) 등도 특징적이다.[27] 그러나 이와 달리 서북강 1004호 상왕조의 묘에서 출토된 가죽갑옷은 잔줄무늬와 구름무늬로 장식되었는데, 이 같은 문양은 고조선의 영역이었던 한반도와 만주 지역 출토의 복식·청동기·질그릇 등의 유물에서 주로 나타나는 문양 특징과 같다. 이러한 사실과 서북강 1004호 상왕조의 묘에서 출토된 가죽갑옷이 부분적으로 장방형의 갑편으로 이루어진 것으로 보아, 이것은 일찍부터 장방형의 갑편으로 구성된 갑옷을 생산했던 고조선의 영향이거나 고조선으로부터 들어온 수입품일 가능성이 크다.

고조선의 장방형 갑편 형태의 영향을 받은 중국의 갑편 양식은 춘추시대와 전국시대에도 그대로 이어진다. 춘추 후기에 속하는 호남성 장사

---

26) 李濟, 〈跪坐蹲居與箕踞〉, 《李濟考古學論文集》上, 臺北, 聯經出版事業公司, 1977, 563~588쪽 ; 李學勤, 〈論'婦好'墓的年代及有關問題〉, 《文物》, 1977年 第11期, 32~37쪽 ; 黃能馥·陳娟娟, 《中華服飾藝術源流》, 高等敎育出版社, 1994, 45쪽 ; 李濟, 〈民國十八年秋季發掘殷墟之經過及其重要發現〉, 《安陽發掘報告》, 第2期, 249~250쪽 ; 陳仁濤, 《金匱論古初集》, 香港亞洲石印局印, 1952 참조.

27) 上海博物館靑銅器硏究組編, 《商周靑銅器紋飾》, 文物出版社, 1984.

유성교(瀏城橋) 1호 무덤에서 나온 가죽갑옷은 주된 가죽갑편이 장방형을 나타낸다. 전국 후기에서 서한 초기로 구분되는 호북성 장사 좌가공산(左家公山) 54·장(長)·좌(左) 15호묘에서 출토된 가죽갑편은 정방형에 가까운 장방형이었다.[28] 그러나 이후 서한시대에 속하는 호북성 장사시(長沙市) 남교(南郊) 후가당(侯家塘)에서 출토된 가죽갑편은 비교적 크기가 작은 장방형과 방원형(方圓形) 및 타원형을 띤다.[29] 이는 아래 철갑부분에서 밝히겠지만, 중국보다 앞서 철갑편을 생산한 고조선 철갑편의 양식으로서 고조선으로부터 영향을 받았던 것으로 생각된다.

고조선의 가죽갑편으로 만들어진 가죽갑옷은 고조선이 붕괴된 서기전 1세기 이후에도 계속 생산되었으며, 중국이 선호하는 귀중품이었다. 그 예로, 숙신은 위(魏)나라 경원(景元) 말(260～263년)에도 고시(楛矢)·석노(石砮)·궁(弓)과 함께 갑옷을 중국에 예물로 보냈고, 대명(大明) 3년(459년)에는 고구려가 중국에 숙신씨의 고시와 석노를 예물로 보내기도 했다. 이는 고조선시대에 숙신이 생산한 무기와 방어 장비들이 그뒤 오랫동안 계승되었으며 품질이 우수했음을 알려준다. 그리고 한민족이 오랜 기간 무기와 방어 장비들을 중국에 계속해서 수출하거나 예물로 보냈던 사실로 보아, 중국의 무기와 갑옷 생산에 크게 영향을 주었을 것으로 생각된다.

고조선은 언제부터 청동을 갑옷의 재료로 이용했을까? 1970년대 중국 학자들은 서주시대 말기의 기원전 9세기경 위국(衛國)의 유적인 준현(濬縣) 신촌(辛村) 위묘(衛墓)에서 처음으로 발견된 크고 작은 청동장식

28) 楊泓, 〈甲和鎧〉, 《文物》, 1978年 第5期, 77쪽 ; 荊州地區博物館, 〈湖北江陵藤店一號墓發掘簡報〉, 《文物》, 1973年 第9期, 7～17쪽 ; 湖南省文物管理委員會, 〈長沙出土的三座大型木槨墓〉, 《考古學報》, 1957年 第1期, 93～102쪽.

29) 湖南省文物管理委員會, 〈被盜掘過的古墓葬, 是否還値得淸理? -記 55, 長, 侯, 中 M018號墓發掘〉, 《文物參考資料》, 1956年 10期, 37～41쪽 ; 楊泓, 〈中國古代的甲冑〉上, 23쪽.

단추를 방어용 갑옷에 달아 사용했던 것으로 보고, 이를 중국 청동갑옷의 기원으로 보았다.[30] 그러나 그뒤 이보다 앞선 상나라 후기의 유적으로 밝혀진 하남성 안양 곽장촌(郭莊村) 유적,[31] 산동성 보덕현(保德縣) 유적,[32] 하남성 안양 곽가장(郭家莊) 상대 차마갱(車馬坑) 유적,[33] 섬서성 수덕언두촌(綏德土焉頭村) 유적[34] 등에서 청동장식단추가 출토되었다. 상대 후기에서 서주 초기의 유적으로는 섬서성 순화현(淳化縣) 유적[35]과 산동성 교현(膠縣) 서암(西菴) 유적[36] 그리고 하북성 북경시 창평현(昌平縣) 백정(白淨)에서 청동장식단추들이 출토되었다.[37] 이보다 후기에 속하는 서주시대의 유적인 감숙성 영현(寧縣) 서구(西溝) 유적,[38] 섬서성 부풍현(扶風縣) 소이촌(召李村) 유적,[39] 하남성 평정산시(平頂山市) 유적,[40] 강소성 단도(丹徒) 대항모자곽(大港母子墩) 유적,[41] 섬서성 기산(岐

30) 郭宝鈞, 〈濬縣辛村古殘墓之淸理〉, 《田野考古報告》 第1冊, 188쪽 ; 郭宝鈞, 〈殷周的 青銅武器〉, 《考古》, 1961年 第2期, 117쪽 ; 內蒙古自治區文物工作隊, 〈呼和浩特二十 家子古城出土的西漢鐵甲〉, 《中國考古集成》 東北卷, 秦漢至三國(一), 197쪽.

31) 安陽市文物工作隊, 〈河南安陽郭莊村北發現一座殷墓〉, 《考古》, 1991年 第10期, 902~ 909쪽.

32) 吳振錄, 〈保德縣新發現的殷代靑銅器〉, 《文物》, 1972年 第4期, 62~64쪽.

33) 中國社會科學院考古硏究所安陽工作隊, 〈安陽郭家庄西南的殷代馬車坑〉, 《考古》, 1988年 第10期, 882~893쪽.

34) 陝西省博物館, 〈陝西綏德焉頭村發現一批窖藏商代銅器〉, 《文物》, 1975年 第2期, 83~84쪽.

35) 淳化縣文化館 姚生民, 〈陝西淳化縣出土的商周青銅器〉, 《考古與文物》, 1986年 第5 期, 12~22쪽.

36) 山東省昌濰地區文物管理組, 〈膠縣西菴遺址調査試掘簡報〉, 《文物》, 1977年 第4期, 63~71쪽.

37) 北京市文物管理處, 〈北京地區的又一重要考古收穫－昌平白淨西周木槨墓的新啓示〉, 《考古》, 1976年 第4期, 246~258쪽.

38) 慶陽地區博物館, 〈甘肅寧縣集村西溝出土的一座西周墓〉, 《考古與文物》, 1989年 第6 期, 25~26쪽.

39) 扶風縣文化館 羅西章·陝西省文管會 吳鎭烽·尙志儒, 〈陝西扶風縣召李村一號西周 墓淸理簡報〉, 《文物》, 1976年 第6期, 61~65쪽.

山)·부풍(扶風) 유적,[42] 장안(長安) 보도촌(普渡村) 유적[43] 등에서도 청동 장식단추들이 출토되었다.

이들 청동장식단추의 모습은 원형과 '⊥' 형이었다. 발굴자들은 이를 동포(銅泡)[44]로 이름했고, 이후 중국 학자들은 이를 갑포(甲泡)로 분류했다.[45] 이러한 출토 상황으로 보아 중국에서의 청동장식단추 생산은 그 상한 연대를 상대 후기인 기원전 11세기경으로 잡을 수 있다.

고조선의 영역에서 발굴된 청동장식단추로 가장 연대가 앞서는 것은 기원전 25세기에 해당하는, 평양 부근 강동군 룡곡리 4호 고인돌 유적에서 출토된 것이다.[46] 같은 청동기 초기에 속하는 길림성 대안현(大安縣) 대가산(大架山) 유적에서도 청동장식단추가 출토되었다.[47] 이보다 늦은 것으로 기원전 20세기 후반기에 해당하는 황해북도 봉산군 신흥동 유적[48]과 기원전 16세기에 해당하는[49] 요령성 대련시 우가촌(于家村) 상층

40) 平頂山市文管會 張肇武,〈河南平頂山市出土西周應國靑銅器〉,《文物》, 1984年 第12期, 29~31쪽.

41) 鎭江博物館·丹徒縣文管會,〈江蘇丹徒大港母子墩西周銅器墓發掘簡報〉,《文物》, 1984年 第5期, 1~10쪽.

42) 陝西省文物管理委員會,〈陝西岐山·扶風周墓淸理記〉,《考古》, 1960年 第8期, 8~11쪽.

43) 中國社會科學院考古硏究所灃西發掘隊,〈1984年長安普渡村西周墓葬發掘簡報〉,《考古》, 1988年 第9期, 769~777쪽.

44) '銅泡'라는 이름은 중국 고고학자들이 붙인 것이며, 서양 학자들은 이것을 단추와 비슷하다고 해 청동단추(bronze button)라고 부른다. 저자는 고조선의 경우 이를 옷·신발·활집·투구·마구 등 여러 곳에 장식용으로 사용했으므로 청동장식단추로 분류하고자 한다.

45) 楊泓,〈戰車與車戰－中國古代軍事裝備禮記之一〉,《文物》, 1977年 第5期, 82~90쪽.

46) 강승남,〈고조선시기의 청동 및 철 가공기술〉,《조선고고연구》, 사회과학원출판사, 1995년 2기, 21~22쪽 ; 김교경,〈평양일대의 단군 및 고조선 유적유물에 대한 연대 측정〉,《조선고고연구》, 사회과학원출판사, 1995년 제1호, 30쪽.

47) 吉林省文物工作隊,〈吉林大安縣洮兒河下游右岸新石器時代遺址調査〉,《考古》, 1984年 第8期, 692~693쪽.

48) 김용간,〈금탄리 원시 유적 발굴 보고〉,《유적발굴보고》 제10집, 사회과학원출판사, 1964, 38쪽.

〈그림 7〉 영천 어은동에서 출토된 청동장식단추

유적에서도 원형과 '⊥' 형의 청동장식단추가 출토되었다. 고조선의 청
동장식단추 생산 연대는 중국보다 적어도 14세기 정도 앞선다. 이로
보아 중국의 청동장식단추는 고조선의 영향을 받아 만들어졌을 가능성
이 크다.

　이는 중국 상나라 때의 청동기가 고조선 초기의 문화인 하가점 하층문
화[50]와 밀접한 관계를 갖기 때문에 더욱 그러하다. 이 하가점 하층문화에
대해 장광직(張光直)은 이렇게 말한다.

49) 中國社會科學院考古硏究所實驗室,〈放射性碳素測定年代報告(七)〉,《考古》, 1980
　　年 第4期, 373쪽 ; 京大學歷史系考古專業碳十四實驗室,〈碳十四年代側定報告(三)〉,
　　《文物》, 1979年 第12期, 78쪽.

50) 윤내현,《고조선연구》, 29·34·72쪽 ; 한창균,〈고조선의 성립배경과 발전단계 시론〉,
　　《國史館論叢》第33輯, 國史編纂委員會, 1992, 7~20쪽 ; 임병태,〈考古學上으로 본 濊
　　貊〉,《韓國古代史論叢》1, 駕洛國史蹟開發硏究員, 1991, 81~95쪽 참조.

〈그림 8〉왕회도에서 보이는 고구려 사신의 부분

상나라에 인접한 최초의 금속 사용 문화 가운데 하나였으므로 상(商)의 가장 중요한 혁신 가운데 하나[청동기 주조]의 최초 기원을 동부 해안 쪽에서 찾는 것은 가능할 것이다.[51]

청동기 문화는 황하 유역에서 기원전 2200년경에 시작되었고, 고조선 지역과 문화적으로 관련이 있는 시베리아의 카라수크 문화는 기원전

---

51) 張光直, 尹乃鉉 옮김, 《商文明》, 民音社, 1988, 435쪽.

〈그림 9〉 안악3호 고분벽화 주인도

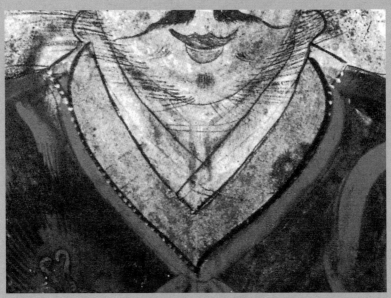

〈그림 10〉 안악3호 고분벽화 주인도 묘주의 부분

1200년경에 시작되었으며, 고조선은 기원전 2500년경에 시작되었다.[52] 따라서 동아시아에서 고조선이 가장 이르다. 이는 중국의 청동단추 생산이 고조선의 영향일 가능성을 뒷받침한다. 이는 고조선 청동장식단추가 갖는 다음과 같은 고유한 특징에서도 확인할 수 있다.

첫째로 중국의 경우 청동장식단추의 출토지가 매우 적다. 그러나 고조선의 영역이었던 한반도와 만주 지역에서는 거의 모든 청동기 유적에서 다양한 크기와 문양의 청동장식단추들이 발견되고 있다.[53] 둘째로 중국 청동장식단추의 모양이나 문양은 중국의 청동기나 질그릇 및 가락바퀴 등에서 볼 수 있는 상 문화의 특색을 나타내는 문양과는 전혀 다르며, 오히려 고조선의 청동장식단추와 같다. 더욱이 신석기시대부터 고조선 영역의 가락바퀴와 청동기 및 질그릇 등에 특징적으로 보이는 새김무늬의 모양을 나타내거나 고조선의 청동거울이나 비파형 동검 검집에 나타나는 문양과 같은 잔줄문양 등을 보임으로써 고조선의 유물이 갖는 특징과 그 맥락을 같이한다.

이 같은 청동장식단추는 고조선에서 의복뿐만 아니라 모자나 신발 또는 활집 등 복식의 여러 부분에 다양하게 사용되었다.[54] 특히 예(濊)에서는 일반적으로 남자들이 입는 웃옷인 곡령(曲領)에 청동장식단추와 비슷한 형태의 약 5센티미터 이상이나 되는 은화(銀花)를 꿰매어 장식했다.[55] 이는 화려한 장식이 가능했던 고조선만이 갖는 복식의 특징이며

---

52) 주 11 참조.

53) 박선희, 《한국고대복식—그 원형과 정체》, 608~612쪽의 표 참조.

54) 中國科學院考古研究所內蒙古工作隊, 〈赤峰葯王廟·夏家店遺址試掘報告〉, 《中國考古集成》東北卷, 靑銅時代(一), 678~680쪽 ; 조선유적유물도감편찬위원회, 《조선유적유물도감》1(고조선·진국·부여편), 외국문종합출판사, 1989, 70쪽 ; 박진욱, 《조선고고학전서》, 과학백과사전종합출판사, 1997, 50쪽과 57~58쪽.

55) 《三國志》卷30, 〈烏丸鮮卑東夷傳〉, 濊傳. "男女皆衣著曲領, 男子繫銀花廣數寸以爲飾." 1촌은 10분의 1척이다. 睡虎地秦墓竹簡整理小組는 《睡虎地秦墓竹簡》倉律에서

중국이나 호(胡)에서는 찾아볼 수 없는 것으로, 여러나라시대와 삼국시대로 이어진다.[56]

고조선의 경우 청동장식단추가 복식의 여러 부분에 다양하게 사용되었던 점과 예의 곡령의 경우를 보면 청동단추는 종래의 일반화한 분류처럼 장식품으로 구분해야 할 것이다. 그러나 이를 꼼꼼히 살펴보면 청동장식단추가 소량일 때는 청동구슬 등과 함께 장식용으로 사용되었겠으나 그 수량이 많을 때는 방어용 전의(戰衣)의 구성물로서 구실을 했을 것이다.

고조선의 유적으로 누상 1호묘의 경우 청동장식단추 41점이 출토되었다. 그런데 이 1호묘는 서쪽 유물 절반이 완전히 없어진 상태[57]이므로 더욱 많은 양의 청동장식단추가 있었을 것으로 생각된다. 이 청동장식단추들의 모양은 대체로 원반형이고 크기는 직경이 3~8센티미터 정도였다.[58] 필자는 이 청동장식단추들을 가지고 남은 40여 개 정도를 최소치로해 실험을 해보았는데, 그 결과 이를 옷에 매달았을 때 옷 표면을 거의덮을 수 있기 때문에 갑옷으로서 충분한 구실이 가능했을 것으로 보고있다. 정가와자 6512호묘의 경우에서도 매장자의 발밑에서 많은 양의청동장식단추들이 발굴되었다.[59] 이 같은 복장은 청동의 빛나는 색상으

1척을 약 0.23센티미터로 보고 있는데, 이를 따르면 1촌은 2.3센티미터가 된다. 따라서 瀔에서 넓이가 數寸이 되는 銀花를 달았다는 것은 적어도 2촌 이상임을 말해주므로, 5센티미터 이상 되는 은화를 달았음을 알 수 있다.

56) 청동장식단추의 사용은 5세기경으로 추정되는 고구려 馬曹塚의 수렵도에 보이는 騎士의 복식과 안악 3호 고분의 주인도·부인도·의장기수도 그리고 서기 7세기에 그려진 '王會圖'의 고구려와 백제 사신 복식에도 보이고 있어, 고조선 복식의 특징이 오랜 기간 이어졌음을 알 수 있다.

57) 고고학연구소, 《고고민속론문집》 1, 사회과학원출판사, 1970, 86~93쪽 ; 박진욱, 앞의 책, 34~39쪽.

58) 고고학연구소, 같은 책, 〈도판 41〉 참조 ; 《조선유적유물도감》 1(고조선·진국·부여편), 60쪽 참조.

〈그림 11〉 정가와자 6512호묘에서 보이는 청동장식단추

로 말미암아 전쟁터에서 위엄을 보이기도 했을 것이고 방어용 복장으로도 쓰일 수 있었을 것이므로, 청동갑옷의 초기 형태로 보는 데 무리가 없을 것이다. 청동투구에도 고조선에서 만들어진 것에는 청동장식단추가 쓰이고 있어, 짐승 얼굴 모양 등을 특징으로 하는 중국의 투구와는 크게 구별된다.

---

59) 박진욱, 앞의 책(고대편), 56~59쪽.

이상과 같이 한국은 중국보다 적어도 16세기 정도 앞선 기원전 25세기에 청동장식단추로 장식된 복식을 착용했고, 그뒤에는 갑옷과 투구에 이를 응용했음을 알 수 있다. 시베리아의 청동기 문화는 기원전 1800년경에 시작되므로, 중국과 북방 민족들보다 앞서 고조선이 가장 이른 시기에 청동장식단추로 장식한 갑옷을 생산했을 것으로 추정된다.

중국의 춘추시대에 해당하는, 내몽고자치구 이극소맹(伊克昭盟) 준격이(準格爾) 기납림향(旗納林鄕) 유가거촌(劉家渠村)에서 고조선의 청동 갑편이 출토되었다.[60] 또 다른 예는 내몽고의 장성 지대에서 발굴된 고조선의 소형 청동갑편이다.[61] 중국의 경우에는 전국 말기에서 서한 초기의 유적으로 분류된 운남성(雲南省) 강천(江川) 이가산묘(李家山墓)에서 청동으로 만들어진 개갑이 발굴되었다. 하나는 전체가 큰 동편으로 구성된 것이었고, 또 다른 하나는 내몽고 장성 지대에서 발굴된 고조선의 것과 같은 모양의 장방형의 작은 청동갑편으로 만들어진 것이었다.[62]

이 같은 예로 보아 고조선은 장방형의 갑편을 특색으로 하는 뼈갑옷과 가죽갑옷의 형식을 청동갑옷에서도 지속했으며, 여기에 청동장식단추가 독립적으로 혹은 청동갑편과 병용되어 갑옷의 구성물로 사용되었다고 하겠다. 중국 역시 청동갑편의 양식은 고조선의 영향을 받아 생산했던 장방형 갑편의 양식을 그대로 지속하고 있었음을 알 수 있다.

철갑(鐵甲)의 경우도 고조선의 생산 연대가 중국보다 훨씬 앞서 중국 철갑 생산에 영향을 주었던 것으로 보인다. 고조선시대에 한(韓)의 진한

---

60) 伊克昭盟文物工作站,〈內蒙古準格爾旗寶亥社發現靑銅器〉,《文物》, 1987年 12期, 81~83쪽. 이 청동편은 고조선 유물의 특징인 청동단추들과 함께 출토되었기 때문에 고조선의 유물임에 틀림없을 것이다. 중국 학자들은 이를 靑銅片形飾이라고 설명했으나, 크기가 15.7센티미터로 일반 갑편의 크기에 속하고 가운데 구멍이 나 있으며 장방형이면서 梯形이 나타나는 것으로 보아 갑옷의 한 부분을 구성했던 것으로 생각된다.

61) 江上波夫·水野淸一,〈內蒙古長城地帶〉, 1953年版, 61쪽, 圖版8, 1-3과 第40圖, 27~29쪽.

62) 雲南博物館,〈雲南江川李家山古墓群發掘報告〉,《考古學報》, 1975年 第2期, 97~156쪽.

(辰韓)과 변한(弁韓) 지역에서는 철이 생산되어 예(濊)와 마한 및 왜(倭) 등에서 이것을 사 갔으며, 모든 무역에서 철을 화폐로 사용했다.[63] 이는 한(韓)에서 철의 생산이 풍부했음을 의미하는데, 이 같은 풍부한 철의 생산은 철제의 무기와 갑옷의 생산을 더 활발하게 했을 것이다.

실제로 기원전 3세기경 고조선 후기 유적으로 추정되는 평양시 낙랑 구역 정백동 1호묘[64]에서 찰갑이 출토되었다. 이 찰갑은 기본적으로 장 방형이지만, 그 아래쪽을 둥글린 것 등도 있으며, 물고기비늘과 같은 인갑(鱗甲)이었다.[65] 이를 통해 고조선에서는 적어도 기원전 3세기 이전 부터 철갑옷이 생산되었음을 알 수 있다.

내몽고자치구에 위치한 고조선 후기의 조로고윤성(朝魯庫倫城) 유적 에서도 3개의 철갑편과 2개의 철단추가 출토되었다. 중국 학자들은 이를 모두 철갑편으로 분류했다.[66] 철갑편으로 분류된 5편 가운데 2개는 장식

---

63) 《後漢書》卷85, 〈東夷列傳〉, 韓傳. "(辰韓)에서는 철이 나고, 예·왜·마한이 모두 와서 사 갔다. 무역은 모두 철을 화폐로 했다(國出鐵, 濊·倭·馬韓並從市之. 凡諸(貨)貿易, 皆以鐵爲貨)" ; 《三國志》卷30, 〈烏丸鮮卑東夷傳〉, 弁辰傳. "(弁辰)에서 철이 나는데, 한·예·왜인들이 모두 와서 가져갔다. 모든 매매에는 마치 중국에서 돈을 사용하는 것처럼 철을 사용했고, 두 군에도 공급했다(國出鐵, 韓·濊·倭皆從取之. 諸市買皆用鐵, 如中國 用錢, 又以供給二郡)."

64) 金廷鶴, 〈靑銅器의 展開〉, 《韓國史論》13, 國史編纂委員會, 1983, 133쪽 ; 尹乃鉉, 《韓國古代史新論》, 一志社, 1993, 305~343쪽 ; 박진욱, 앞의 책(고대편), 147~168쪽 참조.

65) 《조선유적유물도감》1(고조선·진국·부여편), 112쪽 ; 사회과학원 고고학 및 민속학 연 구소, 〈고조선의 무기〉, 《고고민속》, 사회과학원출판사, 1966년 1기, 39쪽.

66) 蓋山林·陸思賢, 〈內蒙古境內戰國秦漢長城遺蹟〉, 《中國考古集成》東北卷, 靑銅時代 (一), 1041~1048쪽. 이 유적은, 출토된 五銖錢이 초기 오수전의 특징을 가지고 있고 다른 유물들이 西漢 중기에 속하는 것으로 판단되기 때문에 서한 중기에 해당하는 것으로 보인다. 오수전은 元狩 5년(기원전 118년)에 처음으로 만들어졌기 때문에 적어도 이 유적의 상한은 서기 전 118년을 넘지 못할 것이다. 조로고윤성에 대한 기록이 없기 때문에 중국 학자들은 이를 漢의 성이거나 북방 민족의 성일 것이라고 막연히 설명하고 있다. 그러나 이 조로고윤성의 위치가 秦대에 쌓은 장성의 외곽 지역이기 때문에 고조선의 성일 가능성이 크다. 더구나 조로고윤은 蒙古語로 돌을 깎아 쌓았다는 石頭城의 뜻이다. 중국의 장성은 진·한 교체기에 이르기까지 거의가 토담이거나 흙·돌을 섞어 쌓은 것이기

〈그림 12〉 정백동 1호묘에서 출토된 물고기비늘 모양의 철갑편

단추의 양식을 띠고 있어, 고조선에서 사용했던 청동장식단추를 철로 만들었을 것으로 보인다. 중국은 서한시대에 철갑편으로 만들어진 어린 갑(魚鱗甲) 형태의 갑옷은 사용했으나 철장식단추가 달린 갑옷은 사용하지 않았다. 이런 점으로 보아 조로고윤성 유적은 고조선의 유적이라고 할 수 있고, 고조선은 청동기시대에 사용하던 청동장식단추를 철기시대에 와서는 철장식단추로 만들어 이를 철갑편과 함께 갑옷의 구성 부분으로 사용했을 것이다.

요령성 본계시(本溪市) 만족자치현(滿族自治縣) 남전진(南甸鎭)의 적탑보자촌(滴塔堡子村) 유적에서는 비파형 동검과 부채꼴 모양의 철도끼

때문에, 완전히 돌로 쌓은 조로고윤성을 중국의 성이라고 보기는 어렵다. 고구려의 성은 돌로 쌓는 것을 특징으로 한다. 이로 볼 때 조로고윤성은 고구려의 성일 가능성도 있다. 조로고윤성에서 멀지 않은 지역에는 소조달맹·적봉 등의 황하 유역 문화와는 다른 한반도 문화와 같은 성격을 지닌 유적지들이 있다. 마찬가지로 조로고윤성에서 출토된 철갑편의 형태를 통해서도 이 지역 문화가 황하 유역 문화와 다름을 알 수 있다.

등과 함께 3개의 철주편(鐵胄片)이 출토되었다. 발굴자들은 이 유적을
서한의 무덤으로 보았으나,[67] 장방형과 아래쪽이 둥근 장방형으로 된
철주편은 고조선 갑편의 양식을 그대로 나타내고 있다.

중국은 춘추시대까지 철갑을 생산하지 못했다. 중국에서 철갑의 출현
은, 《여씨춘추(呂氏春秋)》〈귀졸편(貴卒編)〉의 '철로 만든, 팔과 정강이
를 보호하는 옷'이라는 철갑에 관한 기록[68]에 따라 기원전 4세기경의
전국 말년으로 추정하고 있다.[69] 실제로 전국 후기에 속하는 하북성 이현
(易縣) 연하도(燕下都) 44호묘에서 원각장방형(圓角長方形)의 철갑편을
이어서 만든 투구가 출토되어[70] 전국시대에 철갑편을 사용했고 청동갑
편의 양식을 그대로 계승했음을 알 수 있게 되었다. 그러나 철갑의 사용
이 일반화한 것은 아니었다. 진제국(秦帝國)시대의 철갑 실물이 아직
발견되지 않은 것으로 보아 생산하지 않았을 가능성이 크다. 섬서성
임동(臨潼) 출토의 진병마용(秦兵馬俑)에 나타난 진제국시대 갑옷의 갑
편은 모두가 가죽으로 만들어졌으며, 부분적으로 금속을 상감하거나 코
뿔소의 가죽을 사용한 것이었다.[71] 이 같은 진용(秦俑)에서 보이는 갑옷
은 주로 앞가슴과 등 뒷부분 그리고 어깨만을 덮는 것이다.

중국은 철갑이 서한(西漢)에 와서야 보급되기 시작한다. 그러나 서한

---

67) 楊永葆, 〈本溪南甸滴塔堡子發現漢代鐵器〉, 《中國考古集成》 東北卷, 秦漢至三國
   (二), 1177쪽.

68) 《呂氏春秋》卷21, 〈貴卒編〉. "越氏攻中山. 中山之人多力者曰吾丘鳩, 衣鐵甲操鐵杖
   以戰, 所擊無不碎, 所沖無不陷."

69) 楊泓, 〈關于鐵甲·馬鎧和馬鐙問題〉, 《考古》, 1961年 第12期, 693~696쪽 ; 《戰國策》
   卷26. "當敵則斬甲盾鞮鍪鐵幕也" ; 《史記》 卷69, 〈蘇秦列傳〉의 鐵幕에 대해 劉玄은
   "謂以鐵爲臂脛之衣, 言其劍利, 能斬之也"라고 했다. 蘇秦이 韓王에게 대책을 말했던
   때는 기원전 332~312년 사이이다.

70) 上海市戲曲學校中國服裝史硏究組編著, 〈周迅·高春明撰文〉, 《中國服飾五千年》, 商
   務印書館香港分館, 1984, 28쪽.

71) 같은 책, 47~51쪽 ; 孫機, 《漢代物質文化資料圖說》, 文物出版社, 1991, 146~147쪽.

〈그림 13〉 섬서성 임동에서 출토된 개갑을 입은 진나라 무사 도용

초기인 무제(武帝) 이전까지의 군대는 여전히 보병이 위주였으며, 철갑이 크게 보급되지 못했다. 철갑의 형태도 여전히 진제국의 양식을 따라 앞가슴과 등 부분을 주로 덮는 부분적인 것이었다. 그러나 무제 때에 이르러 흉노와의 전쟁으로 기병이 크게 증가했으며, 동시에 부분적인 갑옷을 벗어나 철제의 개갑(鎧甲)이 보급되기 시작했다. 그러나 여전히 가죽갑옷이 철갑옷보다 많이 사용되었으며, 이는 다음과 같은 자료를 통해 확인할 수 있다.

서한시대 흉노와 전투하는 변방 부대는 철갑으로 무장했다. 그러나 거연한간(居延漢簡)에 철갑에 관한 자료가 있지만, 혁갑(革甲)과 혁제무

(革鞮督)에 대한 기재[72]가 철갑과 철제무(鐵鞮督)에 대한 기재[73]보다 많은 것으로 보아, 군대의 일부만이 철갑으로 무장했던 것으로 보인다. 실제로 양가만(梁家灣) 1호묘 등에서 찰갑이 발견되었으나, 전체 기병 가운데 찰갑을 입은 기병은 100분의 8 정도밖에 되지 않았다.[74] 내몽고자치구 호화호특시 미대고성(美岱古城) 한대(漢代) 유적층에서도 철갑편이 나왔으나, 이 역시 양이 매우 적은 편이다.[75]

또한 앞에서 서술한, 전국 후기에서 서한 초기로 구분되는 호북성 장사시(長沙市) 좌가공산(左家公山) 15호묘와[76] 서한시대로 추정하는 호북성 장사시 후가당(侯家塘)에서[77] 모두 철갑이 아닌 가죽갑편이 출토된 것도 같은 이유 때문이라고 생각된다.

이 같은 상황은 한대 초기에는 철갑보다는 오히려 가죽갑옷이 중요한 방어 장비였음을 말해주는 것으로, 철갑이 발달되지 않아 널리 보급되지 못했음을 뜻한다. 그 가장 큰 원인은 기병의 부족에 있었다.

전국시대 조국(趙國)의 무령왕은 북방 민족으로부터 기병의 전투 방식을 들여왔으나 군대에서 기병이 차지하는 비율은 100분의 8 정도였고,[78] 진국(秦國)과 연국(燕國)의 기병이 좀 우수했으나 역시 기병의 비율

---

72) 《居廷漢簡》, 原簡號, 99-1, 182-6, 14-22, 239-8, 184-4 등.
73) 勞榦, 《居廷漢簡考釋》, 商務印書館, 1949, 409쪽(《居廷漢簡甲篇》第12號[3-26]). "第五隊火長李嚴, 鐵鞮督二中毋絮今已裝, 鐵鎧二中毋絮今已裝……"; 《居廷漢簡甲篇》第2286號(520-26)(中國科學院考古硏究所, 《居廷漢簡甲編》, 科學出版社, 1959, 2쪽). "□鐵鎧"; 3-7. "□土隊+火長□宣, 鐵鎧二□, 鐵□……"; 28-18. "登山隊+火, 鐵鞮督一"; 49-26. "鐵鉏督若干, 其若干幣絶可繼".
74) 楊泓, 〈騎兵和甲騎具裝－中國古代軍事裝備禮記之二〉, 《文物》, 1977年 第10期, 28쪽.
75) 內蒙古自治區文物工作隊, 〈1959年呼和浩特郊區美岱古城發掘簡報〉, 《文物》, 1961年 第9期, 23쪽.
76) 주 28 참조.
77) 주 29 참조.
78) 《史記》卷81, 〈廉頗藺相如列傳〉. "이에 전차 1,300대, 말 1만 3,000마리, 정예 군사 5만 명, 활을 잘 쏘는 병사 10만 명을 선발해 두루 갖추어 많은 전쟁 연습을 시켰다(於是乃

은 매우 낮았다.[79] 그뒤 진제국과 서한제국 초기에도 군대에서 여전히
보병이 주가 되었다. 흉노에 대한 대비책으로 문제(文帝) 때 이르러서야
조착(鼂錯)의 양마(養馬)와 갑옷의 중요성을 주장하는 건의를 받아들여
말을 기르기 시작했으나, 갑옷의 생산은 여전히 마찬가지였다. 그뒤 무
제 때 이르러 염철이 국유화하고 이에 따라 갑옷의 생산도 크게 발달하
게 되었다. 따라서 중국의 군대는 무제 때부터 개갑으로 무장한 기병의
수가 크게 증가하며 갑편의 양식도 대형 찰갑에서 비교적 세밀한 어린갑
으로 발전하는데, 이를 현갑(玄甲)이라고 부르기도 했다. 현갑의 실제
모습은 서한 후기로 분류된 낙양(洛陽) 서교에 자리한 3023호 한묘(漢墓)
에서 출토된 갑편을 보면 알 수 있다.[80]

　무제 이전 서한시대 갑옷의 양식과 갑편의 형태를 고조선의 것과 비교
해보면 다음과 같다. 섬서성 함양시 양가만(楊家灣) 1호묘에서 출토된
피갑(披甲) 무사용(武士俑)의 갑편 양식은 두 가지로 나뉘는데, 한 종류
는 장방형의 갑편으로 가슴과 등 부분을 덮거나 가슴과 등 및 어깨 부분
을 덮게 되어 있다. 다른 한 종류는 이보다 조금 발달해 어린(魚鱗) 모양
의 아래쪽이 둥글고 긴 장방형의 소형 갑편을 이어서 만든 것으로, 역시

具選車得千三百乘, 選騎得萬三千匹, 百金之士五萬人, 轂者十萬人, 悉勒習戰)";《史
記》卷102,〈張釋之馮唐列傳〉."그런 까닭에 李牧은 그의 지혜와 재능을 다하니 뽑은
전차 1,300대, 활을 잘 쏘는 기병 1만 3,000명, 정예군사 10만 명을 보내 북쪽으로는
선우를 몰아냈고……(故李牧乃得盡其智能, 遣選車千三百乘, 轂騎萬三千, 百金之士
十萬, 是以北逐單于……)."

79)《史記》卷69,〈蘇秦列傳〉."…… 燕나라 동쪽에는 朝鮮과 遼東이 있고…… 갑옷을
　　두른 병사가 수십만이고, 전차가 600대, 말이 6,000필이 있으며, 식량은 몇 년을 견딜
　　수 있다(…… 燕東有朝鮮·遼東…… 帶甲數十萬, 車六百乘, 騎六千匹, 粟支數年)";
　　《史記》卷70,〈張儀列傳〉."秦나라의 땅이 천하의 반이고…… 虎賁의 군사가 100만여
　　명이고, 전차가 1,000대이며, 말이 1만 필이고, 쌓인 양식이 산더미 같다(秦地半天下……
　　虎賁之士百餘萬, 車千乘, 騎萬匹, 積粟如丘山)."

80) 中國科學院考古研究所洛陽發掘隊,〈洛陽西郊漢墓發掘報告〉,《考古學報》, 1963年
　　2期, 34～35쪽. 圖27, 圖版壹, 4-5.

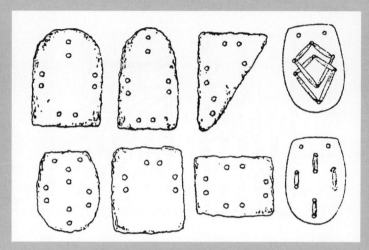

〈그림 14〉 낙양 3023호 한묘에서 출토된 갑편

가슴과 배 및 등 부분을 어린갑으로 사용해 활동하기 편하게 하고 허리
띠 아랫부분과 어깨 부분은 그대로 장방형의 갑편을 사용했다.[81] 발굴자
들은 이 양가만 1호묘가 대략 서한 문제 시기(기원전 179~기원전 158년)에
해당한다고 했다.[82]

거의 같은 시기에 속하는 갑옷으로 기원전 179년에 사망한 서한 제왕
(齊王) 유양(劉襄)의 묘에서 발굴된 철갑옷의 경우는 양가만 1호묘에서
출토된 어린갑과 거의 같은 형태로, 어깨 부분에만 장방형의 갑편을
사용하고 팔과 가슴 그리고 등과 배 부분은 아래쪽이 둥근 장방형이나
양가만 1호묘의 것보다 짧은 갑편으로 연결했다.[83] 제왕 유양묘에서 출

---

81) 《中國服飾五千年》, 47~51쪽.

82) 陝西省文管會博物館·咸陽市博物館 楊家灣漢墓發掘小組, 〈咸陽楊家灣漢墓發掘簡
報〉, 《文物》, 1977年 第10期, 10~21쪽 ; 楊泓, 〈騎兵和甲騎具裝－中國古代軍事裝備
禮記之二〉, 《文物》, 1977年 第10期, 27~32쪽.

83) 山東省淄博市博物館·臨淄區文管所·中國社會科學院考古硏究所技術室, 〈西漢齊王
鐵甲冑的復原〉, 《考古》, 1987年 第11期, 1032~1046쪽.

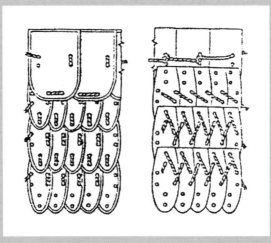

〈그림 15〉 남월왕묘에서 출토된 철갑편

토된 철갑옷의 특징은 일정 수량의 갑편 위에 금편 혹은 은편을 붙여 장식한 뒤 이들 갑편을 붉은 비단끈으로 엮어 능형 도안을 만든 점으로, 양가만 한묘에서 출토한 채회도용에서도 볼 수 있다. 또한 양가만의 갑편은 긴 장방형과 아래쪽이 둥근 긴 장방형이고, 제왕 유양의 어린 갑편은 거의 정사각형에 가까운 방형과 아래쪽이 둥근 장방형이다. 또한 서한 남월왕묘(南越王墓)에서 출토된 기원전 128년에서 기원전 117년 사이에 속하는 철갑옷의 경우도 갑편의 형식은 아랫부분이 둥근 장방형 이었다.[84]

　섬서성 함양시 양가만 1호묘와 서한 제왕 유양묘 및 서한 남월왕묘에 서 발굴된 갑편들의 형태는 위에 서술한 평양시 낙랑구역 정백동 1호묘 에서 발견된 고조선 갑편의 형태와 거의 비슷하다. 단지 아래쪽이 둥근 장방형의 고조선 갑편은 연결 부분인 구멍이 한 모서리에 한 개씩 뚫려

---

84)　中國社會科學院考古硏究所技術室·廣州市文物管理委員會, 〈廣州西漢南越王墓出 土鐵鎧甲的復原〉, 《考古》, 1987年 第9期, 853～859쪽.

있는데, 양가만과 제왕유양의 것은 한 모서리에 구멍이 두 개씩 뚫려
있고 평평한 윗부분에서 중심으로 또 두 개의 구멍이 뚫려 있다. 서한
남월왕묘에서 출토된 찰갑의 연결 구멍은 두 가지 형식인데, 양가만
한묘에서 출토된 도용이나 제왕 유양묘에서 출토된 갑옷에서처럼 비단
끈으로 엮어 능문 도안을 했다. 이는 진(秦)나라 때 만들어진 갑옷의
엮음 방식에서 좀더 발전한 모습이다.

고조선 철갑옷의 전체 모습을 알 수 없기 때문에, 위에서 분석한 중국
철갑편의 생산 시기와 형태만을 고조선의 것과 비교하면 다음과 같다.

첫째, 고조선의 경우 조로고윤성에서 출토된 것과 같은 철장식단추는
고조선이 철기를 사용하기 시작한 연대인 기원전 12세기경부터 생산되
어 갑옷의 구성물로 사용되었을 것으로 추정된다. 철장식단추 역시 청동
장식단추와 마찬가지로 중국에서는 찾아볼 수 없는 고조선 갑옷만이
갖는 특징이다. 둘째, 고조선의 경우 어린 모양의 갑편이 발굴된 정백동
유적이 기원전 3세기경에 속하는 것으로 추정되기 때문에, 현재까지
출토된 자료에 따르면 고조선에서 어린갑이 생산된 시기가 중국에서
어린갑이 생산된 서한 초기보다 훨씬 빨랐음을 알 수 있다. 셋째, 고조선
어린갑 찰갑의 형태는 장방형인 것과 아래쪽이 둥근 장방형과 타원형인
것이 특징인데, 중국의 서한 초기 묘들에서 발굴된 찰갑편의 형태는
대체로 고조선의 것과 비슷하다. 그러나 무제 시기에 오면 비교적 세밀
하고 아래쪽이 긴 타원형의 찰갑이 사용된다. 넷째, 고조선의 철갑편과
중국의 철갑편은 앞에서 소개한 그림에서와 같이 그 연결 구멍에서 차이
를 보인다. 다섯째, 고조선의 갑편은 연결 구멍을 쇠줄로 연결했으나[85]
중국의 갑편은 가죽끈이나 비단끈으로 연결했다는 큰 차이가 있다.

---

85) 박진욱, 〈3국 시기의 갑옷과 투구〉, 《고고민속》, 1963년, 17쪽 ; 사회과학원 고고학 및
   민속학 연구소, 〈고조선의 무기〉, 《고고민속》, 1966년 1기, 39쪽 ; 전주농, 〈고조선의
   공예〉, 《문화유산》, 사회과학원출판사, 1961년 1기, 93쪽.

이상의 고찰로서 중국은 무제 시기에 이르러 군대에서 철갑의 기병이 큰 비중을 차지했고 또한 찰갑편의 형태도 고조선의 것과 같이 비교적 세밀하게 발전했음을 알 수 있다. 이 시기는 고조선이 붕괴되어가는 시기로, 이 같은 무제 시기 군대 장비의 변화는 위만조선과 고조선을 붕괴시킨 한 요인이 되었을 가능성이 있다. 무제는 위만조선을 쳐서 멸망시키고 그 지역에 낙랑·임둔·진번의 세 군을 설치한 뒤 여세를 몰아 고조선의 변경을 침략해 그곳에 현도군을 설치했다. 이 과정에서 고조선은 중국과 큰 전쟁을 치르게 되었는데, 철갑 기병이 없었던 무제 이전의 대중국 전쟁과는 달리 그 피해가 매우 컸을 것으로 생각된다.

3. 고구려 말갑옷이 중국과 북방 지역에 준 영향

고구려의 갑옷과 관련해《주서(周書)》〈열전〉고(구)려전에서는, "병기는 갑옷·쇠뇌·활·화살·극(戟)·삭(矟)·모(矛)·정(鋌)이 있다"[86]고 했고,《양서(梁書)》〈동이열전〉고구려전에서는, "고구려의 말은 모두 작아 산에 오르기 편리하다. 나라 사람들은 기력을 숭상하여 활·화살·칼·창을 잘 다루었고, 철갑옷을 입고 전투를 익혀, 옥저·동예가 모두 복속했다"[87]고 했다. 이는 고구려 사람들이 건국 초기부터 여러 무기와 함께 철갑옷을 입고 싸웠음을 말해준다. 고구려가 철갑옷을 입은 것은 옥저와 동예를 복속시켰을 때이다. 고구려는 태조대왕 4년(56년)에 동옥저를 복속시켰다.[88] 고구려가 건국된 것은 기원전 37년의 일이므로, 이는 100

---

86)《周書》卷49,〈列傳〉,高(句)麗傳. "兵器有甲弩弓箭戟矟矛鋌."

87)《梁書》卷54,〈列傳〉,高句麗傳. "其馬皆小, 便登山. 國人尙氣力, 便弓矢刀矛. 有鎧甲, 習戰鬪, 沃沮·東穢皆屬焉."

88)《三國史記》卷14,〈高句麗本紀〉,太祖大王 4年條. "秋七月, 伐東沃沮, 取其土地爲城

〈그림 16〉 안악3호 고분벽화 행렬도에 보이는 철기병

여 년도 지나지 않은 건국 초기에 해당하는 것이다. 따라서 고구려가 철갑옷을 입은 시점은 건국 이전까지 소급될 수 있을 것이고, 이는 고구려 지역의 거주민들이 철갑옷을 만들었음을 말해준다. 즉, 이들은 고조선의 갑옷을 이어받았을 것으로 생각된다.

고구려는 건국하면서부터 국가의 기틀을 다지는 전쟁을 계속해나갔다. 이 전쟁 과정에서 고구려는 고조선에 속해 있던 주변의 소국들을 병합해나갔다. 또한 선비 및 왕망(王莽)이 세운 신(新)의 고구려현을 병합하고 동한(東漢)의 요동 태수를 물리쳤다.[89] 이 같은 사실들로 보아

邑, 拓境東至滄海, 南至薩水.”

고구려는 고조선에서 사용하던 무기와 갑옷 등의 방어 장비를 더욱 발전
시켜 사용했을 것이다. 그 예로 고구려 동천왕은 재위 20년에 철기 5,000
명을 거느리고 위나라의 관구검과 싸웠다.[90] 이 철기는 바로 병사와 말이
모두 갑옷을 착용한 군사를 말하는 것이다. 고조선시대에는 병사들만
입던 철제 찰갑옷이 여러나라시대로 오면서 전쟁이 빈번해지자 말에게
도 입혀진 것으로, 그 갑옷의 우수성은 물론 생산력이 활발했음을 짐작
할 수 있다.

중국 학자 유함(柳涵)은 중국에서 가장 이른 개마의 형상을 4세기
중엽에 속하는 안악 3호 고분벽화 행렬도에 보이는 기병과 북조 초기에
속하는 초창파(草場坡) 1호 고분에서 출토된 개마기용(鎧馬騎俑)으로 보
고 있다.[91] 안악 3호 고분은 유함을 비롯해 중국의 학자들이 중국의 것으
로 인식하고 있는 등, 그 묘주에 대해 국내외 학계에서 커다란 논란이
되고 있다. 필자는 안악 3호 고분벽화에 보이는 복식의 내용을 분석해
안악 3호분이 고구려 복식의 특징을 보여주는 왕릉이라는 견해를 내놓
은 바 있다.[92] 안악 3호분에 보이는 고구려 갑옷의 고유한 특징은 복식
방면에서 안악 3호분이 고구려의 왕릉임을 입증하는 또 하나의 귀중한
자료가 된다. 이는 아래에 서술할 개마의 생산 연대와 개마복식의 양식
에서도 설명될 것이다.

고구려의 개마는 중국이나 북방 지역보다 앞서 생산되었다. 4세기
중엽에 속하는 고구려의 안악 3호 고분벽화에서 보이는 개마는 중국의

---

89) 《三國史記》卷13, 〈高句麗本紀〉;《後漢書》卷85, 〈東夷列傳〉;《漢書》卷99, 〈王莽
傳〉 참조.

90) 《三國史記》卷17, 〈高句麗本紀〉, 東川王 20年條 참조.

91) 柳涵, 〈北朝的鎧馬騎俑〉,《考古》, 1959年 第2期, 100쪽.

92) 朴仙姬, 〈고대 한국 복식의 衽形〉,《韓國民俗學》30, 民俗學會, 1998 ; 朴仙姬, 〈복식
의 비교연구에 의한 안악 3호 고분 묘주의 국적〉,《白山學報》第76號, 白山學會, 2006
참조.

〈그림 17〉 철령 유적에서 출토된 개마 모형

북조 초기에 속하는 초장파 1호 고분의 도용(陶俑)에서 보이는 개마보다 그 연대가 훨씬 앞선 것이다. 그런데 안악 3호분보다 앞선 3세기경에 속하는 강원도 철령 유적에서 개마 모형들이 출토되었다. 이 개마 모형들은 고구려 개마의 모습을 모두 갖추고 있기 때문에, 고구려에서 개마의 출현 시기가 3세기 이전으로 올라갈 것이라는 추정을 가능하게 한다. 이는 《삼국사기》의 〈고구려본기〉에 보이는 다음 내용에서도 확인된다.

> 왕이 모든 장수들에게 일러 말하기를 '위(魏)나라의 많은 군사가 도리어 우리의 적은 군사만 같지 못하다. 관구검(毌丘儉)은 위나라의 명장이지만 오늘에는 그의 목숨이 나의 손에 있구나' 하고 곧 철기 5,000을 거느리고 쫓아가서 쳤다.[93]

이 기록으로부터 동천왕(東川王) 20년(246년)에 갑옷을 입은 개마기병이 5,000이었음을 알 수 있고, 3세기 이전에 개마가 출현했을 것임을 추정할 수 있다. 3세기 이전에 개마가 출현했다는 사실은 찰갑으로 된 갑옷의 출현이 이보다 훨씬 앞섰을 것임을 알려준다.

---

93) 《三國史記》卷17, 〈高句麗本紀〉, 東川王 20年條. "王謂諸將曰 '魏之大兵, 反不如我之小兵. 毌丘儉者魏之名將, 今日命在我掌握之中乎' 乃領鐵騎五千, 進而擊之."

고구려 고분벽화에 보이는 개마와 중국 및 북방 지역에서 처음으로 보이는 개마의 모습을 견주어보면, 그 양식에서 다음과 같은 차이를 갖는다. 물론 앞선 생산 연대를 갖는 고구려의 개마가 중국이나 북방 지역보다 훨씬 발달된 모습을 보여준다. 고구려 개마의 형태를 보여주는 실물 자료로는 황해남도 신원군에 있는 장수산성의 고구려 유적에서 나온 3세기경의 개마 모형94)을 들 수 있고, 또한 3세기를 전후한 시기로 편년되는95) 강원도 회양군 철령의 고구려 유적에서 나온 많은 양의 기마 모형들과 갑옷을 입힌 개마들을 들 수 있다. 아울러 안악 3호 고분벽화, 개마총 벽화, 약수리 고분벽화, 삼실총 벽화, 쌍영총 벽화, 덕흥리 고분벽화 등에서도 찾아볼 수 있다.

또한 장수산성 유적과 철령 유적에서 출토된 기마 모형들 가운데는 간혹 등자(鐙子)가 보이고 있어, 고구려의 등자 생산 연대가 주변국보다 앞선 것으로 생각된다.

고구려 개마는 크게 말갑옷과 말투구로 나누어볼 수 있다. 말투구의 경우 귀막이 부분이 꽃잎 모양으로 된 것과 둥근 모양으로 된 것 두 가지이다. 철령 유적에서 나온 개마 모형들과 삼실총·쌍영총·개마총의 고분벽화에 보이는 귀막이는 꽃잎 모양으로, 장식적인 효과를 나타낸 것이 특징이다. 안악 3호분과 약수리 고분벽화 및 조양(朝陽)의 십이대 (十二臺) 향전력(鄕磚歷) 88M1에서 출토된 말투구96)는 둥근 모양으로 되어 있다. 이 같은 고구려의 개마와 5세기나 6세기경에 처음으로 나타

94) 안병찬, 〈장수산일대의 고구려유적유물에 대하여〉, 《조선고고연구》, 1990년 제2호, 7~11쪽.

95) 리순진, 〈강원도 철령유적에서 발굴된 고구려기마모형에 대하여〉, 《조선고고연구》, 1994년 제2호, 2~6쪽.

96) 遼寧省文物考古硏究所·朝陽市博物館, 〈朝陽十二臺鄕磚歷88M1發掘簡報〉, 《文物》, 1977年 第11期, 19~32쪽.

〈그림 18〉 개마총 고분벽화에 보이는 개마

〈그림 19〉 덕흥리 고분벽화에 보이는 철기병

나는 중국 및 북방의 개마는 다음과 같은 차이를 갖는다.

첫째, 고구려의 개마는 모두 말투구를 하고 있다. 그러나 함양 저장만 (底張灣) 북주묘(北周墓, 6세기경)의 개마기용[97]과 서안 초장파(草場坡) 1 호묘(5세기경)의 개마기용[98] 및 북조(北朝)시대인 5세기에서 6세기경에 속하는 하남성 등현(鄧縣) 채회화전도상(彩繪畵磚圖象)[99]에서 보이는 개 마들은 모두 말투구가 씌워져 있지 않다. 북방 지역의 서위(西魏) 대통 (大統) 5년(539년)에 그려진 돈황 285굴 서위 벽화[100]에 보이는 개마의 경우는 말의 앞부분을 제외한 모든 부분을 철갑으로 감싸고 있다. 이 말갑옷은 비교적 자유롭지 않게 보이며 고구려의 말투구에 보이는 귀막 이와 볼 보호용 구조면이 없다. 고구려의 말투구는 아래턱이 자유스럽게 된 금속판으로 만들어졌는데, 귀막이와 볼 보호용 구조면이 있는 것이 특징이다. 그러나 북방 지역의 돈황 285굴 서위 벽화에 보이는 말투구는 말의 앞부분을 제외한 모든 부분을 철갑으로 감싸고 있어 비교적 자유롭 지 않게 보이고, 고구려의 말투구에 보이는 귀막이와 볼 보호용 구조면 이 없다. 맥적산(麥積山) 맥찰(麥察) 127굴 북위(北魏) 벽화(5세기~6세기 경)에 보이는 말투구는 전체를 철판으로 씌웠는데, 입이나 코 부분이 자유롭지 않아 보이며, 역시 귀막이와 볼 보호용 구조면이 없다.

둘째, 고구려의 말갑옷으로 4세기경의 고분들인 태성리 1호 고분과 약수리 고분에 그려진 개마들을 보면 아랫부분이 타원형인 철갑편을 연결한 갑옷이 입혀져 있으며, 나머지는 장방형의 철갑편을 연결한 갑옷 을 길게 드리우고 말잔등에는 갑옷을 덧씌운 모습이다. 그러나 맥적산

---

97) 柳涵, 앞의 글, 97쪽, 圖2의 1.

98) 陝西省文物管理委員會, 〈西安南郊草廣坡村北朝墓的發掘〉, 《考古》, 1959年 第6期, 285~287쪽.

99) 陳大章, 〈河南鄧縣發現北朝七色彩繪畵象磚墓〉, 《文物》, 1958年 第6期, 55쪽.

100) 黃能馥·陳娟娟, 《中華服飾藝術源流》, 高等敎育出版社, 1994, 160쪽.

〈그림 20〉 조양 십이대 향전력 88M1 출토 말투구

〈그림 21〉 돈황 285굴 벽화에 보이는 개마

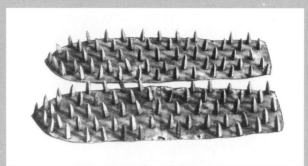

〈그림 22〉 집안에서 출토된 금동신바닥

맥찰 127굴 북위 벽화에 보이는 개마는 가죽갑옷에 철편을 드문드문 박아 넣은 것이다. 함양 저장만 북주묘의 개마기용은 육각형의 찰갑을 연결해 만든 것으로, 말의 몸만을 가리고 있어 다리 부분은 크게 드러난다. 서안 초장파 1호묘 개마기용은 말의 몸 부분만 갑옷을 씌우고 말머리와 목 부분은 그대로 드러난 모습을 보여준다.

이상의 여러 가지 비교로부터 중국이나 북방 지역 개마의 형태가 고구려 개마의 형태보다 훨씬 미숙한 것으로 확인되었다. 고구려 개마의 생산 시기가 중국이나 북방 지역보다 약 2세기 정도 앞선다는 것이 실물에서 증명되었다. 따라서 중국이나 북방 지역의 개마는 고구려의 영향을 받았을 가능성이 매우 클 것으로 추정되며, 고대 한국의 말갑옷이 북방 지역이나 중국으로부터 영향을 받았을 것이라는 견해는[101] 수정되어야 할 것이다.

또한 집안(集安) 동구(洞溝) 12호 고분벽화와 장천 2호 고분벽화에 보이는 개마무사들은 정(釘)이 솟아 있는 신을 신었는데, 실제로 집안 경내에서 철정(鐵釘)과 유금동정(鎏金銅釘)[102]으로 정교하게 만든 정이

---

101) 전주농, 〈고구려시기의 무기와 무장 II〉,《문화유산》1, 사회과학원출판사, 1959, 66쪽.

솟은 신발바닥이 출토되었다. 이 같은 양식의 신은 중국이나 북방 지역
에서는 생산되지 않았다. 따라서 고구려의 철기는 병사와 말이 모두
갑옷을 입는 것뿐만 아니라, 정이 솟은 신발까지 한 벌로 갖추었던 것으
로 생각된다.

4. 백제 갑옷이 중국에 준 영향

백제 왕실의 혈통은 부여계이므로, 고조선의 갑옷을 계승해 갑편은
고조선 갑편의 특징인 장방형을 위주로 하고 어린(魚鱗)갑편은 좁고 긴
장방형과 아래쪽이 둥근 장방형으로 된 갑옷이었을 것이다. 실제로 백제
초기의 유적으로 알려진 몽촌토성에서 장방형의 뼈로 만든 어린갑의
뼈갑편[103]들이 다량 출토되었고, 백제의 영역이었던 남원에서 좁고 긴
장방형의 철갑편이 발견되었다.[104] 이 갑편들은 그 양식으로 보아 고조선
갑편의 양식을 그대로 계승한 것으로 생각된다.

백제는 고이왕 때 국가의 경제 기반을 튼튼히 하면서 246년경부터는
지금의 북경과 천진 지역에 진출하고 그뒤 그 영역을 남쪽으로 확장해
하북성·산동성·강소성·절강성 등지의 동부 해안 지역에까지 그 세력을
넓혔다. 그리하여 수(隋)나라가 중국을 통일하기 직전까지 중국 동부
해안 지역을 지배해왔다. 시기에 따라 영역의 변화는 있었지만 그 지배
가 위덕왕(威德王) 때까지 계속되다가 581년 수나라가 중국을 통일함으
로써 마감되었다.[105] 앞에서 서술했듯이 중국은 동한 시기에 철개가 발달

---

102) 耿鐵華, 〈高句麗文物古蹟四題〉, 《中國考古集成》 東北卷, 兩晋至隋唐(二), 1992, 465~467쪽.

103) 서울대학교박물관, 《서울대학교박물관 발굴 유물도록》, 1977, 270쪽.

104) 金榮來, 《南原·月山里古墳發掘調査報告》, 국립전주박물관, 1983.

〈그림 23〉 몽촌토성에서 출토된 뼈갑편

하기 시작해 삼국시대에 오면 용수개(甬袖鎧)가 개갑의 주요 양식이 되고 마개(馬鎧)가 등장한다. 그러나 당시 군대에서 마개를 착용한 기병의 수는 아주 적고 귀한 것이었다.[106] 그뒤 동진(東晋)시대와 남북조시대에 와서야 양당개와 함께 마개가 군대에서 보편적인 장비가 된다. 그러므로 백제가 위(魏)나라의 후방인 북경과 천진 지역에 진출한 이 시기 위나라의 군대에는 개마가 매우 적었던 것으로 생각된다. 그런데 앞에서 밝혔듯이 고구려 개마의 생산 시기는 중국이나 북방 지역보다 약 2세기 정도 앞섰기 때문에, 백제 또한 고구려와 마찬가지로 군대에서 개마가 차지하는 비중이 컸을 것으로 생각되며, 이 같은 군대 장비의 우월성은 백제의

105) 윤내현, 《한국열국사연구》, 지식산업사, 1998, 381~418쪽.
106) 《太平御覽》卷356, 〈魏武軍策令〉. "(袁)本初馬鎧三百具, 吾不能有十具"; 《晋書》卷44, 〈列傳〉, 盧欽傳. "御府人馬鎧."

중국 진출에 크게 도움이 되었을 것으로 보인다.

백제는 무왕 27년 당나라에 명광개(明光鎧)를 예물로 보냈고,[107] 무왕 38년에는 철갑을,[108] 무왕 40년에는 금갑(金甲)을 보냈다.[109] 또한 의자왕 6년에는 고구려에 금휴개(金髤鎧)를 예물로 보내고 현금(玄金)으로 문개(文鎧)도 만들어 보내 병사들이 입게 했다.[110] 이로써 고구려와 백제의 명광개 생산 사실과, 백제의 갑옷으로 명광개 외에도 철갑·금갑·금휴개·문개가 있었음을 확인할 수 있다. 이처럼 다양한 종류의 갑옷을 생산한 백제의 갑옷 생산 기술은 중국 동부 지역 진출과 함께 중국에 많은 영향을 주었을 것으로 생각된다. 이것들은 어떠한 갑옷들이었을까?

중국은 남북조시대에 와서 명광개를 착용하기 시작했는데, 학자들이 분류한 북위(北魏)의 명광개 모습과 북제(北齊)의 명광개 모습은[111] 모두 서역 갑옷의 특징을 보인다. 즉, 가슴 좌우 부분에 어린상(魚鱗狀) 타원형의 호심원을 짜 넣은 양당개의 모습에서 호심원만을 찰갑이 아닌 철판으로 크게 확대시킨 모습이고, 다른 부분도 찰갑이 아닌 것으로 나타난다. 중국의 문헌 자료에는 명광개라는 명칭에 대한 설명이 보이지 않는다. 학자들은 다만 가슴 쪽의 둥근 부분이 태양 광선에 반사되어 빛나기 때문에 명광개라고 불렀을 것으로 추측할 뿐이다.[112]

107) 《三國史記》卷27, 〈百濟本紀〉, 武王條. "27년(627년)에 당나라에 사신을 보내 명광개를 예물로 보냈다(遣使入唐, 獻明光鎧)."
108) 《三國史記》卷27, 〈百濟本紀〉. "遣使入唐, 獻鐵甲雕斧."
109) 《三國史記》卷27, 〈百濟本紀〉. "又遣使於唐, 獻金甲雕斧."
110) 《三國史記》卷21, 〈高句麗本紀〉. "(寶藏王 4年) 때에 백제가 金髤鎧를 바치었고, 또 玄金으로 文鎧를 만들어서 사졸들이 입고 다녔는데, 당주가 勣과 만나자 갑옷의 광채가 태양에 빛났다(時百濟上金髤鎧, 又以玄金爲文鎧, 士被以從. 帝與勣會, 甲光炫日)"; 《新唐書》卷220, 〈列傳〉, 高麗傳. "이때 百濟가 金髤鎧를 바치고, 또 玄金으로 山五文鎧를 만들어 (보내와) 士卒들이 (그것을) 입고 從軍했다. 太宗과 (李)勣의 (군사가) 모이자 갑옷이 햇빛에 번쩍거렸다(時百濟上金髤鎧, 又以玄金爲山五文鎧, 士被以從)."
111) 楊泓, 〈中國古代的甲冑〉下篇, 《考古學報》, 1976年 2期, 69~71쪽.

〈그림 24〉 북위의 명광개를 입은 무사 도용 〈그림 25〉 북제의 명광개를 입은 무사 도용

《주서》의 〈채우전(蔡祐傳)〉을 보면, 남북조시대 북제(北齊)와 북주 (北周)의 군대가 망산(邙山)에서 전쟁을 할 때 북주의 장군인 채우가 명광개를 입어 북제의 군사들은 그를 철맹수(鐵猛獸)라고 부르면서 모두

112) 같은 글, 69쪽 ; 《中國服飾五千年》, 70쪽.

당황해 이를 피했다는 내용이 있다.[113] 이로 보아 당시 중국에서 명광개
는 군대의 통솔자만이 입었던 귀한 것이었음을 알 수 있다. 그런데 중국
의 경우와는 달리 《신당서(新唐書)》 〈고(구)려전〉에는 보장왕 4년의 고
구려와 당의 전쟁에서 당나라 군사가 고구려의 명광개를 1만 벌씩이나
노획했다는 내용이 나온다.[114] 이로 볼 때, 고구려는 명광개를 매우 많이
생산했던 것으로 보인다. 또한 백제에서 당나라에 명광개를 예물로 보냈
던 사실 등으로 미루어, 중국에서는 명광개가 매우 귀했던 것으로 생각
된다. 또한 고구려 벽화에서 중국 학자들이 명광개로 분류한 가슴에
둥근원의 모습을 넣은 갑옷은 전혀 찾아볼 수 없어 《주서》와 《신당서》
에 기재된 명광개는 고구려 벽화에 보이는 어린갑옷의 한 종류일 가능성
이 크다. 《신당서》가 씌인 송대(宋代)와 《주서》가 씌인 당대(唐代)에는
중국에서도 몸 전체를 덮는 어린갑으로 된 갑옷과 말갑옷이 크게 보급된
시기이기 때문에, 호심원을 짜 넣은 양당개와 고구려에서 생산한 어린갑
옷류를 구분하지 못해 동일하게 명광개라고 했을 리 없다. 따라서 지금
의 중국 학자들이 호심원이 있는 양당개를 명광개로 보는 것은 잘못이라
고 하겠다.

신라의 금관무덤에서 나온 찰갑의 경우 동으로 만든 것과 철로 만들고
동을 씌운 것이 있는데, 철로 만든 것과 달리 그 빛이 금보다 더욱 화려하

---

113) 《周書》 卷27, 〈列傳〉, 蔡祐傳. "祐時著明光鎧, 所向無前. 敵人咸曰, 此是鐵猛獸也,
皆遽避之."

114) 《三國史記》 卷21, 〈高句麗本紀〉, 寶臧王4年條. "…… 靺鞨 사람 3,300명을 붙잡아
전부 산 채로 묻어버렸다. 말 5만 필, 소 5만 두, 명광갑옷 1만 벌을 노획했고, 기타 기재들
도 이만큼 되었다(收靺鞨三千三百人悉坑之. 獲馬五萬匹·牛五萬頭·明光鎧萬領, 它器
械稱是)"; 《新唐書》 卷220, 〈列傳〉, 高(句)麗傳. "太宗은 酋長 3,500명을 가려내어
모두 벼슬을 주어서 내지로 들여보내고, 나머지 3만 명은 (그 나라로) 돌려보냈다. 靺鞨
사람 3,000여 명은 목을 베었다. 노획물은 牛馬 10만 필과 明光鎧 1만 벌이었다(帝料酋長
三千五百人, 悉官之, 許內徙, 餘衆三萬縱還之. 誅靺鞨三千餘人, 獲馬牛十萬, 明光鎧
萬領)."

다. 이 같은 예로 보아 고구려와 백제에서 만든 명광개와 백제에서 만든 금갑은 동으로 만들었거나 철로 만들고 동을 씌운 것일 가능성이 매우 크다.

백제에서 생산한 금휴개는 금빛 나는 칠을 한 갑옷으로 보이는데, 이 금칠(金漆)에 대한 《통전(通典)》의 다음 내용을 볼 때 금휴개는 철갑편 위에 황칠수(黃漆樹)의 수액(樹液)인 금칠을 했을 가능성이 크다.

> 서남쪽으로 바다 가운데 세 섬이 있는데, 거기에서 황칠수가 난다. 그 나무
> 는 소가수(小檟樹)와 비슷하나 크다. 6월에 즙을 받아 기물에 칠을 하면 황금
> 과 같이 그 광채가 눈이 부셨다.[115]

여기서 기재한 황칠수가 나는 섬과 관련해 《해동역사(海東繹史)》에서는 완도(莞島)로[116] 《성호사설(星湖僿說)》에서는 제주도[117]로 설명하고 있다. 금휴개는 금빛 나는 칠을 한 갑옷이라고 해석되므로, 이러한 칠을 한 갑옷을 금휴개로 불렀을 가능성이 크다. 중국에서는 이 금칠이 나오지 않으므로 금휴개는 당연히 수입품이거나 예물로 받은 귀한 물건이었을 것이다. 그러면 문개(文鎧)는 무엇으로 만들었을까? 문개는 현금(玄金)으로 만들어졌다고 한다.[118] 현갑(玄甲)은 철갑이라고[119] 하여 철로 만

---

115) 《通傳》卷185. "西南海中有三島, 出黃漆樹似小檟樹而大, 六月取汁漆器物, 若黃金其光奪目";《新唐書》卷220,〈列傳〉, 百濟傳. "有三島, 生黃漆, 六月刺取瀋, 色若金."

116) 《海東繹史》卷26. "謹按, 黃漆金産於唐津加里浦島, 古所謂莞島也, 我邦一域, 惟此島産黃漆."

117) 《星湖僿說》卷21,〈經史門〉, 徐市. "통전에서 말하기를, 백제는 바다 가운데 세 섬이 있어 황칠수가 나는데, 6월에 그 즙을 내어 그릇에다 칠하면 황금빛과 같다고 했다. 이는 지금의 황칠이라는 것인데, 오직 제주에서만 생산된다(通典云, 百濟海中有三島, 出黃漆樹, 六月取汁柒器物, 若黃金, 此乃今之黃漆, 而惟濟州産)."

118) 《三國史記》卷21,〈高句麗本紀〉, 寶臧王4年條. "이때 백제가 금휴개를 바치고, 또 현금으로 만든 문개를 군사들에게 입혀 종군했다(時, 百濟上金髹鎧, 又以玄金爲文鎧, 士被以從)."

들어진 것으로 보인다. 그러면 현금은 철이나 금 같은 금속으로 만들어진 갑옷으로 설명할 수 있다. 뒤에서 언급하겠지만, 신라 사람들은 유석(鍮石)이라고 불리는 황금 같은 빛이 나는 황동(黃銅)[120]을 많이 사용했기 때문에 백제의 경우도 유석을 철과 함께 사용해 문개를 만들었을 것으로 생각된다. 《삼국사기》에서 문개가 현금(玄金)으로 만들어졌다고 설명한 것은 이러한 이유 때문이었을 것이다. 금갑(金甲)도 유석으로 만들었을 것으로 생각된다. 따라서 금휴개나 명광개를 단순히 도금한 쇠찰갑으로 보거나,[121] 백제의 명광개를 황칠을 한 금휴개와 같은 것으로 보는 것[122]은 잘못이다.

한·위(漢·魏)의 문학작품에는 현갑에 대한 내용이 자주 보이는데, 반고(班固)의 〈봉연산명(封燕山銘)〉에는 '현갑요일(玄甲耀日)'[123]이라고 표현되어 있고, 《삼국지》에는 조비(曹丕)가 황초(黃初) 6년 광릉(廣陵)에서 병사들을 바라보며 지은 시 구절 가운데 '현갑요일광(玄甲耀日光)'[124]의 내용으로 현갑의 빛나는 모습을 묘사한 부분이 있다. 백제의 금휴개와 문개의 모습에 대해 《삼국사기》에는 '갑광현일(甲光炫日)'이라고 해서 중국의 현갑보다 더욱 밝게 빛나는 모습으로 묘사되어 있어,[125] 금휴

119) 《史記》 卷111, 〈衛將軍驃騎列傳〉에서 '玄甲'에 주석을 달아 정의하기를 "玄甲, 鐵甲也"라고 했다.

120) 《演繁露》. "黃銀者, 果何物也. 世有鍮石者, 質實爲銅, 而色如黃金, 特差淡耳, 黃銀殆鍮石也. 鍮金屬也, 而附石爲字者, 爲其不皆天然自生, 亦有用盧甘石煮鍊而成者, 故兼擧兩物而合爲之名也";《本草綱目》, 〈金石部〉. "赤銅下李時珍曰, '赤銅爲用最多, 人以爐甘石鍊爲黃銅, 其色如金'."

121) 고고학연구소, 《고고민속론문집》 2, 사회과학원출판사, 1970, 59~60쪽.

122) 이도학, 《새로 쓰는 백제사》, 푸른역사, 1997, 529쪽.

123) 《六臣注文選》 卷56, 〈四部叢刊〉 第28冊, 封燕山銘.

124) 《三國志》 卷2, 〈魏書〉, 文帝紀.

125) 《說文解字》에 따르면 '炫'은 '燿燿也'라고 했고, '耀'는 '照也'라고 했다. '照'는 '明也'라고 해 '炫'과 '耀'는 같은 뜻이나 위의 해석으로 볼 때 '炫'이 '耀'보다 강한 의미를 가지고 있다고 하겠다.

개와 문개의 우수성을 짐작할 수 있다.

이상의 내용으로부터 백제와 고구려의 명광개가 중국 갑옷에 큰 영향을 주었으며, 백제의 금휴개와 문개 그리고 금갑도 마찬가지였음을 알 수 있다.

5. 신라와 가야 갑옷이 일본에 준 영향

신라는 한의 진한 지역에서 건국되었고 가야는 한의 변한 지역에서 건국되었으므로 신라와 가야는 모두 한의 사회 수준을 계승한 나라였는데, 한은 고조선을 계승한 나라 가운데 하나로서 상당히 발달한 국가 단계의 사회였다. 이 같은 상황이었기 때문에 신라와 가야의 갑옷은 고조선의 갑옷 생산 양식을 거의 그대로 이었을 것으로 생각된다. 한(韓)의 진한과 마한 및 변한은 큰 방패를 잘 사용했는데,[126] 고조선의 그것을 이었을 것이다. 더욱이 진한과 변한에서는 철의 생산이 풍부해 갑옷과 무기 생산이 더 활발했을 것이다.

신라에서는 진골·6두품·5두품·4두품뿐만이 아니라 일반 평민들도 차기(車騎)와 기물 및 가옥에 이르기까지 금·은·유석·철·동·납 등을 사용했다.[127] 이로 볼 때, 철뿐만이 아니라 금·은·유석·동·납의 생산이 많았음을 알 수 있다. 따라서 갑옷의 경우에도 철과 유석 및 동 등을 자유롭게 재료로 사용했을 것이다. 신라 사람들이 즐겨 사용한 유석은 바로 금과 같은 색이 나는 황동(黃銅)을 가리키는 것이다. 고구려와 백제

---

126) 《晋書》卷97, 〈列傳〉, 馬韓. "활·방패·창·큰 방패를 잘 쓰며……(善用弓楯矛櫓)";
　　《晋書》卷97, 〈列傳〉, 辰韓. "그 풍속은 마한과 비슷하며, 병기도 역시 마한과 비슷하다 (其風俗可類馬韓, 兵器亦與之同)."

127) 《三國史記》卷33, 〈雜志〉, 車騎條 참조.

에서 만든 명광개 혹은 금갑이 바로 이 황동으로 만든 갑옷으로, 그렇게
금빛을 띠었던 것이다. 《삼국사기》의 기재에 유석이 금과 은 다음으로
나열되고 동이나 철 및 납보다 앞에 나열된 것으로 보아, 신라인들은
유석을 귀중한 금속재료로 삼았음을 알 수 있다. 실제로 신라 고분들[128]
에서 철과 유석으로 만든 갑편이 출토되었는데, 출토된 찰갑들이 장방형
인 점으로 보아 고조선 갑옷의 양식을 그대로 계승했음을 알 수 있다.

가야에서 갑옷과 투구를 생산했음을 알려주는 내용이 《삼국유사》의
〈가락국기(駕洛國記)〉에 보인다.[129] 이를 실제 출토 유물에서 확인해보
자. 김해 지역 출토의 개마무인상 토기에 보이는 말은 마갑으로 무장되
어 있고, 기사는 단갑과 투구로 무장했으며, 방패로 앞을 보호했다.[130]
개마무인상 토기에 보이는 투구는 경주 금령총[131]의 기마 인물상 토기의
무장 모습에서 보는 것과 같은 철제 변모(弁帽)형 투구이다. 이는 중국의
남북조시대 단갑의 양식과는 전혀 다른 것으로, 고조선 갑옷의 양식을
그대로 계승해 더 발전시킨 모습이라고 하겠다. 또한 4세기경에 속하는
김해 예안리 150호 고분[132]에서도 철제 투구를 구성했던 긴 장방형이나

---

128) 齋藤忠, 〈慶州皇南里第109號墳〉, 《昭和9年度古蹟調査報告》第1冊, 1937 ; 李熙濬,
〈慶州 皇南洞 第109號墳의 構造再檢討〉, 《三佛金元龍教授停年退任紀念論叢》, 1987 ;
濱田耕作·梅原末治, 〈慶州金冠塚と其遺物〉, 《古蹟調査報告》第3冊, 1924 ; 朝鮮總
督府, 〈慶州金冠塚と其遺寶〉, 《古蹟調査特別報告》第3冊, 似玉堂, 1924 ; 有光敎一,
〈皇吾里第54號墳甲塚〉, 《古蹟調査概報 慶州古墳昭和八年》, 1934 ; 齋藤忠, 〈慶州皇
南里第109號墳皇吾里第14號墳調査報告〉, 《昭和九年度古蹟調査報告》1, 1937.

129) 《三國遺事》卷2, 〈駕洛國記〉. "그들이 처음 왔을 때, 몸에 갑옷을 입고 투구를 쓰고
활에 화살을 건 한 용사가 사당 안에서 나오더니……(初之來也, 有躬擐甲冑, 張弓挾矢,
猛士一人, 從廟中出……)."

130) 李殷昌, 〈新羅馬刻土製品과 伽倻鎧馬武人像土器〉, 《新羅伽倻文化》11, 8~11쪽.

131) 梅原末治, 〈慶州金鈴塚飾履塚發掘調査報告〉, 《大正十三年度古蹟調査報告》, 1932.

132) 가야는 서기 42년에 독립국으로 출범해 서기 400년경까지는 지금의 김해 지역에 있었던
금관가야가 대가야로서 가야 전체를 통치했다. 따라서 예안리 150호 고분은 금관가야의
유물이라고 할 수 있다.

〈그림 26〉 김해 퇴래리에서 출토된 판갑옷

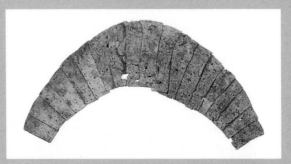

〈그림 27〉 김해 대성동 39호묘에서 출토된 경갑

윗면이 둥근 장방형의 철갑편들이 출토되었다.[133] 같은 4세기경에 속하는 김해 퇴래리에서는 판갑옷이, 김해 대성동 39호묘에서는 경갑이 출토되었다.

---

133) 申敬澈, 〈金海禮安里古墳群第4次發掘調査報告〉, 《韓國考古學年報》8, 1980, 154~
162쪽.

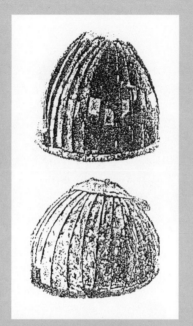

〈그림 28〉 고이산성 유적에서 출토된 투구

이로 보아 가야에서는 철제 변모형 투구와 찰갑편을 연결해 만든 투구 그리고 판갑옷 등을 사용했음을 알 수 있다.

이 찰갑편을 연결해 만든 투구 양식은 안악 2호 고분벽화에 보이는 무사가 쓰고 있는데, 그 실제 유물이 요령성 무순시 고이산성 유적[134]과 조양시 십이대(十二臺) 향전력(鄕磚歷) 88M1묘에서 경갑(頸甲)과 함께 출토되었다.[135] 이러한 내용들은 한반도와 만주에 자리한 여러 나라들이 모두 고조선의 갑옷 양식을 그대로 이었음을 알려준다.

---

134) 徐家國·孫力, 〈遼寧撫順高爾山城發掘簡報〉, 《中國考古集成》, 東北卷 兩晋至隋唐 (二), 1992, 298~310쪽.

135) 遼寧省文物考古研究所·朝陽市博物館, 〈朝陽十二台鄕磚歷88M1發掘簡報〉, 《文物》, 1977年 第11期, 19~32쪽.

〈그림 29〉 부산 동래구 복천동 10 · 11호 고분에서 출토된 투구

〈그림 30〉 부산 동래구 복천동 10 · 11호 고분에서 출토된 경갑

5세기 중엽에 속하는 부산 동래구 복천동 10호와 11호 고분에서 출토
된 투구와 경갑 및 단갑,[136] 5세기 후반기에 속하는 고령 지산동 32호
고분에서 출토된 투구,[137] 부산시 시립박물관에 소장된 단갑은 찰갑편의
크기는 서로 다르지만 모두 긴 장방형을 공통적인 특징으로 하고 있다.
그 밖에 부산시 동래구 연산동에서 출토된 단갑은 삼각형이나 장방형
및 방형의 갑편들을 연결해 만든 것이다. 이것들은 앞에서 서술한 긴
장방형의 갑편으로 연결한 단갑과 비교할 때 연결 갑편의 형태가 서로
다르지만, 작고 둥근 단추형 철징으로 이음새를 처리한 점을 공통적인
특징으로 한다. 이 같은 이음새의 처리 방식을 고구려의 새로운 기법이
한반도 남부에 들어온 것으로 보는 견해가 있으나,[138] 이는 고조선의 청
동장식단추와 철장식단추의 기법을 그대로 계승해 이은 것이다. 또한
동래·고령·부산은 가야가 차지했던 영역으로서 이것들은 가야의 유물
이므로, 단갑의 전체적인 형태가 같은 특징을 갖는 것은 당연하다. 경상
남도 창원시 다호리(茶戶里) 유적에서는 기원전 1세기경으로 추정되는
칠기(漆器) 찰갑편이 출토되었다.[139] 이는 신라에 못지않게 가야의 갑옷
생산이 건국 이전부터 매우 발달한 기초 위에서 다양하게 이어져왔음을
말해준다.

또한 5세기 후반에 속하는 부산시 연산동 고분에서 출토되었다고 전

---

136) 申敬澈, 〈釜山市福泉洞古墳群遺跡一次發掘調査槪要와 意義〉, 《釜山直轄市立博物
館年報》第三輯, 1981 ; 鄭澄元·申敬澈, 〈東萊福泉洞古墳群I〉, 《釜山大學校博物館
遺跡調査報告》第5輯, 1983.

137) 金鐘徹, 〈高靈池山洞古墳群〉, 《啓明大學校博物館遺跡調査報告》第一輯, 1982.

138) 鄭澄元·申敬澈, 定森秀夫 譯, 〈古代韓日甲冑斷想〉, 《武具》, 學生社, 1991, 281~282쪽.

139) 李建茂 외, 〈義昌 茶戶里遺蹟 發掘進展報告(I)〉, 《考古學誌》第1輯, 韓國考古美術研
究所, 1989, 5~174쪽 ; 〈昌原 茶戶里遺跡 發掘進展報告(II)〉, 《考古學誌》第3輯, 韓
國考古美術研究所, 1981, 5~111쪽 ; 〈昌原 茶戶里遺蹟 發掘進展報告(III)〉, 《考古學
誌》第5輯, 韓國考古美術研究所, 1994, 5~113쪽.

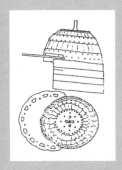

〈그림 31〉 부산 연산동 고분에서 출토된 철투구(왼쪽)
〈그림 32〉 숭전대학교 박물관 소장 철투구(가운데)
〈그림 33〉 고령 지산동 32호 고분에서 출토된 투구(오른쪽)

하는 철투구[140]와 출토지 미상인 숭전대학교 박물관 소장 철투구 및 고려
대학교 박물관 소장 철투구는 공통점을 갖는다. 이들은 모두 챙이 있고
투구를 구성한 찰갑의 형태가 모두 장방형의 모습이며, 위에 서술한
단갑의 경우와 마찬가지로 투구의 찰갑과 찰갑의 연결 부분에 작고 둥근
장식단추형 철징을 이용해 장식 효과도 함께 하고 있다. 이들 철투구가
한반도의 남부에서 발견되었다는 점과 그 형태로 볼 때 신라나 가야의
유물로 추정된다. 또한 5세기 중엽에 속하는 동래구 복천동 10호·11호
고분에서 출토된 투구와[141] 5세기 후기에 속하는 경상북도 고령 지산동
32호 고분에서 출토된 투구[142]의 경우 그 모습이 긴 장방형의 찰갑으로
구성되어 있어 다른 투구들보다 비교적 긴 형태이며 윗부분을 둥글게
마무리했다. 이 둥근 꼭대기 부분의 철제복발(鐵製伏鉢)을 북방적인 요

140) 穴澤和光·馬目順一, 〈南部朝鮮出土の鐵製鋲留甲冑〉, 《朝鮮學報》 第七六輯, 1975.
141) 申敬澈, 〈釜山市福泉洞古墳群遺跡一次發掘調查概要와 意義〉, 《釜山直轄市立博物
館年報》 第三輯, 1981 ; 鄭澄元·申敬澈, 〈東萊福泉洞古墳群I〉, 《釜山大學校博物館
遺跡調查報告》 第5輯, 1983.
142) 金鐘徹, 〈高靈池山洞古墳群〉, 《啓明大學校博物館遺跡調查報告》 第一輯, 1982.

소로 보고[143] 몽고발형(蒙古鉢形) 투구라 부르면서 고구려가 몽골의 영향을 받았다고 보는 견해가 있다.[144]

그러나 북방 지역에서는 둥근 꼭대기 부분의 철제복발을 하거나 긴 장방형의 찰갑을 연결해 만든 투구를 사용하지 않았다. 이는 지난날 일부 학자들이 고구려의 갑옷과 투구가 북방 지역의 영향을 받았을 것이라는 선입관을 갖고 있었기 때문에 얻은 결론인 것이다. 오히려 신라나 가야의 투구는 고구려 투구와 같은 모습을 하고 있으면서 단지 꼭대기 부분의 마무리 모습에서 변형을 보일 뿐이다.

고구려와 신라 그리고 가야의 유적에서 이 투구들과 함께 발견된 경갑의 경우도 투구를 구성한 찰갑과 같은 모양의 찰갑으로 연결해 만들어진 것이며, 여미는 부분은 신라 고분에서 발견된 정강이 가리개와 같은 모습으로 마무리되어 있다. 이 같은 경갑은 중국이나 북방 지역에서는 사용하지 않은 것이다.

또한 경주 인왕동 고분에서 마갑(馬甲)을 덮은 마각화(馬刻畵) 토제품이 출토되고[145] 합천 옥전 고분군에서 마갑이 출토됨으로써[146] 고구려 고분벽화에 보이는 찰갑 기마 무장이 낙동강 유역의 신라와 가야 지역에도 있었음을 알려주고 있다. 따라서 한반도 남쪽 지역에서 출토된 갑옷 편과 그 부속물들은 그 구성 찰갑의 형태가 고조선의 장방형을 그대로 계승하고 있고 전체 모습에서 고구려 갑옷의 모습과 같은 모습으로 나타나기 때문에 고조선의 양식을 이어받은 것으로 판단된다.

---

143) 鄭澄元·申敬澈, 定森秀夫 譯, 〈古代韓日甲冑斷想〉, 《武具》, 學生社, 1991, 282쪽.

144) 末永雅雄, 《日本上代の甲冑》, 創元社, 1944.

145) 이은창, 앞의 책, 137쪽.

146) 경상대학교 박물관, 〈합천 옥전고분 1차 발굴조사개보〉, 1986 ; 〈합천 옥전고분군Ⅰ-목곽묘〉, 1988 ; 〈합천 옥전고분군Ⅱ-M3호분〉, 1990 ; 〈합천 옥전고분군Ⅲ-M1·M2호분〉, 1992 ; 〈합천 옥전고분군Ⅳ-M4·M6·M7호분〉, 1993.

이 같은 한반도의 갑옷 생산 기술은 일본의 초기 갑옷 생산에 깊은
영향을 주었다. 4세기[147]와 5세기경 일본에서 만들어진 철갑옷과 철투구
들은 신라와 가야의 갑옷과 같은 모습들을 하고 있다. 이와 관련해 일본
학자들은 도래한 대륙 공인(工人)의 제작 기술을 응용해,[148] 또는 도래한
대륙의 공인 및 한반도 남부에서 귀화해 온 기술자들과 기술 교류에
따라,[149] 또는 일본의 공인 및 조선과 중국에서 도래한 공인을 통합한
공인 조직에 따라[150] 모두 일본에서 만들어졌다는 견해를 제시하고 있다.
혹은 연산동과 상백리에서 출토된 갑옷과 투구를 일본의 것으로 단정하
고, 일본이 한반도 남부를 경영했다는 방증 자료로 삼기도 한다.[151] 중국
학자들은 4~5세기 일본 갑옷이 중국의 영향을 받은 한반도의 기술을
이은 것이라고 주장한다.[152] 그러나 이 갑옷들은 중국의 갑옷과는 다른
모습을 보여주며, 고조선 갑옷의 특징을 그대로 드러내고 있다.

일본의 고분에서는 고조선의 유적에서 발견되는 것과 같은 청동제
갑편은 출토되지 않는다. 1872년 오사카(大阪)에 위치한 인덕릉(仁德陵)
이라고 전하는 다이센고분(大山古墳)에서 금과 같은 청동으로 만든 단갑
이 발굴되었으나, 무슨 이유에서인지 다시 매장되고 그 모습만 그림으로
남아 있다.[153] 중국 학자 양홍(楊泓)은 이 인덕릉에서 출토된 갑옷의 형태

147) 小野山節,〈古墳時代の裝身具と武器〉,《日本原始美術大系》5, 誹談社, 1978, 81~82
    쪽, 圖35.
148) 北野耕平,〈中期古墳の副葬品とその技術史的意義−鐵製甲冑における新技術の出
    現〉,《武具》, 學生社, 1991, 75~95쪽.
149) 野上伏助,〈古墳時代における甲冑の變遷とその技術史的意義〉,《武具》, 學生社,
    1991, 97~137쪽.
150) 小林謙一,〈甲冑製作技術の變遷と工人の系統〉,《武具》, 學生社, 1991, 149~198쪽.
151) 穴澤和光·馬目順一,〈南部朝鮮出土の鐵製鋲留甲冑〉,《武具》, 1975, 235~269쪽.
152) 楊泓,〈日本古墳時代甲冑及其和中國甲冑的關係〉,《考古》, 1985年 第1期, 61~77
    쪽；楊泓,〈中國古代馬具的發展和對外影響〉,《文物》, 1984年 第9期, 45~54쪽.
153) 末永雅雄,《增補 日本上代の甲冑》, 木耳社, 1981, 81~82쪽, 圖35.

와 화려한 미관으로 볼 때 일본이 철갑옷을 사용하기 이전 단계에 생산
된 청동갑옷을 보여준다고는 할 수 없다고 했다.[154] 한반도와 만주에서는
기원전 2600년경에서 기원전 2500년경 사이에 청동기 문화가 출현했고
기원전 12세기경에 철기 문화가 출현했으나, 일본 열도에는 기원전 300
년경에 그간 한민족이 이루어놓은 청동기 문화와 철기 문화가 한꺼번에
전달되었다. 위와 같은 일본의 갑옷 생산은 이러한 문화 이식 현상에서
비롯된 것이다.

　일본 열도에는 이 야요이(彌生) 문화의 뒤를 이어 4세기경에 고분
문화가 나타나는데, 이 문화는 한반도의 가야 지역에서 건너간 것이다.
4세기부터 철정(鐵鋌)이 가야 지역에서 일본 열도로 전달되어, 일본에서
도 이를 이용해 본격적으로 철기 생산을 할 수 있게 되었다. 5세기 전반
에는 철제 마구류 등이 만들어졌고, 5세기 후반에는 철제의 갑옷과 투구
가 제조되었는데, 이 같은 제조 기술 역시 한반도의 가야 지역에서 건너
간 것이었다.[155] 그러므로 인덕릉에서 발견된 단갑의 재질이 금과 같은
청동이라고 한 것은 앞에서 말한 신라 사람들이 즐겨 사용한 유석, 곧
황동을 가리키는 것으로 보이며, 신라나 가야에서 수입한 물품일 것으로
생각된다.

　또한 나라현(奈良縣) 고조시(五條市) 묘총(猫塚) 고분 출토 철투구, 치
바현(千葉縣) 기사라주시(木更津市) 출토 철투구, 시가현(滋賀縣) 신카이
(新開) 고분, 오사카부(大阪府)의 칠관(七觀) 고분,[156] 사이마다현(埼玉縣)
고라마초이(兒玉町) 쿠노산(生野山) 고분에서 출토된 단갑 등은 가야의

---

154) 楊泓, 〈日本古墳時代甲冑及其和中國甲冑的關係〉, 《考古》, 1985年 第1期, 61쪽.

155) 윤내현, 《한국열국사연구》, 453~497쪽 참조.

156) 網干善敎, 《五條猫塚古墳》, 奈良縣史跡名勝天然記念物調査報告, 1962 ; 西田弘·鈴
　　　木博司·金關恕, 《新開古墳》, 滋賀縣史跡調査報告 第12冊, 1961 ; 樋口隆康·岡崎敬·
　　　宮川徒, 〈和泉國七觀古蹟調査報告〉, 《古代學硏究》 27, 1961.

〈그림 34〉 고조시 묘총 출토 철투구(왼쪽)
〈그림 35〉 기사라주시 출토 철투구(가운데)
〈그림 36〉 고라마초이 쿠노산 고분 출토 단갑(오른쪽)

유적인 동래 복천동 10호와 11호 고분의 유물과 거의 일치하며, 나라(奈良) 지방의 초기 고분은 입지 조건, 내부 구조, 장법 등에서 한반도의 가야 고분과 비슷한 양상을 띠고 있다.[157] 이 같은 사실들은 이 유적과 유물의 주인공들이 한반도의 가야계였음을 말해주는 것으로, 일본에서 출토되는 갑옷과 투구들은 한반도에서 수입한 것이거나 한반도에서 일본 열도로 이주한 가야인들이 한민족의 발달한 문화를 그곳에 전달했던 결과라고 생각된다.

6. 한민족 갑옷의 우수성 재인식

고대 한국 갑옷과 주변국 갑옷의 비교 연구를 통해 다음과 같은 중요한 사실들을 알 수 있었다. 첫째, 한반도와 만주 전 지역에 보이는 갑옷 재료와 갑옷 양식에서 동질성이 확인되었다. 이러한 동질성은 신석기시대부터 이어지는 고조선 지역의 토착 문화로서, 황하 유역이나 시베리아

---

157) 尹石曉, 〈伽倻의 倭地進出에 대한 一研究〉, 《百濟·新羅·伽倻史 研究》, 白山資料院, 1995, 302쪽.

지역의 갑옷 재료 및 양식과 구별된다. 따라서 갑옷만을 주목하더라도 고조선 시기의 한민족은 독자적 성격의 문화권을 형성했다는 사실을 포착할 수 있다. 그러므로 지금까지 고찰한 고조선의 갑옷 양식과, 그 전통을 이어받은 여러나라시대의 갑옷 양식들은 고대 한민족의 자생적 토착 문화로서 자리매김될 수 있을 것이다.

둘째, 고조선은 뼈갑옷·가죽갑옷·청동갑옷·철갑옷을 동아시아에서 가장 먼저 독자적으로 생산한 나라일 뿐만 아니라, 중국 갑옷에 영향을 준 나라이다. 여러나라시대의 갑옷과 말갑옷은 고조선의 갑옷 양식을 계승해 나라마다 다소 특징적으로 발전했으며, 같은 시기의 중국이나 북방 지역의 갑옷보다 훨씬 우수했다. 따라서 중국과 북방 지역은 물론 일본의 갑옷 생산에 크게 영향을 주었다. 한마디로 고대 갑옷은 모두 고조선 문화에서 확산된 것이라고 해도 지나치지 않다. 그러므로 갑옷을 중심으로 복식사를 검토할 때, 고조선을 중심으로 형성된 한민족의 고대 문화가 일정한 한류를 형성하며 동아시아 지역 문화 발전에 크게 영향을 미쳤을 것으로 추론된다.

그런데 우리 복식학계는 여전히 중국과 북방 복식의 영향론을 펼치는 전파주의적 해석에서 벗어나지 못하고 있다. 학계의 이러한 한계는 방송에서도 그대로 반영되어 나타난다. 현재 인기리에 방영되는 여러 방송사들의 역사 드라마들을 보면, 이러한 갑옷 문화의 독자성은 물론 한민족의 문화에 대한 올바른 이해와 고대 문화의 독창성에 대한 연구 성과를 제대로 반영하지 못한 까닭에 상당한 오류를 빚고 있다.

어떤 드라마에서는 우리 철기 생산 기술이 앞서는데도 오히려 중국의 철기 생산 기술이 더 우수한 것으로 여기고 우리 병영에서 중국 기술을 배워 오는 것으로 묘사하는가 하면, 동부여의 철기군보다 중국의 철기군 갑옷을 더 우수한 것으로 묘사하고 있다. 게다가 고조선의 대표적 유물인 비파형 동검과 세형 동검도 드라마에서는 보이지 않는다.

다른 드라마에서는 삼국시대의 철기군이 나온다. 철기군의 병사와 말이 모두 갑옷을 입었는데, 삼국시대의 실제 갑옷보다도 훨씬 수준 낮은 갑옷으로 무장했을 뿐만 아니라 적의 화살에 쉽게 뚫리는 갑옷인 것처럼 표현되고 있어서 실제 사실과 다르다. 또 다른 드라마에서 고구려의 장군은 중국의 갑옷인 양당개를 입고 병사들은 고구려의 특징이 있는 갑옷을 입고 있어 모순을 낳고 있다. 물론 드라마 제작이 반드시 역사적 사실만을 다루거나 고증을 꼭 따라야 하는 것은 아니다. 그러나 여러 방송사들이 역사적 사실이나 문화적 사실과 달리 근거 없는 내용을 드라마로 방영하는 것은 시청자들에게 우리 역사와 고대 문화를 왜곡되게 인식시킬 뿐만 아니라, 이 드라마들이 중국에서 방영될 경우 오히려 우리 고대사를 중국사에 편입시키려는 동북공정에 이바지할 수도 있다.

실제로 우리 민족의 금속을 다루는 기술은 매우 발달해, 청동기 문화부터 주변국보다 훨씬 앞선 기술을 보여준다. 기원전 2000년기에 속하는 중국의 청동 유물과 같은 시기의 고조선의 청동 유물을 비교한 결과, 기원전 2000년기에 중국 청동기는 거의 자연동에 가까운 성분을 보이고 야련의 과정을 거치지 못했으나, 고조선의 청동기들은 제각기 용도에 맞는 성분으로 석과 연이 배합되어 있었다.

기원전 16세기부터 기원전 13세기까지의 중국 청동 유물을 보면, 동과 석 및 연의 합금 기술을 가지고는 있지만 연과 석의 비율이 너무 높거나 낮고 석이나 연이 전혀 섞이지 않는 등 합금의 성분이 기물의 용도에 적합하지 못했다. 고조선 초기의 청동기들은 석과 함께 합금의 기계적 성질과 강도 및 연신율을 제고시키는 아연을 사용했으나 중국에서는 상대까지 아연이 전혀 사용되지 않았으며, 서주 초기부터 비로소 소량이 사용되기 시작하지만 청동의 질을 높이는 그 밖의 성분들, 곧 비소·안티몬·비스무트·코발트·은 등의 성분은 보이지 않는다.

이와 같은 사정은 서한시대에 만들어진 청동갑편에서도 마찬가지로 볼 수 있다. 서한의 청동갑편은 석의 함유량이 부족하고 연 등의 기타 성분도 보이지 않아 청동 주조 수준이 고조선에 미치지 못한다. 이 같은 청동 가공 기술은 비소를 많이 사용한 시베리아 지역이나 독립국가연합 지역과도 큰 차이가 있으므로, 고대 한국의 청동 가공 기술은 중국이나 북방 지역과 무관하게 독자적으로 발달했음을 알 수 있다.

철기 생산의 경우도 마찬가지이다. 고조선의 유적인 평양 지역의 강동군 송석리 1호묘에서 기원전 12세기경의 강철로 만든 쇠거울이 출토되었다. 강철은 연철이나 선철의 생산 공정이 선행되어야 하기 때문에 고조선의 철기 생산 시작 연대는 이보다 몇백 년 정도 앞설 것이다. 중국에서는 전국 초기까지 생철이 그대로 생산되어 제철제강 수준은 거의 발달하지 않았다. 생철에서 주철로의 발전은 전국 중후기에 와서야 보편적으로 나타나지만, 연강(煉鋼) 기술은 여전히 초기 단계에 속해 농기구 등에 강철 제품이 사용되지는 못했다. 그러나 고조선은 같은 시기인 기원전 6세기경 거의 모든 지역에서 주철을 생산하기 시작했고, 주철로부터 연철·선철·강철을 만들어 무기와 공구 및 농기구 등에 널리 사용했다.

그런데 중국은 서한시대에 와서야 주철 생산 기술이 비교적 발달하지만, 그 수준은 여전히 고조선에 미치지 못했다. 철은 탄소 성분의 함유량 정도에 따라 굳기와 세기가 달라지는데, 고조선 후기에 해당하는 서한에 이르기까지 중국 철기 제품의 탄소 함유량은 적절하지 못한 것으로 보아 철기 제품이 용도에 맞게 제조되지 못했음을 알 수 있다. 그뒤 동한 중기에 이르러 제철제강 기술이 비교적 발달하고 위진남북조시대에 와서야 고조선의 수준에 이른다.[158] 중국보다 앞선 한민족의 제철제강 기술은 무기와 갑옷의 용품에도 그대로 이용되었던 것이다.

---

158) 박선희, 《한국고대복식-그 원형과 정체》, 547~599쪽 참조.

고구려·백제·신라·가야에서 사용하던 갑옷은 고조선의 발달된 금속 가공 기술을 토대로 주로 철로 만든 찰갑을 철징으로 고정시킨 어린갑을 사용했기 때문에 신축성이 크고 화살이나 창으로부터 몸을 잘 보호할 수 있었다. 나아가 주변국의 갑옷보다 경갑과 투구가 발달했고 청동징이나 철징이 달린 신발까지 갖추어져 있어 여러 모로 군사 장비가 앞섰다. 따라서 드라마에서처럼 병사들이 입은 갑옷에 화살이나 칼, 창 등의 무기가 잘 꽂히는 것은 실제 사실과 맞지 않는 상황이며, 우리 고대 갑옷의 수준을 낮게 평가하고 있는 것이다.

드라마가 미치는 대중적 영향을 생각하면 실제 사실과 달리 우리 고대사를 미화해서도 안 되지만 거꾸로 우리 고대사를 폄하해서도 안 될 것이다. 식민사관에 뿌리를 둔 우리 고대사 연구의 오랜 한계를 인정한다고 하더라도 이미 새로운 시각의 연구가 그러한 한계를 여러 모로 극복하고 있으므로 새로운 연구 성과를 적극 반영해야 할 것이다. 우리 드라마가 이제 해외로까지 진출되는 것을 고려할 때 우리 문화의 정체성이나 문화적 가치를 실제와 다르게 뒤떨어진 것으로 묘사하는 것은 여간 문제가 아니다. 방송사들이 심혈을 기울이는 역사 드라마는 그 자체로 새로운 한류를 형성하게 될 것이다. 따라서 극적인 흥미 중심으로 경쟁력을 확보하는 데 머물지 않고 극적인 내용이 담고 있는 역사적 사실과 한국 문화의 수준이 정확하게 반영될 수 있도록 학계의 새로운 연구 성과에 적극적으로 관심을 기울여야 할 것이다. 한류의 지속적인 발전을 위해서도 역사학의 새로운 연구 성과와 창조적인 역사 드라마가 유기적으로 만날 수 있는 길이 모색되기를 기대한다.

고대의 한류로서 우리 공연 예술이 동아시아에 미친 영향

전 경 욱

1. 시작하며

 필자는 2004년 8월부터 2005년 8월까지 1년 동안 중국 운남성(雲南省) 곤명시(昆明市)에서 연구년을 보내며 '한류 열풍'을 실감했다. 중국의 어느 지방을 가든, 내가 한국인이라는 것을 알게 되면 곧 한국의 드라마에 대해 이야기를 꺼냈다. 그리고 드라마에 나오는 내용이나 용어에 대해 질문하기도 했다. 요즘 한국의 텔레비전 드라마는 중국과 일본 및 동남아 여러 나라에서 선풍적인 인기를 끌고 있다. 사실 우리나라는 얼마 전까지만 해도 드라마를 수출하기는커녕 수입하기에 바빴다. 그러나 10년도 채 되지 않아 우리 드라마는 아시아의 시청자들을 사로잡으며 한류 열풍을 불러일으키고 있다.

 지금과 같은 한류 열풍은 처음 있는 일이 아니다. 이미 삼국시대에도 중국과 일본에서 인기를 끌었던 한류가 있었다. 고대로부터 우리의 공연 예술은 주변의 여러 나라와 교류를 통해 항상 그 독자성과 우수성을 갖추어왔다. 우리는 삼국시대부터 조선시대에 이르기까지 끊임없이 외래 연희를 수용해 공연 예술을 풍부하게 영위하면서, 그것을 우리의 취향에 맞게 개작해 한국화함으로써 새로운 공연 예술을 창출해왔던 것이다.

 상고시대 연희사의 잔영은 강원도 양구 상무룡리에서 발견된 구석기시대의 석제인면상(石製人面像), 부산 영도의 동삼동에서 출토된 신석기시대의 조개가면, 함북 웅기군 서포항에서 출토된 신석기시대의 인형, 여러 암각화(岩刻畵)에 새겨진 청동기시대의 그림 등 유물과 유적에서도 찾아볼 수 있다.[1] 이와 함께, 우리의 새로운 공연 예술을 성립시킬 수 있었던 뿌리는 부여의 영고, 고구려의 동맹, 예의 무천 같은 제천의식이

---

 1) 서연호, 〈고대연희사의 잔영을 찾아서〉, 《한국 가면극연구》, 월인, 2002, 9~40쪽.

나, 마한의 농경의식 같은 상고 사회의 가무 전통으로부터 이어지는
자생적·토착적 공연 예술이었다.

삼국시대에 서역과 중국으로부터 외래 연희들이 들어왔을 때, 이런
연희들을 담당할 수 있는 자생적 연희 전통이 있었기 때문에 삼국의
공연 예술은 수준 높은 연희로 발전할 수 있었다. 아무리 외래 연희가
유입되었더라도 그것을 담당할 만한 기반이 없었다면, 삼국에서 외래
기원의 공연 예술이 전승될 수 없었을 것이다. 그러나 삼국은 자생적
연희의 기반이 상당했기 때문에 외래의 공연 예술을 받아들여 더욱 발전
시키고, 다시 중국과 일본에 고구려악·백제악·신라악을 전달함으로써
진정한 의미의 교류가 가능했다.[2]

동아시아 공동의 문자인 한문이 삼국시대에 전래하고, 공동의 종교인
불교도 고구려에는 372년(소수림왕 2년)에 들어왔다. 이와 비슷한 시기에
동아시아 공동의 공연 예술인 산악(散樂)·백희(百戲)도 중국과 서역으로
부터 전래되었다.

고려시대와 조선시대에 백희·가무백희·잡희·산대잡극(山臺雜劇)·산
대희(山臺戲)·나례(儺禮)·나희(儺戲) 등으로 불렸던 공연 예술의 종목들
은 대부분 산악·백희에 해당하는 것이다. 그래서 이미 4세기 이전부터
서역악의 영향을 받아 고구려에서 잡희가 성행했고, 그것이 신라 통일
이후 백제의 잡희와 함께 신라 향악(鄉樂)에 오기(五伎) 등으로 집성되었
으며, 고려시대에 와서 연등회나 팔관회에서 연행되던 가무백희의 전통
이 오래되었다는 지적은 매우 설득력이 있다.[3] 여기서 말하는 잡희 또는
가무백희가 바로 산악·백희이다. 아울러 조선시대의 나례나 중국 사신
영접 행사 등에서 연행하던 연희인 산대희·산대잡극, 조선 후기의 많은

---

2) 전경욱, 《한국의 전통연희》, 학고재, 2004, 82~97쪽.
3) 이두현, 《한국 연극사》(신수판), 학연사, 2000, 32쪽.

유랑예인 집단들이 연행하던 연희들, 지금도 남사당패나 서커스단에서 연행하는 대부분의 연희들이 바로 산악·백희라고 아울러 부를 수 있는 종목들이다.

산악·백희는 한국·중국·일본 등 동아시아 국가들이 공동으로 보유했던 동아시아 공동의 공연 예술 유산이기 때문에, 산악·백희에 주목함으로써 한국 전통 공연 예술의 동아시아적 보편성을 밝힐 수 있다. 그리고 고구려의 고분벽화나 각종 문헌에 정착된 연희 자료들을 일관되게 해명할 수 있을 뿐만 아니라, 한국 전통 연희의 갈래·분포·담당층을 비롯해 후대 연희와 갖는 관련성을 살펴볼 수 있다. 나아가 고대의 한류로서 우리의 공연 예술이 중국과 일본 등 동아시아에서 큰 인기를 얻을 정도로 동아시아의 보편성과 함께 독자적 우수성을 갖추었던 모습도 살펴볼 수 있다.

2. 고대의 한류로서 고구려 공연 예술

고구려 시조 주몽이 고구려의 건국을 선언한 해는 기원전 37년이다. 고구려는 기원전 1세기 말부터 기원후 1세기 말에 이르는 동안 부여의 그늘에서 벗어나 만주와 한반도 일대의 새로운 국가 세력으로 커갔다.

고구려는 2세기 후반부터 4세기 전반 사이에 주변의 크고 작은 세력을 통합하고, 만주 남부와 한반도 중북부 일대에 남아 명맥을 유지하던 중국계 군현 세력을 완전히 소멸시켰다. 그리고 2세기 후반부터 고구려는 좀더 이질적이고 다양한 사회와 접촉해 이들을 자신의 영역으로 끌어들였다. 이로 말미암아 고구려 문화는 풍부한 내용을 지니게 되었다.

4세기 후반에서 6세기 초에 걸쳐 고구려의 영역은 이전에 견주어 크게 확장되었다. 고구려는 영역을 크게 넓히면서 동아시아의 국제 질서를 좌우하는 4강(强)의 하나로 떠올랐다. 중국의 패권을 다투던 남조(송·제·양·진)와 북조(북위·북제·북주), 내륙 아시아 스텝 유목 지대의 패자 유연(柔然)과 세력 균형을 이룬 고구려는 한 세기 이상 동북아시아 일대의 여러 세력에 대해 패권을 행사했다.

특히 고구려는 북위와 조공·책봉을 근간으로 매우 밀접한 교류를 진행했다. 이는 중국과 서역의 문화를 동시에 빨리 수용할 수 있는 매우 중요한 교류 방식이었다. 탁발(拓跋)씨는 서진(265~316) 때 지금 내몽골의 성도(省都) 호화호특(呼和浩特)에서 차량으로 한 시간 정도 거리의 남쪽에 자리한 화림격이(和林格爾)에 수도를 정하고 대(代)를 건국했는데, 이는 전진의 부견에게 합병되었다. 그뒤 전진과 동진의 전쟁 이후 전진의 통치력이 약해지자, 탁발규(拓跋珪)가 386년에 다시 대를 세웠다. 그리고 곧 국호를 '위(魏)'라고 고쳤는데, 이를 앞의 삼국시대 위와 구별해 '북위(北魏)'라고 부른다. 북위는 그뒤 남하해 398년 중국 산서성의 대동(大同)으로 수도를 옮기고, 효문제(孝文帝) 때 다시 하남성의 낙양(洛陽)으로 수도를 옮겼다.[4]

고구려와 북위의 교섭은 장수왕 13년(425) 고구려가 북위에 사신을 파견함으로써 시작되었고, 그뒤 북위와 고구려 사이에는 계속 교섭이 있었다. 430년경 북위가 북중국을 제압한 여세를 몰아 동진해오자, 당시 요서 지방과 하북의 일부를 차지하고 있던 북연과의 사이에 충돌이 생겼다. 당시 고구려로서는 427년 평양 천도 뒤 얼마 되지 않은 상황에서, 우호적인 북연을 공격해오는 신흥 북위의 동진세는 그 안위에 중대한 위협이었다. 이러한 정세에 대응해 고구려는 435년 6월 북위에 사신을 파견했다. 북위도 이오(李敖)를 파견해 장수왕을 책봉했다. 이해 가을 다시 고구려는 북위에 사신을 보냈다. 일단 조공과 책봉의 형식을 취한

---

4) 신승하, 《중국사(상)》, 대한교과서주식회사, 2005, 250~251쪽.

〈그림 1〉 내몽골 호화호특 화림격이 고분벽화의 연희 장면. 가운데 두 사람이 북을 치는 건고무(建鼓舞), 방울받기, 칼 던졌다가 받기, 수레바퀴 쳐올리기, 솟대타기, 물구나무서기, 책상 쌓아놓고 물구나무서기, 칼재주 부리기 등을 볼 수 있다

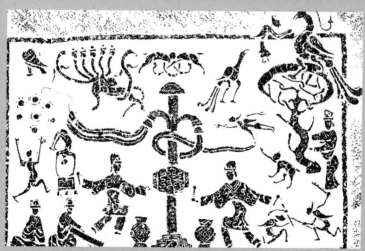

〈그림 2〉 중국 산동성 등주시 출토 동한 말기(147~189년)의 화상석. 가운데 두 사람의 건고무, 방울받기, 책상 쌓아놓고 물구나무서기, 칼재주 부리기 등을 볼 수 있다

〈그림 3〉 고구려 팔청리 고분벽화의 행렬도. 왼쪽부터 건고무, 마상재(말 타고 뿔나팔 불기), 칼재주 부리기, 방울받기, 서역 악기인 완함을 연주하는 가운데 나무다리 걷기 등이 보인다

양국의 사신 교환은 서로의 의중과 허실을 탐색하기 위해서였다. 460년 부터 북위가 내란에 빠지기 전인 523년까지 고구려가 북위에 사신을 파견한 횟수가 57회에 이를 정도였다. 이 시기 고구려가 중국 남조에 사신을 파견한 것이 9회임에 견줄 때, 북위와 관계 개선 및 그 유지에 관한 열의를 엿볼 수 있다.[5]

화림격이(和林格爾)의 동한(東漢)시대 고분벽화에 그려진 연희 장면 과 고구려 고분벽화에 그려진 연희 장면, 그리고 북위 지역인 영하(寧夏) 의 고원(固原) 지방에서 발굴된 칠관화(漆棺畵, 486년 전후)를 견주면, 그 교류를 분명하게 확인할 수 있다.

---

5) 노태돈, 《고구려사 연구》, 사계절, 299~310쪽.

〈그림 4〉 고구려 장천 1호분 벽화(4세기 말~5세기 초)의 연희 장면 부분도. 나무줄기와 아래에서 원숭이재주 부리기, 그 오른쪽으로 방울받기, 수레바퀴 쳐올리기 등을 볼 수 있다

〈그림 5〉 고구려 수산리 고분벽화(5세기)의 연희 장면. 왼쪽부터 수레바퀴 쳐올리기, 방울받기, 나무다리 걷기 등이 보인다

우선 내몽골 화림격이의 동한시대 고분벽화에 채색으로 그려진 연희 장면에서 중앙의 두 사람이 북을 치는 건고무(建鼓舞)를 중심으로 농환(弄丸, 방울받기), 무륜(舞輪, 수레바퀴 쳐올리기), 장간희(長竿戱, 솟대타기), 도립(倒立, 물구나무서기), 안식오안(安息五案, 여러 개의 탁자를 쌓아놓고 그 위에서 물구나무서기), 칼재주 부리기, 도검(跳劍, 칼 던졌다가 받기) 등의 연희와 그것을 반주하고 있는 악사들이 보인다.

이 고분벽화와 중국 산동성 등주시(滕州市) 출토 동한 만기(晚期, 147∼189년)의 화상석, 고구려 팔청리 고분벽화의 행렬도에 묘사된 연희는 그 장면이 거의 일치한다. 이 셋은 모두 무덤 안에 그려져 있다는 공통점이 있다. 그런데 중국 산동성 등주시 출토의 화상석은 돌로 된 석벽에 새겨 넣은 것이지만, 화림격이와 고구려 벽화는 채색으로 그린 것이어서 더 친연성이 있다.

이는 고구려 장천 1호분과 수산리 고분벽화에서도 그대로 나타나고 있다.

또한 북위 지역인 영하의 고원 지방에서 발굴된 칠관화에 고구려와 비슷한 화염문이 보인다. 이 지역에서는 이러한 문양뿐만 아니라 다수의 중앙아시아 계통의 유물들이 출토되어, 동서 문화 교류상의 위치를 나타낸다.[6]

중국의 고분벽화는 한대만 해도 화상석이라는 강한 표현 형식에 밀려 성행하지 못했고, 당의 융흥기의 왕릉 벽화를 제외하고는 큰 발달을 보지 못했으며, 마침내 불교 벽화에 자리를 양보하게 되었다. 이와 달리 고구려 고분벽화는 발생 초기부터 고구려의 국세가 쇠잔할 때까지 계속 유행했고, 더욱이 '쇠퇴기가 없는 양식'으로 발달했다. 고구려 벽화에 나타나는 다양한 장식 요소들 가운데 화염문(火焰紋), 또는 초화문(草花

---

6) 권영필, 《실크로드미술》, 열화당, 1997, 156∼157쪽.

〈그림 6〉 영하 고원 칠관화의 화염문(북위 486년 전후)

〈그림 7〉 고구려 덕흥리 고분벽화의 화염문(408년)

紋)을 도식화해 전체적으로 삼각형을 이룬 모양이 초기 벽화에서부터 자주 등장하는데, 이는 주로 건물 기둥을 가로지르는 창방과 평방의 상부 벽면에 횡렬대로 묘사된다. 안악 1호분 벽화에 표현되면서 고구려 벽화에 유행되기 시작한 이 문양은 중원의 회화에는 전혀 보이지 않는 북방 민족만이 공유한 특이한 것으로서, 5세기 초 고구려 문화의 성격을 분명하게 보여준다.[7]

특히 주목되는 점은, 고구려 고분벽화를 살펴보면 누구든지 북위 지역의 고분벽화나 돈황 벽화, 하서주랑 주천(酒泉)의 벽화에 견주어 안료를 풍부하게 사용하고 있고 매우 정치하게 그림을 묘사하고 있어서 그 예술적 성취도가 매우 뛰어남을 인정할 수 있다. 우리는 고대 문화의 국제적 교류에서 성취한 이러한 우수성을 우리의 문화 정체성으로 삼아야 할 것이다.

6세기 중엽에서 7세기 중엽에 이르는 기간 동안, 고구려는 백제의 부흥, 신라의 성장, 중국 남북조시대의 종결 및 통일 세력의 등장, 중국 중심의 국제 질서 재정립을 위한 수·당의 주변 세력에 대한 압박 등 국제 질서의 커다란 변화와 마주치게 되었다. 상쟁을 벌이던 고구려와 돌궐 사이의 관계는 6세기 종반 이후 변모하게 되었다. 수제국의 성립과 그 팽창이라는 새로운 상황에 대응해 고구려는 돌궐과 동맹을 추구하게 되었고, 이들 사이에는 대규모 교역도 행해졌다.[8]

북위 이후에도 고구려는 수·당 등 통일 중국제국에 대항·견제하기 위해 내륙아시아 국가들과의 동맹·교섭을 계속 시도했다. 아프라시압 궁전 벽화에 보이는 두 명의 사절 모습은 7세기 후반 점점 치열해져가고

---

7) 권영필, 같은 책, 141~143쪽.

8) 이상 고구려의 역사·문화적 배경은 전호태,《고분벽화로 본 고구려 이야기》, 풀빛, 1999, 11~15쪽에서 요약·인용함.

〈그림 8〉 사마르칸트 궁전 벽화. 조우관을 쓴 두 명의 고구려인은 맨 아랫줄 가장 오른쪽에 보인다

〈그림 9〉 사마르칸트 궁전 벽화의 실제 모습. 가장 오른쪽에 조우관을 쓴 두 명의 고구려인이 보인다

있는 대당 전쟁의 절박한 상황에서, 내륙아시아 국가들과 동맹을 추구하던 고구려 조정의 외교적 노력의 일면을 잘 전해준다.

1965년부터 3년에 걸쳐 발굴된 우즈베크공화국 사마르칸트시 부근 아프라시압 언덕의 궁전 유지(遺址)에서 발견된 벽화의 사절도에서, 새 깃털과 같은 것을 두 개 꽂은 모자를 쓰고, 'M' 자형 장식을 단 칼집에 넣은 환두도(環頭刀)를 찬 두 명의 남자 사절이 보인다. 이 두 사람은 고대 한국인으로 생각된다. 이 벽화는 7세기 후반 왈프만왕의 치세 때 이곳을 방문한 외국 사절단의 모습을 그린 것으로 추정된다. 그렇다면 사절도에 보이는 두 명의 고대 한국인은 고구려인으로 보아야겠고, 그들이 이곳으로 간 경로는 당을 가로지르는 길이 아니라, 북아시아의 이른바 '초원의 길'이었을 것이다. 유연·돌궐·설연타 등과 오랫동안 교섭한 경험이 그것을 가능하게 했던 것이다.

북위는 386년 내몽골의 화림격이에 수도를 정했고, 다시 398년 산서성의 대동에 수도를 정했다. 이 때문에 이 지역까지 고구려 사신이 빈번히 왕래했으며, 이곳에서 초원을 따라 서쪽으로 계속 가면 바로 사마르칸트에 도착한다는 점을 상기해보자. 북위는 동쪽으로는 고구려까지 왕래했고, 서쪽으로는 당연히 사마르칸트까지 왕래했을 것이다. 그렇다면 고구려 사신이 북위까지 간 다음 다시 그곳에서 사마르칸트까지 가는 것은 어려움이 없었을 것이다. 그래서 사마르칸트시 부근 아프라시압 언덕의 궁전 유지(遺址)에서 발견된 벽화의 사절도에 오른쪽의 맨뒤로 조우관(鳥羽冠, 새 깃털과 같은 것을 두 개 꽂은 모자)을 쓴 고구려 사신이 발견되는 것이다.

내륙아시아 지역 주민과의 교섭은 정치적으로 한국 고대사의 전개 과정에 큰 영향을 미쳤다. 문화적으로도 삼국시대의 유물이나 고분벽화에서 내륙아시아 문화의 요소를 적잖이 발견할 수 있다.[9]

산악·백희 같은 외래 기원의 연희가 일찍이 고구려에 유입될 수 있었던 것은 고구려의 대외 교섭이 매우 활발했기 때문이다. 고구려 각저총의 벽에 그려진 씨름꾼 가운데 한 사람은 그 모습이 분명히 서역 계통의 외국인이고, 안악 제3호분 동수묘(冬壽墓)의 벽화 가운데 후실의 무악도(舞樂圖)에도 외국 출신으로 보이는 춤꾼이 나타나는 점으로 보아, 서역인들이 고구려에 와서 고구려인들과 더불어 산악·백희를 놀았을 가능성도 있다. 고구려는 이러한 국제적 교류를 통해 받아들인 공연 예술을 더욱 발전시켜 중국과 일본에 전달함으로써 고대의 한류를 이루었다.

(1) 중국에 전해진 고구려의 공연 예술

중국에서 인기가 있었던 고구려의 고대 한류는 수나라와 당나라의 칠부악(七部樂)·구부악(九七樂)·십부악(十部樂) 가운데 고구려기인 호선무(胡旋舞)와 광수무(廣袖舞), 중국에서 유명했던 고구려 인형극, 이백(李白)의 악부시 〈고구려(高句驪)〉, 고구려춤을 흉내 냈던 당나라 재상 양재사의 경우 등을 통해 살펴볼 수 있다.

고구려는 소수림왕 2년(372년) 전진으로부터 불교를 받아들였고, 북주 때 서역악을 채용했다. 그래서 6세기 후반부터 고구려 말인 7세기 후반까지는 고구려악의 전성시대였다. 고구려악은 오현과 필률 같은 서역 악기를 먼저 받아들였기 때문에 백제악이나 신라악보다 우월해, 수의 칠부악·구부악에 들 수 있었다.[10]

중원 천하를 통일한 수나라의 문제(文帝, 581~604)와 양제(煬帝, 604~617) 그리고 당나라의 태종(太宗, 626~649)은 황제의 위엄을 높이기 위

---

9) 이상 고구려의 대외 교섭 내용은 노태돈, 《고구려사 연구》, 사계절, 1999, 539~542쪽에서 요약·인용함.
10) 이혜구, 《한국음악연구》, 국민음악연구회, 1957, 222~224쪽.

해, 이웃나라의 음악인들을 중국 조정에 초청해 궁중에 머물면서 자국의 음악을 연주하도록 조처했다.[11] 수나라 문제는 개황(開皇, 581~600) 초에 칠부악을 제정했다. 칠부악은 악기 연주, 연희, 무용 등을 포함하는 것인데, 국기(國伎, 일명 西涼伎), 청상기(淸商伎), 고려기(高麗伎), 천축기(天竺伎), 안국기(安國伎), 구자기(龜玆伎), 중국의 문강기(文康伎, 禮畢)가 그것이다. 이때 백제기와 신라기는 잡악(雜樂)에 들었다.[12] 양제(煬帝) 때 칠부악에 강국기(康國伎)와 소륵기(疏勒伎)를 더해 구부악을 만들었다. 또 당나라 정관(貞觀) 11년에서 16년 사이(637~642)에 문강기 대신 연악기(燕樂伎)와 고창기(高昌伎)를 더해 십부악을 만들어 속악의 보호와 전수에 힘을 기울였다. 이 가운데 연악기와 청상기만이 중국악이다. 천축기·안국기·구자기·강국기·소륵기·고창기는 모두 서역악이다. 천축은 인도, 안국은 부하라(Bukhara), 구자는 천산북로에 위치한 쿠처, 강국은 사마르칸트(Samarkand), 소륵은 중앙아시아의 도시국가인 카슈가르(Kashgar), 고창은 지금 중국에 속해 있는 신장성의 토로번(吐魯蕃, 투루판) 지역이다. 서량기는 구자악과 중국악이 혼합된 것이다.

이처럼 칠부악·구부악·십부악은 대부분 수당(隋唐) 조정에서 활약했던 외국 연주 단체들이었다. 중국 조정에 파견되어 15종의 악기를 연주하며 공연했던 고구려악의 화려했던 모습은 타의 추종을 불허했다. 만약 자국의 높은 음악 문화가 본국 조정에 없었다면, 이렇듯 수나라와 당나라에 파견되었던 고구려 음악인들의 해외 활동은 불가능했을 것이다. 이런 역사적 사실은 본국의 강력한 음악 문화, 곧 고구려 향악의 뒷받침에 따른 결과였으며, 더 나아가 외래 음악에 대한 고구려인의 자주적

---

11) 송방송, 《한국음악학의 현단계》, 민속원, 2002, 9~10쪽.
12) 始開皇初定令, 置七部樂 : 一曰國伎, 二曰淸商伎, 三曰高麗伎, 四曰天竺伎, 五曰安國伎, 六曰龜玆伎, 七曰文康伎. 又雜有疏勒·扶南·康國·百濟·突厥·新羅·倭國等伎.《隋書》卷十五, 志 第十, 音樂 下.

〈그림 10〉 고구려 안악 3호 고분벽화(4세기 중엽)의 고취악도 가운데 횡취(기마고취). 오른쪽 아래부터 위쪽으로 보면, 말을 탄 사람들이 각각 말북 · 배소 · 작은뿔나팔 · 작은종을 연주하고 있다

수용 능력과 창조적 문화 역량으로 말미암은 결과였다.[13]

고구려 고분의 벽화에는 21종의 악기가 그려져 있다. 4세기 중엽의 무덤인 안악 3호분의 행렬도에는 관악기로 긴저(장적)·뿔나팔·작은뿔나팔·배소, 현악기로 완함·현금, 타악기로 세운북·말북·메는북·메는종·요·흔들북·손북 등이 있어서 이런 사실을 뒷받침한다.

---

13) 같은 책, 같은 곳 참조.

〈그림 11〉 고구려 삼실총 벽화의 완함 연주 장면

〈그림 12〉 고구려 안악 3호분 벽화의 악기 연주 장면. 오른쪽부터 적(통소) · 완함 · 거문고

고구려악이 수나라의 칠부악과 구부악 등에 들 수 있었던 것은 고구려
악에 서역악과는 다른 독자적인 면이 있었음을 뜻한다. 고구려는 서역계
의 악기와 가면무를 가지고 있었기 때문에, 일본에서도 백제악·신라악

이라는 이름은 사라지고 고려악이라는 이름으로 전래되었다. 그러나 고구려악은 원래 서역악을 받아들였지만 고구려 전래의 악과 결합해 발전하면서 새로운 악을 성립시킨 것으로 보인다.

이제 고분벽화를 통해 고구려시대의 연희 장면을 살펴보기로 하자. 고구려 고분의 벽화에는 나무다리걷기(수산리 고분, 팔청리 고분), 공받기(장천1호분), 곤봉받기(약수리 고분), 곤봉과 공을 엇바꾸어 받기(수산리 고분, 팔청리 고분, 약수리 고분), 수레바퀴 쳐올리기(수산리 고분, 장천1호분), 말타기 재주(약수리 고분, 팔청리 고분), 칼재주 부리기(팔청리 고분, 안악 제3호분의 행렬도), 씨름(각저총, 장천1호분), 수박희(무용총, 안악 제3호분) 등 곡예에 해당하는 연희가 그려져 있다. 그리고 가면희(안악 제3호분) 등 연극적 놀이와 북·장구·완함·배소·긴퉁소 등의 악기 연주가 보이며, 원숭이재주 부리기(장천1호분) 같은 동물 곡예 등 산악·백희에 해당하는 연희들이 다양하게 그려져 있다.

고구려에서는 고분의 벽화에 산악·백희에 해당하는 연희들을 많이 그렸는데, 이 고분들의 연대는 3세기 중엽부터 5세기 중엽 사이로 추정된다. 그러므로 고구려악이 수나라 개황 초에 칠부악 가운데 하나로 중국 문헌에 나타나기 이전부터 이미 고구려에서 산악·백희가 성행했던 것을 알 수 있다. 고구려는 북주(北周, 557~580) 때 서역악을 채용했는데, 고구려 고분벽화에는 이미 그보다 훨씬 이전부터 서역 전래의 산악·백희가 그려져 있었던 것이다.

《구당서(舊唐書)》 지(志) 제9에 따르면, 고구려악은 당나라 초에 가장 풍성했고, 무태후(武太后) 때도 25곡(曲)이 있었다. 그러므로 우리의 삼국악은 이미 수나라 이전부터 중국에 전해졌고, 그 수준도 상당했던 사실을 확인할 수 있다.[14]

---

14) 이상의 옛 기록에 나오는 '악'이란 오늘날처럼 음악만을 의미하는 말이 아니다. 옛날에는

〈그림 13〉 장천 1호분의 연희 장면. 벽화의 왼쪽 위에 말타기 재주인 마상재를 하는 장면, 두 사람이 씨름을 하는 장면, 한 사람이 채찍 같은 것을 들고 다른 한 사람을 쫓는 장면, 악기 반주에 맞추어 춤을 추는 장면 등이 보인다. 벽화의 오른쪽에는 나무줄기와 나무 아래에서 원숭이재주를 부리는 모습과 그 오른쪽으로 방울받기와 수레바퀴 쳐올리기 모습이 보인다

당나라의 십부악 가운데 고구려기에 호선무(胡旋舞)와 광수무(廣袖舞)가 들어 있다. 이 두 춤은 모두 고구려 고분벽화에서 발견된다. 호선무는 원래 서역 기원의 춤으로서 강국·미국·식닉 등 소그드 여러 나라들의 춤이었다. 강국악은 속칭 호선무라고 일컬었는데, 중국 서북부에 살았던 소수민족의 무용으로 선회하는 동작을 주로 하기 때문에 이러한 속칭을 얻었다.

《신당서(新唐書)》 권21 〈예악지(禮樂志)〉 구부악 가운데 고려기(高麗伎, 고구려기)를 소개하면서, 탄쟁(彈箏)·추쟁(搊箏)·봉수공후(鳳首箜篌)·와공후(臥箜篌)·수공후(豎箜篌)·비파(琵琶)·오현(五絃)·의취적(義嘴

'악'이 춤·노래·연희 등을 포함하는 넓은 개념으로 쓰였다.

笛)[15] · 생(笙) · 호로생(葫蘆笙) · 소(簫) · 소필률(小觱篥) · 도피필률(桃皮觱篥) · 요고(腰鼓) · 제고(齊鼓) · 담고(擔鼓)[16] · 귀두고(龜頭鼓) · 철판(鐵版) · 패(貝) · 대필률(大觱篥) 등의 악기를 열거한 다음, 호선무를 소개하는 기록이 있다.

이에 따르면, 고구려의 호선무는 놀이꾼이 공 위에 서서 바람같이 빨리 도는 놀이(胡旋舞, 舞者立毬, 旋轉如風)로서 매우 뛰어났다고 한다. 그러나 호선무를 반드시 공 위에서 춘 것은 아니었던 듯하다. 그냥 바닥에서도 출 수 있는 것인데, 다만 바람처럼 매우 빨리 회전하는 춤이었다. 당나라 시인 백거이(白居易, 772~846)의《신악부(新樂府)》〈호선녀(胡旋女)〉등에서도 호선무가 묘사되고 있지만, 춤추는 사람이 공 위에 올라가 있다는 내용은 없다.

중국의 학자 가운데는《신당서》권21〈예악지〉의 "호선무는 놀이꾼이 공 위에 서서 바람같이 빨리 돈다(胡旋舞, 舞者立毬, 旋轉如風)"에서 '구(毬)'는 '담(毯)'의 오자로, 놀이꾼이 서 있는 것은 공이 아니고 담요(깔개)라고 보는 이도 있다.

마침 돈황의 막고굴 220굴 북벽에 당나라 정관(貞觀) 16년(642)에 제작된 것으로 보이는〈동방약사정토변(東方藥師淨土變)〉에 담요 위에서 추는 호선무가 묘사되어 있다. 네 명의 무용수가 조그만 원형의 깔개 위에서 가로로 열을 지어 서서 경쾌하게 춤을 추고 있다. 그 가운데 두 사람은 기다란 수건 모양의 비단을 공중에 치켜 올리고, 치마와 장신구가 바람에 꼬이도록 하면서 두 팔을 활짝 펼쳐 빠른 템포로 한곳에 머문 채 선회하는 동작을 하고 있다.[17]

---

15)《신당서》. 해당 원문에는 '의자적(義觜笛)'으로 되어 있음.
16)《신당서》. 해당 원문에는 '첨고(檐鼓)'로 되어 있음.
17) 왕극분, 고승길 옮김,《중국무용사》, 교보문고, 1991, 98~99쪽.

〈그림 14〉 돈황 막고굴 220굴의 호선무 장면

〈그림 15〉 돈황 막고굴 220굴의 호선무 장면 부분도

그러나 《신당서》의 기록에서 '구(毬)'가 '담(毯)'의 오자라고 할지라도, 다른 나라의 호선무를 이야기할 때는 '무자입구(舞者立毬)'라는 언급이 없는데 유독 고구려 호선무를 소개하면서 이런 내용을 첨가한 것은 고구려 호선무의 뛰어남을 강조하기 위함이 아니었을까!

고구려의 고산동 10호 고분에는 여자 두 사람과 남자 한 사람이 춤을 추는 모습을 그려놓았는데, 이는 호선무의 한 장면을 묘사하고 있는 것으로 보인다. 이 그림에서는 세 사람이 모두 두 팔을 어깨 높이로

〈그림 16〉 고구려 고산동 10호 고분의 호선무 장면

올리고 팔꿈치가 좀 올라가게 벌리고 있는데, 두 팔을 이렇게 펴고 있는 것은 선회를 주로 하는 '호선무'의 한 장면을 형상한 것으로 보인다.[18]

광수무는 무용총의 무용수들이 입고 있는 의상을 보면 금방 이해할 수 있다. 무용총 벽화에 등장하는 무용수들은 모두 소매가 길고 넓은 옷을 입고 있으며, 그 소매가 춤 동작을 연출하는 데 크게 기여하고 있다. 《구당서》 권29 지(志) 제9 음악2에서는 고구려악의 무용수 4인의 모습을 이렇게 묘사하고 있다.

무용수 4인이 머리 뒤로 상투를 짜서 올리고, 이마에는 곤지를 바르고, 황금귀걸이를 했다. 2인은 누런 치마에 적황색 바지를 입었고, 매우 긴 소매에 검은 가죽신을 신고 쌍쌍이 나란히 서서 춤을 춘다.[19]

---

18) 사회과학출판사 편, 《고구려문화사》, 논장, 1988, 259쪽.

19) 高麗樂…… 舞者四人 推髻於後 以絳抹額 飾以金璫. 二人黃裙襦 赤黃袴 極長其袖 烏皮靴 雙雙竝立而舞.

〈그림 17〉 긴 소매옷을 입고 춤을 추는 무용총의 무용수들

이와 같이 넓고 긴 소매는 오늘날에도 봉산탈춤이나 강령탈춤, 처용무 등의 의상에서 찾아볼 수 있다.

고구려가 멸망한 뒤에도 고구려 연희는 당나라에서 계속 전승되었던 것으로 나타난다. 이백(李白, 701~762)의 〈고구려(高句驪)〉 시가 이를 뒷받침한다.

절풍모에 금화를 꽂고   金花折風帽
백마처럼 천천히 도네.   白馬小遲回
넓은 소매 휘저으며 훨훨 춤을 추니 翩翩舞廣袖
마치 해동에서 새가 날아온 듯. 似鳥海東來

이백은 이 시에서 고구려의 광수무를 묘사하고 있다.

또한 《수서(隋書)》의 〈음악지〉에는 "고구려의 가곡(歌曲)에는 지서 (芝栖)가 있고, 무곡(舞曲)에는 가지서(歌芝栖)가 있다"는 내용이 보인다. 그런데 서역의 안국악에 가지서(歌芝栖)와 무지서(舞芝栖)가 있는 점으로 미루어볼 때, 고구려의 지서와 가지서 역시 서역 계통의 가무라고 추정된다.

중국 학자 방기동(方起東)에 따르면, 수당(隋唐)의 궁중 연회에서는 고구려 무용이 빠지는 법이 없었으며, 고구려 가무가 공연될 때는 반드시 대규모의 악대가 동반되었다고 한다. 심지어 당시의 귀족 가운데는 개인적으로 고구려 무용수나 악공을 데리고 있는 경우 또한 많았다고 한다.[20]

이를 통해 당시 고구려악이 고대의 한류로서 인기를 얻고 있었음을 확인할 수 있는데, 그 구체적인 예가 바로 《구당서》 권90 열전40 〈양재 사전(楊再思傳)〉에 보인다. 이 기록에 따르면, 당나라 사람들 사이에 고구려의 연희가 잘 알려져 있었던 것으로 나타난다. 양재사는 어사대부로 있었는데, 어느 날 사례시(司禮寺)에서 주연이 절정에 올랐을 때 사례소 경(司禮少卿)인 동휴(同休)가 그의 얼굴이 고구려 사람을 닮았다고 희롱 했다. 그러자 양재사는 흔쾌히 일어나 전지(剪紙)를 달라 하여 건(巾)에 달고 자주빛 도포를 뒤집어 입은 다음 고구려춤을 한바탕 추었는데, 머리에 띠를 묶고 두 손을 펼치는 동작이 음악과 잘 어울려서, 그 자리에 모인 사람들이 크게 웃었다고 한다.[21] 어사대부가 고구려춤을 흉내 내어

---

20) 方起東, 〈集安高句麗古墳壁畵中的舞踊〉, 《文物》, 1980年 7期, 33~38쪽 ; 方起東, 〈唐高麗樂舞劄記〉, 《博物館硏究》, 1987年 1期, 29~32쪽 ; 서정록, 《백제금동대향로》, 학고재, 2001, 115쪽 참조.

21) 再思爲御使大夫時 張易之兄司禮少卿同休嘗奏請公卿大臣宴于司禮寺 預其會者皆 盡醉極歡 同休戲曰楊內司面似高麗 再思欣然 請剪紙自帖於巾 却披紫袍爲高麗舞 縈 頭舒手擧動合節 滿座嗤笑.

출 수 있을 정도였다니, 당시 고구려 연희가 얼마나 인기를 끌었는지 짐작할 수 있다.[22]

고구려의 인형극도 중국에 전해진 고대 한류의 하나이다. 우리 기록에는 고구려의 인형극에 대한 내용을 찾아볼 수 없으나, 중국의 여러 기록에서 고구려의 인형극에 관한 내용이 발견된다.

(1) 대체로 산악잡희에는 환술이 많은데, 모두 서역에서 나온 것이다. 뛰어난 환인(幻人)이 중국에 옴에 따라 시작되었는데, 한나라 안제(安帝, 즉위 106년) 때 천축에서 바친 기예이다.…… 가무희에는 대면(大面)·발두(撥頭)·답요랑(踏搖娘)·굴뢰자(窟礧子) 등이 있다. 현종(玄宗, 즉위 712년)은 그런 가무희들을 정성(正聲)이 아니라고 해서, 궁중에 교방(敎坊)을 설치하여 거기에 소속시켰다.…… 굴뢰자는 괴뢰자(魁礧子)라고도 한다. 인형〔偶人〕을 만들어 연희했는데, 가무를 잘했다. 본래는 상가(喪家)의 음악이었는데, 한말에 비로소 가회(嘉會, 즐거운 연회)에서 사용되었다. 북제(北齊)의 후주인 고위(高緯, 즉위 565년)가 이것을 몹시 좋아했다. 고구려에도 역시 인형극이 있었다. 현재 민간에서 성행하고 있다(두우〔杜佑〕,《통전〔通典〕》, 굴뢰자〔窟礧子〕).[23]

(2) 굴뢰자는 괴뢰자(魁礧子)라고 하고, 또한 괴뢰자(傀儡子)라고도 한다. 대개 인형으로 하는 연희로서 가무를 잘했다. 본래는 상가의 음악이었다. 인형사가 목왕(穆王)에게 헌납한 기예(伎藝)에서 비롯되었다. 고구려에도 이것이 있었다.…… 한말에 이르러서는 가회(嘉會)에서 공연되었다. 제나라의 후주인 고위는 이것을 몹시 좋아했다. 진실로 왕이 즐겨야 할 바를 잃은 짓이다(진양〔陳暘〕,《악서〔樂書〕》권185, 우인희〔偶人戲〕).[24]

---

22) 서정록,《백제금동대향로》, 학고재, 2001, 115쪽 참조.

23) 大抵散樂雜戲多幻術 皆出西域 始以善幻人至中國 漢安帝時天竺獻伎.…… 歌舞戲有大面 撥頭 踏搖娘 窟礧子等戲. 玄宗以其非正聲 置敎坊於禁中以處之.…… 窟礧子亦曰魁礧子 作偶人以獻(戲) 善歌舞 本喪樂也. 漢末始用之於嘉會. 北齊後主高緯尤所好 高麗之國亦有之 今閭市盛行焉.

(3) 괴뢰와 월조·이빈곡은 이적이 고구려를 파한 뒤에 바친 것이다(마단임
〔馬端臨〕, 《문헌통고〔文獻通考〕》, 동이부〔東夷部〕).[25]

이 기록들을 통해 산악·백희의 한 종목인 인형극이 고구려에서 독자
적인 모습으로 전승되고 있었음을 짐작할 수 있다. (1)은 당나라의 두우
가 801년에 편찬한 《통전》에 있는 기록이다. 그런데 고구려에도 인형극
이 있었다고 언급하고 있다. 《구당서》 지(志) 제9 음악2에도 (1)과 동일
한 기사가 있다. (2)는 송나라의 진양이 12세기 초에 편찬한 《악서》에
있는 기록이다. (1)과 (2)에서 모두 중국의 인형극을 이야기하면서 고구
려의 인형극을 언급한 것은 그만큼 고구려의 인형극이 유명했다는 증거
이다. (3)은 송의 마단임이 13세기 후반에 편찬한 《문헌통고》에 있는
기록이다. 당나라 이적이 고구려를 멸망시키고, 황제에게 인형극을 진상
했다는 내용이다. 이를 통해 고구려의 인형극이 중국의 것과 다르고,
그 수준이 매우 뛰어났다는 사실을 알 수 있다. 중국의 인형극과 비슷한
것이었다면, 굳이 승전 기념물로 진상하지는 않았을 것이기 때문이다.
아마도 인형극의 연희자와 악사들이 함께 납치되어 가서 인형극을 공연
했던 것으로 추정된다.[26] 이 인형극은 고구려의 자생적 연희 전통 속에서
생겨난 것이거나 서역으로부터 유래된 인형극이 고구려에서 한층 발전
된 것일 터인데, 어쨌든 고구려의 인형극이 중국과는 다른 독자적인
내용을 갖고 있었던 것으로 보인다.

---

24) 窟礧子亦謂之魁礧子 又謂之傀礧子. 蓋偶人以戲 善歌舞 本喪家樂也. 蓋出於偃師獻
    穆王之伎 高麗國亦有之…… 至漢末用之於嘉會. 齊後主高緯尤好之. 眞失其所樂矣.
25) 傀儡幷越調夷賓曲 李勣破高麗所進也.
26) 서연호, 《꼭두각시놀음의 역사와 원리》, 연극과 인간, 2001, 39~41쪽 참조.

(2) 일본에 전해진 고구려의 공연 예술

고구려는 서역계의 악기와 가면무를 가지고 있었기 때문에 일본에서
도 백제악·신라악이라는 이름은 사라지고 고려악(高麗樂, 고마가쿠)이라
는 이름으로 전래되었다. 여기서 고려악은 고구려악을 말한다. 일본에서
는 5세기 중엽에서 9세기 중엽에 이르는 동안 신라악(新羅樂)·백제악(百
濟樂)·고구려악(高句麗樂)의 순서로 전래되어 병립했으나, 9세기 중엽에
이르러 외래악무(外來樂舞)를 정리할 때, 당나라와 인도(천축) 등의 악무
를 좌방악(左方樂)이라고 하고, 삼국 및 발해의 악무를 우방악(右方樂)이
라고 불렀다.

이 좌방악과 우방악은 부가쿠(舞樂)로서 백제인 미마지(味摩之)가 612
년에 전한 기가쿠(伎樂)보다 약 50년 정도 늦게 중국과 한반도에서 전래
된 것이다. 부가쿠는 아악(雅樂) 음악에 춤이 첨가된 것으로, 광의의 아
악에 속한다. 그러나 중국에서는 아악이라고 하면 공자 사당에 제사지낼
때의 악을 뜻하며, 단순한 향연에 사용되는 것은 연악(燕樂, 宴樂), 또는
속악(俗樂)이라고 불렀다. 일본에는 중국적 의미의 아악은 전해지지 않
고, 주로 연악이 전해졌다. 즉, 중국과 한반도의 속악이 일본에서는 아악
이라고 불리게 되었다는 말이다.[27]

우방악은 일명 고려악이라고 하여, 고구려악이 삼국악의 총칭으로
불렸다. 고구려악은 24곡(曲)이었는데, 이 가운데 나소리(納曾利)·곤론
핫센(崑崙八仙)·신토리소(新鳥蘇)·고토리소(古鳥蘇)·신쇼오도쿠(進走
禿)·다이쇼오도쿠(退走禿)·소리고(蘇利古)·고토쿠라쿠(胡德樂)·오오닌
데이(皇仁庭)·기토쿠(貴德)·아야기리(綾切)·지큐(地久) 등 12곡은 가면
무악(假面舞樂)이다.[28]

---

27) 가와타케 시게토시, 이응수 옮김, 《일본연극사(상)》, 청우, 2001, 95쪽.

〈그림 18〉 일본 우방악(고구려악)의 곤론핫센(崑崙八仙) 연행 장면

〈그림 19〉 일본 우방악(고구려악)의 곤론 가면

　나소리라는 곡명은 한반도의 지명에서 유래했다고 한다. 혼자 추는 것을 라쿠손(落蹲), 둘이 추는 것을 소류노마이(双龍舞)라고 부른다. 가면은 긴 이빨이 있는 무서운 짐승 모습이다. 매우 활발한 춤으로, 용이 춤추는 모습을 무용으로 만든 것이다.

---

28) 이혜구, 《한국음악연구》, 국민음악연구회, 1957, 219~220쪽.

〈그림 20〉 일본 우방악(고구려악)의 고마보코(狛鉾) 연행 장면

〈그림 21〉 고구려 안악 3호분 벽화(〈그림 12〉)에서 악기 연주와 춤 장면을 그려본 것

곤론핫센은 곤론, 핫센, 또는 쓰루마이(鶴舞)라고도 한다. 입에 방울을 문 덴구(天狗)인지 새인지 구별이 안 가는 괴상한 가면을 쓰고 춘다. 포(袍)에는 물고기 문양이 새겨져 있다. 일설에 따르면, 한(漢)나라의 회남왕(淮南王) 유안(劉安, ?~기원전 122)이 신선을 좋아했기 때문에 눈썹과 수염이 하얀 여덟 명의 선인이 곤륜산(崑崙山)으로부터 찾아왔다고 하는 《신선전(神仙傳)》의 내용을 형상화한 것이다. 다른 일설에 따르면, 팔선은 여덟 마리의 선금(仙禽)이다. 선금은 학의 일종으로 관학(冠鶴)을 가리킨다. 방울을 입에 문 것은 울음소리를 표현하기 위함이며, 무대에서 네 명이 손을 잡고 돌아가며 추는 춤은 학이 하늘을 나는 모습을 본뜬 것이라고 한다.

〈그림 22〉 앞(〈그림 21〉)의 춤을 추는 인물 부분도

고마보코(狛鉾)는 일명 사오모치마이(棹持舞)·가초라쿠(花釣樂)라고
도 부른다. 일본을 방문하는 한반도의 사신은 언제나 오색으로 물들인
삿대로 배를 저어 왔다. 항구에 이르면 네 명의 선원이 삿대를 손에
들거나 어깨에 메고 춤을 추었는데, 그것이 이 춤의 기원이라고 한다.[29]

한국에서는 고구려 고분벽화에서만 가면을 쓴 인물들이 보일 뿐이고,
가면극 관계 연희를 살펴볼 수 있는 문헌 기록이 발견되지 않았다. 일본
의 문헌에는 이와 같이 고구려 등 삼국의 가면희가 기록되어 있다. 그리
고 일본에서는 이러한 공연 예술들이 무악으로서 지금까지 전승되고
있다.

---

29) 가와타케 시게토시, 이응수 옮김, 앞의 책, 137~139쪽.

그리고 《일본후기(日本後記)》에 따르면, 일본 조정에 파견된 고구려 악사 네 명은 군후(箜篌, 거문고)·막목(莫目, 피리)·횡적(橫笛, 젓대) 등 고구려 악기와 고구려춤을 가르쳤고, 백제 악사 네 명도 군후·막목·횡적 및 백제춤을 가르쳤으며, 신라 악사 두 명은 가야금과 신라춤을 가르쳤다고 한다.[30]

3. 고대의 한류로서 백제 공연 예술

《수서》〈동이전〉에는 백제기(百濟伎)로서 투호(投壺, 병 속에 화살 넣기), 위기(圍碁, 바둑), 저포(樗蒲, 윷놀이의 일종), 악삭(握槊, 주사위놀이인 쌍륙)과 농주지희(弄珠之戱)를 들고 있다. 특히 개로왕은 바둑을 즐긴 것으로 유명하다. 농주지희는 고구려 고분벽화에 나오는 공받기나 방울받기로서, 흔히 농환이라고 부르던 산악·백희의 종목이다. 백제악은 주로 중국 남조악인 청악계(淸樂系)의 영향을 받았고, 당시 유행하던 서역계의 음악을 사용하지 않았기 때문에 수의 구부악에 들지 못했다.[31] 중국 역사서인 《수서》의 〈동이전〉과 《북사(北史)》의 〈백제전(百濟傳)〉에 따르면, 백제 음악에 고(鼓)·각(角)·공후(箜篌)·쟁(箏)·우(竽)·지(篪)·적(笛) 등 7종의 악기가 사용되었다고 한다. 7종의 백제 악기 가운데 공후·쟁·우·지·적은 중국의 남조 음악을 대표하는 청상악(淸商樂)의 악기이다. 고구려 음악이 북조 음악의 영향을 받았듯이, 백제 음악은 남조 음악의 영향을 받았다.[32]

---

30) 송방송, 〈한국전통음악 소사(小史)〉, 《한국음악학의 현단계》, 민속원, 2002, 28쪽.
31) 이혜구, 앞의 책, 222쪽.
32) 송방송, 〈한국전통음악 소사(小史)〉, 《한국음악학의 현단계》, 민속원, 2002, 108쪽.

〈그림 23〉 새로 복원해 공연하고 있는 도다이지의 기악

〈그림 24〉 복원한 일본 기악의 서울 공연(2002년 4월 5일, 국립민속박물관)

　백제인 미마지(味摩之)가 중국 남조 오나라에서 배워 612년 일본에 전했다는 기악(伎樂)은 백제의 대표적인 고대 한류이다.

　기악에 관한 첫 기록은《일본서기(日本書紀)》권22 스이코천황(推古天皇) 20년(612년)조에 보인다.

백제인 미마지가 귀화하여 말하기를, "오나라에서 배워 기악무를 출 수
있다"고 했다. 그래서 앵정에 살게 하고 소년들을 모아 기악무를 배우게 했다.
진야수제자(眞野首弟子)·신한제문(新漢濟文) 두 사람이 그 춤을 배워 전했
다. 이것이 지금의 대시수(大市首)·벽전수(辟田首) 등의 선조이다.[33]

인용문에는 백제인 미마지(味摩之)가 중국 남조 오나라에서 배워 일
본에 전했다는 기악의 구체적 내용이 밝혀져 있지 않다. 기악의 구체적
내용은 13세기 일본 문헌인 《교훈초(敎訓抄)》에 소개되어 있는데, 절에
서 불사(佛事) 공양의 무곡(舞曲)으로 연출되던 교훈극으로서 묵극(黙
劇)이었다. 그러나 우리 기록에서는 기악에 대한 내용을 찾아볼 수 없다.
미마지가 일본에 기악을 전한 뒤, 일본에서는 기악을 기가쿠라고 불렀
다. 백제 귀화인의 후손들은 대화국성하군두옥촌(大和國城下郡杜屋村)에
살면서 세습 가업으로 기가쿠를 전승했다. 그리고 불교의 2대 명절인
석가탄신일(음력 4월 8일)과 우란분재(음력 7월 15일) 때 동서양사재회(東
西兩寺齋會)에서 기가쿠를 공연했는데, 나라(奈良)시대(710~784년)에는
기가쿠가 모든 사찰에서 연행될 정도로 융성했다. 그러나 헤이안(平安)
시대(781~1184년)부터 쇠퇴하기 시작해 새로운 무악(舞樂)에 압도되었
고, 가마쿠라(鎌倉)시대(1185~1600년)에 이르러 그 명맥을 잃었다. 현재
일본에는 기가쿠에 사용되던 가면들만 230여 개 남아 있을 뿐이다. 최근
에 도다이지(東大寺) 등에서 기가쿠를 새로 복원해 공연하고 있다.
기악기원설을 처음 제기한 이혜구는 기가쿠를 양주별산대놀이 및 봉
산탈춤과 견주어, 가면극의 각 과장과 등장인물을 설명했다.[34] 이 학설은

---

33) 百濟人 味摩之歸化曰 學于吳 得伎樂儛. 則安置櫻井 而集少年 令習伎樂儛. 於是 眞野
　　首弟子 新漢濟文 二人習之傳其儛. 此今 大市首 辟田首等祖也.
34) 이혜구, 〈산대극과 기악〉, 《연희춘추》, 1953(이혜구, 《보정한국음악연구》, 민속원, 1996
　　에 재수록).

한국 가면극에 대한 새로운 자료의 제공으로서 의의가 크고, 앞으로
자료를 더 발굴해 연구해야 할 가치가 충분히 있다. 그러나 단순한 장면
비교로 기가쿠와 한국 가면극을 같은 계열의 연희로 보고, 각 과장의
등장인물의 성격이 같다고 하는 해석은 문제가 있다. 특히 《교훈초》의
내용은 미마지가 기가쿠를 전수한 지 600년이나 지난 뒤에 기록된 것이
라, 기가쿠 자체에도 많은 변화가 있었을 것으로 보인다.

한편 한국에서는 1950년대에 이혜구가 한국 가면극의 기원을 기악으
로 보는 기악기원설을 처음 제기한 뒤 여러 학자들의 지지를 받았는데,
최근에는 오국(吳國)의 위치에 대한 논쟁이 뜨겁다.

일본 학자 무라카미 쇼코(村上祥子)는 한국의 가면극과 일본의 기가쿠
를 견주면서, 양주별산대놀이에서 옴·먹중·연잎까지의 과장은 기가쿠
와 다른 양상을 보이며, 양주별산대놀이의 연잎과 기가쿠의 오공(吳公)
이 같은 성격의 인물이라는 해석도 무리가 있다고 지적했다. 그리고
《교훈초》를 통해 본 기가쿠의 내용은 비속하고, 불교적인 내용도 희박
한 골계기(滑稽伎)라고 밝혔다. 이것은 《교훈초》가 기가쿠의 전래로부
터 600년이 지난 뒤에 씌인 기록이므로, 그동안 수입된 많은 악무(樂舞)
의 영향을 받은 결과 기가쿠가 본래의 모습을 잃고 비속하고 골계적인
내용이 되었으며, 이 때문에 일본에서도 사원극(寺院劇)으로서 기가쿠는
점차 쇠퇴하지 않을 수 없었던 것으로 보았다.[35]

서연호는 오국의 위치에 대해 중국 남조설 이외에 한국 내재설로 고구
려설·가야설·백제설이 있음을 소개하고, 전승 가면, 연희 내용, 연희
방법, 북청사자놀이와의 관계, 전승 계통, 고대의 지역 명칭 등을 근거로
논의하면서 오국이 고구려의 대방군(帶方郡) 지역일 것이라는 견해를

---

35) 무라카미 쇼코(村上祥子), 〈한국 탈놀이와 일본 기악 연구〉, 고려대학교 석사학위논문,
1991.

〈그림 25〉기악의 취호왕 가면. 쇼오인 소장(왼쪽)
〈그림 26〉기악의 취호 가면. 쇼오인 소장(가운데)
〈그림 27〉기악의 곤륜 가면. 쇼오인 소장(오른쪽)

밝힌 바 있다.[36]

일본 학자 나리사와 마사르(成澤勝)는 일본 학계에서 구레(吳)가 중국의 남방을 가리킨다는 것이 통설이지만, 미마지가 전한 가면극으로서 기가쿠가 중국에서는 그 흔적조차 확인되지 않고 있는 점 등을 들어 이 학설에 부정적인 견해들도 적지 않음을 소개했다. 그리고 여러 실증적 자료들을 바탕으로 구레의 위치를 고구려와 백제 사이에 있었던 대방군 지역으로 보았다.[37]

이 밖에 일본에서는 기가쿠와 관련해 '기악(伎樂)'·'오악(吳樂)'·'기악(妓樂)' 등의 명칭 문제, 미마지의 실체, 오국의 위치 등에 대해 활발한 논쟁이 진행되었다.[38]

36) 서연호, 〈가면극의 양식 및 전승적 측면에서 살펴본 오국의 위치-일본 기악과의 비교를 중심으로〉, 《일본학》 제12집, 동국대 일본학연구소, 1993.
37) 成澤勝, 〈신사료군 검증으로 구명된 '伎樂(구레노우타마히=吳樂)' 故地〉, 《한국연극학》 제13호, 한국연극학회, 1999, 309~328쪽.
38) 이에 대한 자세한 소개는 박전열, 〈일본 伎樂의 연구〉, 《한국민속학》 23, 민속학회, 1990 참조.

〈그림 28〉 봉산탈춤의 취발이

〈그림 29〉 봉산탈춤의 먹중

〈그림 30〉 1930년대 봉산탈춤의 먹중들

　한국 가면극의 기악기원설이 설득력을 얻으려면 기악과 현전하는 가면극을 연결시킬 만한 중간 단계의 자료를 발굴하는 것이 필요하다. 그리고 기악은 불교 선전극이자 묵극인데, 이것이 현전하는 가면극과 같이 파계승 풍자를 비롯한 민속풍자극으로서 대화·노래·춤·연기가 함께 어우러지는 연극으로 발전한 과정에 대한 논의가 과제로 남아 있다.

그렇다면 한국에서도 후대의 가면극에서 기악의 흔적이 발견되어야 하는데, 기악에 등장했던 취호(醉胡)왕과 취호 종자들을 현존하는 한국 가면극의 취발이와 팔먹중에 연결시킬 수 있다. 《교훈초》에 따르면, 기가쿠의 취호는 취호왕(醉胡王)이라고도 하는데, 쇼소인(正倉院)의 가면이나 여러 사찰의 《자재장(資財帳)》에 따르면 취호왕의 가면과 함께 그의 종자(從者) 6명 또는 8명의 취호 가면이 있었다고 한다.[39] 이는 봉산 탈춤에서 취발이는 팔먹중들의 우두머리로 나타나고, 취발이와 팔먹중들도 모두 술에 취해 있으며, 그들의 가면이 모두 호인의 형상을 하고 있는 것과 통한다.[40]

4. 고대의 한류로서 신라 공연 예술

신라의 공연 예술은 가무백희, 황창무, 농환, 우륵이 제작한 12곡, 사자무(獅子舞), 무애희(無㝵戲), 신라악 입호무(入壺舞), 신라박(新羅狛)을 들 수 있다. 그리고 외래악으로서 일본에서 가장 먼저 공연된 것이 신라악이다. 《일본서기》 권13 인교천황(允恭天皇) 42년(453년)에 신라왕이 천황이 죽었다는 소식을 듣고, 놀라고 슬퍼하면서 조물의 배 80척과 음악인 80명을 보냈다고 한다.[41]

신라의 공연 예술 가운데 신라악 입호무와 신라박이 대표적인 고대

---

39) 취호(醉胡)는 술에 취한 호인이라는 뜻인데, 일본에서는 취호왕을 촌장(村長)이나 외국인으로 보며, 이 과장은 술취한 주인과 그의 종자들이 벌이는 한바탕의 놀이과장으로 본다. 박전열, 앞의 글, 90쪽.

40) 이상 취호왕, 취호 종자와 취발이, 팔먹중 사이의 관련에 대한 자세한 논의는 전경욱, 《한국의 전통연희》, 학고재, 2004, 366~374쪽 참조.

41) 四十二年春正月 乙亥朔戊子 天皇崩. 時年若干. 於是新羅王聞天皇旣崩 而驚愁之 貢上調船八十艘 及種種樂人八十.

한류이다. 〈신서고악도(信西古樂圖)〉에 묘사된 신라악 입호무를 보면, 조금 떨어진 두 개의 탁자 위에 각각 항아리가 하나씩 놓여 있는데, 오른쪽 항아리 속에 연희자의 상체가 들어가 있고, 왼쪽 항아리 밖으로는 연희자의 상체가 나오고 있다. 이는 사람의 몸을 항아리 속으로 사라지게 했다가 다른 항아리로 나오게 하는 환술로서, 흔히 '둔술(遁術)'이라고 불렸다. 그러므로 이 그림에서 두 개의 항아리에 하반신과 상반신이 분리되어 있는 모습은 이쪽 항아리로 들어가서 저쪽 항아리로 나온다는 사실을 설명하기 위한 것이다. 그리고 입호무의 연희자가 착용하고 있는 모자가 경각복두(硬角幞頭)로서 관모(官帽)라는 점에 주목할 때, 이는 신라 궁정 소속의 전문적 연희자가 중국에 파견된 것으로 보인다.

우리나라에는 이 환술이 어떻게 형성된 것인지를 살펴볼 수 있는 기록이 전혀 없다. 중국 학자들은 신라의 '입호무'를 오늘날 중국에서 널리 전해지고 있는 환술인 '항둔(缸遁)'으로 여기고 있다.[42]

〈신서고악도〉라 일컬어지는 〈당무회(唐舞繪)〉의 '신라악 입호무'는 중국 환술 가운데 둔술의 한 종류인 '항둔'이며, 환술과 유술의 절묘한 결합으로 이루어진 특색 있는 잡기이다.[43]

이처럼 중국 학자들도 '항둔'과 같은 환술은 신라악 '입호무'로부터 발전했다고 인정할 정도로, '입호무'는 고대 한류로서 뚜렷한 위치를 차지하고 있었다.

〈신서고악도〉는 당나라에서 전래된 부가쿠(舞樂)·산가쿠(散樂)의 그림 그리고 헤이안 초기의 부가쿠·산가쿠라 생각되는 그림이 실려 있는

---

42) 傅起鳳·傅騰龍, 《中國雜技史》, 上海 : 上海人民出版社, 1991, 171쪽.
43) 陳義敏·劉峻驤, 《中國曲藝·雜技·木偶戲·皮影戲》, 文化藝術出版社, 1999, 87쪽.

〈그림 31〉〈신서고악도〉의 신라악 입호무

일종의 그림책이다. 첫 장의 '당나라 부가쿠 그림 한 권[唐舞繪一卷]'이라
는 표기처럼, 당나라에서 전래된 악무가 기본을 이룬다. 일반적으로 〈신
서고악도〉라고 부르나 법명이 신서(信西)이던 후지와라노미치노리(藤
原通憲, 1106~1159)가 만들었다는 명확한 증거는 없다. 가장 정본으로
추정되는 동경예술대학(東京藝術大學) 소장본에는 '무도 악서무집(儛圖
樂書戊集)'이라는 제목과 함께 "1755년 봄, 아사노이 가문에 소장된 당나
라 부가쿠 그림 한 권을 후지사다미키(藤貞幹, 1732~1797)가 모사했다[唐
舞繪一卷寶歷五年歲次乙亥 春日模寫元本滋野井殿藏 貞幹]"고 적혀 있다.[44]

44) 가와타케 시게토시, 이응수 옮김, 앞의 책, 190~193쪽.

정확한 성립 연대와 작가는 알 수 없으나, 책 가운데 '신서(信西)'라는 호가 적혀 있어 가무에 깊은 조예를 지니고 있던 후지와라노미치노리가 필사한 것이 아닌가 생각된다. 그가 직접 그렸다는 증거도 없고, 그림의 내용으로 보아 실제로 그가 활동했던 연대보다 훨씬 이전의 저서라고 보이기 때문이다.[45]

이상과 같이, 이 그림이 당에서 제작되었다가 일본으로 수입되어 필사되었는지, 당으로부터 전래한 부가쿠(舞樂)·산가쿠(散樂) 또는 헤이안시대 초기의 부가쿠·산가쿠를 그린 것인지 정확하지 않다. 현재로서는 '중국의 연희를 그린 그림이 일본에서 필사되었다'고 보는 것이 타당할 듯하다.

그렇다면 신라에 정말 '입호무'처럼 둔술이나 둔갑술 같은 환술이 있었는가? 우리는 다음 기록에서 신라의 환술을 확인할 수 있다.

　(1) 윤중의 서손(庶孫) 암(巖)은 천성이 총명하고 민첩하며, 방술(方術)을 좋아하였다. 그는 젊었을 때 이찬(伊湌)이 되어 당나라로 들어가서 숙위(宿衛)하였는데, 그동안 틈틈이 스승에게 나아가서 음양가(陰陽家)의 술법을 배웠다. 그는 한 모서리를 들으면 세 모서리를 깨달았다. 그가 스스로 둔갑입성법(遁甲立成法)을 지어 스승에게 보이니, 스승이 놀라면서 말하기를 "나는 그대의 명석하고 통달함이 이와 같은데 이런 줄을 헤아리지 못하였다"고 하며, 그뒤부터는 감히 제자로서 대우하지 않았다. 그는 혜공왕 때 귀국하여 사천대박사가 되었다.…… 그런데 어느 해 황충(蝗蟲)이 서쪽으로부터 패강의 경계에 날아 들어와서 꿈실거리며 들판을 덮으므로, 백성들은 크게 근심하였는데, 김암이 산꼭대기에 올라가서 향불을 피우고 하늘에 기도를 올리니, 갑자기 폭풍우가 크게 일어나며 황충들이 모조리 죽어버렸다.[46]

45) 박전열, 〈일본 산악(散樂)의 연구〉, 《韓國演劇學》 8, 한국연극학회, 1996, 187~188쪽.
46) 《삼국사기(三國史記)》 권43, 〈열전(列傳)〉 3, 김유신(金庾信) 하. 번역은 김종권 옮김
　《삼국사기(하)》, 명문당, 1988, 466~467쪽을 참조. 允中庶孫巖, 性聰敏, 好習方術, 少

(2) 또 김유신은 일찍이 한 늙은 거사와 교분이 두터웠는데, 세상 사람들은 그 거사가 누구인지를 알지 못했다. 그때 공의 친척 수천(秀天)이 오랫동안 악질에 걸려 있었으므로, 공이 거사를 보내어 병을 진찰하게 했다. 마침 수천 의 친구 인혜사(因惠師)가 중악(中岳)에서 찾아와 있다가 거사를 보고 모욕 해 말했다. "너의 형상과 태도를 보니 간사하고 아첨하는 사람인데, 어떻게 남의 병을 고치겠는가?" 거사가 말했다. "내가 김공(유신)의 명을 받고 마지 못해 왔을 뿐이오." 인혜가 말했다. "너는 내 신통력을 좀 보아라." 하고, 향로 를 받들어 향을 피우고 주문을 외우니, 조금 후에 오색구름이 이마 위를 둘러 싸고 천화(天花)가 흩어져 떨어졌다. 거사가 말했다. "스님의 신통력은 정말 불가사의합니다. 제자도 또한 변변치 못한 재주를 가지고 있으니 한번 시험하 여 보겠습니다. 원컨대 스님은 잠깐 앞에 서 계십시오." 인혜는 그의 말에 따랐다. 거사가 손가락으로 퉁기는 한 소리에 인혜는 공중으로 높이 한 길 가량이나 거꾸로 올라가더니, 얼마 후에 천천히 내려와 머리가 땅에 박혀 말뚝처럼 우뚝 섰다. 옆에 있던 사람이 밀고 잡아 당겼으나 움직이지 않았다. 거사가 떠나가니 인혜는 거꾸로 박힌 채 밤을 새웠다. 이튿날 수천이 사람을 시켜 김공에게 알리니, 공이 거사를 보내어 풀어주게 했다. 그뒤 인혜는 다시 재주를 팔지 않았다.[47]

두 인용문은 모두 신라의 김유신과 관련된 환술이다. (1)에서 김암은

壯爲伊湌, 入唐宿衛, 間就師, 學陰陽家法, 聞一隅 則反之以三隅, 自述遁甲立成之法, 呈於其師, 師撫(憮)然曰, "不圖吾子之明達, 至於此也." 從是而後, 不敢以弟子待之. 大 曆中 還國爲司天大博士. …… 嘗有蝗蟲, 自西入浿江之界, 蠢然蔽野 百姓憂懼, 嚴登山 頂, 焚香祈天, 忽風雨大作, 蝗蟲盡死.

47) 《삼국유사(三國遺事)》 권5, 〈신주(神呪)〉 제6, 밀본최사(密本摧邪). 번역은 이재호 옮김, 《삼국유사(하)》, 명지대학출판부, 1974, 116~118쪽을 참조. 又金庾信嘗與一老居 士交厚. 世人不知其何人. 于時公之戚秀天. 久染惡疾. 公遣居士診衛. 適有秀天之舊, 名因惠師者. 自中岳來訪之. 見居士而慢侮之曰. 相汝形儀, 邪佞人也. 何得理人之疾. 居士曰. 我受金公命. 不獲已爾. 惠曰. 汝見我神通. 乃奉爐呪香. 俄頃五色雲旋遶頂上. 天花散落. 士曰. 和尙通力不可思議. 弟子亦有拙技. 請試之. 願師乍立於前. 惠從之. 士 彈指一聲. 惠倒迸於空. 高一丈許. 良久徐徐倒下. 頭卓地. 屹然如植橛. 旁人推挽之不 動. 士出去. 惠猶倒卓達曙. 明日秀天使扣於金公. 公遣居士往救乃解. 因惠不復賣技.

산꼭대기에 올라가 향불을 피우고 하늘에 기도를 올려 갑자기 폭풍우를 크게 일으킴으로써 황충들을 모조리 죽여버리는 환술을 행했다. (2)에서 인혜사는 향로를 받들어 향을 피우고 주문을 외워 오색구름이 이마 위를 둘러싸고 천화(天花)가 흩어져 떨어지게 하는 환술을 행했다. 그리고 이에 맞서 수천은 인혜를 공중으로 높이 한 길가량이나 거꾸로 올라갔다가 천천히 내려오게 한 다음 머리가 말뚝처럼 땅에 박힌 채 꼼짝 못하게 하는 환술을 행했다. 이상의 환술은 몸을 숨기는 둔술(遁術)과는 다른 것이다. 그러나 이런 환술을 할 수 있다면, 능히 입호무와 같은 환술도 할 수 있었을 것이다.

다음 내용은 비록 백제의 환술에 대한 것이지만, 삼국시대에 다양한 환술이 행해졌음을 짐작하게 한다.

> (3) 겨울 10월 백제의 승려 관륵(觀勒)이 왔다. 그리고 역서(曆書), 천문지리서, 둔갑방술서(遁甲方術書)를 바쳤다. 이때 서생 3, 4인을 골라 관륵에게 학습시켰다(《일본서기》권22, 스이코천황 10년 10월. 번역은 전용신 옮김, 《완역 일본서기》, 일지사, 1990, 382쪽 참조).[48]

인용문은, 무왕(武王) 3년(602) 백제 승려 관륵이 역서·천문지리서·둔갑방술서를 가지고 일본으로 건너가니 일본에서는 서생(書生) 서너 명을 뽑아 이들 과목을 배우게 했다는 내용이다. 둔갑방술서를 가지고 갔다면 능히 다양한 환술도 했을 것이다.

또 〈신서고악도〉에는 '신라박'이라는 동물 가면을 착용한 가면희도 그려져 있는데, 동물로 가장한 가면희 또한 산악·백희의 일종이었다. 신라박은 가장한 동물 가면에 한 사람이 들어가서 일어서 있는 모습인

---

48) 冬十月 百濟僧觀勒來之. 仍貢曆本及天文地理書 幷遁甲方術之書也. 是時 選書生三四人 以俾學習於觀勒矣.

〈그림 32〉 〈신서고악도〉의 신라박

데, 양손과 발에도 동물 머리를 형상화해놓은 것이 특징이다.

5. 맺으며

지금까지 현재의 한류와 비슷한 상황이 고대에도 있었고, 중국과 일본에서 고대의 한류가 매우 인기를 끌었던 것을 살펴보았다.

여러 자료들을 통해 볼 때, 한국·중국·일본에서 고대로부터 연행되어온 공연 예술(산악·백희·산대희)의 종목은 크게 (1) 곡예와 묘기, (2) 환술

(幻術), (3) 각종 동물로 분장한 가면희, (4) 동물재주 부리기, (5) 괴뢰희 (傀儡戲)라고 불린 인형극, (6) 골계희(滑稽戲), (7) 가무희(歌舞戲), (8) 악기 연주 등으로 나눌 수 있다. 이 고대의 공연 예술들은 원래 서역과 중국에서 유래한 것들이 많지만, 다시 우리 땅에서 발전·재창조되어 중국이나 일본으로 가서 고대의 한류를 이루었던 것이다.

우리의 고대 공연 예술은 우리나라의 자료에서는 발견되지 않지만, 중국·일본 등의 자료를 통해 살펴볼 수 있는 경우가 있다. 신라박(新羅 狛)·입호무(入壺舞)를 비롯해, 당나라의 십부악 가운데 고구려기인 호선 무(胡旋舞)와 광수무(廣袖舞), 일본에 전하는 삼국 및 발해의 악무인 우방 악(右方樂) 등이 그 예이다.

중국에서 인기가 있었던 고구려의 고대 한류로는 수나라와 당나라의 칠부악·구부악·십부악 가운데 고구려기인 호선무(胡旋舞)와 광수무(廣 袖舞), 중국에서 유명했던 고구려 인형극, 이백(李白)의 악부시 〈고구 려〉, 고구려춤을 흉내 냈던 당나라 재상 양재사의 경우를 살펴보았다.

일본에서 인기가 있었던 고구려의 고대 한류로는 일본의 무악(舞樂) 가운데 우방악인 고구려악 24곡(曲)을 들 수 있는데, 이는 지금까지도 전해지고 있다. 이 가운데 나소리(納曾利)·곤론핫센(崑崙八仙)·신토리소 (新鳥蘇)·고토리소(古鳥蘇)·신쇼오도쿠(進走禿)·다이쇼오도쿠(退走禿)· 소리고(蘇利古)·고토쿠라쿠(胡德樂)·오오닌데이(皇仁庭)·기토쿠(貴 德)·아야기리(綾切)·지큐(地久) 등 12곡은 가면을 착용하고 연행하는 무 악이다.

백제인 미마지(味摩之)가 중국 남조 오나라에서 배워 612년 일본에 전했다는 기악(伎樂)은 백제의 대표적 고대 한류이다. 일본에서는 기악 이 전래된 뒤 불교의 2대 명절인 석가탄신일(음력 4월 8일)과 우란분재(음 력 7월 15일) 때 동서양사재회(東西兩寺齋會)에서 기가쿠(伎樂)를 공연했 는데, 나라(奈良)시대(710~784)에는 기가쿠가 모든 사찰에서 연행될 정도로 융성했다. 지금 일본에는 기가쿠에 사용되던 가면들 230여 개가 남아 있다.

신라의 연희로는 가무백희, 황창무, 농환, 우륵이 제작한 12곡, 사자춤, 무애희, 신라악 입호무, 신라박을 들 수 있다. 이 가운데 신라악 입호무와 신라박이 신라의 대표적인 고대 한류이다. 특히 중국 학자들은 신라의 '입호무'를 오늘날 중국에서 널리 전해지고 있는 환술인 '항둔(缸遁)'으로 여기면서, 이 환술이 신라악 '입호무'로부터 발전했음을 인정하고 있다.

고조선 지역의 무교가 중원 도교 문화에 미친 영향

안 동 준

1. 문제 제기

여기서 말하는 고조선 지역은 넓게는 중국 동북 지역 발해만 연안 일대를 가리키며, 좁게는 요하를 중심으로 한사군(漢四郡) 지역을 수복한 부여와 고구려 강역을 이른다.

중국 동북 지역은 중원 도교 문화에 결정적인 영향을 미친 지역이다. 중원에 내단학(內丹學)의 요체(要諦)인 금단법(金丹法)을 전수한 유해섬(劉海蟾)의 고향이 요서(遼西) 광녕(廣寧)에 있고, 원말명초(元末明初)의 무당산(武當山) 도사 장삼봉의 출신지는 요하(遼河)에 인접한 창무(彰武)이다. 멀리 후한(後漢)시대 중원에서 백화(帛和)로 알려진 백중리(白仲理)와, 요동선인 정영위의 고향도 요양 일대에 있다.《포박자(抱朴子)》에서 갈홍(葛洪)은 한족(漢族)의 시조인 황제(黃帝)가 청구(靑丘)에 가서 자부선인(紫府仙人)에게 도를 물었다고 했고,《요사(遼史)》에서는 요동 지역을 선향(仙鄕)이라고 일컫기도 했다. 뿐만 아니라 태평도의 발원지로 추정되기도 한다.[1] 그럼에도 이러한 고조선 지역이 원시 도교의 진원지로서 구체적으로 어떤 의미를 지니고 있는지에 대한 학계의 관심과 본격적 논의는 의외로 부족한 실정이다.[2]

중국 학계의 통설에 따르면, 도교는 후한시대 장도릉(張道陵)으로부터 연원한다고 한다. 그 이전의 도교적 성향의 조직을 원시 도교라고 하는데, 진한(秦漢)시대의 방선도(方仙道)가 그 대표적인 사례이다. 샤머니즘으로 알려진 무교는 방선도 이전의 원시 종교로서 도교에 지속적으로 영향을 미쳤다고 한다. 특히 중국 서남 지역의 무교(巫敎)가 오두미교

1) 정재서, 〈태평경의 성립 및 사상에 관한 시론〉, 《논총》 59호, 이화여자대학교, 1991.
2) 정재서는 최근 《한국도교의 기원과 역사》(이화여대출판부, 2006), 69~92쪽에서 이 문제를 본격적으로 거론하며 동아시아 문화 연구에서 인식의 전환이 필요하다고 했다.

(五斗米敎)로 널리 알려진 천사도(天師道)에 영향을 미쳤는데,[3] 그 점은 무교의 영향이 이른바 토생토장(土生土長)이라고 하는 중국 도교의 성립에 지대한 구실을 했다는 사실을 시사한다. 그러나 동북 지방의 대표적인 무교인 살만교(薩滿敎)가 중원 도교 문화의 형성에 어떠한 기여를 했는지에 대해서는 지금까지 논구된 바가 없다.[4]

고조선 지역의 원시 도교 문화권은 살만교 문화권과 겹친다. 이러한 사실에 착안해 중국 동북쪽에 자리한 고조선 문화를 무교적 관점에서 재해석하고 이를 도교 문화와 관련지어 논의해볼 필요가 있다.

동아시아의 문화를 거시적인 관점에서 조망할 때, 진한(秦漢)시대 변방의 지식인들인 방사(方士) 집단이 중원 도교 문화의 성립에 지대한 영향을 끼쳤던 것처럼 변방의 문화가 중심권 문화에 수렴되기도 하고, 유교의 예악(禮樂) 문화가 조선에 고스란히 남아 전하는 것처럼 중심권 문화가 정치적 변동으로 해체되면서 주변부 문화에 그 흔적을 남기기도 한다. 도교 문화도 예외가 아니다. 송나라 때 신소파(神霄派) 도사 임영소가 고려에서 보내준 청우(靑牛)를 타고 노자의 자기동래설(紫氣東來說)을 새롭게 음미하기도 했다.[5] 도교 문화가 중심권 문화라고 한다면 무교 문화는 변방의 문화이다. 방선도(方仙道)가 중간부 문화라고 한다면 무교 문화는 주변부 문화이다. 그러나 변방의 관점에서 보면 주변부 문화인 무교는 엄연히 중심 문화이다. 문화의 중심권이 중원으로 이동하면서

---

3) 이와 관련한 대표적인 논문으로는 張澤洪의 〈洪雅瓦屋山道敎與蜀中少數民族〉(《宗敎學硏究》, 2000年 第3期, 53~59쪽)을 들 수 있다.

4) 해외 도교학자인 柳存仁은 〈薩滿與南巫〉(《道敎史探源》, 北京大學出版社, 2000, 15~26쪽)에서 고대 무교로서 살만교를 도교 기원의 문제와 관련지어 다룰 필요가 있다는 주장을 개진했으나, 구체적으로 그 관련성을 논의하는 데까지 나가지는 않았다.

5) 《歷代眞仙體道通鑑》卷五十三, 〈林靈素〉. "政和七年七月, 高麗國果進靑牛到京. 帝不勝欣喜, 百官拜賀. 帝卽賜先生, 乘騎入朝. 先生遂作靑牛歌一篇. 首句有云, 政和丁酉西風秋, 天子賜以騎靑牛. 成篇進奏, 帝大悅."

무교 문화도 해체되어 소수민족의 무속으로 전락했지만, 고대 무교 문화의 본래 면목을 잔존하는 신화에서 재발견할 수 있다. 특히 문헌으로 남아 전하는 고조선 지역의 건국 신화는 정교일치(政敎一致)시대 무교 문화의 옛 모습을 복원하는 소중한 자료가 아닐 수 없다.

이 글에서는 고대 중원 문화와 북방 유목민 문화에 잔재한 북방계 신화의 파편들을 수습해 고조선 지역 신화의 원형을 재구성하고, 정치적 후원 세력이 소실된 신화적 상상력이 어떻게 변용되어 중원 도교 문화에 영향을 미치고 있는지를 고찰해보고자 한다. 이를 위해 문헌 기록보다 고분(古墳)에서 발굴된 도상(圖像) 기록을 주로 활용했는데, 이는 외부로 공개될 수밖에 없는 문헌적 담론이 정치적 목적으로 곡필(曲筆)될 가능성이 있는 것과 달리, 무덤 속에서 작업하는 장인(匠人)들의 도상적 담론은 비교적 곡필의 가능성이 적다는 판단에서 비롯되었다. 공교롭게도 이와 같은 작업은 뼈대만 남은 고대 담론에 살을 붙이고 피부를 이식하고 의복과 장신구를 입혀 그 시대의 모습으로 부활하게 하는 주술적인 행위와 일치한다.

고조선 지역의 서사적 구조, 곧 뼈대만 놓고 보면 보잘 것 없다고 치부되지만, 이러한 과정을 통해 드러난 모습은 오랜 세월 속에 망각된 거대 서사의 부활이다.

2. 무교와 고대 신화

고대 문헌 기록 등을 살펴보면 무(巫)의 신분과 직능이 대단했던 것으로 추측된다. 천재지변이나 군사(軍事)에 관련된 중대사에 자문 구실을 맡으면서 국가의 중대사에 간여했으며, 인간과 초월 세계를 소통시키는 주요 구실을 맡을 뿐만 아니라, 천제(天祭)와 같은 국가 행사에 제사장으

로서 소임을 다했고, 농사의 시기를 결정하거나 초기의 사관(史官)으로
서 부족의 신화 전승에 중요한 구실을 하는 존재였다. 진한(秦漢)시대를
거쳐 제자백가(諸子百家) 출신의 지식인 집단이 등장하기 이전까지는
고대 사회의 실권은 무사(巫師) 집단들이 장악하고 있었으며, 그들은
고대 국가를 경영하는 통치자에게 필요한 농경 및 수렵의 지식과 군사
정보 및 전략을 제공하는 지식 계층으로서 그 사회적 지위도 높았던
사실이 여러 문헌을 통해 입증된다.《산해경(山海經)》에 등장하는 십무
(十巫)의 존재가 바로 그 대표적인 증거이다.《사기(史記)》〈봉선서(封禪
書)〉 색은(索隱)에 십무의 한 사람인 무함(巫咸)이 은나라 신하의 이름이
라고 언급된 바가 있다.[6] 그러나 진한(秦漢) 이후로 유교와 불교계 지식
인층이 대거 등장하면서 무(巫)의 세력은 방사(方士) 세력과 합류하고
그 일부는 도교 문화에 수용되기도 했다.

하지만 전통적으로 무(巫)가 장악하고 있는 지식은 매우 다양하며
복잡하다. 치병(治病)의 기술 이외에 신령(神靈)의 명칭과 제례의 절차뿐
만 아니라, 산천 지리에 대한 지식을 비롯해서 절기(節氣)의 시작과 영농
의 시기를 숙지하거나 예언할 수 있어야 하며, 그에 따라 천문 지식도
겸비해야 했다. 또한 성씨(姓氏)의 출현에 따른 역사 지식에도 통달해야
했다.

이러한 무교적 시각에서 고조선과 고구려 건국 신화를 살펴보면 몇
가지 흥미로운 사실을 발견하게 된다. 먼저 고조선의 단군 신화를 살펴
보면, 익히 알려진 바와 같이 이야기 층위는 세 가닥으로 구성되어 있
다.[7] 첫째는 환인 계열의 천신(天神) 이야기이고, 둘째는 환웅 계열의
농경신(農耕神) 이야기이며, 마지막으로 단군 계열의 산신(山神) 이야기

---

6) "按尙書, 巫咸殷臣名, 伊陟贊告巫咸, 今此云, 巫咸之興自此始."
7) 홍기문,《조선신화연구》, 지양사, 1989, 132쪽.

〈그림 1〉 우하량 여신묘에서 발굴된 곰의 아래턱과 발톱

가 그것이다. 그런데 고조선 신화를 대표적인 곰 신화로 여긴다면 웅녀의 이야기도 따로 독립된 신화소(神話素)로 다룰 수 있을 것이다.

웅녀의 이야기를 독립된 신화소로 여기지 않는 이유는 무속적 사유에 근접해 있기 때문일 것이다. 그리고 단군 신화가, '아사달에 숨어 산신이 되었다'는 결말에서 읽을 수 있듯이, 고조선 건국 초기의 모습으로 전해진 것이 아니라 멸망한 이후에 채록되었던 것도 또 하나의 이유가 될 수 있을 것이다. 그러나 웅녀는 무교의 관점에서 볼 때 본래부터 웅신(熊神) 신앙에 기반한 신성한 존재였다. 오늘날 채록된 동북아의 곰 문화에서 곰 토템의 신성적 의미를 발견하는 것처럼, 고대 발해만 연안의 곰 토템에도 이미 신격이 부여되어 있었다.[8] 우하량 여신묘에서 출토된 신석기시대의 것으로 추정되는 곰 소상(塑像)은 바로 그러한 흔적이다.

중원의 고대 신화에서도 웅신(熊神) 신앙의 흔적이 황제(黃帝) 신화와 곤(鯀) 신화 등에서 산견된다. 이러한 인접 문화와의 관계에서 유추할 수 있는 점은 웅녀가 이미 토착 세력의 무속신으로서 권능을 가진 존재라는 것이다. 여기서 곰이 인간이 되었다는 것은 환웅과 결합해 단군을

---

8) 葉舒憲, 〈熊圖騰神話源流〉, 北京大學比較神話學國際硏討會 發表文, 2006年 5月.

〈그림 2〉 중국 산동성 가상현 무씨사 화상석 그림

잉태하기 위한 혼사 장애의 한 모습인 점에서 주목할 필요가 있다. 자의든 타의든 웅녀에게는 축복이 아니라 시련인 것이다. 이는 주몽을 낳기 위해 해모수와 결합한 유화부인의 시련에서도 확인할 수 있다.

일찍이 김재원(金載元)은 이러한 곰 토템이 천신 계열의 신화와 결합한 경위를 산동성 가상현(嘉祥縣) 무씨사(武氏祠) 화상석각과 단군 신화를 대비하는 방식으로 잘 밝혀놓았다.[9)

뇌공(雷公)이 수레를 타고 왼쪽에서 오른쪽으로 나아가고 있는데, 뒤에는 풍백(風伯)이 따르고 우사(雨師)가 물병을 들고 앞서 가고 있다. 이러한 형상은 환웅이 풍백(風伯)·우사(雨師)·운사(雲師)를 거느리고 하강하는 모습과 상당히 비슷하며, 풍백·우사·운사를 거느릴 만한 위치에 환웅이 있다면 그의 정체는 뇌신(雷神) 또는 뇌공(雷公)임을 짐작할 수 있다. 그런데 산동성 임기(臨沂)에서 출토된 또 다른 한대(漢代, 25~220년) 화상석에는 뇌공의 모습을 웅신(熊神)으로 묘사해놓고 있다.

하지만 뇌신(雷神)을 최초로 형상화한 모습은, 《산해경》〈해내동경 (海內東經)〉에 "뇌택(雷澤) 가운데 뇌신(雷神)이 사는데, 용신(龍身)에 사람 머리 형상을 하고 배를 두드려 천둥소리를 낸다"[10)고 했듯이, 주로 용(龍)이다. 한대 화상석에서는 사람 몸의 뇌신을 볼 수 있다. 그러나

9) 金載元, 《檀君神話의 新硏究》, 정음사, 1976, 61~93쪽.
10) "雷澤中有雷神, 龍身而人頭, 鼓其腹則雷."

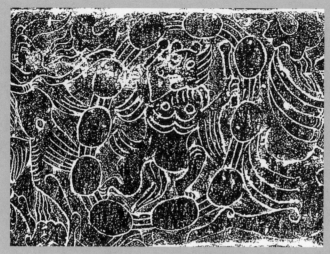

〈그림 3〉 곰 모습을 한 뇌공(雷公)

이러한 자료들은 곰과 뇌신의 관계에 대해 설득력 있는 논리를 갖추지 못하고 있다. 이에 견주어 단군 신화는 뇌신 신앙과 웅신 신앙이 결합한 형태로 나타난 전형적인 신화이다. 뇌신 신앙과 곰 토템의 구체적 결합 과정에 대한 문헌적 기록이 동아시아 문화에서는 단군 신화에서만 유일하게 나타난다는 사실에서 고조선 지역 신화 해석의 새로운 실마리를 모색할 수 있을 것이다.

한편, 이규보의 〈동명왕편(東明王篇)〉에 인용된 《구삼국사(舊三國史)》〈동명왕본기〉의 고구려 건국 신화도 무교적 관점에서 살펴보면 해모수 계열의 천신(天神) 신화와 주몽 계열의 지신(地神) 신화 그리고 하백 계열의 수신(水神) 신화로 대별된다.[11] 단군 신화와 마찬가지로 여기서도 유화부인의 이야기를 따로 독립된 신화소로 읽을 필요가 있다.

---

11) 천(天)·지(地)·수(水)는 오두미교(五斗米敎) 삼관신앙(三官信仰)의 신학 체계와 비슷하다는 점에서 주목된다.

〈그림 4〉 복천추 고분벽화

〈동명왕본기〉에 따르면 해모수와 신혼(神婚)을 거친 유화부인은 어느 순간 곡신(穀神)으로서 비둘기를 사자(使者)로 부리는 신모(神母)로 승격된다. 하백의 딸인 유화는 마땅히 수신(水神) 계열이고 어별(魚鼈)을 토템으로 삼아야 한다. 그런데 해모수와 신혼(神婚)을 거친 뒤 주몽을 낳으면서 새(鳥) 토템과 유관한 신모(神母)로 격상한 것이다. 문헌 기록으로 보면, 주몽의 신이한 능력을 해모수로 상징되는 천신과 하백으로 상징되는 수신이 결합한 결과로 해석할 수 있지만, 유화의 신격이 변모한 점은 설명하지 못한다. 그러나 단군 신화에 견주어 천신의 모습이 더 구체적으로 묘사된 해모수 신화를 도상(圖像)으로 이해하면 이 문제를 쉽게 이해할 수 있다. 나아가서 집안(集安) 오회분의 벽화와 낙양(洛陽)에서 발굴된 서한(西漢) 복천추(卜千秋) 고분벽화가 해모수 신화와 동명왕 신화를 그림으로 나타낸 것이라는 놀라운 사실까지 발견하게 된다.

해모수는 익히 알고 있다시피 절풍(折風)과 비슷한 오우관(鳥羽冠)을 쓰고 오룡거(五龍車)를 타고 지상에 내려온다. 한대(漢代) 화상석(畵像石)을 검토하면 오룡거는 뇌공(雷公)이 타는 뇌거(雷車)이다.[12] 단군 신화에서 환웅이 풍백·우사·운사를 거느리는 존재로 그 신격을 간접적으로

---

12) 이 밖에 姚福均의 《鑄鼎余聞》 卷1에 인용된 《開元佔經》〈石氏中官佔〉에서 "五車東南星名曰司空, 其神名曰雷公"이라고 했다.

암시하고 있다면, 해모수 신화에서는 뇌거(雷車)를 통해 해모수의 신격이 뇌공(雷公)임을 우회적으로 설명한다. 그리고 오우관(烏羽冠)은 그의 신격이 태양신과 유관한 어떤 것임을 짐작하게 한다. 여기서 신화(神化)된 까마귀를 태양조인 삼족오(三足烏)로 이해할 수도 있고, 전신(電神)의 상징인 봉조(鳳鳥)로 이해할 수 있다. 이러한 도상적 이미지는 집안 오회분 4호묘와 5호묘에 그려진 복희(伏羲)·여와(女媧) 그림 가운데 삼족오를 머리에 이고 있는 복희 도상과 부합한다.

그러나 이 그림이 고매신(高媒神)인 복희·여와를 표현한 것으로 해석하는 데는 좀더 신중을 기할 필요가 있다. 왜냐하면 도교에서는 삼족오의 도상적 의미를 감리교구(坎離交媾) 과정의 한 요소인 오정(烏精)으로 설명하기 때문이다. 내단(內丹)의 원리를 설명하는 음양호장도(陰陽互藏圖)[13]에서 보여주듯이, 감괘(坎卦, ☵) 속의 양효(陽爻)가 음중양(陰中陽)을 상징한 것이라면, 리괘(離卦, ☲) 속의 음효(陰爻)는 양중음(陽中陰)을 상징한다. 달 가운데의 두꺼비와 해 가운데의 까마귀는 각각 그러한 점을 형상화한 것이다. 그런데 도교의 감리교구는 순음(純陰)·순양(純陽)의 신화(神化) 과정을 제시한 것으로, 그 과정에서 감괘의 양효와 리괘의 음효가 서로 교환된다. 다시 말해서, 유화가 해모수의 삼족오를 얻는 연금술 과정을 거쳐 신격이 한 차원 상승하게 되는 것이다. 그 점은 낙양 복천추 고분벽화에 잘 설명되어 있다.

복천추 고분벽화는 1976년 6월 낙양 북망산(北邙山) 남쪽 기슭에서 발견되어 그 발굴 보고서가 1977년에 공개되었다.[14] 벽화를 직접 보고 논문을 쓴 손작운(孫作云)은 이 벽화의 특징이 위로는 춘추(春秋) 말기의

---

13) 陸西星의 《方壺外史》(臺北 : 自由出版社, 1982)에 수록된 〈金丹大旨圖〉에서 인용함.

14) 《文物》, 1977年 第6期에 洛陽博物館의 〈洛陽西漢卜千秋壁畫墓發掘簡報〉, 陳少丰·宮大中의 〈洛陽西漢卜千秋壁畫藝術〉, 孫作云의 〈洛陽西漢卜千秋壁畫考釋〉 등 세 편의 논문이 실려 있다.

〈그림 5〉 일신(日神)의 삼족오

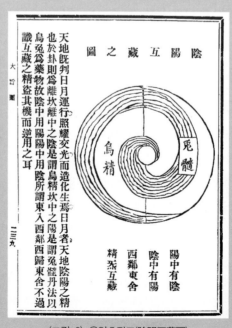

〈그림 6〉 음양호장도(陰陽互藏圖)

〈그림 7〉 삼족오를 안고 있는 여선(부분 확대)

초종묘(楚宗廟) 벽화에서 아래로는 위진남북조 초기의 집안 통구 고구려 고분벽화 사이의 교량적 구실을 하는 것이라고 결론을 내린 바가 있다.[15] 이 벽화의 특이한 점은 삼두조(三頭鳥)를 탄 여선이 삼족오를 안고 있으며, 그 바로 아래에 활을 든 선인이 배[舟] 모양의 긴 뱀을 타고 태양 반대편으로 나아가고 있다는 점이다. 이 점에 대해 발굴에 참여한 사람들은 고대 도교 사상을 반영한 것이라는 데 의견을 모았지만, 동명왕 신화와의 관련성에 대해서는 언급하지 않았다.

그러나 흥미로운 사실은, 수면 위의 물결을 묘사하면서 그 배경이 강이나 호수였을 것이라고 지적한 점이다.[16] 그렇다면 이는 무엇을 뜻하는가? 중국 쪽 해석에 한계가 있다면 고조선 지역의 고대 신화와 연관

15) 孫作云,〈洛陽西漢卜千秋壁畫考釋〉,《文物》, 1977年 第6期, 22쪽.
16) 陳少丰·宮大中,〈洛陽西漢卜千秋壁畫藝術〉, 같은 책, 15쪽.

〈그림 8〉 사천성 간양(簡陽) 3호 후한(後漢) 석관 그림(왼쪽)
〈그림 9〉 하남성 남양(南陽) 기린강(麒麟崗) 한묘(漢墓) 화상석(오른쪽)

지어 해석해볼 필요가 있다. 해모수와 유화의 신혼(神婚) 과정을 설명한
것으로 생각해볼 수 있는 것이다. 삼두조를 탄 여선은 신혼 과정을 통해
해모수로부터 삼족오를 얻은 유화와 다를 바 없기 때문이다.

그렇다면 활을 들고 용주(龍舟)를 타고 있는 인물은 자연히 주몽으로
해석된다. 용주(龍舟)는 물 위에 길게 늘어진 어별교(魚鼈橋)의 또 다른
형상으로 볼 수 있기 때문이다.

또한 사천성 간양(簡陽) 3호 후한(後漢) 석관 그림을 보면, 여와와 복
희가 지역에 따라 현무 계열의 수신(水神)과 삼족오 계열의 천신(天神)으
로 표현되기도 한다는 사실을 알 수가 있다. 그리고 하남성 남양(南陽)
기린강(麒麟崗)에서 출토된 후한(後漢)시대 화상석에는 거북의 등에 앉
아 있는 신인(神人)이 무엇을 천으로 덮어 들고 가는 모습이 보이는데,
꼬리의 형상으로 보아 봉(鳳)으로 해석된다. 엄숙하고 단정한 자태에서
복천추 벽화의 그것과 비슷한 신혼의 모습으로 보인다.

이러한 낙양 복천추 고분벽화의 도상적 의미를 이해하면, 집안 오회분

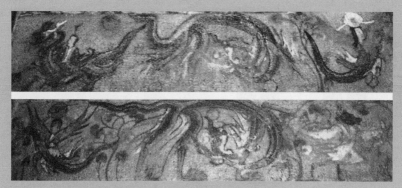

〈그림 10〉 집안 오회분 4호묘의 일월신과 농사신

의 의미도 자연스럽게 풀린다. 집안 오회분 4호묘와 5호묘 공히 일월신
(日月神), 곧 감리교구 이후의 경상(景象)을 묘사한 것이라고 볼 수 있는
데, 해모수와 유화 좌우에 우두(牛頭)의 농신(農神)과 용마(龍馬)를 탄
선인이 묘사되어 있는 점을 눈여겨볼 필요가 있다.

앞의 낙양 복천추 벽화를 감안하면, 집안 오회분 4호묘와 5호묘에
묘사된 용마를 탄 신선은 신혼의 결과로 나타난 주몽으로 여겨진다.
그리고 농사신(農事神)으로 알려진 우두선인(牛頭仙人)은 마찬가지로 신
혼의 결과와 유관한 것임을 짐작할 수 있다. 곧 유화부인이 주몽을 얻는
과정에서 신격이 변모해 곡신(穀神)으로 나타난 것이라고 해석해볼 수
있는 것이다.

살만교에서 새 토템은 솟대 신앙에서 엿볼 수 있듯이 농경 생활에
필요한 주술적 행위와 관련된다. 새 토템이 삼족오와 어떠한 연관이
있는지는 지금으로서는 잘 알 수 없지만, 고대 살만교의 새 토템은 무사
(巫師)의 대신모(大神帽)에서도 발견된다. 대표적인 살만교 학자 부육광
(富育光)의 조사에 따르면, 샤먼의 모자는 마귀를 쫓고 정령들을 제어하
는 주술적 권능을 드러내는 무구(巫具)로서, 대신모에 앉아 있는 새의

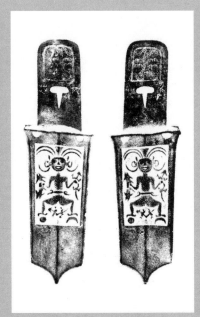 

〈그림 11〉 '병피태세(兵避太歲)'의 과(戈)   〈그림 12〉 기남(沂南) 한묘(漢墓) 화상석

수에 따라 명망과 권위의 척도를 가늠하게 된다고 한다.[17] 고대 중국 동북 지역의 무교와 삼족오와의 관련도 새 토템을 중심으로 고찰해볼 여지가 있을 것이다.

3. 고대 신화의 도교적 변주

해모수 신화에서 천신과 수신의 연금술적 결합 과정과 그 결정체로 삼족오(三足烏)의 의미를 찾아낼 수 있듯이, 단군 신화에서도 천신과

---

17) 富育光, 《薩滿論》, 遼寧人民出版社, 2000, 238~252쪽.

지신이 결합하는 과정에서 새로운 의미를 발견할 수 있을 것이다.

널리 알려진 바와 같이 방상씨(方相氏)는 곰 가죽을 덮어쓰고 창과 방패를 들고 있는 괴수(怪獸)이다. 후대로 오면서 귀면(鬼面)만으로 방상씨를 상징하기도 한다. 그런데 1960년 호북성 형문(荊門)에서 출토된 전국(戰國) 후기의 '병피태세(兵避太歲)'과(戈)에 보이는, 방상씨와 비슷한 도상이 흥미롭다.

이러한 '병피태세'의 형상은 태일(太一) 신앙과 유관한 것으로 논의되는데,[18] 주목되는 바는 관모(冠帽)에 새 깃털을 꽂아 양갈래로 드리우고 있는 모습이다. 이를 고대 무사(武士)의 장식인 갈관(鶡冠)으로 해석하기도 하는데,[19] 무엇보다도 이러한 형상은 고구려 절풍(折風)과 비슷할 뿐만 아니라, 한대 화상석에서는 머리 위에 맥궁(貊弓)을 꼽고 있는 것과 대비된다. 산동성 화상석에서 발견되는 한대의 방상씨(方相氏)는 대개 갑옷을 입은 웅신(熊身)에 사족(四足)은 각각 여러 종류의 병기(兵器)를 잡고 있어서 전신(戰神)인 치우(蚩尤)의 형상을 보여준다. 이에 견주어 해와 달을 두 발로 밟고 용을 양손에 움켜쥔 '병피태세'의 형상은 천신과 지신의 토템이 결합하는 초기의 모습을 보인다.

방상씨의 원형을 동이족 신화의 치우라고 본다면, 치우는 처음에는 뇌고(雷鼓)를 두드리는 곰의 모습에서 점차 병장기를 갖춘 전신(戰神)의 모습으로 변형된 것으로 추정할 수 있다. 그러나 그 원형은 어디까지나 곰 토템과 천신 계열의 토템(鳥神)이 결합한 것으로, 고조선이 멸망한 뒤 치우 신화가 점차 약화되면서 일반 민간신앙에서는 방상씨의 모습으로, 민간 도교신앙에서는 천제사자(天帝使者)로 변용된 것이라고 헤아려 볼 수 있다. 1959년 10월 신강성 토로번 고분에서 천제신부(天帝神符)에

---

18) 李零, 〈'太一'崇拜的考古硏究〉, 《中國方術續考》, 中華書局, 2006, 167~175쪽.
19) 같은 글, 168쪽.

〈그림 13〉 토로번에서 발견된 천제신부(天帝神符)

왼손으로 삼지창을 들고 오른손으로 대도(大刀)를 들고 서 있는 도교 부적(符籍)이 발견되었는데, 서위(西魏) 대통 17년(서기 551년)의 것으로 추정된다.[20] 이러한 종류의 부적은 대개 역귀(疫鬼)를 물리치는 주술에서 사용하는 것인데, 치우의 형상이 변모해 도교 민간신앙에 남아 있는 흔적이라고 하겠다.

그런데 무엇보다도 고구려 고분벽화에서 자주 등장하는 별자리와 귀면(鬼面)은 이러한 태일(太一) 신앙과 일정한 연관이 있을 것으로 생각된다. 도교에서 거행하는 초제(醮祭)의식에는 제단을 마련하는 것이 중요하고 이러한 제단은 신령에게 제사를 지내는 장소로 사용된다.[21] 고구려

20) 王育成, 〈文物所見中國古代道符述論〉, 《道家文化硏究》第9輯, 1996, 290~291쪽.
21) 도교 제단의 성격과 종류에 대해서는 張澤洪, 〈論道敎齋醮儀禮的祭壇〉, 《中國道敎》,

고분을 놓고 제단이라고 단정하기는 어렵지만, 고분벽화 천정의 일반적인 양식은 널리 알려진 바와 같이 좌우 일월(日月)과 상하 남두성(南斗星)과 북두성(北斗星)으로 이루어져 있어서 태일신(太一神)을 모시는 도교 제단의 배치 방식과 같은 점이 주목된다.[22]

이러한 신단은 비슷한 시기의 고구려 고분벽화의 구성과 유관할 뿐만 아니라 태평도의 신앙과 밀접한 관련이 있다. 위나라 조조가 황건적을 토벌할 무렵 조조에게 보낸 황건적의 격서 내용 가운데 "예전에 제남에서 신단(神壇)을 파훼했는데, 그 도(道)는 중황태을(中黃太乙)과 같다. 도(道)를 아는 것 같지만 지금 다시 미혹하니 한(漢)왕조의 운수는 다하고 황가(黃家)가 설 차례이다"[23]라고 한 대목에서, 조조가 제남 일대에서 훼손한[24] 신단(神壇)이 곧 태을신단임을 짐작할 수 있고, 또한 당시 황건적이 민간에 유포된 태일신앙에 의지하고 있었음이 드러난다. 여기서 산동성 제남은 태평도가 유행하던 지역이고, 그 태평도는 요동선인 백화(帛和)가 전수한 《태평경》에서 비롯된 초기 도교라는 사실에 주목할 필요가 있다. 당(唐) 고조가 서기 624년에 천존상을 보내어 오기 전에 이미 고구려 국인(國人)이 다투어 오두미교를 신봉했다는 《삼국유사(三國遺事)》의 기록으로 미루어 오두미교의 '오두(五斗)'와도 관련지어 해

2001年 第4期 참고.

22) 허손(許遜, 239~374)의 《銅符鐵券》〈壇台直義〉에 따르면, 황정(黃正)의 토(土)를 취해 천지인 삼재(三才)의 원리에 따라 단(壇)을 3층으로 나누어 쌓되, 상층에 28수(宿)의 상(象)을 그리고, 대(台) 위에 태을신단(太乙神壇)을 설치하는데, 청룡·백호·주작·현무 등의 사상(四象)을 위에 그리고 12월장(月將)의 별자리를 배열하며 대들보의 동서에 일월(日月)의 금오(金烏)와 옥토(玉免)를 표시한다고 한다(畵靑龍白虎朱雀玄武四象于上, 布十二月將之星辰, 屋簷之東西, 畵日月金烏玉免之明).

23) 陳壽, 《三國志》卷1, 〈魏書 武帝紀〉에 인용된 王沈의 〈魏書〉. "昔在濟南, 毁壞神壇, 其道乃與中黃太乙同, 似若知道, 今更迷惑, 漢行已盡, 黃家當立."

24) "太祖到, 皆毁壞祠屋, 止絶官吏民不得祠祀, 及至秉政, 邃除奸邪鬼神之事, 世之淫祀由此邃絶."

석할 여지가 있는데,[25] 고구려 각처에서 귀신을 숭배하는 사옥(祠屋)이 있었다는 기록들을 볼 때 고구려에서 신봉하던 신격의 정체가 태일성신(太一星神)이 아닌가 여겨진다.

오두미교의 '오두'는 동(東)·서(西)·남(南)·북(北)·중두(中斗)와 같이 다섯 방위의 별자리를 가리킨다.[26] 중두는 북극성, 곧 태일성(太一星)을 포함한 북두칠성을 이르며, 오두미교의 주된 숭배 대상이다. 그래서 천사도(天師道)를 오방(五方) 성신(星辰)을 숭배하는 무사(巫師) 집단이라고 일컫기도 한다.[27]

오늘날 북두칠성 위쪽으로 밀려나 있는 태일성이 상고시대에는 북극성이었다. 지구의 세차운동으로 지금의 북극성이 사보(四輔)의 하나인 구진성(句陳星)이라면, 한대(漢代)의 북극성은 천추성(天樞星)이고, 그 이전 시대의 북극성은 태일성인 것이다. 고대 천문 관련 고고학 자료를 보면, 5,000년 또는 6,000년 전에는 북두칠성과 북극성이 일치해 북극성이 북두의 괴성(魁星)의 중앙에 자리 잡았다.[28] 그 시대의 북두성은 지금처럼 칠성이 아니라 5성으로 인식되었던 것이다. 북극성을 괴(魁) 4성 안에 실어서 북두 4성을 제거(帝車)라고 하는데, 산동성 무씨사 화상석에 나타난 뇌신(雷神)은 뇌거(雷車)와 비슷하고, 뇌신이 본래 북극성, 곧 태일(太一)을 상징한 것으로 유추된다.

그 점에서 단군 신화의 환인과 환웅은 천제(天帝)이면서 태일(太一)의 화신으로 볼 수 있다. 또한 근자에 요령성 우하량 홍산 문화에서 발굴된 방총(方塚)과 원총(圓塚)의 적석총을 실측한 결과 환구(圜丘)와 방구(方

---

25) 《隋書》〈東夷傳〉과 《北史》〈高句麗傳〉에 나오는 고구려의 세법에 최하층민의 세금으로 '五斗'를 걷는다는 기록이 있는데, 이 점은 오두미교의 세법과 일치한다.

26) 卿希泰, 〈有關五斗米道的幾個問題〉, 《中國哲學》, 제4집.

27) 王純五, 《天師道二十四治考》, 四川大學出版社, 1996, 47쪽.

28) 陸思賢·李迪, 《天文考古通論》, 北京 : 紫禁城出版社, 2000, 101쪽.

〈그림 14〉 산동성 무씨사 화상석(후한 186년)

丘)로 밝혀졌는데,[29] 상고시대에 이미 북극성〔太一星〕을 중심으로 천체를 정밀하게 관측하고 그 자료를 바탕으로 천제(天祭)를 지냈다는 사실에서 고조선 지역에는 일찍부터 태일신앙이 있었던 것으로 추정된다.

여기서 주목할 만한 사실은 오두미교와 비슷한 후한 장각의 태평도에서도 '중황태일신(中黃太一神)'이라고 하여 태일성신을 믿었다는 것이다. 태평도의 주요 경전은 《태평청령서》인데, 일반적으로 태평경으로 알려져 있다. 갈홍 신선전의 일문(佚文)에 요동선인 백화(帛和)가 간길(干吉)에게 태평경을 전수했다고 하고, 이러한 태평경의 발생 지역을 발해만 연안으로 추정하는 주장도 있다.[30] 다른 시각에서는 오두미교 전파 이전에 태일신앙을 형성한 고조선 지역의 원시 도교인 서성산파(西城山派)가 강소성 모산파(茅山派)의 성립에 일정한 영향을 끼쳤을 가능성도 타진해볼 수 있다.[31]

이러한 태일신앙과 관련된 북방계 초기 도교의 흔적은 대체로 외단법(外丹法)과 관련되어 나타난다. 다음과 같은 하구중(瑕丘仲)의 일화에서 그러한 면모를 살펴볼 수 있다.

29) 馮時, 《中國天文考古學》, 北京 : 社會科學文獻城出版社, 2001, 343~355쪽.

30) 정재서는 앞의 글 외에 〈고구려 고분벽화의 신화·도교적 제재에 대한 새로운 인식〉(《상상》, 1996년 가을호)이라는 논문에서 해모수 신화와 태평경의 관련성과 관련해 《태평경》 권99의 〈乘雲駕龍圖〉를 그 증거로 주장한 바 있다.

31) 안동준의 〈고구려계 신화와 도교〉(《백산학보》 제54호, 2000) 및 〈북방계 신화의 신격 유래와 도교신앙〉(《도교문화연구》 제21집, 2004) 참조.

하구중은 영인(甯人)이다. 영(甯)에서 100여 년 동안 약을 팔아 사람들이 장수한다고 했다. 지진이 나서 집이 붕괴될 때, 하구중과 물가에 있는 수십 채 가옥이 무너졌고 하구중도 죽었다. 마을 사람들이 하구중의 시체를 거두어 물속에 버리고 그의 약을 수습해 팔았는데, 하구중이 갖옷을 입고 찾아와 약을 거두었다. 하구중을 내다버린 사람은 땅에 머리를 박고 애걸했다. 하구중이 이르기를, "남들로 하여금 나를 알게 한 것이 한스러울 뿐이다. 나는 떠난다"고 말했다. 나중에 부여호왕(夫餘胡王)의 역사(驛使)가 되어 다시 와서 영(甯)에 이르렀다. 북방에서는 그를 일러 귀양 온 신선이라고 했다.[32]

하구중의 신분이 부여호왕(夫餘胡王)과 관련되어 있는데, 기록을 남긴 유향(기원전 77년~기원전 6년)의 생몰 연대에 비추어, 하구중이 부여왕의 부하가 된 시기는 한나라 신작(神雀) 3년(기원전 59년)에 해모수가 등장한 시기와 비슷한 연대로 짐작된다. 이 점으로 미루어 볼 때, 고조선 지역의 약장수로서는 최초의 인물이 하구중이고 그 다음이 백화(帛和)이다. 고조선 지역의 선인들이 한결같이 약장수를 한다는 사실이 주목되는 바, 이는 고대 중국 동북 지역의 연단술이 상당한 수준에 이르고 있었음을 말해준다. 또한 《상청구진중경내결(上淸九眞中經內訣)》에는 "신선의 법을 구하려면 태일군에게 제사를 지내야 한다. 제사를 지내지 않고 약을 만들면 대개 성공할 수 없고, 성공해도 약의 효험이 없다[求神仙之法 當祭太一君 不祭者作藥皆不成 縱成 服之無益]"고 하여 태일군에게 초제(醮祭)를 올릴 것을 강조했는데, 태일성신(太一星辰) 신앙이 외단법(外丹法)에 크게 영향을 미치고 있음을 알 수 있다.

연개소문이 물속에서 태어났다는 전설과 주몽이 하백(河伯)의 외손이

---

32) 劉向, 《列仙傳》卷上. "瑕丘仲者甯人也. 賣藥於甯百餘年. 人以爲壽矣. 地動舍壞. 仲及里中數十家屋臨水. 皆敗. 仲死. 民人取仲尸棄水中. 收其藥賣之. 仲披裘而從詣之取藥. 棄仲者懼. 叩頭自哀. 仲曰, 恨汝使人知我耳. 吾去矣. 後爲夫餘胡王. 驛使復來至甯. 北方謂之謫仙人焉."

라는 신화의 내용에 비추어 하구중의 이야기는 북방 현무(玄武) 신앙과 관련된 일화임을 짐작할 수 있으며,[33] 현무신이 태일신에서 파생된 신격이라는 점에서[34] 부여계 성신(星辰) 신앙의 성격을 태일(太一)을 중심으로 고찰해볼 필요가 있다. 물론 이러한 북방계 초기 도교의 양상은 노자를 교조로 하는 일반적인 도교 전통과는 구분된다.[35]

4. 고구려 신화와 고대 한류

한편, 《옥추경(玉樞經)》을 보면 부려원시천존(浮黎元始天尊)의 아들로 뇌성보화천존(雷聲普化天尊)이 등장한다. 도교 신선화(神仙畵)에서는 일반적으로 머리를 풀고 맨발로 기린(麒麟)을 탄 북방계 뇌신의 모습으로 그려진다.

그런데 뇌부중신(雷府衆神)을 표현한 이 그림의 왼쪽 아래에 있는 검은 깃발 속의 작은 글자가 '칙조만신(勅詔萬神)'이라는 사실이 뇌성보화천존의 의미를 새롭게 해석할 단서를 제공한다. '칙조만신'이 백가도(帛家道)의 중심 경전인 《삼황문(三皇文)》의 '핵소귀신(劾召鬼神)'과 같은 뜻으로 통용된다면, 그것은 고구려계 도교와 모종의 관련이 있기 때문이다. 다시 말해서, 백가도는 요동 출신 선인(仙人)인 백화(帛和)를 조사(祖師)로 받드는 초기 도교의 한 조직이고, 백화는 환인현 오녀산에서 수도

---

33) 張思齊는 〈論太一生水的生神圖系〉(《中國道敎》, 2000년 제5기 총59기)에서 河伯 水神과 유관한 玄武神系를 北辰九星을 포괄하는 東夷 神仙信仰의 연원으로 파악했는데, 이는 주목할 만한 논의이다.

34) 張思齊, 같은 글 참조.

35) 산서성 介休市 大羅宮과 요령성 本溪水洞에서 구전되는 洪鈞老祖 신앙은 그러한 흔적으로 이해된다.

한 인물이기 때문이다.[36)]

또한 뇌성보화천존이 천상계의 뇌부중신(雷府衆神)을 거느리고 하강하는 모습은, 이승휴의《제왕운기》에서 기술한 바, 환웅이 "귀신 삼천을 거느리고 태백산 신단수 아래로 내려오는[率鬼三千而降太白山頂神檀樹下]"것과 비슷하다는 점에서 주목된다.《옥추경》의 삽화에서 엿볼 수 있듯이, 도교 뇌신(雷神) 신앙의 배경 설화로 회자되는 뇌성보화천존의 이야기는 풍백과 우사 등이 등장하는 서사적 구도의 측면에서 살피면 고조선 지역의 신화를 집약한 것으로 간주된다. 왜냐하면 앞에서 살펴본 것처럼, 환인과 치우가 뇌신과 일정한 관련이 있는 것으로 미루어 태일 신앙을 배경으로 하는 동이계 신화는 풍(風)·운(雲)·뇌(雷)·우(雨)의 신화적 상징 체계를 갖추고 있기 때문이다.[37)] 단군 신화에서 환웅이 풍백·우사·운사를 거느리고 하계로 내려오고,《산해경》〈대황북경〉에 기술된 전쟁 신화에서 치우(蚩尤)가 풍백과 우사를 청해 황제(黃帝)와 싸운다는 사실에서 그 점을 확인할 수 있다. 이 밖에 뇌성보화천존의 형상도 승교(乘轎)의 관점에서 본다면 기린마를 타고 천상으로 조회하는 동명왕의 모습과 크게 다르지 않다.

동명왕 신화의 주요 특징은 살만교의 주술적 행위가 영웅의 신이한 능력으로 묘사되고 있다는 점인데, 그것은 사실상 농경·수렵·군사(軍事) 등에 사용되는 뇌법(雷法)과 다를 바 없다. 주몽의 주술적 행위를 〈동명왕편〉에서 몇 가지 찾아보면, 지상의 오작교(烏鵲橋)인 어별교(魚鼈橋)를 놓아 부여 군사의 추적을 따돌리는 대목과[38)] 송양의 비류국을

---

36) 안동준, 〈고구려계 신화와 도교〉,《백산학보》제54호, 2000, 20쪽.

37)《道法會元》卷31의 북두칠성 그림에서 풍(風)·운(雲)·뇌(雷)·우(雨)를 각각 북두(北斗) 괴성(魁星)의 사성(四星)과 대비시키고 있는데, 이는 풍백·우사·운사 등이 고대 북극성인 태일(太一)과 관련 있는 성신(星神)이라는 점을 시사한다.

38) 1926년에 遼陽에서 간행된《遼陽古蹟遺聞》권2에 다음과 같은 태자하(太子河) 전설이

〈그림 15〉 뇌성보화천존(명나라 때의 도교화)

실려 있다. "청 태조가 명나라를 정벌하려고 하는데, 배가 없어 강을 건너지 못했다. 태자를 시켜 강의 결빙(結氷) 상태를 알아보았지만 긍정적인 대답을 듣지 못해 죽이고 다시 둘째아들을 보냈더니 결빙되었다고 보고해 도강했는데, 병마를 이동시키고 돌아보니 강 얼음이 살아 움직이며 흘러갔다. 자세히 보니 거북과 자라와 게[蟹]였다. 게 껍질에 있는 말발굽무늬는 그 흔적이라고 한다. 청 태조는 태자를 강 언덕에 장사지내고 그 강 이름을 태자하라고 했다." 칠월칠석의 머리 벗겨진 까마귀 이야기나 말발굽 흔적이 남은 게 이야기를 대비해보면, 고조선 지역에서 구전되는 태자하 전설이 지상으로 옮겨진 또 하나의 은하수 이야기임을 유추할 수 있으며, 그 인근 지역의 어별교(魚鼈橋) 설화는 두 이야기의 교량적 역할을 하고 있다는 것을 짐작할 수 있다.

삽시간에 물바다로 만들고 그 물을 없애는 대목 등을 들 수 있다.[39] 여기서 동원되는 도구는 활과 채찍인데, 이 둘의 공통점은 유목민의 무기(武器)이면서 무구(巫具)라는 것이다.

특히 채찍은 고대 살만에서 제사와 출정(出征), 수렵과 먼 여행 등에 휴대하는 구마(驅魔) 기능을 가진 법기(法器)이다.[40] 주몽이 채찍을 휘둘러 천지조화를 보인 이러한 술법은 본래 북방 유목민의 주술법이기도 하다.[41] 《옥추경》의 삽화에서는 은하수를 건너오며 뇌성보화천존이 편뢰(鞭雷)를 구사하는 것으로 표현되었다. 편뢰는 '채찍번개[鞭霆]'이며, 이를 구사하는 것은 곧 천존(天尊)의 호령(號令)이다.[42] 엄체수(淹滯水)에서 주몽이 채찍으로 하늘을 가리키며 "나는 천제의 손자요 하백의 외손이다[我天帝之孫, 河伯之甥]"라면서 주법(呪法)을 시행하는 것은 천존을 대신해 뇌법을 시행하는 것과 같은 의미이다.[43] 따라서 보현사판(普賢寺板) 《옥추보경(玉樞寶經)》 삽화에 묘사된 뇌성보화천존의 형상은 주몽

---

39) 같은 책, 普安門上龍王條에 태자하의 범람을 막아 주는 피수(避水) 설화가 있다. 그 대략의 내용은 다음과 같다. "요양성 보안문은 고려 사신이 그 문으로 출입했다 하여 '고려문'이라고 하기도 하는데, 성문 위 묘당(廟堂)에 동쪽을 바라보고 서서 오른손에 채찍을 잡고 물을 가리키고 있는 용왕의 상(像)이 있다. 전하는 말에 따르면, 채찍 끝에는 피수주(避水珠)가 있어서 강물이 서쪽으로 흘러 성벽을 들이치지 못했다. 근년에 묘당과 용왕상이 파괴되고 난 뒤에 물이 마침내 서쪽으로 옮겨왔다고 한다." 고조선 지역에 구전되는 이러한 이야기는 채찍과 관련된 피수(避水) 설화라는 점에서 주목된다. 주몽의 경우처럼 채찍으로 금을 그어 물을 없애는 주술적 행위의 연원을 시사하기 때문이다. 이 점은 《옥추경》의 삽화에 표현된 뇌성보화천존이 홍수(洪水) 퇴치 설화의 대표적 영웅인 '二郎神'의 얼굴 모습을 한 데서 재확인된다.

40) 富育光, 앞의 책, 282쪽.

41) 주몽의 주술을 도교의 뇌법으로 이해하면, 어별교는 빙뢰(氷雷)를, 비류국의 홍수는 수뢰(水雷)를 구사한 것이 된다.

42) 《九天應元雷聲普化天尊玉樞寶經集注》 卷下. "嘯風鞭霆, 乃天尊之號令也."

43) 참고로 뇌법을 시행하는 과정에서 주술자의 권능을 강조하기 위해 "吾是天帝之子" 또는 "吾是太上之子"라고 이르는 말은 《太上元始天尊說北帝伏魔神呪妙經》 권3과 《北帝伏魔經法建壇儀》 등에서 찾아볼 수 있다.

〈그림 16〉 보현사판(普賢寺板) 《옥추보경》 삽화

의 그것과 대동소이한 것이라고 말할 수 있는 것이다.

뇌성보화천존은 태일(太一) 신앙에서 유래된 뇌부(雷府)의 지배자이다. 《옥추보경》[44]에 기술된 내용으로 미루어, 뇌성보화천존은 기린말을 타고 산발(散髮)한 채 맨발로 차가운 얼음을 밟고 서 있는 북방계 천신으로 이야기된다. 이러한 형상은 적에게 쫓기는 절박한 상황에서 도탄재(塗炭齋)처럼 무교적 도교 제의를 펼친 것이 후대에 북방계 신(神)의 전형적인 모습으로 표현되었다고도 해석할 수 있다. 무엇보다도 뇌부(雷府)를 지배하는 천신(天神)으로서 북방 유목민의 기마(騎馬) 무기(武器)인 경편(硬鞭)을 가지고 편뢰를 구사하고 있는 점에서 주몽의 주술법과 깊은 관련이 있다. 〈동명왕편〉을 살펴보면, 본디 말채찍은 해모수가 오룡거를 부를 때 사용하던 것인데, 어느새 유화의 손에 넘어와 준마를 고르는 데 사용되고 주몽의 손에서는 뇌법(雷法)을 펼칠 때 사용되었다. 주몽이 죽은 뒤 같이 안장된 옥편(玉鞭)이 바로 그러한 뇌법을 발휘하는 데 필요한 무구라고 하겠다.

---

44) 《九天應元雷聲普化天尊玉樞寶經集注》卷下. "九天普化君, 化形十方界. 披髮騎麒麟, 赤脚躡層氷."

호풍환우(呼風喚雨)의 술법으로 알려진 뇌법은 무교의 영향이 가장
짙게 드러나는 제의도교(祭儀道敎)의 법술 가운데 하나이다. 도교 뇌법
(雷法)의 백과사전이라고 할 수 있는《도법회원(道法會元)》권250에 이
러한 구절이 나온다.

> "뇌법에는 두 가지 종류가 있는데, 하나는 정도(正道)이고 하나는 사도(邪
> 道)이다. 천뢰(天雷)·용뢰(龍雷)·신뢰(神雷)·수뢰(水雷)·사령뇌(社令雷)
> 및 사사(四司)의 병졸은 정법(正法)이고, 천뢰(天雷)·지뢰(地雷)·요뢰(妖
> 雷)·귀뢰(鬼雷) 및 악병(嶽兵)을 운용하여 행하는 것은 사무(師巫)의 사법
> (邪法)이다."[45]

여기서 굳이 도교 정통 법술을 사무(師巫)의 사법(邪法)과 구분해야
하는 이유는 다름이 아니라, 뇌법이 위진(魏晉)시대까지 중원에서는 발
견되지 않는 주술법의 하나이고,[46] 당송(唐宋) 이후에 비로소 오뢰법(五
雷法)이라고 해서 도교 문화에 수용된 북방 유목민 고유의 주술법이기
때문이다.[47]

몇 차례 고구려 원정에 실패한 수 양제가 패전의 원인을 천재지변과
질병의 탓으로 돌리고 있는 점이 주목되는데, 패전의 공포감이〈무향요
동낭사가(無向遼東浪死歌)〉[48]라는 수나라 민요에 잘 드러나 있듯이, 이러
한 의식은《태상동연신주경(太上洞淵神呪經)》과 같은 도교 경전에서 '오
환(烏丸)'을 공포의 귀왕(鬼王)으로 지목하고 있는 사실과도 무관하지

---

45)《道法會元》卷250. "雷法有二門, 一正一邪. 天雷·龍雷·神雷·水雷·社令雷, 兵有四
　　司, 此乃正法也. 天雷·地雷·妖雷·鬼雷及用嶽兵兼行, 此乃師巫邪法也."

46) 李零, 앞의 책, 53쪽.

47) 박원길,《유라시아 초원제국의 역사와 민속》, 민속원, 2001, 367~389쪽 참고.

48) 그 가사는 다음과 같다. "長白山前知事郎, 純荐紅羅飾背襠. 長槊侵天半, 輪刀耀白
　　光. 上山吃獐鹿, 下山吃牛羊. 忽聞官軍至, 提刀向前蕩. 譬如遼東死, 斬頭何所傷."

않다.[49] 널리 알려진 바와 같이 오환은 고구려와 함께 후한(後漢)을 공격해 한사군에 점거된 고조선의 옛 터전을 수복한 동이계 유목민족이다. 그런데 5세기 초의 저작으로 알려진 《태상동연신주경》에 3세기 초 위나라의 조조(曹操)로 말미암아 섬멸된 오환족에 대한 공포감이 그려지고 있다는 사실은 실로 납득하기 어려운 대목이 아닐 수 없다. 당시 북방에는 오환의 뒤를 이어 고구려가 웅거하고 있었던 역사적 사실을 감안하면 《태상동연신주경》의 '오환'은 고구려를 뜻하는 것으로 간주해도 무리가 없을 것이다.

요컨대, 수나라 민중들이 요동 정벌 자체를 살아 돌아오기 어려운 사지(死地)로 인식한 이면에는 북방 유목민족에 대한 지울 수 없는 공포감이 저변에 깔려 있기 때문이라고 생각할 수 있다. 호풍환우(呼風喚雨)와 같이 기후를 조작하는 고구려 무사(巫師)들의 주술법에 속수무책으로 수나라 군사가 당할 수밖에 없었다는 민간 인식을 반영한 것으로 해석할 여지가 있는 것이다. 《수서》〈우작전(虞綽傳)〉을 보면, 수 양제는 고구려를 정벌하면서 그 지역을 선인(仙人)들이 노니는 '선도(仙都)'라고 찬탄한 바도 있고, 도참(圖讖) 사상이 절정에 이른 그 무렵에 대표적인 제의도교인 모산파에 깊이 경도되어 있었던 것도[50] 그러한 해석을 뒷받침한다.

일찍이 부여와 고구려에서는 태일성에 천제(天帝)라고 하는 신격을 부여했는데,[51] 이러한 천제 사상이 북방계 신화의 사상적 근원으로 작용하면서 제의도교의 태일 신앙으로 이어지는 점 등을 감안한다면, 송대에

---

49) 《太上洞淵神呪經》卷3. "世有烏丸鬼王, 身長七尺, 八尺, 各有九千萬人赤兵, 月月下來, 取人炁命, 令天下人枉死.…… 鬼王烏丸與地下赤炁殺人, 人多瘟病, 病者門門, 十有三四死矣. 奈何, 奈何."

50) 卿希泰 編, 《中國道敎史》第2卷, 四川人民出版社, 1992, 2~28쪽 참고.

51) 안동준, 〈북방계 신화의 신격 유래와 도교신앙〉, 《도교문화연구》제21집, 2004, 12~32쪽.

등장한 신소파(神霄派) 계열의 《옥추경》은 고조선 지역의 신화에 잔재한 무교적 요소를 도교적으로 변용했다고 볼 수 있을 것이다.

현재 널리 알려진 신소파의 본산은 강소성 소주(蘇州) 현묘관(玄妙觀)으로, 옛날부터 운하(運河)가 발달된 곳이다. 그 인근 지역인 진강시(鎭江市) 단도현(丹徒縣)에서 전해오는 전설은 고구려 문화에 대한 한인(漢人)의 외경심을 잘 드러내고 있다. 그 전설의 내용은 이러하다.

> 성(城) 서남쪽 50리에 또한 구려산(句驪山)이라는 산이 있고 구려(句驪)
> 산신묘(山神廟)가 있다. 〈명산기(名山記)〉에 이르기를, 고구려 국녀(國女)
> 가 여기에 올 때, 해신(海神)이 배를 타고 술과 단술을 보내어 초대했다.
> 여인은 해신을 따르지 않고 거룻배를 뒤집어버려 술이 곡아(曲阿, 지금의
> 단양현)로 흘러들어 술맛이 좋다고 한다.[52]

최근 탐문해보니, 이 이야기는 인멸되고 '고구려산'이라는 지명만 남아 있었다. 이야기의 내용을 보면, 배를 타고 해신이 영접하러 왔다고 하는 점으로 미루어 고구려의 배가 이곳까지 내왕했음을 짐작할 수 있다. 그런데 흥미로운 점은 중국 해신과 고구려 여인의 대결 양상이다. 신과 인간의 대결이라고 해도 당연히 신의 승리가 예상되고 중국인과 변방 고구려의 대결이라고 해도 중국 쪽으로 승산이 기울기 십상이다. 그것도 중국에서 일어난 일이니 해신의 초대에 응할 수밖에 없는 상황인데도 결과는 반대로 드러났다. 더군다나 고구려 여인과 중국 해신의 대결에서 중국 해신은 처참한 패배를 맛보았지만, 그 결과를 놓고 오히려 진강(鎭江)의 술맛이 좋다고 하니 고구려 국녀에 대한 숭배심이 도를

---

52) 《古今圖書集成》, 〈職方典〉 제725권. "在城西南五十里, 亦名句驪山. 有句驪山神廟.
   名山記云, 高句驪國女來此, 海神乘船致酒醴聘之. 女不從海神, 撥舟覆, 酒流入曲阿,
   故酒美."

넘어섰다고 해도 지나치지 않다. 더 나아가 중국 해신은 고구려 국녀를 기념해 산신묘를 세웠다고 한다.

　이러한 이야기의 수용의식은 남조(南朝)시대 중국 연안 지역에서 고구려 문화의 영향력을 고려하지 않고서는 이해되지 않는다. 이는 고대에도 한류가 존재했다는 증거 가운데 하나가 될 것이다.

제 3 부

고대 한민족의 활동과 문화적 창조력

고대 한민족의 해양 활동과 동아시아 세계

윤 명 철

1. 시작하며

역사는 항상 변화하는 사회적 산물이다. 인간의 관심과 행위의 출발은 현재이고, 더 나아가 미래이다. 따라서 역사학은 사실을 확인하는 작업과 함께 현재의 구체적인 상태와 연결짓고 비교하는 해석의 작업을 병행해야 한다. 또 더 나아가 나타난 문제들을 해결하는 방법론과 전망을 제시하는 지표의 기능도 해야 한다. 인간이 현재 그리고 다가올 미래를 능동적으로 창조할 때 이 지표를 활용할 필요가 있다. 역사학자는 기록자이며 동시에 평가자이지만, 한편으로는 사건 이전에는 '행위자'이며, 그뒤에는 '창조자(a creator)'이다.

왜곡된 우리 역사상을 사실에 바탕을 두어 구체적으로 이해하려면 몇 가지 조건을 전제해야 한다. 우선 역사 공간에 대한 오해를 불식시키는 일이다. 제한적인 시대 상황에만 적용될 수 있는 반도사관이라는 해석 틀의 멍에를 벗어날 필요가 있다. 또한 우리 역사 활동을 수동적으로만 보는 통념을 깨야 한다. 특히 문화의 경우에는 통념적·관습적으로 수용성 문화, 방어적 문화로 규정하거나 단순 중계자로 이해하는 경향이 있다. 또한 역사를 연구하는 방법론에서도 한계를 보이고 있다. 귀납적인 논증 작업에 지나친 가치를 부여하면서 연역적 해석 방식의 도입을 꺼린다. 문헌 기록과 고고학 유물 위주로 진행하는 연구를 절대시하면서 민속학·신화학·언어학·자연과학 등 보완 학문의 도입과 원용을 적극적으로 시도하지 않는다. 또한 우리 역사를 국제적인 관점, 특히 주변 지역과 관계를 찾거나 상호 비교하는 데 서툴다. 그리고 무엇보다도 역사를 해석하는 이론 틀의 모색과 사관 논쟁이 부족하다.[1]

---

1) 필자는 역사학 연구 방법론과 관련해 다음과 같은 몇 편의 논문에서 비판과 대안 제시를 한 바 있다. 《역사는 진보하는가》, 온누리, 1992 ; 〈海洋史觀으로 본 한국 고대사의 발전과 종언〉, 《한국사연구》 123호, 한국사연구, 2003 ; 〈한국사 이해를 위한 몇 가지 제언〉,

이 글은 이러한 전제조건과 한계를 인식하면서, 한민족의 역사상을 밝히고, 우리가 동아시아 세계에서 수행한 구실을 탐색하며, 아울러 대안도 제기하려고 한다. 이 작업을 편하고 쉽게 하기 위해 '동아지중해(東亞地中海) 모델'과 '해륙사관(海陸史觀)'을 적용하려고 한다.

동아지중해 모델에 관해서는 이미 10여 년 전부터 여러 글을 통해 언급해왔으므로, 여기서는 간단히 소개하도록 하겠다(3절). 동아지중해 모델은 역사 활동의 터와 성격을 육지와 해양이라는 하나의 다발 구조, 곧 해륙사관 속에서 파악해야 하지만, 이 글에서는 그동안 소외되었던 해양에 초점을 맞출 것이다. 해양 활동을 구체적으로 언급하는 일 또한 이미 여러 경로를 통해 해왔으므로, 여기서는 논리 전개를 위해 간략하게 다룬 뒤 동아시아 역사에서 한민족 또는 우리 역사 터가 실현해온 구실을 큰 틀에서 재구성하는 데 그치려고 한다(4절).

이 주제와 관련해서는 선사시대를 언급한 다른 글이 있으므로 이 글은 고대에 한정하려고 하며, 편의상 이른바 삼국시대부터 남북국시대인 9세기까지로 범위를 잡았다. 4절에서 서술한 구체적인 사건 내용들은 필자가 이미 발표한 연구 결과들을 많이 활용했음을 밝힌다.

2. 고대 동아시아 세계의 성격

일반적으로 사용하는 또는 역사상의 규명에 활용하는 '동아시아'라는 단어의 개념, 공간의 범주는 어떻게 되는가? 그리고 그것은 왜 필요한가? 관찰자가 바라보는 역사상은 사실과는 무관하게 혼란스럽고 무질서해 보이며, 때로는 불가지의 영역처럼 느껴지기도 하다. 그러므로 더 명료하게 이해하려면 '사실 확인'이라는 미시적인 분석 작업과 함께 해석 모델을 활용한 거시적이고 범공간적인 큰 단위의 유형화가 필요하다. 또한 역사 주체나 해석 대상의 성격과 구실을 명확하게 밝히는 하나의 방식으로서 역사상의 유형화 작업이 필요하다. 특히 공간의 유형화는 다른 지역과의 차이성을 찾아 비교하기에 쉽고, 반대로 공질성(共質性)을 모색해 상생을 꾀하는 데서도 효율성이 크다.[2]

고대에도 공간의 유형화 작업은 있어왔다. 중국인들의 화이관은 그 대표적인 예이다. 근대에 들어와 국제 질서의 재편을 둘러싸고 동아시아가 하나의 역사 단위로 유형화하기 시작했다. 주로 일본인들이 다양한 견해를 제시했다. 다루이 토호키치(樽井藤吉)는 '흥아론(興亞論)'을 내세웠고, 청나라에 대응하기 위해 '대동국(大東國)'이라는, 역사와 공간의 결합체를 설정했다. 또 '반도사관'이라는 식민주의사관의 핵심 논리를 만들면서 조선 역사를 반도라는 인위적 공간으로 유형화했다. 1931년에는 만선사관을 만들어냈는데, 이는 '일만(日滿) 블록'을 합리화하고 만주 지배를 정당화하려는 정치적인 공간 유형화 시도였다. 그리고 1940년에는 '대동아공영권'이라는 이름의 극대화하고 광범위한 동아시아 공간을 만들었다.

1970년대에 들어와 이러한 작업은 다른 형태로 계승되었다. 이노우에 히데오(井上秀雄)는, 고대의 동아시아는 중국 왕조의 정치권력이 미치는 지역이나 중국 문화의 영향을 받았던 지역 등을 가리키는 용어로 추측된다고 했다.[3] 니시지마 사다오(西嶋定生)는 대륙의 역사, 특히 중국 왕조

---

2) 역사에서 공간에 관한 필자의 견해는 〈동해문화권의 설정 검토〉(《동아시아 역사상과 우리문화의 형성》, 한국학중앙연구원 동북아고대사연구소, 2005년 6월)와 〈東아시아의 海洋空間에 관한 再認識과 活用－동아지중해모델을 중심으로〉(《동아시아 고대학》 14집, 동아시아 고대학회, 경인문화사, 2006년 12월) 등을 참조.

를 중심으로 하는 역사를 동아시아 역사로 보고 있다.[4] 미야자키 아치사다(宮崎市定)는, 진한제국(秦漢帝國)의 출현은 동아시아 세계의 출현 단서를 열어놓았다고 하고 서아시아·중앙아시아 등과 구별하고 있다.[5] 지극히 정치 중심적이고 중국 중심적인 시각이다. 뒤를 이어 자연환경을 중요시한 '조엽수림(照葉樹林) 문화권'이라는 틀을 제시하면서 일본 열도와 중국의 운남성(雲南省)·청해성(靑海省) 등을 과감하게 연관시키는 공간화를 시도했다.[6] 야스다 요시노리(安田喜憲)는 일본해 문화권이라는 또 다른 공간 유형화의 필요성을 제기했다.[7] 한편 고구타 다오(古廐忠夫)는 동아시아 세계와 외연으로서 동북아시아라는 관점으로, 즉 동아시아의 하위 체계로 '환일본해(環日本海, 우리의 동해)' 지역을 보고 있다.[8] 해양이 그들의 인식 속에 본격적으로 자리 잡기 시작한 것이다. 중국은 색다른 관점을 가지고 근래에 동북공정을 통해 과감하게도 만주라는 역사적 공간에 대해 현재적 해석을 가하며 중화의 역사 공간으로 재해석하고 있다.[9] '통일적 다민족 국가'나 '다지역 문명기원설' 등을 통해 전체 중국의 현재적 정치 영토를 역사적 공간으로 범주화하고 있다. 중국은 시간에 대한 새로운 유형화 작업도 추진하면서 '하상주단대공정(夏商周斷代工程)'·'중화문명탐원공정(中華文明探源工程)'[10] 등을 병행하고 있다.

---

3) 西嶋定生, 《變動期の東アジアと日本》, 日本書籍, 1983.

4) 《日本歷史の國際環境》, 東京大出版社, 1985, 2~3쪽.

5) 宮崎市定, 《中國の歷史》 2, 《秦漢帝國》, 講談社, 1974, 3~4쪽.

6) 佐佐木高明의 《照葉樹林文化》와 《續 照葉樹林文化》 등이 그렇다. 그 밖에도 江上波夫 등이 양자강 유역과 관련성을 주장하고 있다.

7) 安田喜憲, 〈日本海おめぐる歷史の胎動〉, 《季刊考古學》 15호, 雄山閣出版社, 1986, 14~16쪽.

8) 古廐忠夫 編, 《東北アジアの再發見》, 有信社, 1994, 5·8쪽.

9) 윤명철, 《역사전쟁》, 안그래픽스, 2004 ; 윤명철, 〈동북공정의 배경과 21세기 동아시아 신질서의 구축〉, 《단군학 연구》 10호, 단군학회, 2004년 6월.

10) 이 작업의 성격과 목적 등은 우실하의 〈동북공정의 선행 작업들과 중국의 국가전략〉(《시

한국에서는 전해종이 동아시아의 지리적 범주를 기본적으로 중국과 한반도 그리고 일본 열도로 보고, 중국은 주로 중국 본부, 일본 열도는 혼슈(本州)·시코쿠(四國)·규슈(九州)와 그 부속의 섬들로 한정하고 있다. 그리고 중국 운남(雲南)이나 양광(광동성·광서성) 지방을 주변으로 보고 있다. 이 밖에 한국사 영역에서 필자가 동아지중해론·해륙사관 등 몇몇 이론들을 제기하고 있는데, 일부 서양사 연구자들 말고는 그 활동이 활발한 편이 아니다.

그동안 연구·주장된 견해들을 종합하면, 동아시아의 개념과 범주는 지역이나 주체, 가치관이나 현실적인 목표에 따라 조금씩 다르지만 대체로 일치하는 경향을 보인다. 기본적으로 지리적인 위치와 자연환경을 고려했고, 종교와 생활양식 등 문화적으로 유사성이 깊은 지역이며, 정치·군사적으로 빈번한 관계를 맺어왔던 지역들을 포함했다. 지리적으로는 중국이 있는 대륙, 북방으로 연결되는 대륙의 일부와 한반도, 일본 열도로 이루어져 있는데, 대체로 지금의 한·중·일 지역에 해당한다. 이를 더 확대하는 경우에는 바이칼 이남, 흑룡강 이북, 연해주 북부 사할린 등을 포함한다. 그런데 이 모든 분류들은 몇 가지 한계를 안고 있다.

첫째는 전체를 구성하는 부분들을 유기적인 전체 큰 틀과의 연계 속에서 보는 데 소홀히 한 것이다. 필자는 동아시아 역사상의 새로운 해석 모델을 만들기 위해 역사 활동의 공간('터')[11]을 이해하고 분석하는 이론을 제시해왔다.[12] 역사 공간의 유형화 작업은 영토나 영역, 장소의 문제

민의 신문》, 2005)을 참조.

11) 이 글에는 때때로 '공간'·'터'·'지역' 등의 용어가 섞여 쓰이고 있는데, 필자의 견해에 따라 선택한 것임을 미리 밝힌다. 물론 필자의 오류도 있을 수 있다.

12) 이론의 더 상세한 소개와 이를 이용한 실제적인 역사 분석으로는 필자의 다음과 같은 연구를 참조.《고구려는 우리의 미래다》, 고래실, 2004 ;《장수왕 장보고 그들에게 길을 묻다》, 포럼, 2006 ;〈장보고를 통해서 본 경제특구의 역사적 교훈과 가능성〉, 남덕우 편,《경제특구》, 삼성경제연구소, 2003 ;〈東아시아의 海洋空間에 관한 再認識과 活用—동

들뿐만 아니라 자연환경을 포함한 모든 구성요소들의 만남과 접촉 방식에 총체적인 연결망, 즉 네트워크의 개념으로 접근할 필요가 있다.

가장 중요하고 의미 있는 구성요소로서는 전체이면서 부분인 터(場, field)가 있다. '터'는 지리·기후·지형 등 자연현상 등과 함께 생태계와 역사 등등이 함께 작동하는 총체적인 환경이다. 다만 인식상으로나 그 중요도에서 자연환경이 필수 요소이다. 자연은 지리정치적(geo-politic)인 영토이며, 지리경제적(geo-economy)·지리문화적(geo-culture)으로도 큰 의미가 있다. 자연은 생산물의 종류, 생산 방식, 문화의 성격과 질에 차이를 낳는다. 뿐만 아니라 세계와 사물을 바라보는 관점, 인간과 집단의 가치관 등에서 서로 다르게 작용한다.

이러한 역사의 '터' 가운데서도 중요한 역할이 모이고 부분들을 연결하는 여러 흐름들이 교차하는 곳이 핵(core)이다. 일종의 목이지만 직선(line)이나 나무(tree)형이 아니라 방사상(放射狀)으로 퍼지는 일종의 허브(hub)형이다. 이러한 핵은 관리와 조정 기능을 하고 집합과 배분 기능도 함께 맡고 있다. 그 자체로도 존재 이유가 있고, 필요에 따라서는 다른 상태로 전화가 가능하다. 문명에서는 독자적으로 유형화할 수 있는 주요한 특성이 집약된 곳의 역할을 한다. 비교적 그 단위의 정체성에 충실하며, 주변에 영향을 끼치거나 공급하는 능력도 있다.[13]

고대 동아시아 역사의 '터'는 내부에 동방 지역, 중국 지역, 북방 지역

아지중해모델을 중심으로〉, 앞의 책.

13) 필자는 물리학의 '필드(field) 이론'과 생물학의 '생물장 이론' 등을 원용해 이 모델의 성격을 좀더 구체적으로 규명했다. 필자는 《역사는 진보하는가》에서 인간의 주체 문제를 논하면서 이 이론에 대한 응용을 시도한 바 있다. 생물장 이론가인 폴 와이즈는 "세포 하나 하나는 항상 전체의 위치와 작용에 연동하고 있으며, 전체의 균형을 깨는 강한 충동을 받으면 조직 전체의 시스템을 유지하게끔 한데 뭉쳐서 이에 대응한다"고 하여, 주체와 상황이 관계성이라고 하는 장 속에서 통일을 이루고 있는 모습을 설명해주고 있다. 제레미 리프킨, 김용정 옮김, 《엔트로피 2, ALGENY》, 원음출판사, 1984.

등 세 개의 중핵인 항성과 주변을 움직이는 작은 핵들인 주변 행성들, 그리고 독자성이 미약한 위성들로 이루어졌다. 그리고 멀리 떨어진 또 다른 터인 동남아시아나 인도 대륙도 간접적으로 연결되었다.[14] 이들 요소들을 확연하게 구분할 수는 없지만, 총체적으로 연결해 생성해가는 네트워크 방식에 따라 역할이 바뀔 수 있다.

두번째 한계는 설정 근거의 하나인 역사적인 배경을 편향된 통념과 특정 지역 비중을 두고 활용했다는 점이다. 일반적인 역사 공간 가운데 서도 특별히 '문화권'을 설정하려면 몇 가지 기본 요건이 성숙되어야 한다. 우선 우발적·일회적·불연속적인 만남 등 단순한 문화[15]의 교류를 넘어서 주체들이 목적의식을 지닌 채 연속적으로 만남을 지속해야 한다. 또한 만남의 양식이 상호 교차적인 단선적 만남을 넘어서 복선적이어야 하며, 그 복선들은 평면을 넘어 입체적으로 구성된 몇 개의 거점이나 허브(hub)를 중심으로 다중적(多重的)이어야 한다.[16] 그리고 하나로 유형 화할 수 있을 정도로 공질성을 갖추어야 한다. 넓은 내부에 비슷한 요소 들이 많고, 각개 요소들은 불가분하게 유기적으로 연결되었음을 객관적 으로 확인할 뿐만 아니라, 주관적으로도 구성원들 대부분이 공동의 문화 를 창조한다는 인식을 공유해야 한다.[17]

---

14) 다른 논문들에서도 이를 언급한 바 있지만, 임마뉴엘 월레스타인의 '세계체제론'과는 성격이 다르다.

15) 문화란 사람과 다른 생명체를 구분하는 가장 분명하고 포괄적인 개념이다. 레이몬드 윌리엄스는 문화라는 단어가 영어에서 가장 까다로운 두세 개의 단어 가운데 하나라고 말했다. 1952년에 알프레드 크로버와 크락혼이 《문화 : 개념과 정의의 한 비판적인 검토》 에서 175개의 서로 다른 정의를 검토해보았을 정도로 문화에 대해서는 실로 다양한 견해 들이 있다. 그만큼 중요한 역할을 하고 있음을 반증하는 것이다.

16) 필자는 몇 편의 논문에서 문화의 이러한 성격을 '環流 시스템'으로 정의하고 상세하게 설명한 바 있다.

17) 이러한 문화의 특성들을 다루고 있는 책으로는 과거에 알려졌던 것들과 함께 최근의 것으로 히라노 겐이치로, 장인성·김동명 옮김, 《국제문화론》(풀빛, 2004)을 참고할 만하 다. 특히 김창민 편역의 《세계화시대의 문화논리》(한울 아카데미, 2005)는 문화의 정체

동아시아는 3핵 지역에 해당하는 세 개의 내부 문명으로 이루어져 있다. 대표적인 핵은 정치적으로 제국을 발전시켜온 중화 문명이다. 초기에는 화북 지방과 산동의 해안가가 생성의 중심이었으나, 점차 동서남북으로 팽창했다. 때로는 북방 종족들의 침략을 피해 남쪽으로 도주하는 경우도 있었지만, 거대한 핵을 완성시켰다. 초기 핵심은 한족들이 주도했으나, 궁극적으로는 동아시아의 모든 종족과 문명이 모인 결정체이다. 최근에 황하 문명을 넘어서는 문명권의 존재가 드러나면서 중국은 '다지역 문명기원설'을 주장하고 중화 문명의 범주를 오히려 확대하고 있다. 요서 지역의 홍산 문화와 하가점 문화 등은 중원 지역의 문화들과는 차이가 있으며, 오히려 동방 문명과 유사성이 깊다. 이들 지역은 해양과 적지 않은 관련이 있다. 중국은 1980년대를 거쳐 1990년대에 들어오며 정체를 재규명하면서 '통일적 다민족 국가론'을 이념화해 고구려사 전체를 중국사의 일부로 삼는 주장들을 조직적으로 하고 있다. 또 다른 핵인 북방 문명은 지금의 흥안령 주변 북만주 일대와 내·외 몽골 지역 전체를 발판으로 활동한 여러 종족들이 함께 이룩한 혼합 문명이다. 이 문화의 주체였던 흉노(匈奴)·유연(柔然)·돌궐(突厥) 등 유목국가들은 초원을 활동 공간으로 삼는 이동성(mobility) 문화로 말미암아 논리적인 사상 체계와 그에 걸맞는 정치 조직을 만드는 데 미숙했다. 다만 간헐적(또는 주기적)으로 화북 지역으로 이동해 호한(胡漢)체제[18]와 국가를 만들어 중화 문명에 업혀 정체성을 유지하는 방식을 취했으나, 번번이 힘을 상실한 채 붕괴되거나 흡수되어버렸다. '시스템'·'논리'·'주민' 등을 포함한 '터'의 총체적인 이동이 아니라 군사력과 공간을 이동하는 데 그친 탓이다.

성과 관련해 세계 여러 나라의 문화 논리를 소개하고 있다.

18) 胡漢體制와 관련해서는 朴漢濟, 〈胡漢體制의 展開와 그 構造〉, 서울대 동양사학연구실 편, 《講座 中國史》 2, 지식산업사, 1989, 64쪽 참조.

동방(東方) 문명은 지금의 한반도와 만주 일대, 그리고 바다를 무대로 열매 맺은 문명이다. (원)조선[19]과 고구려·발해는 만주와 한반도, 바다, 곧 해륙을 하나의 통일된 영역으로 인식하고 활동했다. 특히 고구려는 더욱 그러한 특성을 보이며,[20] 백제·신라·가야·왜와 맺은 관계를 중국 지역과 북방 국가들과는 다른 관계로 여겼다. 특히 우리와 일본은 7세기 이전에는 구분되는 부분이 적었다. 동방 문명은 동아시아 세계에서 지리 적으로 조정 기능과 융합 기능을 할 수 있었고, 실제로도 그러했다. 지금 의 남만주를 포함하는 지역에서 명멸했던 종족들도 역할은 적지만 동방 문명의 공동 창조자였다.

셋째 한계는 자연환경을 구체적으로 고려하지 않았다는 점이다. 역사 와 동반하는 자연환경은 지리·지형·기후 말고도 모든 것을 포함한다.[21] 그리고 이러한 자연환경의 무대 가운데 바다가 있다. 흔히 동아시아는 중국이 있는 대륙, 그리고 북방으로 연결되는 대륙의 일부와 한반도, 일본 열도로 이루어져 있다고 한다. 그렇다면 동아시아의 범주에서 해양 의 비중과 역할은 결코 적지 않다.

---

19) '원(原)조선'이라는 용어는 다른 논문에서도 사용하고 있다. 고조선이라는 용어는 일연 이 사용했는데, 이른바 기자가 세운 것으로 이해되는 정치체제를 포함하고 있으며, 통념상 역사적 실체를 추상적이고 미약하게 하는 요소가 있다. 그러므로 우리 민족의 시원국가로 서 조선이라는 정식 명칭을 사용하는 것이 바람직하다. 다만, 이성계가 세운 조선과 혼돈 할 수 있으므로 '(원)조선'이라는 용어를 잠정적으로 사용한다.

20) 뒤에서 약술하겠지만, 고구려는 해양 활동이 가장 뛰어났고, 국제 질서에서 국가의 발전 을 꽤하는 전략으로 활용했다.

21) 와쓰지 데스로오, 박건주 옮김, 《풍토와 인간》, 장승, 1993. 고대 사회에서는 환경이나 기후가 역사 발전에 강력한 영향을 미쳤다. 이러한 예로는 이시 히로유키·야스다 요시노 리·유아사 다케오, 이하준 옮김, 《환경은 세계사를 어떻게 바꾸었는가》, 경당, 2003 ; H. H. 램, 김종규 옮김, 《기후와 역사》, 한울 아카데미, 2004 참고. 바람이 항해·조선술과 유럽의 제국주의적 팽창에 깊은 관련이 있는가 하는 점 그리고 그 구체적인 실례들은 앨프리드 W. 크로스비, 안효상·정범지 옮김, 《생태제국주의》, 지식의 풍경, 2002, 124~ 154쪽 참고.

우선 해양은 세 지역을 연결하는 교섭의 통로이자 터이다. 한민족과 한족(漢族) 그리고 일본 열도의 교섭은 물론 북방족과의 교섭도 모두 해양을 통해 이루어졌다. 특히 서해는 중국과 한반도의 서부 해안 전체, 그리고 만주 남부의 요동 지방을 하나로 연결하는 교통로의 역할과 인접한 각 나라들이 공동으로 활동하는 터[場]의 역할을 했다. 주민의 이동이나 물자의 교환, 문화의 교류는 주로 해양을 매개로 이루어졌다. 또한 중핵에 해당하는 세 지역들은 각각 육지를 활동의 공간 또는 터로 삼고 있지만, 구체적으로는 해양과 붙어 있는 지역을 국가의 핵심으로 삼고 있다. 중국·한국·일본이 그러한데, 다만 만주 지역은 일부만이 해양과 연결되어 있다. 문화적으로도 연해주와 시베리아에서 연결된 수렵삼림 문화, 몽골과 알타이에서 내려온 유목 문화, 화북의 농경 문화와 함께 남방에서 올라온 해양 문화가 한데 모였다. 이른바 동아시아는 이런 특성을 지닌 공간이므로,[22] 광범위하고 포괄적인 범주 속에서 해양 질서가 강하게 작용하는 역사 영역을 따로 범주화할 필요가 있다. 필자는 위에서 지적한 몇 가지 한계를 보완하면서 '동아지중해(東亞地中海)'라는 이름의 모델을 설정해 동아시아 역사를 해석해보았다.

3. 동아지중해 모델의 이해

(1) 범위

동아시아는 아시아 대륙의 동쪽 하단부에 자리하며, 중국이 있는 대륙, 북방으로 연결되는 대륙의 일부와 한반도, 일본 열도로 이루어져

---

22) 윤명철, 〈고구려의 시대정신에 대한 탐구〉, 《한국사상사학》 7호, 한국사상사학회, 1996.

있다. 하지만 구체적으로는 한반도를 중심축으로 일본 열도와 사이에는 동해와 남해가 있고, 중국과 사이에는 서해라는 내해(內海, inland sea)가 있다. 한반도의 남부와 일본 열도의 서부, 중국의 남부 지역(양자강 이남을 통상 남부 지역으로 한다)은 이른바 동중국해를 매개로 연결되고 있다. 그리고 지금의 연해주와 북방, 캄차카 등도 동해 연안을 통해 우리와 연결되고 있으며, 타타르해협을 통해 두만강 유역 및 연해주 지역과 건너편의 사할린·훗카이도 또한 연결되고 있다. 즉, 유럽-아프리카 대륙 사이의 지중해(multicontinental-mediterranean-sea)처럼 완벽하지는 않지만 비교적 지중해와 같은 형태를 띠고 있다. 이른바 다국간 지중해(多國間 地中海, multinational- mediterranean-sea)의 형태로, 모든 나라들이 연결되어 있다.[23] 이러한 자연환경 속에서 동아시아 세계는 기본적으로 대륙적 성격과 해양적 특성을 함께 갖게 되었다. 이는 역사가 발전하고 문화가 형성되는 데 큰 역할을 했다. 이러한 인식과 사실을 바탕으로 필자는 '동아지중해(東亞地中海, EastAsian-mediterranean-sea)'라는 모델을 설정하고 학문적으로 제시했다.[24] 일본에서는 1970년대에 '동아시아론'에 대한 논쟁이 벌어지더니, 점차 해양과 동해(일본은 일본해라고 부른다)에 관심을 갖고

---

23) 동아지중해의 자연환경에 대해서는 필자의 〈海洋條件을 통해서 본 古代 韓日 關係史의 理解〉(《日本學》 14, 동국대 일본학연구소, 1995)와 〈黃海의 地中海的 性格研究〉(《韓中文化交流와 南方海路》, 국학자료원, 1997) 등의 논문을 참고.

24) 이와 관련해서는 필자의 다음과 같은 저술과 논문을 참고할 것. 《東亞地中海와 古代日本》, 청노루, 1996 ; 《張保皐 시대의 해양활동과 東亞地中海》, 학연문화사, 2002 ; 《韓民族의 해양활동과 東亞地中海》, 학연문화사, 2002 ; 《高句麗 海洋史 研究》, 사계절, 2003 ; 《바닷길은 문화의 고속도로였다》, 사계절, 2003 ; 《韓國 海洋史》, 학연문화사, 2003 ; 《歷史戰爭》, 안그래픽스, 2004 ; 《高句麗는 우리의 未來다》, 고래실, 2004 ; 《高句麗의 精神과 政策》, 학연문화사, 2004 ; 〈장보고를 통해서 본 經濟特區의 역사적 교훈과 가능성〉, 앞의 책 ; 〈동아시아의 相生과 동아지중해모델〉, 《21세기 문명의 전환과 생명문화》, 세계생명문화포럼, 2003년 12월 ; 〈海洋史觀으로 본 한국 고대사의 발전과 종언〉, 앞의 책 ; 〈한국사 이해를 위한 몇 가지 제언〉, 앞의 책 ; 〈東아시아의 海洋空間에 관한 再認識과 活用-동아지중해모델을 중심으로〉, 앞의 책.

'지중해'라는 말을 쓰고 있다. 1990년대 말에 와서 새삼 동아시아의 지중
해적인 성격에 주목하고, 국가 전략의 견지에서 바라보는 정치학자들뿐
만 아니라 일반 역사학자들도 이에 대한 연구를 시작해 동아시아를 동아
지중해라고 쓰는 예가 있다.[25]

동아지중해는 동아시아의 핵심 지역이기 때문에 대다수의 종족들이
모여 산다. 한민족과 한족(漢族) 그리고 일본 열도 주민들 사이에 이루어
진 교섭들은 주로 해양을 통한 것이었다. 그 밖에 북방의 여러 종족들과
교섭하는 일도 해양을 통한 경우가 많았다.

결국 수천 년 동안 협력과 경쟁, 갈등과 정복 등의 상호 작용을 통해
공동의 역사 활동권을 이루어왔다. 예를 들면, 한 국가나 왕조의 흥망은
그 해당 국가들만의 문제가 아니라 지역 전체의 국제 질서 재편과 맞물
려 일어났다. (원)조선과 한(漢)나라의 전쟁, 고구려와 백제 등의 갈등이
그러하며, 고구려와 수·당 사이에 벌어진 전쟁은 동아지중해의 주도권
을 둘러싼 국제대전이었다.[26] 전쟁의 결과로 발해와 일본국(670년)이 새

---

25) 千田稔, 《海の古代史－東アジア地中海考》, 角川書店, 2002. 그는 이 책의 서문에서,
   1996~1998년까지 국제일본문화연구센터가 〈동아시아지중해세계에 있어서의 문화권의
   성립과정에 대해서〉라는 연구를 수행했으며 그 보고서로 이 책을 출판한다고 쓰고 있다.
   그리고 그들은 동아지중해를 남지나해·동지나해·일본해(동해)·황해(서해)·발해를 가리
   키는 용어라고 규정하고 있다. 또한 이미 오래전부터 남방 해양 문화를 연구해온 國分直
   一을 예로 들면서, 동아지중해가 네 개의 지중해로 구성된다고 본 그의 견해를 언급하며
   오츠크해·일본해·동지나해·남지나해라고 했다. 동아시아를 동아지중해라고 부르며 연구
   를 진행한 또 다른 학자로는 독일 뮌헨 대학의 중국사 전공자인 Angela Schottenhammer
   교수가 있다. 그는 동중국해·황해(서해)·일본해(동해)를 '동아시아 지중해'라고 설정하
   고 있다. 2005년 1월 하순, 국립민속박물관에서 그가 발표를 할 때 필자가 토론을 맡았다.
   그뒤 '고대에도 한류가 있었다' 학술회의가 끝나고나서 2007년 2월 13일 동국대학교 주최
   '21세기 동아시아 역사분쟁과 지역공존 국제학술회의'에서 〈동아시아 지중해〉라는 제목
   의 논문을 발표했으며, 필자는 〈동아시아 신질서와 동아지중해모델〉이라는 제목의 논문
   을 발표했다.
26) 필자는 고구려–수나라, 고구려–당나라 사이에 벌어진 전쟁을 다음 사건인 삼국통일전쟁
   과 연결시켜 동아지중해의 종주권·교역권을 놓고 질서 재편 과정에서 벌어진 국제대전으
   로 파악했다. 이와 관련해서는 필자의 《고구려 해양사 연구》, 《한국 해양사》 등의 저서와

로 탄생한 사실[27]은 지역의 성격을 이해하는 데 의미심장한 단서를 제공한다. 하지만 이러한 몇몇 대전쟁 말고는 실질적으로 국가나 민족 사이에 대결이 심한 편은 아니었다. 유럽 대륙 내부의 국가들이나 지중해 국가들 사이에 심각한 대결들이 있었던 사실에 견주어보면, 비교적 평화롭게 공존해온 편이다.

그럼에도 동아지중해는 지역 사이에 힘의 균형을 잃고, 어느 한쪽으로 힘이 몰려 있는 편중성을 지닌 경향이 있다. 이른바 북방 지역이 분열되고 약화되면 중국 지역이 중심부가 되고, 우리 지역의 구실이 약해지고 입지가 축소되며, 그 힘이 일본 열도로 전이되면서 점점 주변부화가 진행된다. 그러므로 정치력·군사력 등은 북에서 남으로, 서에서 동으로 진행하는 일진성의 경향을 띠고 있다. 결국 시대와 상황에 따라 약간의 변동은 있지만, 기본적으로 세 힘의 중심축과 몇 개의 부심축으로 이루진 대결 구도이다. 중심축은 중국 지역, 북방 지역, 그리고 한륙도(韓陸島)[28] 지역이고, 일본을 비롯한 주변은 부심축이다.

한편 동아지중해는 유럽 지중해와 비교하면 넓지 않지만 극단적인 자연현상과 다양한 문화가 상호 교류하고 혼재하면서 발전한 곳이다. 동북쪽에서는 연해주와 시베리아에서 연결되는 수렵삼림 문화가 내려왔고, 북방과 서북쪽에서는 몽골과 알타이에서 내려온 초원의 유목 문화, 서쪽에서는 건조한 사막의 실크로드를 거쳐 온 서역의 문화들과

〈高句麗 末期의 海洋活動과 東亞地中海의 秩序再編〉(《國史館論叢》第52輯, 국사편찬위원회, 1994) 등의 논문을 참조.

27) 같은 책과 같은 글을 비롯해 필자의 《동아지중해와 고대일본》 참조.

28) 필자는 우리의 역사, 적어도 고려 이전의 역사를 파악할 때는 한반도라는 용어 대신 더 사실과 현상에 적합한 용어의 선택이 필요하다고 본다. 그래서 한반도와 대륙의 일부를 포함한 역사 공간을 '한륙도'라고 불러왔다(《동아지중해와 고대일본》 참조). 그뒤 1994년부터 '동아지중해 모델'이라는 말로 바꾸어 썼으며, 다시 '해양사관'을 거쳐 2004년부터는 '해륙사관'이라는 용어를 쓰고 있다.

〈그림 1〉 동아지중해의 범위

화북의 농경 문화가 들어왔고, 남방에서는 화려하고 격식 있는 강남 문화, 간접적이지만 동남아에서는 해양 문화가 올라왔다. 그리고 한편으로는 농경의 정착성(stability) 문화와 유목 해양의 이동성(mobility) 문화가 (시대에 따라 정착과 이동의 배합 비율이 달라졌을 뿐이다) 만나 상호 보완되면서 독특한 성격이 탄생했다.[29] 그러나 적어도 동아지중해라는 관점에서 판단하면 이동성이 우위를 점한 형태인 'mo-stability형[30] 문화지대'이다.

동아지중해 지역에서는 지리경제학적으로 경제 교류나 교역 등을 추진하면서 서로를 필요로 했다. 내부의 몇몇 지역들은 저마다 자연환경이 다르므로 생산물의 종류가 달랐다. 쌀과 곡식이 풍부한 농경 문화권에서는 모피나 말, 군수물자, 철 등이 필요했고, 반대로 유목이나 삼림 문화권에서는 발달된 문화, 의복, 곡식 등 농경 문화의 생산물, 그리고 소금, 해산물 등의 해양 문화가 절대적으로 필요했다. 그러므로 교류 원칙에 따라 생활에 필요한 물품들은 정치력과는 무관하게, 심지어는 적대 관계에 있더라도 교역할 수밖에 없었다.[31] 이러한 물류들도 동아지중해 지역에 들어오면 주로 해양을 통해 교류되었다. 이러한 성격은 각 해역이나 지역의 자연환경에 영향을 받아 더욱 복잡해졌다. 그래서 동아시아의 역사상은 대륙을 중심으로만 또는 해양을 토대로만 해석할 수는 없다. 땅과 초원 바다를 함께 고려해 모두를 포괄하는 지중해적인 성격 속에서 해석해야 그 성격을 비로소 이해할 수 있다.

(2) 가치와 의미

동아지중해 모델의 설정과 적용은 동아시아뿐만 아니라 한민족의 과거 위상과 역할을 정확하게 파악하는 데 효율적이다. 이 모델을 적용해 동아시아의 정치경제적 성격을 규명할 경우에는 이러한 장점이 있다.

---

29) 윤명철, 〈고구려인의 시대정신에 대한 탐구〉, 앞의 책 참조.

30) 필자는 이 성격을 '動中靜' 또는 '動和靜' 문화라는 말로 표현하고 있다.

31) 특히 중국사에서 많이 나타난다. 예를 들면, 송나라와 북위, 북위와 북방 종족들의 무역이 그렇다. 또 고구려와 송나라 및 북위의 관계에서도 그러한 면을 볼 수 있는 사례들이 있다. 이는 그 이후 시대도 마찬가지이다. 고구려를 중심으로 한 사례들은 기존의 국내(이재성 등) 및 국외 연구 성과들을 집약해 고구려의 정책과 연관시킨 필자의 여러 저서와 논문에 나타나 있다.

첫째, 동아지중해 개념은 구성국들 사이의 공질성(共質性)[32]을 구체적
으로 확인시켜준다. 분절된 지역에 기초한 정치사를 강조하다보니 정작
이 지역의 경제 공동체, 문화 공동체, 또는 정신 공동체로서의 성격과
역할을 규명해내지 못하고 있다. 발전 지역과 정치체제의 다름, 약간의
문화적 다름을 분열과 갈등의 상태로만 보지 말고, 공존과 통일의 역사
로도 함께 보는 인식이 필요하다. 동아시아는 비록 혈통이 다르고 언어
와 문화가 달라도, 또 중심부 사이의 거리가 멀거나 국부적인 자연환경
에 차이가 있고 정치체제의 차이가 있어도, 느슨한 하나의 '통일체' 또는
'역사 유기체', '문명 공동체'였다.[33]

둘째, 동아시아에서 중심부와 주변부를 명확하게 구분할 수 있다. 뿐
만 아니라 그 중심부를 대륙과 반도와 섬, 즉 중국과 한국·일본으로
따로따로 파악하는 것이 아니라 해양 질서와 육지 질서를 서로가 공유하
고, 어떤 지역에서든 연결된 하나의 권역으로 본다. 불평등과 차별의
관계가 아니라 전체가 중심부가 되어 평등하고 수평적으로 네트워크화
한 관계이다. 지역의 특성이 분명해지고, 그에 따라 국가와 지역 사이의
역할 분담이라는 도식이 명확하게 드러남으로써 동아시아 역학 관계의
본질을 분명히 이해할 수 있다.[34]

동아지중해 모델은 우리 민족에게도 가치와 유효성이 높다.

동아시아의 여러 지역에서 발생하고 성장한 다른 정치체들을 동일한

---

32) 역사와 문화에서 동질성이라는 용어와 개념을 사용하는 것은 부적절하다고 판단되어
 필자는 '공질성'이라는 용어를 사용하고 있다. 윤명철, 〈南北歷史學의 比較를 통한 共質
 性 回復〉,《國學硏究》3집, 국학연구소, 1990 참고.
33) 고대 동아시아적 문명의 부활을 위한 몇 가지 생각은 2005년도 세계생명문화포럼 회의에
 서 발표한 〈고대 동아시아 문명의 네트워크와 부활의 의미〉에서 언급한 바 있다.
34) 동아지중해의 특성과 역사적인 해석에 대해서는 필자의 여러 논문이 있으나, 정치역학
 관계와 현재적 의미 등에 대해서는 〈고구려의 남진정책과 東亞地中海戰略〉(《海洋戰
 略》, 한국해양전략연구소, 1999)과 〈고구려의 東亞地中海모델과 21세기적 意味〉(《아시
 아文化硏究》, 목포대학교 아시아문화연구소, 2000) 등을 참조.

틀로 해석하면서 하나의 큰 단위 속에 포함된 작은 단위들로 이해할
수 있다. 즉, 하나의 유기체로 이해하면서 국가 사이의 관계와 우리 역사
를 분열과 갈등의 과정이 아닌 경쟁과 통일 지향이라는 관점에서 바라볼
수 있다. 우리 역사를 자연스럽게 '자체의 완결성'과 '복원력'을 지닌
유기체[35]로 파악하면서 모(母)질서인 조선의 계승성을 주장할 수 있다.

뿐만 아니라 민족 국가나 민족 역사, 민족 문화 등을 설정하면서 '계통
화 작업'을 원활하게 추진할 수 있다. 고구려에게 백제·신라·가야·왜와
의 관계는 국경을 접하고 있던 중국 지역의 국가들, 북방 국가들과는
분명 다른 관계였다. 또한 우리 역사를 중국 문명과는 같지 않으면서도
비슷하고, 상호 존중하고 교호하면서도 다른 독특한 문명권으로 설정하
는 일이 가능하다.[36] 또한 우리 민족의 해양 활동 부분에 비중을 두면서
우리의 역사 영역과 관련해 해양과 대륙 그리고 반도를 하나의 역사권으
로 파악하는 해륙사관(海陸史觀)으로서 역사상과 역사 기록을 해석할
필요가 있다.[37] 최소한 조선과 고구려·발해는 만주와 한반도 중부 이북
그리고 바다를, 즉 해륙(海陸)을 하나의 통일된 영역으로 인식했고, 활동
했다. 특히 고구려는 더욱 그러한 특성을 보였다. 그리고 무엇보다도
우리는 대륙에 부수적인 반도적 존재가 아니며, 역사 발전도 주변부가
아닌 중핵에서 자율적으로 이루어왔다는 사실을 확인할 수 있다. 앞에서
말한 것처럼, 동아시아는 3핵 구조와 몇 개의 부심축으로 연결되어 있다.
북방과 중국, 두 개의 중핵은 기본적으로 갈등과 충돌 구조이다.

---

35) 유기체라는 용어는 단순하게 기계적인 것에 대응하는 개념으로 이해할 수 있으나, 필자의
    의도는 다르다. 초유기체라는 말도 병행하고 있지만, 다른 글에서는 생명체라는 용어를
    사용했다.
36) 필자는 다른 논문에서 이 동방 문명을 '東夷 문명권' 혹은 '朝鮮·韓 공동체'라는 용어로
    일컬을 것을 제안한 바 있다.
37) 윤명철, 《高句麗 海洋史 研究》 ; 〈해양사관으로 본 고대 국가의 발전과 종언—동아지중
    해 모델을 통해서〉, 앞의 책 ; 〈한국사 이해를 위한 몇 가지 제언〉, 앞의 책.

반면, 우리 지역은 해양을 끼고 있어 중간자의 역할을 하기에 적합하다. 우리 지역의 구실을 분명하고 구체적으로 찾아낼 수 있고, 상황에 따라서는 역학 관계의 기본 구도를 바꾸거나 또는 적대적인 두 세력의 관계를 조정할 수 있다. 특히 고구려는 우리 역사에서 이러한 중핵 구실을 가장 잘 실천한 나라였음을 확인할 수 있다. 동아지중해 모델은 한민족의 위상 제고와 역할론 그리고 동아시아의 문명의 상생에[38] 높은 효용성을 제공한다.

4. 한민족의 해양 활동[39]

한민족은 선사시대부터 해양 활동이 활발했으며, 이를 문화의 교류와 창조는 물론이고, 정치·외교·경제를 발전시키는 데 적극적으로 활용했다. 여기서는 한민족이 해양 활동을 어떻게 했는가를 해륙사관의 관점과 동아지중해 모델을 통해 살펴고자 한다. 또한 모든 사건을 다루기보다는 주제를 파악하는 데 필요한 중요 사건을 선별하고, 국가 내부의 문제보다는 국제 관계에 비중을 두고, 경제나 문화 일반에 초점을 맞추기보다는 영향을 끼친 활동을 중심으로 살펴볼 것이다. 그런데 주제의 성격으로 말미암아 항로·항해술·조선술 등 기술적인 면과 해양 메커니즘에

---

38) 고구려의 東亞地中海 中核調整役割과 장보고의 東亞地中海 物流場(field & multi core) 시스템이 그것이다. 이에 대한 이론과 실증적 연구로는 《장수왕 장보고, 그들에게 길을 묻다》 등의 저서와 논문들이 있다.

39) 이 부분은 필자가 발표한 논문과 저서 등을 토대로 재구성한 것이다. 따라서 구체적인 사실과 관련된 사료가 표현되지 않은 경우도 있는데, 자세한 내용은 필자가 수록한 연구물들을 참고하기 바란다. 또 구체적인 몇몇 해석들에 대한 연구자들의 주석이 간혹 빠져 있을 수 있다(특히 중국 학자들의 중국 해양사 부분[선사시대]과 일본 학자들의 타타르 해협 관계 부분). 이 또한 필자의 개별 논문들에는 대부분 표기되어 있다.

관해서는 지면을 할애하지 못했다. 다만 해당 부분에 항로도를 삽입하는 것으로 대체했다. 이 항로도들은 바람·해류·조류 등의 자연환경, 역사적인 기록과 고고학적인 성과, 그리고 해양의 메커니즘을 토대로 작성한 것임을 밝혀둔다.[40]

동아시아는 선사시대부터 해양 문화가 발달했으며,[41] 역사시대로 계승되면서 상호 밀접한 교류를 통해 하나의 역사권을 만드는 단계에 이르렀다. 조직적이지 못하고 자연발생적인 측면이 강하며, 정치군사적이기보다는 문화경제적인 측면이 강하고, 직접 교섭의 단계에는 미치지 못했지만 적어도 하나의 터임을 인식하고 기본 틀을 만드는 단계에 이르렀다.[42] 그 과정에서 서해 북부의 해양 질서와 관련해 벌어진 조선과 한(漢)나라 사이의 전쟁은 동아시아 역사의 무대를 큰 틀로 인식하고 활동무대를 해륙으로 확장시키는 결정적인 계기가 되었다.[43] 그뒤 우리 역사

---

40) 학계 일부에서는 선사시대와 고대의 해양 활동 및 항로에 대해 언급하면서 정확하게 내용을 서술하지 않거나 간편하게 선을 긋는 경향이 있다. 또한 과거에 이루어진 성과들을 답습하고 있다. 예를 들면, 고대에 백제 등이 중국 지역과 교섭할 때 또는 왜가 중국 지역과 교섭할 때 서해 북부의 연안을 타고 간다고 기술하고 있다. 또한 장보고를 비롯한 신라 선단이 서해 북부를 연안 항해해 신라 영역이나 일본 열도로 향한다고 서술하고 있다. 뿐만 아니라 그러한 관점으로 작성한 항로도를 쓰고 있다. 김문경·권덕영·강봉룡 등을 비롯한 연구자들이 대부분 이 설을 따르고 있다. 몇몇 발해사 전공자들도 발해의 국제 관계를 서술하면서 해양 활동을 언급하며 자기 견해를 보완하고 있다. 그 과정에서 주로 일본 논문을 인용하는 경향이 있는데, 일본 논문 및 기타 논문들을 비롯해 필자가 쓴 관련 논문에 대해 검증 작업을 한 뒤 적합한 내용을 인용할 필요가 있다고 생각한다. 필자는 해양사를 전공하는 연구자의 한 사람으로서 이 부분들에 대해 문제를 제기한 바 있다. 역사학, 특히 해양사를 발전시키기 위해서는 연구 논문을 통해 인용한 내용들과 관련해 자기 견해를 밝혀주기를 바라며, 국적을 따지지 말고 구체적인 연구 성과를 정확하게 인용하기를 바란다. 아울러 필요할 경우에는 학문적으로 토론을 벌이는 것이 바람직하다고 생각한다.

41) 윤명철, 〈海路를 통한 先史時代 韓·日 양 지역의 文化 接觸 可能性 檢討〉, 《韓國上古史學報》 2집, 한국상고사학회, 1989.

42) 윤명철, 〈黃海의 地中海的 性格研究〉, 앞의 책.

43) 윤명철, 〈黃海文化圈의 形成과 海洋活動에 대한 연구〉, 《先史와 古代》, 한국고대학회, 1998. 이 논문에서 필자는 중국의 연구 성과들을 소개했으며, 특히 고조선-한나라 전쟁을

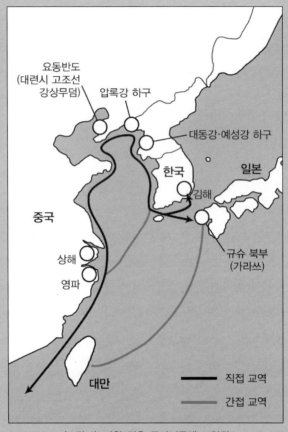

요동반도
(대련시 고조선
강상무덤) 압록강 하구

대동강·예성강 하구

한국   일본

김해

중국

상해

영파

규슈 북부
(가라쓰)

대만

━━━ 직접 교역

━━━ 간접 교역

〈그림 2〉 기원 전후 동아지중해 교역권

에서 동아시아는 삼국시대에 들어와 점차 더 지중해적인 성격을 가지면
서 그 틀을 확고하게 갖추게 되었다. 기술적인 측면에서 항해술·조선술
을 발전시키고, 해양력을 정치·군사·외교는 물론이고 경제나 문화에도

해양과 연관시켜 해석했다. 기원 전후의 서해를 무대로 한 해양 활동은 필자의 논문 〈서복
의 해상활동에 대한 연구—항로를 중심으로〉(《제주도연구》 21, 제주학회, 2002년 6월)를
참고할 것.

적용시켰다. 상황에 따라서는 해양 능력을 어떻게 발휘하느냐에 따라 지역의 발전이 영향을 받을 정도였다.

동아지중해는 한민족이 주체가 되어 활동을 한 터였다. 한민족의 해양 활동과 동아지중해에서의 구실을 더 간편하게 이해할 수 있도록 한·중 관계, 한·일 관계, 한·연해주 관계, 한·동남아 관계 등으로 범주화해 살펴보고자 한다.

⑴ 한 · 중 관계

한·중 관계는 동아지중해의 역학 관계를 기본적으로 결정지을 뿐만 아니라 동아시아의 거의 모든 나라들이 직접·간접으로 참여하기 때문에, 주로 서해와 동중국해를 무대로 이루어졌다.[44]

고구려는 가장 적극적으로 해양을 활용해 중국과 관계를 조정해나갔다. 비록 내륙국가로 출발했지만 태조대왕 이후에 서해로 진출했고, 동천왕시대에는 양자강 유역에 있는 오나라와 군사동맹을 맺는 한편 무역 활동을 벌였다. 이는 중간에 자리한 위(魏)나라를 압박하면서 국제적인 위상을 확대하고 실리를 취하는 외교정책이었다.[45] 비록 단기간에 끝났지만 이 외교 전략은 그뒤 고구려 역사에서 꾸준히 추진되었다. 미천왕은 압록강 하류 장악을 통한 낙랑 및 대방 세력의 완벽한 축출을 성공시켰고, 고국원왕은 요하 지역을 차지한 연나라를 가운데 두고 화북의

---

44) 더 정확하게 표현하면, 고려 이전에는 동중국해가 우리의 해양 활동 영역에 들어오지 않았으나 간접적인 교류는 있었다고 판단한다.

45) 필자는 이 시대의 고구려 해양 활동 및 정책과 관련해 〈高句麗 海洋交涉史 硏究〉(성균 관대학교 박사학위청구논문, 1993)에서 언급한 이후 〈高句麗 前期의 海洋活動과 古代 國家의 成長〉(《韓國上古史學報》 18호, 한국상고사학회, 1995)에서 보완했으며, 그뒤 《고구려 해양사 연구》로 일단락을 지었다. 특히 위나라 관구검의 침입을 국제 관계 및 해양 질서와 연관시킨 전쟁으로 파악했고, 국부적으로는 서안평 쟁탈전으로 해석했다.

후조와 군수물자를 주고받는 군사외교를 벌이는 한편 연나라에 우호적
인 양자강 하류에 수도를 둔 동진에게도 사신을 파견해 등거리 실리외교
를 전개했다.[46] 이처럼 고구려는 해양을 활용해 자국의 입지와 위상을
확대하는 한편 동아시아의 국제 질서에도 영향력을 행사했다.

이어 등장한 광개토태왕은 국가의 발전 전략으로 해양력을 강화시키
고, 해양 질서를 효율적으로 활용했다(396년). 수륙 양면 작전을 전개해
백제를 제압함으로써 경기만을 영향권 아래에 두었고, 400년 이후 신라
에 대한 구원을 명분으로 삼아 남쪽 지역까지 공격했으며(404년), 동부여
복속을 계기로 연해주 일대를 확고하게 장악해 동해 북부 및 타타르해협
까지, 서로는 요동반도 및 서해 북부 지역까지 장악했다. 이른바 해륙국
가를 이룩하는 토대를 구축했다.[47]

장수왕은 이 정책을 계승, 수도를 평양성으로 천도(427년)한 뒤에 백
제와 신라를 공격해 한반도 중부 이북의 땅을 완전하게 영토화함으로써
동해 중부 이북과 서해 중부 이북의 해상권을 장악했다. 아울러 북연을
붕괴시키는 데 강한 영향력을 행사함으로써 요동반도 주변의 해역에
대한 지배권마저 완전하게 장악했다. 이렇게 해서 광개토태왕이 추진한
해륙국가를 완성해 대륙과 한반도, 그리고 동해와 서해의 반 이상을
차지한 명실 공히 동아지중해의 중핵국가로 만들었다. 이 위치를 토대로
다양한 국가 발전 전략을 추진하는 한편 국제적으로 자국의 위상을 확보
했다. 즉, 해양력을 바탕으로 분단된 남북조를 대상으로 한 동시 등거리
외교를 과감하게 추진했고, 백제·신라·가야·왜 등의 남쪽 국가들이 중

---

46) 이 부분은 필자의 1993년 학위논문과 그뒤의 광개토태왕 관련 논문 그리고 《고구려
    해양사 연구》에서 상세히 언급했다.
47) 필자는 여러 논저에서 언급한 광개토태왕의 이러한 정책과 해양 활동을 21세기 동아시아
    및 한민족의 역할과 관련해 재해석한 뒤 《광개토태왕과 한고려의 꿈》(삼성경제연구소,
    2005)으로 발표했다.

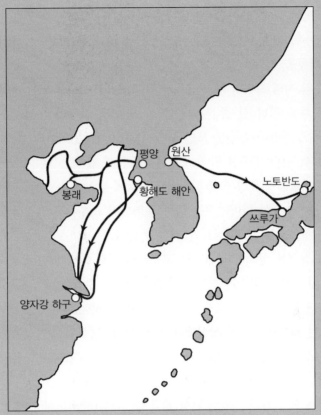

〈그림 3〉 고구려 발전기의 대외 항로

국의 북조 정권과 교섭하는 등 국제 질서에 진입하려는 시도를 해상에서 차단·봉쇄했다. 이른바 동아지중해의 중핵에서 조정 구실을 하면서 다 중다핵방사상외교(多重多核放射狀外交)를 능동적으로 실현할 수 있었다.

뿐만 아니라 무역망의 허브에서 동서남북을 이어주며 중계무역을 활 발하게 추진했다. 장수왕은 송(宋)나라의 태조가 북위를 정벌하고자 할 때 필요한 군마 800필을 보냈으며,[48] 그뒤에도 호시(楛矢, 싸릿대화살)와 석노(石砮) 등을 보냈다. 또 고구려는 섭라(涉羅, 제주도)의 가(珂)와 부여

의 황금을 북위에 보냈고, 북방 종족들과는 마철 교역을 했으며, 초피(貂
皮, 담비가죽) 등을 남쪽에 파는 중계무역을 하여 동아시아 물류의 거점
(hub) 역할을 했다.

한편 각 지역 사이의 문화 교류가 활발했는데, 사신단 외에 상인·승려
들도 바다를 건너 한·중 지역을 많이 오갔다. 고구려 유적인 오회분
5호묘의 들보바닥 인동문 도안은 장사(長沙) 난니(爛泥)의 제(齊)나라
영원(永元) 원년 명문전 위에 조각된 인동문과 같다.[49] '현유(玄游)'라는
승려는 해로를 통해 인도에 갔다가 사자국에 남았다고 한다. 그는 북방
문화와 중국 문화 나아가서는 남방 문화까지 교류하고 연결시켜 동방
문명을 창조하는 데 핵심적인 역할을 했다.[50]

국제 질서를 절묘하게 활용한 고구려의 중핵 조정 역할로 말미암아
동아시아 세계는 공존과 평화의 구도를 유지할 수 있었다. 그뒤 고구려
가 경기만을 잃고 수나라가 중국을 통일하는 등, 여러 일로 말미암아
고구려는 조정자 위치를 상실했다. 결국 동아지중해와 동아시아는 전면
적인 질서 재편전에 돌입해 전쟁의 시대가 되었다. 결과는 중국의 당나
라 중심 체제로 재편되었다.

백제는 한강 하류 지역인 한성 지역에서 하항(河港)도시국가[51]로 출발

---

48) 《宋書》, 〈蠻夷列傳〉, 高句麗傳, 元嘉16年.

49) 李殿福·孫玉良, 강인구·김영수 옮김, 《고구려 간사》, 삼성출판사, 1990, 245쪽.

50) 장수왕이 추진한 국가정책들과 해양 활동 등을 다룬 논저를 바탕으로 21세기 동아시아의
질서 재편과 한민족의 국가 발전 전략 차원에서 재해석한 연구가 《장수왕 장보고 그들에
게 길을 묻다》이다.

51) 하항도시국가는 큰 강 하구 주변의 도시에 형성된 소규모의 정치체제를 말한다. 필자는
선학들(이병도·천관우)이 비정한 삼한 78개국의 위치를 해양 질서와 연관시켜 연구한
뒤, 이 소국들이 대부분 큰 강의 나루 또는 바다의 포구에 있었으므로 '나루국가'로 설정하
고 발표한 바 있다. 〈한반도 서남해안의 海洋歷史的 환경에 대한 검토〉(전주박물관 죽막
동유적 학술회의, 1995)가 그것인데, 나중에 〈西海岸 一帶의 海洋歷史的 環境에 대한
檢討〉(《扶安 竹幕洞祭祀遺蹟 研究》, 국립전주박물관, 1998)로 발표했다. 이후에는 강
하구에 있는 소국은 하항국가, 바다의 포구에 있는 소국은 해항국가라고 불렀다(〈沸流集

했다. 4세기에 들어와 근초고왕이 평양성 전투에서 승리하는 등 북진
정책을 통한 경기만 장악에 성공했고, 이어 전라도 해안까지 복속시켜
마한 세력의 해양력을 흡수하면서 제주도와 일본 열도까지 진출했다.
바야흐로 백제는 일본 열도에서 제주도, 한반도 남부를 거쳐 중부까지
항로로 길게 이어지는 물류 체계의 상당히 많은 부분을 장악했다. 이
무렵 백제는 동진(東晉)에 사신을 다섯 번 파견하고 동진은 백제에 두
번 사신을 파견하는 등, 두 나라는 비교적 빈번한 관계를 유지한다. 이러
한 관계를 두고 "고구려는 전진(前秦)과, 동남으로 신라와 연맹하고, 이
에 대응해 백제는 전진과 대립한 동진과, 그리고 동으로는 일본과 연결
했다"는 주장이 있을 정도이다.[52] 물론 이러한 연결의 실효성 여부는
해양을 전제로 해야 가능한 것이다.

그뒤 광개토태왕과 장수왕의 공격으로 백제는 한성과 경기만을 포기
했으나 이어 해양력(sea-power)을 회복했다.[53]

동성왕 시절인 484년에는 사신선이 서해 한가운데서 고구려 수군에
게 저지당하는 불행을 맞기도 했으나, 서해 남부의 신항로를 개척하는
데 성공해 양(梁)나라를 거쳐 진(陳)나라에 이르기까지 외교와 교역, 문
화 교류 등을 활발히 했다.

《삼국사기(三國史記)》와 《자치통감(資治痛鑑)》에는 이 시대에 북위
가 백제를 쳤으나 패했다는 색다른 기록이 있다. 《남제서(南齊書)》에는
490년에 위나라가 기병 수십만으로 백제를 공격했다가 크게 패했으며,

團의 移動過程과 定着에 대한 검토〉, 《상고시대 인천의 역사탐구》, 9회 가천문화재단
학술발표회, 2000년 6월. 이후 《한민족의 해양활동과 동아지중해》에 이러한 내용들을
정리해 게재함).

52) 李丙燾, 《韓國史》(震檀學會), 乙酉文化社, 1981, 〈古代編〉 407쪽 참조.

53) 문주왕에서 동성왕으로 넘어가는 시기의 해양 활동 및 항로 문제는 윤명철, 〈동아시아
속의 서산과 그 해양문화적 의미〉, 《백제문화연구》 34집, 공주대학교 백제문화연구소,
서산문화원, 2005년 12월 참고.

유연·돌궐

고구려

발해만

북위

회하

양자강

남경

송·남제·양·진

백제

금강 신라

영산강

나주

해남

아리아케해

왜

오사카

니시도바루 고분군

후나야마 고분

〈그림 4〉 5~6세기 백제의 대외 항로

그때 동성왕은 전투에서 공훈을 세운 백제의 장군들에게 왕이나 후(侯)·
태수 등 관작을 줄 것을 요구했다는 기록이 있다. 특히 그 가운데 목간나
(木干那)라는 인물은 성과 배(舫)를 격파한 공이 있다고 했다. 《주서(周
書)》 권49 백제전에는 진(晉)나라 이래로 송(宋)·제(齊)·양(梁) 때는 지
금의 양자강 왼쪽에 있었다고 기록되어 있으며, 《북사(北史)》 백제전에
는 역시 진(晉) 이래로 강의 왼쪽·오른쪽[左右]에 있었다고 기록되어

있다. 《삼국사기》 열전 최치원전에는 "백제가 전성했을 때는 강병이 100만이며, 남으로 오(吳)나라와 월(越)나라를 침범하고, 북으로 유연제 노(幽燕齊魯)를 흔들었다"는 내용이 있다. 사실성 여부에 관해서는 좀더 연구가 필요하지만, 백제는 해양을 무대로 자국의 영향력을 확대하는 일은 물론이고, 남북조의 분단을 이용해 국제 질서를 변화시키는 역할을 했음이 분명하다.[54]

《양서(梁書)》 백제전에는 백제가 "왜국과 가까우며 문신한 자가 많 다.…… 언어가 중국과 비슷하다. 진한의 남은 습속이라고 한다[其言參 諸夏 亦秦韓之遺俗云]"고 전한다. 또 《북사》 고려전과 《수서(隋書)》에는 백제에 "왜와 중국 사람들도 많이 있었다"고 전한다. 이러한 기록들을 볼 때, 백제는 해양 교류를 통해 국제화가 이루어지고 수준 높은 다양한 문화를 발전시켰다. 이 무렵 남조 국가들은 남방 지역과 활발하게 교류 와 교역을 하고 있었다. 384년에 백제에 불교를 전해준 동진 승려 마라난 타는 인도 출신으로 바다를 건너 백제에 상륙했다. 이러한 국제 관계 속에서 백제의 교섭 범위는 간접적으로 동남아와 인도에 이르렀다.[55]

---

54) 백제의 해양 활동에 관해서는 신채호·문정창·김성호 등 선학의 연구가 있었고, 이어 이도학이 발전시키고 있다. 유원재 등을 비롯해 일반적으로는 백제의 해양 활동을 회의적 으로 보고 있다. 필자는 이와 관련해 아직 결론을 내리고 못하고 있다. 그런데 동아지중해 라는 모델을 통해 해양 질서의 메커니즘을 고려한다면, 일시적으로 영향을 끼쳤을 가능성 도 있고 특정 지역에서는 도시국가 형태로 운영되었을 가능성도 있다. 다만, 정치적으로 강력하게 장기간 다스렸는지는 아직 판단할 수 없다. 필자는 국제 질서와 관련해, 또 영산강 하구 지역 및 일본 열도 진출과 관련해 몇 편의 논문과 《동아지중해와 고대일본》, 《한국 해양사》 등의 저술로 연구 성과를 밝혔다.

55) 문정창에 이어 이도학이 이런 주장을 하고 있다. 해양 환경과 항해술·조선술을 고려할 때 동남아 지역과 간접적인 교섭은 가능하다. 다만, 백제 선박이 직접 동남아시아 지역까 지 항해하는 것은 선박과 항해가들의 교체가 있어야 가능하다. 현재까지 알려졌거나 추정 할 수 있는 우리의 선박으로는 그 해역까지 항해한다는 것 자체가 불가능하다. 그러나 만일 중간 거점으로 지금의 남중국 해안 일대나 대만, 오키나와 지역을 활용한다면 직접 교섭도 가능할 것이다. 해양 문화에서는 정치적인 지배가 아니라면 간접 교역을 해도 상관없고, 때로는 그것이 합리적이고 효율적이다.

신라는 해양 활동을 동해에서 시작해 남해로 확대했으나, 서해에서는 비교적 늦은 시대에 시작했다. 신라에게 중국 지역과 관계를 맺는 일은 매우 중요했고, 교통로인 서해로 진출하는 일은 국가의 생존과 직결되는 것이었다. 신라는 고구려의 계속되는 압력에서 벗어나고 남침에 대비할 목적으로 433년에 백제와 1차 나제동맹을 맺었다. 이로써 중국 지역과 교섭할 수 있게 되었다. 502년과 508년 두 차례에 걸쳐 북위(北魏)에 사신을 보내 국제적으로 위상을 높였다. 법흥왕 8년(521년)에는 남조 정권인 양(梁)나라에 사신을 파견했고, 15년(528년)에는 양나라가 사신과 향을 보내는 등 교류가 이어졌다. 이어 6세기에 들어서자 진흥왕은 한강 유역을 점유해 해양 활동의 핵심 거점인 경기만을 장악한 뒤 본격적으로 중국 지역과 교섭을 했다.

신라는 고구려와 마찬가지로 서해를 정치적으로 최대한 활용해 국가의 목표를 달성하는 데 성공했다. 김춘추는 서해를 통해 당나라와 긴밀한 외교관계 및 군사동맹을 맺었다. 660년에는 신라의 수군이 서해를 건너온 당군과 합동으로 수륙 양면 작전을 감행해 백제를 멸망시켰다. 고구려처럼 완전한 해륙국가는 아니었지만 해양을 최대한 이용해 당의 군사력·정치력을 활용함으로써 조정 역할을 성공적으로 수행한 것이다. 그리하여 통일을 이룩했고, 국제 질서를 재편하는 과정에서 능동적인 역할을 했다.

그뒤 통일신라시대에는 국제 환경의 변화에 적응해 서해를 건너 당나라와 외교관계를 더욱 긴밀하게 했고, 발해를 견제할 목적으로 적대 관계였던 일본국과 우호적인 관계를 복원하려는 시도를 꾸준히 했다. 또한 정책적으로 무역 활동을 활발히 했다. 신라는 당나라에 조하주(朝霞紬)·어아주(魚牙紬)·누응령(鏤鷹鈴) 등의 고급 직물과 금은 세공품, 인삼, 우황, 세포(細布), 과하마 등을 수출했고, 당나라로부터 나(羅), 능(綾), 의복, 서적, 문방구 등을 수입했다.[56] 신라는 장보고 및 재당(在唐)

신라인들을 활용해 당나라 내부의 국내 경제를 신라의 무역 시스템으로 편재시키고, 자국의 산업과 무역을 활성화했으며, 일본과도 연결하는 명실 공히 무역·문화의 허브 역할을 했다.

발해는 초기에는 당나라와 전쟁을 벌이는 등 갈등 관계에 있었으나 점차 공존 관계를 유지했다. 산동 지역의 고구려계인 이정기(李正己) 세력과는 말[馬]과 숙동(熟銅) 등의 교역을 했다. 그뒤에 당나라와 교역을 할 때 영주로(營州路)라는 요동의 길을 이용하는 경우도 있었지만, 압록강 하구를 출발해 서해 북부의 연근해 항로를 이용하면서 교섭과 교역을 활발하게 했다. 심지어는 서해를 종단해 절강(浙江) 지역까지 내려갔다.

결론적으로 한·중 교류의 중요한 터인 서해는 우리 민족이 주도적으로 활발하게 활동을 한 곳이었다. 일본 열도의 세력들은 이 시기까지는 아직 본격적으로 역사의 무대에 등장하지 못했다. 중국 지역의 국가들은 기본적으로 대륙 지향적인 국가인데다가, 교역의 필요에 따라 동중국해에서 남중국해를 거쳐 동남아로 이어지는 바다에서 활동했다.

(2) 한 · 일 관계

한·일 관계가 이루어지는 무대로는 서해·남해·동해 모두 해당하지만, 횟수나 영향력을 고려하면 남해가 주무대였다. 남해는 리아스식 해안이 발달하고 다도해 지역으로, 해양 세력이 웅거하기에 적합한 환경이다. 뿐만 아니라 연안에서는 조류의 흐름이 복잡하고 좁은 해협 때문에 해류의 속도가 매우 빠르며, 중간에는 쓰시마(對馬島)·이키(壹岐)를 비

---

56) 盧德浩, 〈羅末 新羅人의 海上貿易에 관한 硏究〉,《이홍직 박사 회갑기념 한국사학논총》, 647쪽 참고. 이를 비롯해 계속 관련 연구가 나왔는데, 박남수가 이러한 대외무역을 가능하게 한 신라의 산업적 측면을 연구했다.

롯해 해안의 몇몇 섬들이 있어서[57] 매우 독특한 해양 메커니즘이 만들어
졌다. 두 지역 사이에는 선사시대부터 토기·석기 등의 교류가 있었으며,
야요이시대를 거쳐 역사시대에 이르면 한반도에서 남해를 이용해 조직
적이고 본격적인 진출을 시도하게 된다.

남해에서 처음 활동한 세력들은 가야였다. 《위서(魏書)》 왜인전에는
대방에서 일본 열도의 야마대국까지 가는 항로와 항해 거리, 경유하는
소국들의 위치·규모와 함께, 한반도의 마지막 종착점이자 일본 열도로
출발하는 기점을 구야한국(狗邪韓國)이라고 기록하고 있다. 구야한국은
전형적인 해항도시국가이다. 《후한서(後漢書)》와 《삼국지(三國志)》의
한전 등에는 가야와 직접 관련이 있는 변진이 철을 돈처럼 쓰기도 하고,
왜·낙랑·대방·예 등에 수출도 했다는 기록이 보인다. 남해 해양 무역의
주체였던 가야제국들은 전성시대에 철제 무기로 무장한 함선을 동원해
남해를 건너 일본 열도에 상륙한 뒤 곳곳에 거점을 만들어갔다. 몇몇
특기할 만한 사건들에서 나타나듯이, 일종의 양안국가(兩岸國家)[58]로서
심지어는 왜 세력들을 끌어들여 조정 역할을 하며 국가의 발전을 꾀했
다. 하지만 결국 힘의 공백을 한반도 남부 내륙에 남긴 채 많은 수가
일본 열도로 건너가고, 역사에서 사라졌다. 《남제서》에는 가라국왕 하
지(荷知, 또는 鉗知)가 497년에 남제에 사신을 보냈다는 기록이 있으나,
중국과의 교류는 거의 없었다고 보는 것이 무방하다.

---

57) 한반도와 일본 열도 사이의 지질학적 환경에 대해서는 國分直一, 〈古代東海の海上交通
と船〉, 《東アジアの古代文化》 29號, 大和書房, 1981, 28~30쪽 참고.

58) 양안국가는 해양을 사이에 두고 하나의 정치체로 발전·운영하는 것을 말한다. 가야의
성격을 규명하면서 선행 연구자들은 倭韓聯合王國說을 비롯해 비슷한 설들을 내놓았다.
필자가 생각하고 있는 전기 가야의 체제도 이와 크게 다르지는 않다. 해양 질서나 지중해
적 질서에서는 이러한 양안도시나 양안국가들의 존재가 이상한 것이 절대 아니다. 지금의
터키 이스탄불도 마찬가지로 보스포루스 해협을 사이에 둔 하나의 도시이다. 이는 예전의
전통을 이어받은 것이다. 지중해 세계의 초기에는 적지 않은 도시국가들이 이러한 성격을
띠었다.

〈그림 5〉 전성기 가야의 활동 영역

백제 또한 일본 열도로 진출할 때 남해를 최대한 활용했다. 근초고왕 이후에 전라도 지역에 있었던 마한 세력의 해양력을 흡수하면서 제주도와 일본 열도까지 진출했다. 《일본서기(日本書紀)》에 따르면, 근초고왕 시대에 해당하는 오진(應神)천황 때 백제 등 삼국으로부터 많은 선진 문물이 들어와 문화가 성장하는 데 활력소가 되었다고 한다. 백제에서 온 아직기(阿直岐)와 왕인(王仁)은 유교 문물을 전해주었다. 백제인들은 한인지(韓人池)라는 저수지도 파고, 수로를 만들고, 제방을 쌓았다. 또 좋은 말들을 운반해서 사육했으며, 매 사육 기술도 들여왔다.

그뒤 백제는 광개토태왕의 침공을 받아 위기에 봉착하자 왜 세력을 끌어들여 이를 타개하고자 했다. 광개토태왕릉 비문에 나오는 400년 전투와 404년의 왜의 대방계 침입 기록은 이러한 전략의 한 예이다. 특히 404년 전투는 왜의 수군이 전투에 참여했다.[59] 국제 관계를 조정해 가는 보조 수단으로서 일본 열도의 정치적인 효용성을 간파한 백제는 영향력을 강화하는 노력을 지속한다. 백제인들은 전라도의 여러 해안을 출발해 남쪽의 추자도와 제주도를 오른쪽으로 보면서 남해를 동진하다 가 해류와 바람 등을 이용해 자연스럽게 규슈 북서부의 가라쓰(唐津) 같은 육지나 서부의 아리아케해(有明海) 등을 경유하여 규슈의 내부에 도달할 수 있었다.[60]

6세기 중반에 접어들어 불교와 문화 등을 전수했는데, 이는 문화의 단계를 넘어 정치적인 진출이었다. 백제에서 전달한 불교의 수용 여부를 놓고 야마도 조정에서 권력 투쟁이 벌어졌다. 결국 친백제계인 소가(蘇我)씨가 승리하고, 쇼토쿠(聖德) 태자가 실권을 잡음으로써 백제는 더욱 활발하게 진출했다. 무령왕이 일본 열도의 가당도(加唐島)에서 태어나 자라다가 귀국해 왕이 된 사실은 백제와 일본 열도의 관계를 짐작할 수 있게 해준다.

백제는 남해를 이용해 일본 열도에 대한 영향력을 강화함으써 포괄적으로 질서 조정의 도구로 활용했다. 이러한 역할은 사비성이 함락당하고

---

59) "十四年 甲辰而 倭不軌 侵入帶方界 和通殘兵□石城□連船,□□□,王躬率往討 從平壤□□□鋒相遇 王幢要截盪刺 倭寇潰敗 斬殺無數"기사 참조.

60) 이 무렵 백제인들이 사용한 일본 열도 항로에 관한 것은 필자의 〈海洋條件을 통해서 본 古代韓·日 關係史의 理解〉를 비롯해 《동아지중해와 고대일본》과 《한국 해양사》 등을 참고.

부흥 운동을 전개할 때 본격적으로 나타난다. 일본 열도 세력의 전면적인 참여로 말미암아 동아지중해에는 신라·당나라의 동서동맹과 고구려·백제·왜로 이어지는 남북동맹 구도로 확대재편되었다. 물론 승자는 해양연결이 순조로운 동서동맹이었다.

신라는 일본과 관계를 맺으면서 남해·동해를 모두 활용했다. 초기 단계에는 동해 남부를 활용하면서 소규모로 진출하거나 반대로 왜 세력의 군사적인 침공을 받는 수동적·방어적 위치에 있었다. 하지만 점차 주도권을 찾아가면서 삼국 통일 이후에는 남해를 활용해 다른 관계로 바뀌었다.

두 나라는 적대 관계 또는 비우호적 관계 속에서도 교역이 매우 활발했고, 특히 민간인들은 공식적이나 비공식적으로 물건들을 사고팔았다. 752년에 나라(奈良)의 도다이사(東大寺)가 완공되었을 때, 신라 정부는 왕자인 김태렴(金泰廉) 및 700명의 대사절단을 파견해 6월부터 헤이죠쿄(平城京)에서 대대적인 교역 활동을 했다.[61] 그 무렵 일본 정부가 수입한 물건들의 일부와 품목을 적은 '매신라물해(買新羅物解)'가 정창원(正倉院)에 보관되어 있다. 그 내용과 소장품들을 보면, 신라묵(新羅墨)·종이·악기·모전(毛氈)·송자(松子)·밀즙(密汁)·구지(口脂)·경권(經卷)·불구(佛具)·경(鏡)·원(鋺)·반저(盤箸, 佐波理加盤) 등 다양한 물품들과 함께 훈륙향(薰陸香)·청목향(靑木香)·정향(丁香)·곽향(藿香)·영륙향(零陸香)·감송향(甘松香)·용뇌향(龍腦香) 등 남중국·동남아시아·인도·아라비아산의 각종 향료, 동남아시아·페르시아산 약재가 있다.[62] 이는 신라가 중계무역에 적극적이었음을 알려준다. 아울러 장보고 선단은 청해진

61) 《속일본기》 권18, 〈孝謙朝〉, 天平勝寶 4년.

62) 무함마드 깐수, 《新羅·西域 交流史》, 단국대 출판부, 1992 등을 비롯해 몇몇 연구자들이 작성한 목록이 있다.

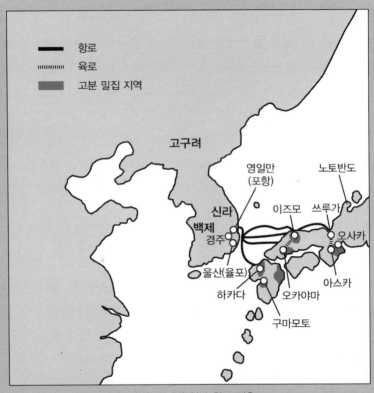

〈그림 6〉 신라의 일본 항로 진출도

을 거점으로 남해를 넘나들면서 무역 활동을 활발하게 벌였고, 재당신라
인·본국신라인·재일신라인들을 연결해 동아지중해의 물류망을 구축했
으며, 신라가 그 허브에 놓이게 했다.[63]

---

63) 장보고라는 인물이 부각된 데는 김상기·김문경 등의 역할이 컸는데, 장보고의 경제·무역
   활동에 주목하고 이론을 만든 이는 김성훈이다. 필자는 해양 활동과 관련해 해양 메커니즘
   과 항로 등 구체적인 실상을 연구했으며, 특히 '凡新羅人'이라는 개념과 동아지중해 모델
   을 적용해 그 구조와 활동을 해석했고, 경제특구 개념 등 21세기의 가치와 연결시켰다.
   이와 관련해서는 필자의 몇몇 논문들과 《장수왕 장보고 그들에게 길을 묻다》 등의 책
   내용을 참고하기 바란다.

그 밖에도 남해를 활용한 세력에 아직은 독립적인 성격을 유존하고 있는 탐라가 있다. 탐라는 선사시대부터 일본 열도와 교류를 했다. 《일본서기》에 따르면, 사이메이(齊明) 7년인 661년에 월주(越州)에서 귀국하던 제4차 견당선이 표류해 탐라에 도착한 적이 있다. 이때, 이들을 귀환시키면서 탐라국 왕자 아파기(阿波伎) 등이 일본에 왔다.

한·일 관계에서 남해보다는 못하지만 동해도 역할을 담당했다. 동해는 항구시설이 부족하고, 북서계절풍을 활용하는 겨울에는 파도가 3~4미터로 높은 편이어서 일본 열도로 항해하기에 부적합하다. 일본 열도와도 간격이 넓어 지문항법을 적용할 수 있는 구간이 좁아 난이도가 높은 원양 항해를 병행해야 한다. 때문에 주민과 문화의 교류와 만남이 적었고, 문화가 활발하지 못했다. 그러나 서해·남해와 함께 육지와 하나가 되어 우리 문화를 형성해왔다.

동해를 적극적으로 이용한 것은 역시 고구려이다. 광개토대왕 이후에 동해 남부나 남해 동부 해안을 통해서 일본 열도로 진출했을 가능성이 높다. 조희승은 고구려인들이 동해를 건너 이즈모(出雲) 일대에 정착했다가 다시 척량산맥을 넘고 쓰야마 분지 일대에 정착했다고 했다.[64] 시마네현(島根縣)의 이즈모 등에 고구려 문화의 흔적이 있다.[65] 장수왕은 468년에 실직주성(悉直州城, 지금의 삼척)을 공격했고, 481년에는 포항 위의 흥해(興海, 彌秩夫)까지 공격했다. 신라의 수도를 근거리에서 압박하고 영일만 같은 대외 항구를 일본 열도로 진출하는 교두보로 확보하려는 목적도 있었다. 고구려 당시의 '물길(勿吉)' 사람들은 니가타현(新潟縣)의 사도(佐渡)섬까지 진출했을 것이라는 견해도 있다.[66] 이시가와현(石川

---

64) 조희승, 《초기조일관계사》 상, 사회과학출판사, 1989, 303쪽.
65) 조희승, 《초기조일관계사》 하, 사회과학출판사, 1989, 303~304쪽.
66) 王俠, 〈集安 高句麗 封土石墓與日本須曾蝦夷穴 古墓〉, 《博物館研究》 42期, 1993, 2期, 43쪽.

縣)의 노토(能登)반도에는 고구려 고분의 말각조정(抹角藻井) 양식을 가진 하이혈(蝦夷穴) 고분도 있다.[67]

일본의 사서를 보면, 케이타이(繼體)천황 10년, 킨메이(欽明)천황 원년과 31년, 비다쓰(敏達)천황 2년과 3년에 고구려 사신이 월국(越國) 또는 월(越)의 해안에 도착했다고 되어 있다.[68] 킨메이천황 때는 고구려 사신과 도군(道君)이라는 지방 호족이 밀무역을 했다고 다른 호족이 조정에 밀고하는 사건이 벌어졌다.[69] 또 고구려의 승려들은 일본에 불교를 전파하기도 하고, 정치적인 소임도 했다. 584년에는 환속한 고구려 승려 혜편(慧便)을 소아마자가 스승으로 삼았다. 595년에는 혜자(慧慈)가 쇼토쿠 태자의 스승이 되어 정치 개혁에도 참여했다. 승륭(僧隆, 602년), 운총(雲聰, 602년), 담징(曇徵, 610년), 법정(法定, 610년) 혜관(惠灌, 625년) 등이 당시 야마토 조정에 갔다. 수·당전쟁이 벌어진 당시에도 고구려의 외교 활동은 계속되었다. 특히 수나라 포로와 낙타 등을 승전을 알리기 위해 보냈고, 멸망 직전에도 사신을 파견했다. 고구려는 일본 열도의 세력을 끌어들여 질서 재편전의 수단으로 활용하려 했으며, 전면적인 질서 재편 과정에는 더 확실하게 활용하려고 했다.[70]

신라는 초기에는 동해 남부를 활용해 일본 열도와 관련을 맺었다. 수도인 금성은 바다와 가깝게 연결되는 일종의 '해항(海港)도시'였다. 《삼국유사》에 나오는 연오랑과 세오녀 신화[71]나 박제상과 관련된 기록

---

67) 두 고분의 공통점 등 성격 규명과 관련해서는 王俠의 같은 글과 《古代能登と東アジア》, 蝦夷穴古墳國際シンポジウム實行委員會, 1992 참조.

68) 齊藤 忠, 金達壽 外, 〈高句麗と日本との關係〉, 《古代の高句麗と日本》, 學生社, 1988, 22~23쪽의 도표 참조. 越 지역과 고구려와 관련성은 高瀨重雄, 〈越の海岸に着いた高句麗使〉, 《東アジアと日本海文化》, 森浩一 編, 小學館, 1985, 217쪽 및 小嶋芳孝, 〈潮の道 風の道〉, 《松原客館の謎にせまる》, 氣比史學會, 1994 참조.

69) 森浩一, 《古代史 津津浦浦》, 小學館, 1993, 65쪽.

70) 필자의 《고구려 해양사 연구》를 비롯해 동아지중해 국제대전을 다룬 몇몇 논문들 참고.

은 영일만이나 울산만 등이 일본 열도로 진출하는 중요한 항구였음을 알려준다.[72] 동해를 건너온 왜의 신라 진출도 있었다. 신석기시대의 죠몽 (繩文)토기들이 울산의 서생포 등에서 발견되고 있다.《삼국사기》에는 왜의 한반도 침입 기사가 박혁거세 8년(기원전 50년)부터 나타난다. 왜인들은 소규모로, 때로는 적지 않은 병력으로 신라의 변경을 침입하거나 수도인 금성을 위협하곤 했다. 또 박혁거세 38년(기원전 20년)에는 왜국 출신의 호공(瓠公)이 들어와 재상이 되었다.[73] 그만큼 상호 교류할 수 있는 환경이 양호했다는 것이다. 규슈에서 대마도를 거치면 해류·조류와 남서풍을 이용하여 자연스럽게 남해 동부 또는 동해 남부에 상륙할 수 있고, 혼슈 남단인 야마구치현이나 시마네현 등에서 출항하면 역시 해양 환경을 이용해 동해 남부에 닿을 수 있다. 하지만 통일신라시대에 들어오면 동해 항로를 활용한 경우가 많지 않았을 것이다.

발해는 동해 항로를 활용해야만 일본 열도와 교류할 수 있었다. 초기에는 국제 질서에서 위상을 확립하고, 적대 국가인 신라를 협공할 목적으로 일본국과 관계를 맺었다. 하지만 곧 교역을 교류의 주된 목적으로 삼았다. 발해는 220여 년 동안 사신선을 도합 35차례나 일본에 파견했는데, 사신선에는 관리들뿐만 아니라 상인들도 탔다. 민간의 배들도 독자적으로 왔는데, 746년에는 발해인과 철리인(鐵利人) 1,100여 명 등 민간인들이 온 적도 있었다.[74] 발해인들은 담비가죽·호랑이가죽·말곰가죽·

---

71) 《삼국유사》 권1, 〈기이〉 2.

72) 박제상이 승선하고 향한 지점은 栗浦인데, 울산 부근으로 추정하고 있다. 《삼국유사》의 김제상조에 기술된 望德寺를 望海寺로 추정하고 蔚州郡 靑良面 栗里의 靈鷲山 東麓일 것으로 판단하고 있다(李鍾恒).

73) 《삼국사기》 권1, 〈신라본기〉 제1.

74) 발해인들의 해양 활동과 관련해 일본 열도의 해당 지역 기록과 고고학적 성과는 물론 해양 환경까지 상세하게 분석해 작성한 글로 필자의 〈渤海의 海洋活動과 東아시아의 秩序再編〉(《高句麗研究》 6, 학연문화사, 1998)이 있다(《장보고 시대의 해양활동과 동

꿀·인삼·명주를 비롯해 철·구리 같은 광물과 곤포 같은 수산물 그리고
해표피·해상어로 만든 수공업 제품 등을 수출했다. 또한 '대모(玳瑁)'라
는 동남아산 붉은 바다거북의 껍질로 만든 술잔 등을 중계무역하기도
했다. 두 나라 사이에는 무역역조가 심각해 일본 조정에서 문제가 되기
도 했다.

발해 상인들은 일본이나 당나라에서 신라 상인들 및 장보고 선단과
만나 교역을 했을 가능성이 크다. 814년, 장문국(長門國, 지금의 시모노세
키)에 신라 상인 31명이 표착한 일이 있었다.[75] 그런데 그해 9월 하순에
장문국 바로 위인 이즈모에 발해 사신이 도착했다. 무엇인가 가능성을
시사하는 부분이다. 장보고(張寶高, 또는 張保皐)의 죽음을 전후한 시기에
도 역시 발해선과 대규모의 사절단들이 장문국에 도착했다. 819년에는
당나라 월주(越洲) 사람인 주광한(周光翰)이 발해선을 타고 귀국하기도
했다.[76] 반면에 일본인들은 동해를 건너 발해와 교류하는 데 소극적이었
다. 승려 등은 물론이고 심지어는 사신들도 발해의 배를 이용하는 경우
가 있었다. 항해술과 조선술이 부족했기 때문이다.[77]

결론적으로, 한·일 관계에서 최초의 교섭은 신석기시대부터 있었으며
교류의 주도권을 우리가 쥐고 있었다. 동아지중해의 메커니즘으로 보아
그럴 수밖에 없었고, 두 지역 사이에는 문화의 격차가 컸을 뿐만 아니라
일본 열도는 지리적인 위치상 우리 항로를 통해서만 국제사회에 진입이
가능했으며, 또 해양력이 약했기 때문이다. 우리 고대 국가들은 국가

아지중해〉, 학연문화사, 2002에 재수록).

75)《日本後紀》卷24, 弘仁 5年 10月.

76) 이들을 둘러싼 교역 활동에 대해서는 小嶋芳孝,〈唐越洲人周光翰に見る九世紀の日本
海交易〉,《石川考古研究會々誌》33號, 石川考古研究會, 1990 참고.

77) 필자는 이 부분에 대해〈渤海의 海洋活動과 東아시아의 秩序再編〉에서 상세하게 논증
했다.

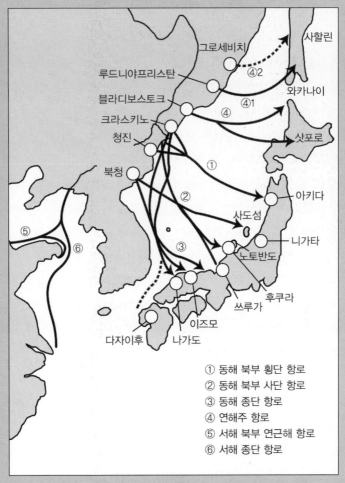

그로세비치

사할린

루드니야프리스탄

④2

블라디보스토크

④1

와카나이

크라스키노

④

청진

삿포로

①

북청

아키다

②

사도섬

③

니가타

⑤

노토반도

⑥

후쿠라

쓰루가

이즈모

다자이후

나가도

① 동해 북부 횡단 항로
② 동해 북부 사단 항로
③ 동해 종단 항로
④ 연해주 항로
⑤ 서해 북부 연근해 항로
⑥ 서해 종단 항로

〈그림 7〉 발해인들의 대외 항로

사이의 경쟁과 국제 질서에서 유리한 위치를 선점할 목적으로 각각 남
해·동해를 활용해 일본 열도에 진출했다. 그리고 정치적·경제적·문화적
인 목표에 따라 그 관계의 성격과 빈도수를 조절해나갔다.

(3) 한·연해주 관계[78]

동아지중해에서 중요 지역 가운데 하나이자, 우리와 문화적·종족적인 연관성을 지닌 곳이 이른바 연해주 일대와 주변 해역이다. 연해주 지역에 거주하는 나나이족·우데계족·축치족·에벤키족 등의 소수종족들은 동해 문화권 또는 우리 문화와 관련해 살펴볼 필요가 있다. 선사시대의 융기문토기와 무문토기는 동해안을 따라 확산·정착된 것으로 나타난다.[79] 강릉 등 동해 중부 해안가에서는 패총 유적들도 많이 발견되었다. 이러한 문화들은 동해 연안을 통해서 전파되었으며, 중간에 다른 비슷한 흔적이 없다면 육로가 아니라 연안 항해를 통해 이루어졌을 가능성이 높다. 포항 근처인 울주 대곡리의 암각화에서 사람들이 승선한 고기잡이 배가 나타난 것[80]은 연해주 지역 및 해양 문화와 관련이 깊음을 알려준다.[81] 해양 환경을 살펴보면 그 가능성이 매우 높음을 알 수 있다.

동해는 지형면에서도 서해·남해와 몇 가지 다른 점이 있었다. 해안선으로부터 서쪽으로 해발 1,000미터 이상의 태백산맥 능선이 발달하고 있어서 해안지형이 단조롭다. 특히 평지가 부족해 농경이 발달하지 않았으며, 인구도 집중되지 못했다. 또한 대륙붕이 짧아 수심이 갑자기 깊어진다. 섬들이 적고 원양에 노출되어 있으므로 파도의 영향이 커서 무동력으로 항해하기에 불편하다. 또한 조석간만의 차이가 거의 없어 어장이

---

78) 이 부분은 필자의 〈동해문화권의 설정 검토〉를 참고할 것.

79) 江原道, 《江原道史》, 〈歷史編〉, 1995, 220쪽.

80) 任孝宰, 《한국사론 - 고고학 4》 上, 728~730쪽.

81) 암각화 제작자들과 해양 문화의 관련성에 대해서는 필자의 〈영일만 지역의 해양환경과 암각화의 길의 관련성 검토〉(《한국암각화연구》 78집, 한국암각화학회, 2006년 12월) 참고. 이들은 항해술과 조선술에 능숙하고 포경 능력이 탁월한 특수한 집단일 가능성이 있다. 그들은 이곳이 난류와 한류가 섞이는 해역이며 일본 열도와 해양 교류가 쉬운 곳이라는 점을 알고 있었을 것이다.

나 사람이 거주하는 생활 영역이 적고, 이를 이용하는 해상 세력도 크게 존재하지 않는다. 이러한 해양 환경에서 일부 지역을 제외하고는 사람이 거주하기에 좋은 환경은 아니었다.

동해는 다른 해역에 견주어 주민과 문화의 교류와 만남이 적었고, 문화가 활발하지 못했다. 그러나 서해·남해와 마찬가지로 우리의 해양 문화 속에 포함되어 있었고, 한반도와 대륙이라는 육지와 하나가 되어 우리 문화를 이루어왔다. 특히 고대에 이르면 우리 역사의 중요한 활동 범위였고, 그 시스템의 영향을 직접·간접으로 받으면서 움직였다.

역사시대에 들어오면서 이러한 해양 환경을 활용해 만주 동부 일대 또는 연해주 지역에서 발달한 문화가 남북연근해 항로를 이용해 남으로 내려왔을 가능성이 더욱 커졌다. 《삼국지》의 〈동이전〉에 따르면, 옥저 사람들은 고구려에 어염(魚鹽)과 해중 식물을 바쳤다고 한다. 동예 사람들은 반어피(斑魚皮)를 바쳤으며, 먼 바다까지 항해했다. 이들은 고구려라는 모(母)집단을 매개로 물길(勿吉)과 문화적으로 관계가 깊었으며, 이는 역시 육로와 함께 해로를 활용했을 것이다. 물길은 항해와 조선술에 능한 집단이며 동예·옥저 역시 원양 항해를 할 정도의 높은 수준에 올라 있었다.

고구려는 전기인 민중왕 때(47년)와 서천왕 때(288년) 고래의 야광눈을 특별하게 왕에게 바친 기록을 남기고 있다. 이때 고구려에서 활동한 어업 집단이 동예나 옥저 혹은 물길과 깊은 관련이 있었을 것이며, 아마도 두만강 이북의 해안을 근거지로 삼았을 가능성이 크다. 연해주의 아무르 강 유역에 거주하는 나나이족과 우데게족은 호랑이를 숭배하는데, 호랑이를 산신으로 삼는 동예와 관련이 있었을 가능성이 있고, 특히 우데게족은 발해의 후손을 칭하고 있음을 볼 때 두 지역 사이에는 교류가 있었을 것이다. 반대로 남풍 계열의 바람을 이용하면 남쪽에서 북으로 항해가 가능하다. 물론 북쪽에서 남쪽으로 항해하는 것보다는 조건이 좋지 않다.

연해주 일대의 우리 문화와 일본 열도가 교류하는 상황도 살펴볼 필요가 있다. 홋카이도를 포함해 동북일본의 선사 문화는 대륙 동부와 밀접한 관계를 생각할 수 있는 요소가 적지 않다.[82] 7~8세기에는 홋카이도에 대륙 문물이 많이 들어왔다. 오가와(大川) 요이치(余市) 유적에서 발견된 동령(銅鈴)은 고구려에서는 마구(馬具)의 장식으로 이용되었고, 같은 종류의 것이 중국 집안시 만보정(万寶汀) M242호묘 등에서도 출토되었다.[83] 고구려인이 직접 왔거나 말갈이 중간 교역을 했을 가능성이 높다. 고구려의 압박을 받은 흑수말갈(黑水靺鞨)은 수나라에 조공 사신을 보내는 한편 타타르 해협을 건너 사할린에 살고 있는 유괴(流鬼)[84] 등 오츠크해 연안의 여러 민족과 연대를 강화했다. 두 지역은 주석과 철 교역을 중심으로 민간 교섭을 벌였다고 하는 견해도 있다.[85] 이러한 사실들을 볼 때, 두 지역 사이에는 타타르 해협 항해를 통한 직접·간접적인 교류가 활발하게 있었다. 비록 우리와 관련이 깊지는 않고 정치·군사적으로도 비중은 약했을지언정 문화 교류가 있었던 것이다.

9세기가 되어 흑수말갈 전체가 발해의 영향권 아래 든 뒤에는 흑수말갈이 독자적으로 오츠크 해역과 접촉하는 것은 점차로 규제되었다.[86] 발해의 안변부(安邊部)는 하바로프스크 지역에, 정리부(定理部)는 연해주 남부 일대, 솔빈부(率賓部)도 연해주 남부 일대를 포함하는 곳에, 안원부(安遠部)는 연해주 중부 동해안 일대 있었으며, 철리부(鐵利部)는 하바

---

82) 松山利夫, 〈ナラ林の文化〉, 《季刊考古學》 15호, 雄山閣出版社, 1986, 45쪽.

83) 小嶋芳孝, 〈古代日本と渤海〉, 21쪽.

84) 流鬼에 대해서는 여러 설이 있으나 사할린이라고 보는 견해도 있다. 酒寄雅志, 〈日本と渤海靺鞨との交流〉, 《先史와 古代》, 한국고대학회, 1997, 88~89쪽.

85) 小嶋芳孝의 〈日本海の島々と靺鞨·渤海の交流〉, 〈環日本海交流史から見渤海と北陸道〉(《波濤をこえて》, 石川縣立歷史博物館, 1996), 〈古代日本と渤海〉 등 참조.

86) 酒寄雅志, 앞의 글, 104쪽.

로프스크 주 남부 일대에 있었던 것으로 추정하고 있다.[87] 특히 하바로프스크는 철이 많이 생산되는 지역이다.[88] 이 각 부들은 각각 말갈 여러 부족의 근거지였다. 물론 이 항로를 발해가 장악했을 것이다. 때문에 발해도 연해주의 여러 해안과 항구를 거점으로 홋카이도 혹은 사할린에 도착했을 것이다.

발해 전성기의 영토에 비추어볼 때, 위에서 언급한 섬들 외에도 홋카이도 삿포로의 외항이 될 수 있는 이시카리만(石狩灣)·루모이(留萌)·와카나이(椎內)와 사할린의 코롬스크·오로보 등은 가능성이 있는 지역이다. 발해가 멸망 한 이후에도 오가와(大川) 유적에서는 발해 말기에서 여진 초기로 생각되는 흑색호형(黑色壺形) 토기가 출토된다. 이 사실은, 연해주와 홋카이도의 교류는 늘 개연성이 있음을 확인시켜준다.[89] 주석과 철 교역을 중심으로 민간 교섭을 벌였다고 하는 견해도 있다.[90]

포시에트 또는 블라디보스토크, 그 위 지방에서 타타르 해협을 건너 사할린이나 홋카이도의 오타루까지는 항해가 가능하다. 우선 블라디보스토크와 오타루는 같은 위도상에 있기 때문에 지리적으로 매우 조건이 좋다. 또한 이 항로는 겨울이 아니라 봄·여름에 사용하는 항로라는 데 주목할 필요가 있다. 봄·여름에는 남풍 계열의 바람을 이용하면 쉽게 북상할 수 있다. 6·7·8월에는 편남풍이 분다. 이 시기는 날씨도 매우 좋아 항해에 유리하다.[91]

더구나 날씨도 따뜻하고 바람도 세지 않아 해상도 상대적으로 안정되어 있다. 그 지역의 해류는 북쪽에서 남류(南流)하고 있는데, 홋카이도

---

87) 발해의 영역과 위치는 시대에 따라 또는 학자들에 따라 약간의 차이가 있다.
88) 박시형 지음, 송기호 해제, 《발해사》, 이론과 실천, 1995, 228쪽.
89) 小嶋芳孝, 〈日本海の島々と靺鞨·渤海の交流〉, 36쪽.
90) 주 85에서 밝힌 小嶋芳孝의 글들을 참조.
91) 《근해항로지》, 대한민국 水路局, 1973, 22쪽.

남부나 동북 지방의 경우에는 이것을 활용하면 거의 직선거리로 접근할 수가 있다. 이렇게 연해주 항로는 바다를 바로 건너서 홋카이도에 상륙하거나, 가까이 다가온 뒤에 연안 항해를 통해 혼슈 북부 지역에 도착할 수 있다. 더구나 연해주 동부에는 시호테알린 산맥이 있고 반대편인 사할린에도 산맥들이 있기 때문에 서로 바라보면서 항해하기에 매우 유리하다. 결국은 발해선의 동해 항로보다 항해하기가 더 쉬울 수도 있다.

연해주 남부 항로뿐만 아니라 북부 항로도 있었을 것이다. 사할린은 발해의 북부 영토인 안변부나 안원부에서 북동 방향으로 항진할 수 있다. 만약 하바로프스크까지 발해의 영향력이 끼쳤다면 발해의 해상 활동 범위도 더욱 북상할 것이다. 연해주 북부 해안인 소베츠카야가반에서 건너편의 오롤보까지는 겨우 150킬로미터에 지나지 않고, 연해주 북부는 거의 사할린과 붙어 있다. 아주 가까운 지역에서는 원시적인 주민들도 간단히 노를 저어 항해를 할 수 있었을 것이다.

연해주 항로는 그동안 주목하지 않았으나, 사할린이나 홋카이도에서 더 많은 자료들이 발굴된다면 발해와의 관련성이 더욱 분명해지리라 믿는다. 해양 문화의 특성을 볼 때 선사시대부터 발해인들에 이르기까지 이 항로를 이용한 흔적이 앞으로 많이 나타날 것이다.

필자는 연해주 지역과 홋카이도 사이의 교류 가능성을, 해양 환경을 고려해 일본인들의 연구 성과를 인용해서 주장했다. 또한 해류·바람·항해거리 등의 해양 환경과 당시의 국제 환경을 고려해 고구려와 발해시대에 지금의 사할린 지역 및 그 북쪽 지역과 교섭했을 가능성을 제기하면서 몇 개의 항로까지 구체적으로 적시했다.[92] 그뒤 각주 78에서 언급한 필자의 논문에서 다시 동해 문화권을 설정하며 연해주 지역과 사할린

---

92) 윤명철, 〈渤海의 海洋活動과 東아시아의 秩序再編〉, 앞의 책.

등의 지역이 해양 교류를 했음을, 역시 일본 학자를 비롯한 몇몇 연구자들의 연구 성과를 활용해 그 실상을 더 언급한 바 있다. 이 글은 그 논문의 내용을 그대로 인용했다. 앞으로 동해를 매개로 연해주 남부는 물론이고, 연해주 일대와 타타르 해협의 건너편인 사할린·홋카이도 지역도 우리와 비슷한 문화권이었음을 입증하는 자료들이 발굴되고, 그러한 역사 해석이 나올 것으로 생각한다.

(4) 한·동남아 관계

우리 문화는 특히 해양과 관련해 동남아 지역과의 연관성을 살펴볼 필요가 있다.[93] 고인돌의 기원 및 전파 경로에 대해서는 다양한 견해가 있으나 남방에서 동중국해와 서해를 통해서 문화 전파가 있었다는 견해도 제시되고 있다.[94] 중국 절강 지역에서 한반도로 직접 전파되었다는 주장도 있다.[95] 또 우리 문화에는 난생 신화, 신앙, 초분(草墳) 같은 장례 풍습 등 남방적인 요소가 적지 않다. 제주도나 전라남도 섬들 일대에는 더욱 그러하다.

과거, 우리나라는 지금의 오키나와 지역인 유구국(琉球國)과 교류가 있었다. 오키나와 본도의 나하(那覇)에서 발견된 것과 같은 오수전이 제주도에서 발견되었고, 제주도인 주호(州胡)가 바다에서 교역을 했다는 기록으로 보아 제주도와의 연결도 가능하다. 특히 주목할 만한 사실은

---

93) 이들 내용과 관련해서는 필자의 〈한국의 고대 문화 형성과 해양남방문화—소위 해양실크로드와의 관계를 중심으로〉, 《국사관논총》, 국사편찬위원회, 2005 등을 참조.

94) 金秉模, 〈韓半島 巨石文化 源流에 관한 연구〉, 《韓國考古文化》 10·11합집, 1981 ; 〈黃海沿岸의 支石墓〉, 《黃海沿岸의 環境과 文化》, 1994.

95) 毛昭晰, 〈浙江 支石墓의 形態와 韓半島 支石墓 比較〉, 《中國의 江南社會와 韓中交涉》, 집문당, 1997 ; 〈선진시대 중국 강남지역과 한반도의 해상교통〉, 《한중문화교류와 남방해로》, 국학자료원, 1997.

오키나와에서 한반도계의 빗살무늬토기들이 발견되고 있다는 것이다.
《삼국지》의《위서》〈동이전〉 등에 기록된 주호의 주민에 관한 표현과
문신의 습속을 보면 일본 열도 혹은 오키나와를 비롯한 그 이남 지역과
연관이 있었을 개연성을 보여준다.

백제 문주왕 때 백제에 예속된 탐라(제주)는 비록 후대의 일이지만,
《고려사(高麗史)》에 고려가 제주 혹은 유구국과 교섭한 사실들이 많이
나타난다.

《고려사》에는 귤 등 남방 식물의 재배에 관한 기록이 있다.[96] 한편,
남제주군의 표선면 토산리 여드렛당에서 모시는 뱀숭배 신앙은《탐라지
(耽羅志)》·《탐라기년(耽羅紀年)》·《남사록(南槎錄)》 등에 기록되어 있
다. 오키나와 등지에서는 지금도 확인할 수가 있는 남방계의 전형적인
신앙이다. 특히 차귀당신 같은 것은 멀리 남방에서 온 뱀신이라고 한다.
그 밖에도 제주도에 남아 있는 남방 문화의 흔적은 적지 않다. 이는
자연조건이 남방에서 제주도까지 이어주고 있기 때문이다.

조선조 시절, 유구국의 왕세자가 일본이 침공해 올 때 포로로 잡혀간
왕을 구하러 가다가 폭풍우로 제주도에 표착했는데, 탐욕스러운 제주목
사가 이들을 죽이고 보물을 빼앗은 일이 있었다.《광해군일기(光海君日
記)》와《단랑패사(丹良稗史)》의 유구 왕세자편에 나오는 이야기이다.
이는 쿠로시오 계절풍 등의 해양 환경이 그것을 가능하게 했기 때문이
다. 반면에 제주도에서 오키나와로 가는 것도 가능했다. 고려조 시절,
제주도 출신인 장한철(張漢喆)은 표류해서 오키나와 남쪽의 호산도(虎山
島)까지 갔다. 고려 숙종 2년에는 역시 탐라 사람 20명이 풍랑에 밀려
나국(臝國)으로 들어가서 모두 피살되고, 3명만이 탈출하여 송나라로
갔다가 귀환한 일이 있었다.[97] 이때 나국의 위치는 정확하게 알 수 없으

---

96)《고려사》권7, 문종 6년 기사를 보면 탐라가 해마다 귤을 바쳤음을 알 수 있다.

나 지금의 오키나와나 대만과 가까운 지역으로 추정된다. 표류의 가능성
은 예나 지금이나 마찬가지인 것을 고려하다면 우발적인 교섭은 얼마든
지 가능하다.

필자는 2003년에 중국의 산동해상을 출항해 인천과 완도 그리고 제주
도를 거쳐 일본의 오도열도(五島列島)까지 뗏목 항해를 했다. 그때 제주
도 남쪽 해안인 대포항을 출항해 동진하다가 폭풍과 파랑을 몇 차례
맞으면서 남진한 적이 있었다. 이러한 항해 경험을 통해, 주로 남풍 계열
의 바람이 부는 계절에도 오키나와 해역까지 항해가 가능할 수 있음을
생각하게 되었다. 더구나 늦가을부터 시작하는 북풍 계열의 바람을 이용
하면 추위와 높은 파고 등, 난이도는 높지만 더 확실하게 남쪽으로 항해
할 수 있다.

《삼국사기》권33 지(志)2 색복(色服)·거기(車騎)·기용(器用)·옥사(屋
舍)조에는 공작미(孔雀尾)·비취모(翡翠毛)·슬슬(瑟瑟)·대모(玳瑁, 또는
瑇瑁) 등에 관한 기록이 있다.[98] 신라는 인도·동남아 일대와 중국의 남부
에 분포하고 서식하는 공작의 꼬리, 캄보디아산인 비취모, 타쉬켄트산인
슬슬 등을 수입했다. 대모는 보르네오, 필리핀 군도, 자바 등지에서 잡히
는 거북이의 등껍질이다. 그 밖에 자단(紫檀)·심향(沈香) 등 남방 물품들
도 수입했다.[99] 또 석가탑에서 발견된 유향(乳香) 같은 향료, 송림사(松林
寺) 오층전탑(五層塼塔)에서 발견된 병 2점 등 유리 제품[100]은 지금의 아라
비아인 서역과 깊은 관련이 있다. 신라는 해양 실크로드의 동쪽 종착점
인 중국 남부의 광동을 거쳐 입국한 대식국(大食國, 지금의 아라비아 지역)

---

97) 《고려사》권11, 숙종 2년.

98) 《삼국사기》권33, 〈志〉2, 色服·車騎·器用·屋舍조

99) 이유진, 〈8~9세기 동아시아 세계의 대외관계와 교역〉, 《해상왕 장보고의 국제무역활동
과 물류》, 해상왕 장보고 기념사업회, 2001, 95~96쪽.

100) 무함마드 깐수, 앞의 책, 247쪽.

사람들과 교섭을 했다. 〈처용가(處容歌)〉나 경주 괘릉에 서 있는 석상들
은 아라비아 사람들이 신라 사회에서 중요한 활동을 했음을 알려준다.[101]
일본에도 나라(奈良)시대에 페르시아 사람들이 직접 왔다고 한다.[102]

중세 아랍의 학자들은 신라는 공기가 맑고 자연환경이 좋아 한번 발을
들여놓은 사람은 그곳을 떠나지 않는다고 기술했으며, 또한 금이 많이
나는 나라라고 쓰기도 했다.[103] 이븐 쿠르다지바(Ibn Khurdadhibah, 820~
912)는 《제도로(諸道路) 및 제왕국지(諸王國志)》에서 신라의 위치와 황
금의 산출 그리고 무슬림들의 신라 내왕에 관해 쓴 뒤, 중국의 동해에
있는 이 나라에서 가져오는 물품은 비단[綢緞]·검·키민카우(kiminkhau)·
사향·노회(蘆薈)·말안장·표범가죽·도기(陶器)·범포(帆布)·육계(肉桂)·
쿠란잔(Khulanjan)·고라이브(인삼)·장뇌·고량강(高良薑) 등이라며 신라
가 수출하는 상품명을 언급하고 있다.[104] 신라는 동남아 지역 및 아라비
아 지역과 직접 교역이든 간접 교역이든 간에 관계를 맺은 것이다. 즉,
고대에 우리나라는 중국 지역을 중개 거점으로 삼아 동남아시아는 물론
아라비아 지역과도 간접으로 무역을 하고 문화 교류 등을 한 셈이다.
그 경로를 살펴보면 다음과 같다.

인도의 남부 지방을 뱃길로 떠나서 말레이시아 반도와 인도네시아의
자바섬 사이에 있는 좁은 해협인 말라카 해협을 통과하면 동남아 바다가
나온다. 그곳에서 보르네오섬 북쪽의 바다에서 남서풍을 이용해 북상하
면 필리핀 북부인 루손섬 부근부터 쿠로시오(黑潮) 해류에 편승할 수

101) 신라와 아라비아 지역 사이의 교섭에 대해서는 이용범·김정위 등 선학들이 연구한 바
있으며, 최근에는 정수일(무함마드 깐수)이 인문지리서의 번역 작업과 함께 《新羅·西域
交流史》,《고대문명 교류사》 등의 저술로 교류의 실상을 구체적으로 밝히는 작업을 하고
있다.
102) 石原 力, 〈來日したペルシア人〉,《東アジアの古代文化》 17號, 1978年 秋.
103) 무함마드 깐수,《新羅·西域 交流史》, 193쪽에서 알 이드리시의 글을 재인용.
104) 무함마드 깐수, 같은 책, 228쪽에서 재인용.

발해

신라

일본

등주

유산

석도

연운

회안

양주

소주

당

영파

황암

━━━ 환황해 연근해 항로

━━━ 동중국해 사단 항로

━━━ 간접 항로

○ 신라인 집단 거주지

〈그림 8〉 8~9세기 범신라인들의 해상 활동로

있다. 그러면 바닷길로 대만 지역 등을 거쳐 일본 열도 혹은 한반도 남부로 북항하는 것이 가능하다. 물론 그 반대도 가능하다.

5. 맺으며

글을 시작하며 지적한 것처럼, 우리 역사와 동아시아 역사와 관련해 몇 가지 왜곡된 통념이 있어왔다. 그 가운데 하나는, 우리 민족은 해양 활동이 활발하지 못한 폐쇄적인 한반도에 거주한 집단이라는 것이다. 반면에 중국과 일본은 고대에도 해양 문화가 활발했고, 동아시아 바다에서는 그들이 주로 활동한 것으로 알고 있다.

일본은 고대에는 해양 문화가 발달하지 못했고, 주로 우리 지역의 영향을 받거나 이곳을 경유해 중국 지역과 교류했다. 야요이시대 초기부터 노국(奴國)과 한(漢)나라의 통교, 야마타이국(邪馬臺國)과 위(魏)나라의 통교, 국서 교환 등이 있었다고 하나 일시적이고 형식적인 관계에 지나지 않았다. 5세기에 들어서자 국제적인 고립과 일방적인 종속성에서 탈피하기 위해 중국 지역과의 교섭을 원했으며, 이때 백제의 도움을 받았다. 6세기 중엽에 이르러 백제·고구려로부터 불교라는 새로운 논리 체계와 문화를 수반한 고등 종교가 본격적으로 들어왔으며, 불교는 587년에 공인되었다. 그 무렵 다양한 기술자들과 함께 조선술 등 해양 문화도 받아들였다. 나라(奈良)시대의 문화에는 중국 남조의 양식과 서역·인도 등의 양식이 보이고, 사찰 건물 기둥들은 엔타시스 양식으로 되어 그리스 문화의 영향도 보인다. 이 때문에 흔히 이 시대(天平 문화)의 예술품들을 평가하면서 국제성을 강조한다. 하지만 그것은 일부이며 우리 지역을 통해 이루어진 성과가 많다. 일본 열도는 자체의 조선술과 항해술이 발달하지 못했으며, 지리적인 한계 때문에 정치·외교, 무역, 문화 교류 분야 등에서 능동적으로 국제무대에 진출할 수 없었다. 13·14세기에 들어서면서 비로소 왜구라는 이름으로 동아시아의 해양 무대에 등장한다.

중국은 해양 문화가 선사시대부터 매우 발달했다. 특히 남방 지역과의 교류가 일찍부터 발달했다. 앞에서 살펴보았듯이 이미 진·한(秦·漢)시대에도 동남아시아를 비롯한 아라비아 지역과 활발한 교류를 벌였다. 그러나 이렇게 활발한 해양 문화는 서해가 포함된 동아지중해와 직접 관련된 것은 아니었다. 그들이 관심을 갖고 주로 활동한 무대는 동중국해에서 남중국해를 거쳐 동남아로 이어지는 해역이었다.

한민족은 동아시아의 바다, 곧 동아지중해에서 해양 활동을 활발하게 주도했다. 육지에 둘러싸인 여러 해양의 한가운데서 육지와 바다를 공유하며 세 지역을 연결할 수 있는 천혜의 지리적인 이점을 가졌으므로 해양을 이용할 수밖에 없었다. 특히 내부의 격렬한 경쟁 구도 속에서 국가 발전을 이룩해온 고대에는 해양 활동을 국내 발전에는 물론이고 국가 위상의 제고를 강화하는 데 정치외교적으로 최대한 활용했다. 또한 정치적·군사적으로 강력한 주변 세력들을 대상으로 해양 능력을 적절하게 이용해 국제 질서의 재편을 주도하면서 동아시아의 안정과 공존에 주요한 역할을 했다. 또한 경제적으로도 물류의 흐름을 원활하게 하는 역할을 했으며, 서로 성격이 다른 두 문명(중국 문명, 북방 문명)을 적절하게 수용하면서 독자적인 동방 문명을 만들었고, 동아시아 전체 문명의 성격이 형성되는 데 중간자적 역할을 했다. 고구려는 해륙국가의 성격을 지니면서 동아시아 세계에서 정치군사적으로 중핵 균형자(core) 구실을, 경제·무역 분야에서 중계무역의 목(hub)으로 문화의 출입을 담당하고 심장 창조(heart) 구실을 하면서 국가의 목표를 이룰 수가 있었다.

21세기를 맞이한 지금, 문명사적으로, 세계사적으로, 그리고 동아시아적으로도 모든 질서가 격렬하게 재편되고 있다. 이러한 상황에서 한민족은 자기 집단의 생존과 자유를 지키기 위해, 나아가 동아시아를 넘는 범아시아, 지구의 미래를 위해 의미 있는 역할을 해야 한다. 이런 측면에서 보았을 때, 고대 한민족의 해양 활동과 동아지중해 모델, 동아지중해 중핵 조정론은 역할 모델로서 유효성이 있다.

고인돌 왕국 고조선과 아시아의 고인돌 문화

하 문 식

1. 시작하며

고인돌은 커다란 돌을 가지고 만든 하나의 구조물로, 선사시대의 유적 가운데 외형에서 가장 두드러진 모습을 하고 있기 때문에 상당히 일찍부터 많은 사람들의 관심을 끌어왔다.

고인돌은 큰 돌을 고이고 있다는 뜻이며, 괸돌·탱석(撐石)·지석묘(支石墓)·돌멘(Dolmen)이라고 불린다. 일본에서는 지석묘라고 부르는데, 이 말은 '괸돌이 있는 무덤'이라는 뜻으로 고인돌을 무덤으로만 인식하는 것이라 문제가 있다. 중국에서는 석붕(石棚)이나 대석개묘(大石蓋墓)라고 한다. 석붕은 '돌로 만든 막'이라는 뜻으로, 판자돌로 만든 돌방이 지상에 있는 탁자식 고인돌을 가리키는 것이며, 대석개묘(大石蓋墓)는 커다란 돌이 지상에 있는 '큰 돌로 무덤방을 덮은 것'이라는 뜻이다.

고인돌은 한반도를 비롯해 중국 동북 지역인 요령성과 길림성, 산동성과 절강성, 일본 규슈 지역 등 주로 동북아시아에 집중 분포되어 있으며, 대만·인도네시아·보르네오·말레이시아 등 동남아시아 지역에도 있다. 또한 인도·티베트·이란·파키스탄·팔레스타인에도 있는데, 이곳에는 최근에도 고인돌을 축조하는 풍습이 있다. 유럽 지역에서는 프랑스·포르투갈·덴마크·네덜란드·영국·스웨덴 남부 등지에 분포하며, 지중해 연안의 미노르카·말타 지역 그리고 흑해 지역의 카프카스에도 있다. 또한 아프리카의 에티오피아·수단에서도 조사되었다는 보고가 있다.

고인돌에 대한 옛 기록은 고려 때 이규보가 금마 지역(오늘날의 익산)을 여행하고 쓴 《동국이상국집(東國李相國集)》〈남행월일기(南行月日記)〉에 남아 있다. 그리고 이보다 빠른 기원전 78년에 반고(班固)가 쓴 《후한서(後漢書)》에 고인돌의 외형을 관찰해 덮개돌과 세 개의 괸돌을 보고한 내용이 있고, 그뒤 《삼국지(三國志)》의 《위서(魏書)》, 《조야첨재(朝野僉載)》, 《압강행부지(鴨江行部志)》 등에도 고인돌에 관한 기록이 보인다.[1]

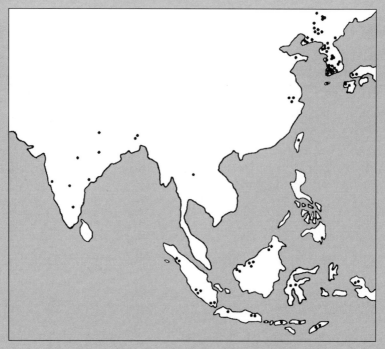

〈그림 1〉 아시아 지역의 고인돌 분포

이렇게 세계적으로 분포하고 있는 고인돌은 지금까지의 조사 결과 고조선 지역과 한반도의 남부 지역에 가장 집중적으로 밀집해 있는 것으로 밝혀졌으며, 여러 형식의 고인돌이 조사·발굴되었다. 게다가 축조 시기도 다른 지역보다 이른 것으로 밝혀지고 있어 주목된다. 특히 한국을 비롯한 중국 동북 지역, 일본 등지의 동북아시아 지역은 고인돌의 중심지를 이루고 있다.

이 글에서는 고인돌이 밀집해 분포되어 있는 고조선 지역을 중심으로 일본, 산동성과 절강성, 동남아시아 지역, 인도 등지의 고인돌에 관한

---

1) 하문식, 《古朝鮮 地域의 고인돌 硏究》, 백산자료원, 1999, 2~5쪽.

대략적인 내용들을 살펴보고, 아시아 지역에서 고조선의 고인돌이 차지하는 의미를 밝혀보도록 하겠다.

2. 고조선 지역의 고인돌[2]

고조선의 무덤으로는 고인돌을 비롯해 돌무지무덤·돌널무덤·동굴무덤·움무덤 등이 있다. 이러한 여러 무덤은 대부분 돌을 이용해 만들었다는 점에서 당시 사회의 무덤 축조 양상을 이해하는 데 중요한 자료가 된다.

고조선 지역의 고인돌은 대체로 초기 강역으로 인식되고 있는 공간적인 범위와 상당히 비슷하게 분포되어 있으며, 이것은 요동 지역의 비파형 동검 문화권과 거의 일치한다. 특히 고인돌에서 출토되고 있는 비파형 동검, 청동도끼 거푸집, 미송리형 토기는 고조선 문화권의 동질성을 시사하고 있다.[3]

(1) 분포와 입지

고조선 지역의 고인돌은 세계적인 분포 관계를 볼 때 중심지 역할을 할 만큼 집중적으로 밀집하고 있어 상당히 주목된다.

요령 지역의 고인돌은 요동반도를 중심으로 요남지구의 보란점(普蘭店)·와방점(瓦房店) 북부 그리고 개주(盖州) 남부의 구릉지와 낮은 산기

---

2) 고조선 지역의 고인돌에 대한 것은 〈고인돌을 통해 본 고조선〉(《고조선의 강역을 밝힌다》, 지식산업사, 2006)의 내용을 부분적으로 수정·보완했다.

3) 하문식, 〈고조선의 무덤 연구—중국 동북지역 고인돌과 동굴 무덤을 중심으로〉, 《北方史論叢》 6, 고구려연구재단, 2005a, 159쪽.

늪에 많이 있다. 특히 벽류하(碧流河)·대양하(大洋河)·혼하(渾河) 유역에
집중 분포하고 있어 물줄기를 통한 지세와 관련이 있음을 엿볼 수 있다.[4]
특히 이 지역에서 조사된 고인돌의 지리적 분포 관계에서 나타나는 특징
은 요하의 서쪽인 금주(錦州)·부신(阜新)·조양(朝陽)지구에서는 찾아볼
수 없으므로, 요하가 경계선을 이루는 것 같다. 이렇게 요령 지역의 고인
돌 분포는 요동의 비파형 동검 분포권과 거의 비슷한 양상이며, 개석식
고인돌에서 실제로 비파형 동검이나 같은 문화 성격의 유물이 발견되고
있기 때문에 문화의 동질성을 볼 수 있다.[5]

한편 요령 지역의 고인돌 밀집 정도를 보면, 요남지구는 집중적인
분포를 보이는 반면 요북이나 무순(撫順)·단동(丹東)·본계(本溪) 등은
그 밀집 정도가 낮거나 거의 발견되지 않아 지역적인 특징이 관찰된다.
이러한 지역에 따른 차이는 고인돌이 위치한 주변의 지세와 관련이 있는
것 같다.

길림 지역의 고인돌은 합달령(哈達嶺) 남쪽과 장백산지(長白山地) 동
쪽의 산과 높은 구릉지에 대부분 분포하고 있다. 이 지역에서도 요령과
의 경계 지역인 분수령 부근의 휘발하(輝發河) 유역에 집중되어 있다.
또한 동풍(東豊) 지역의 매하(梅河)·횡도하(橫道河) 언저리의 산등성이
나 산마루에는 개석식 고인돌이 집중 분포한다. 그런데 길림 지역의
고인돌 유적은 지리적인 조건과 연구 분위기 등으로 말미암아 지금까지
개략적인 조사만 이루어진 상태여서, 앞으로 조사 결과에 따라 변화가
있을 가능성이 높다.[6]

---

4) 許玉林, 《遼東半島石棚》, 遼寧科學技術出版社, 1994, 2~65쪽 ; 하문식, 앞의 책,
1999, 162~163쪽.

5) 김정배, 〈韓國과 遼東半島의 支石墓〉, 《先史와 古代》 7, 한국고대학회, 1996, 78~81쪽.

6) 대표적으로 유하 태평구 유적은 1980년대 후반 조사에서 24기의 고인돌이 보고되었지만
(王洪峰, 〈吉林南部石棚及相關問題〉, 《遼海文物學刊》 2, 1993a, 4~6쪽), 필자가 2004

북한 지역의 고인돌은 황해도부터 청천강 유역, 함북 지역 등 전역에 분포하는 것으로 밝혀지고 있다.[7] 이곳의 분포에서 나타나는 특징은 평안·황해의 서해안 지역에 집중적으로 분포되어 있다는 점이다. 이것은 고인돌 문화가 서해를 통한 바다와 밀접한 관계를 가지면서 전파·발전했을 가능성을 시사한다.[8] 특히 서북한 지역의 대규모 탁자식 고인돌인 안악 노암리, 은율 관산리, 연탄 오덕리, 배천 용동리 고인돌 유적은 서해를 중심으로 요동반도의 개주 석붕산, 보란점 석붕구, 장하 대황지, 해성 석목성 고인돌과 둥글게 호를 이루면서 분포하고 있어(환상적(環狀的) 분포) 문화권의 설정에도 시사하는 점이 많다.[9] 이렇게 규모가 큰 탁자식 고인돌의 분포 위치와 지세 그리고 그 축조 배경 등은 고인돌 사회의 성격을 밝히는 데 중요하며, 고조선의 중심체를 이해하는 데도 좋은 자료가 된다.

또한 북한 지역에서는 큰 강과 그 샛강을 따라 수백 기의 고인돌이 밀집해 분포하고 있다. 대표적인 유적은 황주천 유역의 1,000여 기를 비롯해 임진강 상류의 300여 기, 정방산 기슭의 360여 기, 석천산 기슭의 470여 기, 연탄 두무리의 350여 기, 연탄 오덕리의 350여 기 등이며, 100여 기 이상 되는 곳도 20여 곳이나 된다.[10]

이렇듯 한반도를 비롯해 서해를 중심으로 요령과 길림 지역에 고인돌

년 6월과 2005년 7월에 현지답사를 한 결과 최소한 80여 기의 고인돌이 분포하고 있음을 확인할 수 있었다.

7) 하문식, 〈고조선의 무덤 연구-북한지역 고인돌을 중심으로〉, 《단군학연구》 12, 단군학회, 2005b, 137~176쪽.

8) 도유호, 〈조선 거석문화 연구〉, 《문화유산》 2, 과학원 고고학 및 민속학 연구소, 1959, 31~33쪽 ; 하문식, 《우리나라 고인돌문화의 연구》, 연세대학교 석사학위논문, 1985, 11쪽.

9) 김정배, 앞의 글, 1996, 88~90쪽 ; 〈中國 東北地域의 支石墓 硏究〉, 《國史館論叢》 85, 국사편찬위원회, 1999, 1~52쪽.

10) 석광준, 《각지 고인돌무덤 조사 발굴 보고》, 사회과학출판사, 2002, 429~431쪽.

이 밀집해 분포하고 있으므로 '환황해(環黃海) 고인돌 문화권'의 설정도 가능할 것이다.

고인돌이 자리한 곳의 지세는 강이나 바닷가 옆의 평지, 구릉지, 산기슭이나 산마루 등으로 구분된다. 이렇게 고인돌의 분포가 주변의 자연 지세와 관련이 있는 것은 당시 사회에 전통적으로 내려오는 자연 숭배 사상과 깊은 연관이 있는 것 같다.

평지에 있는 고인돌은 덮개돌(무덤방)이 강물의 흐름과 나란한 것이 특이하다.[11] 이렇게 고인돌이 물과 관계 있는 것은 고인돌을 축조했던 사람들이 물을 중요하게 여겼기 때문인 것 같으며, 당시 사회의 내세관·세계관과도 연관이 있을 것이다.

산기슭에 있는 고인돌은 비탈면이나 기슭의 널따란 지역에 자리한다. 고조선 지역의 고인돌도 산줄기와 나란히 분포하고 있는 점이 특이하다. 또한 평지나 구릉지보다 높다란 지역인 산기슭이나 산마루에 자리하는 고인돌은 조망 문제가 고려되어 주변이 훤히 보이는 곳에 의도적으로 축조된 것으로 이해되며, 제단의 기능도 가졌을 것으로 보고 있다.

고조선의 고인돌 유적은 지역에 따라서 입지 조건이 조금씩 다르게 나타나고 있다. 요령 지역은 유적 주변의 자연 지세가 최대한 고려되었던 것 같다.[12] 이곳의 고인돌은 유적 바로 옆의 산줄기나 강 흐름과 나란히 자리하거나 의도적으로 물줄기 근처에 자리했던 것 같다.[13] 한편 길림 지역은 고인돌이 산마루나 산기슭에 있을 경우, 요령 지역보다 지대가 높지만 주변에서 잘 보이지 않는 곳에 있다. 다시 말해서, 길림 지역은 산세가 험한 내륙인 데 견주어 요령 지역은 바다와 가깝고 비교적 산세

---

11) 손진태, 《朝鮮 民族文化의 硏究》, 을유문화사, 1948, 32쪽 ; 이융조, 〈한국 고인돌 사회와 그 의식(儀式)〉, 《東方學志》 23·24, 연세대학교, 1980, 290~292쪽.

12) 陳大爲, 〈試論遼寧"石棚"的性質及其演變〉, 《遼海文物學刊》 1, 1991, 82~83쪽.

13) 하문식, 앞의 책, 1999, 176~177쪽.

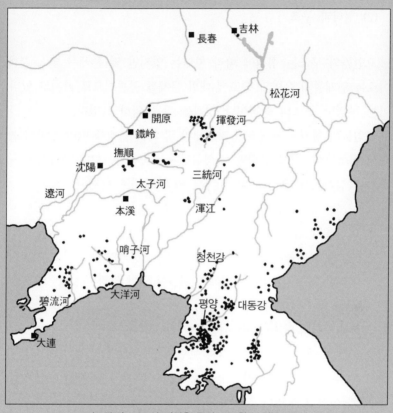

〈그림 2〉 고조선 지역을 중심으로 한 고인돌 분포

가 완만해 조망의 차이가 있다. 길림 지역에서 지금까지 조사된 고인돌 가운데 매하구·백석구 유적이 가장 높은 산마루에 있다. 북한 지역에서는 강 옆의 평지나 높다란 구릉지에 많이 분포하는데, 산마루에 있는 것은 은율 관산리 1호 고인돌이 대표적이다.

이와 같이 고조선 지역의 탁자식 고인돌은 사방이 훤히 틔어 있는 조망이 좋은 곳에 분포하고 있기 때문에 그 성격을 이해하는 데 도움이 된다.

(2) 형식과 구조

고인돌의 구조는 형식에 따라 차이는 있지만 몇 톤에서 몇십 톤에 이르는 덮개돌의 운반과 축조에 대한 문제를 공통적으로 가지고 있다. 이는 무덤방 구조의 특징이나 성격을 잘 반영하고 있다.

고인돌의 형식은 외형적인 짜임새의 몇 가지 특징에 따라 탁자식·개석식·바둑판식으로 분류되며, 개석식이나 바둑판식은 지하의 무덤방 구조가 복잡하므로 속성에 따라 다시 여러 가지로 나뉜다.

① 고인돌의 형식

덮개돌은 고인돌의 외형을 나타내므로 상징적인 중요성을 지닌다. 또한 이러한 외형 때문에 그 자체가 위엄이 있어 일찍부터 많은 사람들의 관심을 끌어왔다.

고조선 지역의 탁자식 고인돌은 덮개돌이 다른 지역보다 유난히 크고 굄돌과 잘 맞추어져 있어, 멀리서 보면 마치 돌로 만든 탁자의 모습을 하고 있다. 이런 점에서 이 고인돌을 '탁석(卓石)'·'관석(冠石)'·'관면식(冠冕式)'이라고 불렀다.[14]

요령 지역의 탁자식 고인돌에서 덮개돌이 굄돌 밖으로 나와 처마를 이루고 있는 것이 10여 기 조사되었다. 이 가운데 개주 석붕산 고인돌의 덮개돌은 이 지역 고인돌 가운데 가장 크며, 사방이 모두 굄돌 밖으로 나와 처마를 이루고 있는데, 그 정도를 보면 동쪽으로 1.7미터, 서쪽으로 1.6미터, 남쪽으로 2.8미터, 북쪽으로 3.25미터이다. 이 고인돌은 사방으로 나온 처마와 큰 덮개돌이 조화를 이루어 웅장하고 위엄이 있다. 또한 와방점 대자 고인돌은 덮개돌이 처마를 이룬 모습을 더욱 시각적으로

---

14) 許玉林, 앞의 책, 79쪽.

나타내기 위해 계단식 처마를 만들었다.

요령과 길림 지역의 고인돌 형식을 보면, 개석식보다는 탁자식에 대한 조사와 연구가 보편화했기에 탁자식 고인돌이 훨씬 많이 보고되었다. 하지만 최근 탁자식 고인돌 주변에 개석식이 있다는 보고가 많이 나오고 있어, 앞으로 조사에 따라 변화가 있을 것 같다.

이 문제는 주로 탁자식 고인돌이 집중적으로 조사되었기 때문에 제한적인 자료의 분석 결과로 해석할 수 있지만, 요동반도를 중심으로 한 요남지구에서는 상대적으로 탁자식이 많이 분포하고 있어 지역에 따라 형식의 차이가 있는 것 같다.

요령 지역의 탁자식 고인돌 가운데는 덮개돌이 유별나게 큰 것이 비교적 조망이 좋은 높은 곳에 자리하고 있어, 당시 사회의 건축·역학적인 기술 등 축조에 관한 여러 가지를 시사하고 있다.[15] 또한 이러한 고인돌은 그 성격에서 무덤뿐만 아니라 제단과 같은 상징적인 기능을 가진 것으로 이해되어 주목된다.

② 무덤방의 구조

고인돌의 무덤방은 형식에 따라 차이가 있다. 탁자식은 지상에 있지만 개석식은 대부분 지하에 있다. 하지만 이러한 보편적인 모습에서 벗어난 것이 있어 주목된다. 보란점 벽류하 21호 고인돌은 개석식인데, 무덤방이 지상에 만들어져 있다.

또한 개석식 고인돌인 보란점 벽류하 15호·16호·24호와 봉성 동산 9호 그리고 서산 1호에서는 무덤방 옆에서 딸린방[副棺]이 조사되었다. 벽류하 고인돌은 모두 판판한 돌을 가지고 만든 돌널이지만, 동산과

---

15) 河文植, 〈中國東北地區與朝鮮半島支石墓(石棚·大石蓋墓)的比較硏究〉, 《北方文物》 3, 1999, 99~100쪽.

서산 고인돌은 돌을 2~3층 쌓아서 만든 돌덧널[小室·耳室]이다. 그리고 벽류하 24호는 덮개돌 바로 밑의 무덤방 옆에 조금 얕게 파 단(段)이 진 이층대(二層臺)를 만들었다. 이러한 딸린 방에는 부장품이 껴묻기되어 있었다. 이것들은 당시 사람들의 내세관을 이해할 수 있는 좋은 자료라고 생각된다.[16]

고조선 지역의 고인돌에서 조사된 또 다른 특징은, 탁자식의 경우 축조 과정에서 굄돌을 똑바로 세우지 않고 전체적인 안정감을 고려해 안쪽으로 조금 기울어지도록 만들었다는 것이다. 이것은 당시 사람들이 축조 기술의 발전에 따라 터득한 건축 역학의 하나일 것으로 보인다. 이러한 안기울임은 덮개돌이 비교적 큰 것 가운데 많으며, 대표적인 것으로는 보란점 석붕구 1호, 와방점 대자, 장하 백점자, 대석교 석붕욕, 해성 석목성, 유하 대사탄 1호, 은율 관산리 1호, 연탄 송신동 22호, 강동 문흥리 고인돌 등이 있다.[17]

또 하나의 특징으로, 굄돌이 덮개돌을 받치고 있는 모습에서 수평을 유지하기 위한 흔적이 조사되었다. 무순 산용 1호 고인돌을 보면 남쪽 굄돌은 북쪽 것과 높이를 맞추기 위해 길쭉한 돌을 2층으로 얹어놓았으며, 북쪽 것은 세 줄의 돌을 얹어 서로 수평이 되게 했다. 이러한 것은 유하 태평구 11호, 매하구 험수 10호, 안악 노암리, 용강 석천산 12호에서도 조사되었는데, 일종의 쐐기돌 구실을 한 것 같다.[18]

그리고 굄돌과 마구리돌이 잘 맞추어져 무덤방이 안정감을 이루면서 폐쇄된 공간을 이루도록 맞닿는 곳에 길쭉한 홈이 발견되었다. 이런

16) 하문식, 〈금강과 남한강 유역의 고인돌문화 비교 연구〉, 《孫寶基博士停年紀念考古人類學論叢》, 지식산업사, 1988, 548~549쪽.

17) 하문식, 앞의 책, 1999, 189~191쪽.

18) 하문식, 같은 책 참조 ; 〈북한지역 고인돌의 특이 구조에 대한 연구〉, 《先史와 古代》 10, 한국고대학회, 1998, 61쪽.

고인돌은 개주 석붕산, 장하 대황지와 백점자, 해성 석목성 1호, 유하 태평구 11호, 안악 노암리가 대표적이다.

길림 지역의 고인돌 가운데 유적의 지세가 아주 폐쇄적인 곳에 자리한 동풍 용두산, 대양 1호, 조추구 2호는 무덤방의 가장자리에서 나무테 흔적이나 의도적으로 만든 얕은 흙띠가 조사되었다. 이것은 무덤방 안에서 주검을 화장하기 위해 만든 구조물로 해석된다.[19] 이러한 무덤방의 구조나 독특한 묻기 방법은 고인돌 사회의 장제와 관련해 시사하는 점이 많으며, 길림 남부 지역에서만 보이는 특징이다.[20]

서북한 지역의 고인돌에서는 하나의 무덤방을 여러 칸으로 나눈 것이 조사되었다. 이렇게 무덤방을 칸으로 나눈 것은 고인돌의 형식과는 무관하지만, 탁자식에서 많이 발견된다. 그 양상을 보면 무덤방을 3~4칸으로 나누었으며, 바닥은 여러 가지이다. 대부분 무덤방 안에서 사람뼈가 발견되고 있는데, 연탄 송신동 22호에서는 여러 개체의 사람뼈가 있었다. 이런 독특한 모습인 무덤방의 칸 나누기는 일정한 묘역을 형성해, 여러 기의 고인돌이 한 유적에 집단적으로 있는 집체 무덤과 비교된다.[21] 하나의 무덤 영역에 여러 기의 무덤방이 같이 있어 서로 친연성이 강한 점, 무덤방의 크기로 보아 굽혀묻기나 두벌묻기를 했을 가능성 등이 공통적으로 보인다.

또 고인돌 주변에 돌을 쌓아 묘역을 이룬 것이 북한 서부 지역에서 조사되었다. 탁자식 고인돌은 무덤 수가 1기만 있어 개별 무덤을 이루며, 개석식은 개별 무덤도 있지만 한 묘역에 여러 기가 있는 집체 무덤도 있다. 묘역을 이룬 모습은 대부분 강돌이나 막돌을 쌓은 돌무지 형태이

---

19) 王洪峰, 〈石棚墓葬研究〉, 《靑果集》 1, 1993, 252~253쪽.
20) 하문식, 〈고인돌의 장제에 대한 연구(I)〉, 《白山學報》 51, 백산학회, 1998, 29~31쪽.
21) 장호수, 〈청동기시대와 문화〉, 《북한 선사문화 연구》, 1995, 243~244쪽.

지만, 평원 원암리 7호와 8호 그리고 상원 귀일리 2호처럼 돌을 깔아놓은 것도 있다. 이처럼 같은 묘역에 여러 기의 고인돌이 있는 것은 무덤의 속성상 서로 친연 관계가 있는 것 같다. 이러한 친연 관계는 핏줄을 바탕으로 한 가족 관계일 가능성이 높으며, 가족 단위의 공동 무덤이 아닐까 한다.[22]

(3) 껴묻거리

고인돌의 껴묻거리는 무덤방의 안팎에서 모두 나오고 있다. 무덤방 안에서 나온 것들은 대부분 의례에 쓰인 것으로 묻힌 사람과 직접적인 관계가 있으며, 살림살이에 사용했던 것은 무덤방의 주변에서 발견되는데, 이는 묻힌 사람의 죽음에 대한 애도의 표시로 제의 행위와 관련이 있는 것 같다.

고인돌에서 출토되는 껴묻거리는 대부분 토기와 간석기이고, 드물게 청동기·꾸미개·짐승뼈 등이 나온다. 여기서는 고조선 시기의 성격을 잘 보여주는 미송리형 토기와 청동기에 대해 살펴보겠다.

① 미송리형 토기

고인돌에서 발견된 미송리형 토기는 고조선 지역 고인돌 문화의 성격을 가늠해볼 수 있는 중요한 자료이다. 미송리형 토기는 표주박의 양쪽 끝을 자른 모양으로 목이 있는 단지이다. 외형의 특징을 보면, 단지 양쪽에 손잡이가 달려 있으며, 몸통 가운데 부분이 볼록하고 위쪽으로 올라가면서 좁아진다. 또한 몸통과 목 부분에는 묶음식 줄무늬[弦紋]가 있다.

---

22) 최몽룡, 〈全南地方 支石墓社會와 階級의 發生〉, 《韓國史硏究》 35, 한국사연구회, 1981, 1~14쪽.

이 토기가 출토된 지리적인 범위는 상당히 넓은데, 한반도에서는 대동강 유역의 이북인 서북 지역이고 중국 동북에서는 주로 요하 동쪽 지역이다. 그리고 비파형 동검 분포권과 미송리형 토기의 출토 지역이나 유구가 거의 비슷해 문화적인 맥락에서 시사하는 점이 많다.[23]

이 토기가 나온 곳은 보란점 쌍방 6호, 봉성 동산 7호와 9호, 서산 1호, 북창 대평리 5호, 개천 묵방리 24호, 평양 석암 2호와 10호, 상원 매미골 1호와 방울뫼 4호, 장연 용수골 1호 등이다.

미송리형 토기의 대표적인 특징으로는 덧띠무늬와 줄무늬가 있다. 덧띠무늬는 쌍방 고인돌에서 출토된 토기에만 있는데, 하나는 초승달처럼 가늘게 휜 반달 모양이고 다른 것은 세모꼴이다. 주로 목과 몸통 쪽에 있는 줄무늬는 서너 줄이 한 묶음으로 이루어져 있는데, 동산 9호와 서산 1호 것은 토기 전체에 있다. 대평리 토기는 목과 몸통에 세 줄에서 다섯 줄의 줄무늬가 있지만, 묵방리 것은 몸통에 평행 줄무늬가 양쪽에 있고 그 사이에 'W' 자 모양의 무늬가 있어 좀 특이한 모습이다.

미송리형 토기가 나온 고인돌은 탁자식과 개석식이 섞여 있는데, 요령 지역은 개석식에서만 발견되고 있어 서로 차이가 있다.[24]

한편 요령 지역의 장하 대황지와 수암 태노분 고인돌에서도 미송리형 토기 조각이 나와, 앞으로 여러 고인돌에서 발견될 가능성이 많다.

② 청동기

고인돌에서 드물게 발견되는 청동기는 비파형 동검을 비롯해 비파형 투겁창, 청동화살촉, 한국식 동검, 청동끌, 청동송곳, 청동꾸미개가 있으

---

23) 박진욱, 〈비파형단검문화의 발원지와 창조자에 대하여〉, 《비파형단검문화에 관한 연구》, 과학백과사전출판사, 1987, 48~50쪽.

24) 하문식, 〈遼寧地域 고인돌의 出土遺物 硏究〉, 《先史와 古代》 11, 한국고대학회, 1998, 12, 60~62쪽.

며, 가끔 거푸집과 검자루 끝장식[劍把頭飾]이 나온다.

비파형 동검은 고조선의 표지 유물로, 보란점 쌍방 6호, 수암 백가보자 12호, 개주 패방 고인돌 등에서 발견되었다. 동검의 전체적인 모습을 알 수 있는 것은 쌍방 6호에서 나온 것뿐이며, 나머지는 부분적으로 파손되었다. 쌍방 6호 출토 동검은 검날의 양쪽에 있는 마디 끝이 검 끝과 가까이 있고 마디 끝의 아래쪽은 밋밋해 고졸한 느낌을 지니고 있어 초기 동검의 성격이 강하다.

비파형 투겁창은 상원 방울뫼 5호 고인돌에서 발견되었다. 그귀 보성 봉용리와 여수 적량동 고인돌 유적에서 출토되었으며, 최근 평양 표대 10호와 덕천 남양리 16호 집터에서도 나왔다. 방울뫼 출토 투겁창은 거의 완전한 형태로, 몸통과 투겁의 길이가 균형을 이루고 있다.

한국식 동검은 평양 오산리와 성원 백원리, 중·남부 지역의 양평 상자 포리, 영암 장천리, 순천 평중리, 김해 내동 고인돌에서 발견되었다. 이 동검이 출토된 고인돌의 형식은 탁자식과 개석식이 섞여 있으며, 백원리 고인돌에서는 청동장식품과 놋비수 등의 다양한 청동기가 껴묻기되어 있어 묻힌 사람의 사회적 지위나 청동 유물의 성격과 연대 문제, 공반 유물과의 관계 등을 이해하는 데 중요한 자료가 되고 있다.[25]

청동화살촉은 은천 약사동 고인돌에서 발견되었다. 전체적으로 보면 2단인 슴베 부분이 좀 긴 것 같고 날 부분은 예리한 편에 속한다. 이 밖에 김해 무계리, 보성 덕치리 15호 고인돌에서도 출토되었다.

청동끌은 은천 우녕동 19호 고인돌에서, 송곳은 상원 장리 1호에서 발견되었다. 출토된 고인돌의 형식은 모두 탁자식이며, 유적의 군집 정도는 여러 기가 밀집된 분포 양상을 보인다.

---

25) 박진욱, 〈고조선의 좁은놋단검문화에 대한 재고찰〉, 《조선고고연구》 2, 사회과학출판사, 1996, 5~6쪽 ; 하문식, 앞의 글, 2005b, 167~168쪽.

장리 고인돌에서는 청동끌 말고도 청동방울, 청동교예 장식품 등의 청동의기가 출토되었다. 이들 청동의기는 그 주조 기술과 더불어 소유자의 사회적 신분과 지위 면에서의 독특한 성격을 드러내는 바가 있어 시사하는 점이 많다.[26)]

청동단추를 비롯해 고리·팔찌 등이 동풍 조추구 2호와 보산촌 동산, 상원 방울뫼, 성천 백원리 고인돌 등에서 출토되었다. 이러한 청동기들은 대부분 거칠게 만들었으며, 발달된 주조 기술을 가진 사람들이 만든 것은 아닌 것 같다. 청동단추의 크기는 3~4센티미터, 두께는 1센티미터 안팎으로 서로 비슷하다. 형태는 둥근 꼴로 겉면이 볼록한 모습인데, 방울뫼에서 나온 것은 고리가 있어 실생활에 이용되었던 것 같다.

발견된 거푸집은 도끼 거푸집으로 보란점 쌍방 6호와 벽류하 21호 고인돌에서 출토되었다. 쌍방 것은 활석에 흑연이 조금 섞인 것을 돌감으로 했으며, 두 조각이 한 쌍이다. 생김새는 사다리꼴이고 서로 합하면 구멍이 만들어지며, 위쪽과 아래쪽에는 쉽게 맞출 수 있도록 선과 기호를 새겨놓았다. 거푸집에 새겨진 도끼는 날쪽이 길고 허리가 잘록한 부채꼴이며, 위쪽에 열세 줄의 볼록한 줄이 있다. 벽류하 21호 것은 두 조각이 한 쌍을 이루지만, 부서진 한 쪽만 출토되었다. 주물을 부어 넣던 구멍을 합했을 때 끈으로 묶었던 자취가 남아 있다. 주변의 중국이나 일본에서 출토된 것과 견주어볼 때, 이러한 활석 거푸집은 비파형 동검 문화권인 고조선 지역에서 주로 발견되고 있어 문화권에 따른 하나의 특징으로 해석된다.[27)]

한편 청동기 제작에 기본이 되는 거푸집을 껴묻기한 것으로 고인돌이

---

26) 최응선, 〈상원군 장리 고인돌 무덤을 통하여 본 고조선 초기의 사회 문화상에 대하여〉, 《단군과 고조선》, 1999 ; 하문식, 앞의 글, 2005b, 168~169쪽.

27) 하문식, 〈고인돌을 통해 본 고조선〉, 《고조선의 강역을 밝힌다》, 지식산업사, 2006, 226~227쪽.

축조되던 당시의 청동기 제작 정도 또는 이 고인돌에 묻힌 사람의 신분 관계나 직업을 추측해볼 수도 있을 것 같다.[28]

(4) 연대

고조선 지역의 고인돌에 대한 연대 문제는 상당히 일찍부터 여러 연구자들이 많은 견해를 밝혀왔지만, 서로 차이가 있다. 연대 설정의 이러한 문제를 해결하기 위한 하나의 방법으로 고인돌과 관련된 여러 자료를 종합적으로 분석해 검토해야 한다는 의견이 제시되어 주목된다.[29]

요령 지역의 경우, 장하 양둔의 탁자식 고인돌 주변에서 발견된 토기와 석기는 장해 소주산 유적의 상층에서 출토된 것과 거의 비슷해 같은 시기로 해석된다. 그런데 소주산 유적의 상층 연대는 같은 시기의 곽가촌 상층이나 상마석 중층의 방사성 탄소 연대 측정 자료를 근거로 해 4,000B.P.쯤으로 추정하고 있다.[30]

또한 장하 대황지, 와방점 유수방, 보란점 유둔, 금현 소관둔, 수암 백가보자 고인돌 옆에서도 상마석 상층에서 출토된 토기와 석기가 발견되어 비슷한 시기로 보고 있다. 상마석 상층은 방사성 탄소 연대 측정 결과 기원전 15세기에서 기원전 14세기에 해당하는 것으로 밝혀졌다.[31]

북한 지역에서도 고인돌의 연대와 관련해 여러 의견이 제시되고 있지만, 그 견해차가 너무 커 어려움이 많다. 특히 1990년대 초부터 집중적으

---

28) 김정희, 〈東北아시아 支石墓의 硏究〉, 《崇實史學》 5, 숭실대학교 사학회, 1988, 116쪽.

29) 許玉林, 앞의 책, 74쪽.

30) 같은 책, 같은 곳 ; 진소래, 〈요동반도 신석기문화 연구〉, 《韓國上古史學報》 24, 한국상고사학회, 1997년 5월, 110~112쪽.

31) 中國社會科學院 考古學硏究所 엮음, 《中國考古學中碳十四年代數据集(1965~1981)》, 文物出版社, 1983, 29쪽.

로 연구되고 있는 고인돌 유적의 절대연대 측정값은 기존의 연대값과 큰 차이가 있다. 전자상자성공명법(ESR)·핵분열흔적법(FT)·가열발광법(TL) 등으로 얻은 연대값은 강동 구빈리가 4,490±444B.P., 증산 용덕리가 4,926±700B.P., 성천 백원리가 3,324±465B.P. 등이다.

그런데 북한 지역의 고인돌 연대는 출토 유물에서 보편성이 있는 팽이형 토기를 통해 알 수 있을 것으로 여겨진다. 노암리, 천진동 6호, 평촌 10호 고인돌에서 나온 팽이형 토기의 아가리 부분은 남경 유적의 팽이형 토기 출토 1기 집터와 영변 구룡강 유적에서 조사된 것과 비슷해 서로 비교된다. 또한 노암리 고인돌에서 출토된 납작밑은 남경 유적의 2기 집터에서 나온 것과 상당히 비슷하다. 남경 유적은 1기의 36호 집터에서 출토된 숯의 방사성 탄소 연대 측정 결과 2,890±70B.P.로 밝혀져 기원전 13세기에서 기원전 9세기 것으로, 구룡강 유적은 2,740±70B.P.로 밝혀져 기원전 11세기에서 기원전 8세기 것으로 확인되었다.[32]

이런 점에서 보면 북한 지역의 고인돌은 기원전 10세기경에 상당히 보편적으로 축조되었던 것 같다. 그런데 이 연대는 고인돌 축조의 상한 연대가 결코 아니며, 앞으로 자료가 보완되면 더 뚜렷한 시기가 설정될 것이다.

(5) 기능과 축조

① 기능

고인돌의 기능에 관해서는 탁자식 고인돌을 중심으로 여러 의견들이 제시되었다. 특히 요령 지역의 고인돌은 조사가 시작된 초기부터 그

---

32) 강형태·추연식·나경임, 〈放射性炭素年代測定과 高精密補正方法〉, 《韓國考古學報》 30, 한국고고학회, 1993, 39쪽.

기능에 대한 의견이 옛 문헌을 중심으로 거론되었다.

《삼국지》의 《위서(魏書)》 〈공손도조(公孫度條)〉에서는 고인돌과 관련해 토지신에게 제사지내는 곳이라고 쓰고 있으며,[33] 《백호통(白虎通)》 〈사직(社稷)〉에서는 땅 위에 돌을 세워놓은 것으로 토신(土神)이나 사신 (社神)에게 제사를 지내는 곳이라고 해석하고 있다. 이와 같이 신을 제사 지내고 받드는[敬奉] 곳에는 큰 돌을 세웠던 것이다.[34]

지금까지 고인돌의 기능 문제와 관련해서는 다음과 같은 견해들이 제시되고 있다.

1) 그 자체 신비한 상징의 대상으로, 기념비나 종교적 성격을 지닌 종교 제사 기념물
2) 선사시대 사람들이 집단적으로 공공 활동을 하던 집회 장소의 구실
3) 선조 제사 장소
4) 무덤의 기능

먼저 종교 행사지로서 고인돌의 기능 문제이다. 고인돌을 축조하던 당시에는 급격한 환경 변화에 적응하기 위해 공동체 나름의 결속을 다지려는 노력이 있었을 것이다. 이런 집단적인 욕구의 일환으로 협동심을 가지고 추진할 수 있는 대상이 상징적인 기념물이며, 이런 의미에서 고인돌이 축조되었다는 것이다.[35]

이렇게 신비함을 상징하는 제단이 고인돌이며, 당시 사람들이 이곳에서 종교적인 행사를 했다는 것이다. 오늘날 요령 지역의 고인돌 유적에

33) 肖兵, 〈示與 "大石文化"〉, 《遼寧大學學報》 2, 1980, 65~66쪽.
34) 武家昌, 〈遼東半島石棚初探〉, 《北方文物》 4, 1994, 14~15쪽.
35) C. Renfrew, *Before Civilization*, 1979, 132~140쪽.

서 탁자식이 짝을 이루고 있는 것이 이러한 것으로 해석되는데, 입지 조건을 보면 1기는 좀 높은 곳에 있다.

상징적인 의미를 지닌 것으로 해석되는 제단 기능의 고인돌은 그것이 자리한 곳의 입지 조건과 분포 상황 그리고 외형상의 크기에서 다른 고인돌과는 차이가 있는 것 같다.

제단 고인돌은 어디에서나 쉽게 바라볼 수 있도록 주변보다 높은 곳에 자리하고 있어 1차적으로 웅장함을 드러낸다. 또한 독립적으로 일정한 범위에 분포하는 경우가 많으며, 월등하게 큰 규모로서 외형적인 특징을 보여준다. 대표적인 유적으로는 금현 소관둔, 대석교 석붕욕, 와방점 대자, 개주 석붕산, 해성 석목성 고인돌 등이 있다. 또한 고조선 지역의 와방점 대자, 개주 석붕산 유적의 탁자식 고인돌 가운데는 실제로 후대에 종교 장소로 이용된 것이 있기 때문에 제단의 기능과 관련해 시사하는 점이 많다.

다음은 무덤으로서 고인돌 기능이다.

고조선 지역에서 조사된 개석식 고인돌은 무덤인데, 탁자식 가운데 입지 조건과 분포 상황 등으로 볼 때 무덤과 제단의 기능을 함께 지닌 것이 있다.

무덤 고인돌은 한군데에 떼를 지어 분포하며, 직접적인 자료인 사람뼈가 출토되고 축조 과정에 묻은 껴묻거리가 발견된다. 고조선 지역의 탁자식 고인돌 가운데 한 유적에 떼를 이루고 분포하는 경우가 많으며, 사람뼈가 나온 고인돌도 많아 무덤 고인돌의 성격을 이해하는 데 도움이 된다.

한편 서북한 지역의 몇몇 탁자식 고인돌의 경우 무덤방을 칸 나누기한 점이나, 개석식에서 묘역이 설정되어 여러 기의 고인돌이 함께 있는 점 등은 무덤으로서 성격을 뚜렷하게 보여준다.

② 축조

고인돌의 축조는 당시 사회의 여러 문화 요소들이 총체적으로 모여 이루어졌으며, 많은 노동력이 필요한 하나의 역사(役事)이다. 이런 점에서 고인돌 축조는 단순한 건축이나 역학적인 관점뿐만 아니라 축조에 필요한 노동력의 동원 문제도 중요한 의미를 지닌다.

고인돌의 축조 과정에서 먼저 고려된 것은 방위 개념인 지세와의 관련성인데, 이것은 자연 숭배 사상과 연관이 있었을 것 같다.

다음은 덮개돌과 같은 큰 돌을 옮기는 것인데, 운반 방법에 관해서는 실험고고학적인 연구가 있다. 고조선 지역에서는 지렛대식이나 추운 겨울철에 나무썰매 같은 것이 이용되었을 가능성이 많다.[36] 요남지구의 많은 고인돌 유적이 강 옆이나 평지 그리고 구릉지에 자리하고 있는 입지 조건으로 볼 때, 그러한 해석이 충분히 가능하다. 또한 북한 지역에서는 강물을 이용해 뗏목으로 옮겼을 가능성이 보고되기도 했다.[37]

한편 고조선 지역의 고인돌 가운데는 덮개돌의 가장자리에 여러 줄의 홈이 있는 것이 조사되었다. 대석교 석붕욕 고인돌의 덮개돌에는 남쪽에 가로 10센티미터, 세로 5센티미터 되는 홈이 세 줄 있고, 와방점 대자 고인돌에도 두 줄의 홈이 있다. 이것은 덮개돌을 옮길 때 효율적으로 이동시키기 위한 하나의 방법으로 이용되었을 가능성이 많다.[38]

또 고인돌 유적을 축조할 곳에 미리 단(壇)을 만들어 주변보다 좀더 높게 한 점이 특이하다.[39] 이렇게 단을 만든 것은 어디서나 바라볼 수 있도록 한 것으로, 당시 사람들이 주변 지세에 기울인 관심을 이해하는

---

36) 하문식, 앞의 책, 1999, 288~289쪽.
37) 석광준, 〈우리나라 서북지방 고인돌에 관한 연구〉, 《고고민속론문집》 7, 과학백과사전출판사, 1979, 112~113쪽.
38) 許玉林, 앞의 책, 71쪽.
39) 田村晃一, 〈遼東石棚考〉, 《東北アジアの考古學》 2, 槿域, 1996, 112~114쪽.

데 도움이 된다. 이러한 유적으로는 금현 소관둔, 장하 백점자, 대석교 석붕욕, 은율 관산리, 강동 문흥리 고인돌이 있다.

덮개돌과 굄돌, 굄돌과 마구리돌을 튼튼하게 맞추기 쉽도록 고인돌을 축조할 때 굄돌에 홈을 파거나 줄을 새긴 흔적이 조사되었다. 이것은 고인돌의 축조 과정이 치밀한 계획 아래 체계적으로 이루어졌음을 시사하고 있어 주목된다.

(6) 묻기와 제의

① 묻기

묻기[葬制]는 다른 문화 요소보다도 강한 보수성과 전통성을 가지고 있기에 좀처럼 쉽게 바뀌지 않는다. 고인돌을 축조할 당시는 농경이 보편적으로 이루어져 인구밀도가 높아 죽음이 늘 가까이 있었을 것이다. 이러한 변화에 따라 고인돌을 축조한 사람들은 사회적 기능 유지의 차원에서 당시 사회에 널리 퍼져 있던 장례 습속을 따랐을 것이다.

고조선 지역의 고인돌 가운데 무덤방에 묻은 과정을 정확하게 알 수 있는 자료는 많지 않다. 그래서 무덤방의 크기와 구조, 조사된 사람뼈에 따라 여러 가지를 유추하는 것이 일반적이다.

한편 고조선 지역의 고인돌에서 나타나는 두드러진 특징은 화장(火葬)에 관한 것이다. 고인돌의 묻기 가운데 하나인 화장이 지금까지는 많이 조사되지 않았지만, 최근 중국 동북 지역의 연구 성과를 보면 고조선 지역 고인돌 사회의 묻기 방법으로 널리 이용되었던 것 같다. 지금까지 조사된 유적으로는 개주 화가와보, 보란점 쌍방, 수암 태노분, 유하 통구, 동풍 조추구와 대양, 두가구, 와방정자산, 삼리, 상원 귀일리, 사리원 광성동, 연탄 풍담리 고인돌 등이 있다. 특히 길림 남부 지역의 개석식 고인돌에서는 거의 대부분 무덤방 안에서 화장의 흔적이 보이고 있다.[40]

장례 습속에 따라 화장의 방법으로 주검을 처리하는 것은 그 절차와 처리 과정에 따라 많은 비용이 필요하므로 특별한 의미를 지닌다.[41] 이러한 화장 기술은 고고학적인 조사 결과 상당히 효율적으로 실시되어왔던 것으로 밝혀지고 있다.[42] 중국 동북 지역에서 화장은 일찍부터 유행했으며, 주검을 보존하기 위한 하나의 수단으로 이용된 화장에 관한 기록은 《열자(列子)》·《여씨춘추(呂氏春秋)》·《신당서(新唐書)》 등에 나타나고 있다.[43]

화장을 한 이유는 당시 장례 습속과 밀접한 관련이 있으며, 영혼에 대한 숭배, 죽은 사람의 영혼에 대한 두려움, 지리적인 환경 요인 등 다양한 견해가 있다.

길림 지역 조추구 고인돌을 비롯한 대양·두가구·삼리·용두산 유적에서는 무덤방 안에서 불탄 재와 많은 양의 숯은 물론 덜 탄 나무조각 등이 발견되어 무덤방 안에서 화장이 이루어졌음을 알 수 있다. 또한 조추구·삼리·두가구 고인돌에서는 화장이 끝난 다음 사람뼈를 부위 별로 모아놓는 간골화장(揀骨火葬)이 조사되어 주목된다.

② 제의

고인돌은 많은 노동력이 동원되어 축조되었기에 공동체 속에서 그에 따른 의식이 있었을 것이다.[44] 고인돌 유적에서 제의 흔적은 무덤방 주변에서 발견되는 토기 조각이나 짐승뼈 등으로 알 수 있다. 조사된 자료가

---

40) 하문식, 앞의 책, 1999, 5~33쪽.

41) J. A. Tainter, "Mortuary practices and the study of Prehistoric social systems", *Advances in archaeological method and theory 1*, 1978, 126쪽.

42) Nils-Gustaf Gejvall, "Cremations", *Science in Archaeology*, 1970, 469쪽.

43) 강인구, 〈中國地域 火葬墓 研究〉, 《震檀學報》 46·47, 진단학회, 1979, 85~87쪽.

44) 방선주, 〈韓國 巨石制의 諸問題〉, 《史學研究》 20, 한국사학회, 1968, 67~68쪽 ; 이융조, 앞의 글, 304쪽.

제한적이기는 하지만, 토기를 의도적으로 깨뜨려 버린 것은 당시 장례의
식을 살펴볼 수 있는 자료이며, 고조선 지역의 고인돌에서도 널리 발견
되고 있다.

한편 금현 소관둔의 북쪽 고인돌에서는 무덤방 안에 짐승뼈가 껴묻기
되었고, 보란점 벽류하 24호에 껴묻기된 항아리 안에는 새뼈가 들어
있었다. 새는 하늘[天界]과 땅[地界]을 연결하는 영적인 존재이며, 옛 기
록과 고고학 자료에서도 이미 장례의식과 관련 있는 것으로 알려지고
있다.

동풍 조추구 3호 고인돌에서는 안팎으로 붉은 칠이 된 항아리가 나와
장례의식에 쓰인 붉은색의 의미를 살펴볼 수 있다. 이런 붉은색은 죽음
에 대해 지녔던 사유의 한 모습으로서 영생을 바라는 의미로 해석되며,
살아 있는 사람이 죽은 사람으로부터 예기치 않게 받게 될 위험을 막는
벽사의 의미가 있는 것 같다.

또한 서북한 지역의 황주 신대동 2호 고인돌에서는 돌돈이 발견되었
다. 이 돌돈은 무덤에서 발견되는 경우가 상당히 드문 편으로, 그 기능으
로 볼 때 장례 습속과 관련이 있는 것 같다. 돌돈의 주요 기능이 석기를
만드는 돌감이었다는 점에서, 이것이 무덤에 있다는 것은 그 자체가
내세를 위한 것이었다고 해석된다.

3. 아시아의 고인돌

(1) 일본 지역

일본 지역의 고인돌 유적에 대한 조사와 연구는 주로 제2차 세계대전
이후에 이루어졌다.[45] 이런 연구는 야요이 초기의 문화 성격과 그 기원

문제를 밝혀내고자 했던 당시의 경향이 크게 작용했던 것 같다.

일본의 고인돌은 대부분 규슈 북서 지역인 나가사키·사가·후쿠오카 현을 중심으로 쿠마모토·가고시마·오히타 지방까지 분포하며, 야마쿠 치현의 나카노하마 유적에서도 고인돌이 조사·보고되었다. 지금까지 조사된 고인돌은 600여 기에 이르고 있다.

① 주요 유적

나가사키·후쿠오카·사가현에 분포하는 몇몇 중요한 유적은 다음과 같다.

나가사키 하라야마(原山) 유적은 1960년대 초에 조사되었는데, 해발 250미터 되는 비교적 높은 고원 지대에 자리한다. 고인돌은 개석식과 바둑판식이 있으며, 세 곳에 나뉘어 군집으로 분포하고 있다. 발굴 조사 결과 무덤방은 돌널, 구덩이, 돌을 둘러놓은 형태, 독 등 상당히 다양했으며, 대롱옥과 뗀화살촉 등이 발견되었다.

나가사키 타누키야마(狸山) 유적은 강 하구의 구릉지에 위치하며, 7기의 고인돌이 동서 방향으로 자리하고 있다. 대부분 바둑판식 고인돌이며, 일찍 파괴된 유적이어서 수습 조사가 이루어졌다. 무덤방은 상당히 작은 돌널이고 6호는 냇돌을 이용해 쌓은 점이 특이하다. 출토 유물로는 단지 모양의 토기 조각, 큰 구슬 등이 있다.

이 유적은 일본에서도 이른 시기의 고인돌로 해석하고 있다.[46]

45) 심봉근, 〈韓·日 支石墓의 關係〉, 《韓國考古學報》 10·11, 한국고고학회, 1981, 79~108 쪽 ; 〈라. 일본〉, 《한국 지석묘(고인돌)유적 종합 조사 연구》, 문화재청, 1999, 153~155 쪽 ; 西谷正, 〈日本列島の支石墓〉, 《東アジアにわける支石墓の綜合的研究》, 1997, 52~150쪽 ; 古門雅高, 〈古代日本(九州)の支石墓〉, 《晋州 南江遺蹟과 古代日本》, 2000, 259~278쪽 ; 平郡達哉, 〈일본 구주지방 고인돌과 보존 현황〉, 《세계 거석문화와 고인돌》, 동북아지석묘연구소, 2005, 95~107쪽.

46) 森貞次郞, 〈日本にわける初期支石墓〉, 《金載元博士回甲記念論集》, 을유문화사,

나가사키 후우칸다케(風觀岳) 유적에는 해발 236미터 되는 꼭대기의 넓은 곳에 35기의 고인돌이 분포한다. 조사 결과 개석식과 바둑판식 고인돌로 밝혀졌는데, 주변의 지세를 고려해 고인돌을 축조했던 것 같다. 무덤방은 돌널과 구덩이가 섞여 있고, 출토 유물로는 뗀화살촉과 단지 모양의 토기 조각이 있다. 이른 시기의 유물이 출토되는 것으로 보아, 이는 초기 고인돌 유적일 가능성이 있다.

나가사키 코가와치(小川內) 유적은 낮은 구릉지(해발 20미터 안팎)에 자리하며, 1970년에 발굴 조사가 실시되었다. 무덤방은 돌널과 구덩이, 돌덧널이 섞여 있으며, 크기로 보아 어른을 굽혀묻기한 것 같다. 출토 유물로는 단지와 바리 모양의 토기 그리고 붉은 간토기가 있다.

사가 하야마지리(葉山尻) 유적은 작은 구릉의 북쪽 기슭에 자리하고 있으며, 조사 결과 고인돌(5기)과 독무덤(26기)이 함께 분포하는 것으로 밝혀졌다. 고인돌의 형식은 바둑판식이고, 무덤방은 독과 구덩이가 섞여 있다. 일본 학계에서는 비교적 늦은 시기의 고인돌 유적으로 해석하고 있다.

후쿠오카 시토(志登) 유적은 아주 낮은 구릉지에 있다. 덮개돌의 크기가 상당히 작은 편에 속하며, 무덤방은 구덩이와 독이 섞여 있다. 출토 유물로는 화살촉(뗀 것과 간 것)과 바리형 토기 조각 등이 있다.

② 고인돌의 성격

일본의 고인돌은 지금까지의 연구 결과 한국의 문화가 전파되어 형성된 것으로 인식되고 있으며, 그 성격에서 비슷한 점이 많다.

먼저 유적이 분포하고 있는 곳은 가라쓰만(唐津灣)을 중심으로 한 규슈의 북서부 지역이다. 입지 조건을 보면 대부분 충적평야 지역의 작은

1969 ; 심봉근, 앞의 글, 1999, 148쪽.

구릉지에 자리하며, 드물게는 바다 옆의 모래언덕 위 또는 해발 200미터 되는 산꼭대기나 기슭에 분포하는 경우도 있다. 이러한 입지 조건은 한반도에서 고인돌이 나타나는 지세와 상당히 비슷하며, 축조한 당시 사람들의 생활 환경과 밀접한 관련이 있을 것으로 여겨진다. 이것은 고인돌을 축조한 당시의 살림이 농경 위주로 영위되었을 것이고, 고인돌은 살림살이의 터전과 비교적 가까운 곳에 축조되었기에 그들의 생활공간(catchment area)을 이해하는 데 중요한 자료가 된다.[47]

형식과 구조를 보면, 지금까지 일본에서는 탁자식 고인돌은 조사되지 않았고 모두 개석식과 바둑판식이다. 또한 개석식은 몇몇 유적에서 제한적으로 보이며, 대부분은 바둑판식 고인돌이다.

무덤방은 돌널·구덩이·독 등이고, 독으로 만들어진 무덤방은 약간 늦은 시기에 나타나며, 돌널은 크기가 꽤 작은 점이 특이하다.

출토 유물로는 단지나 바리 모양의 토기, 붉은 간토기, 화살촉, 대롱옥과 굽은옥 등이 있으며, 드물게 청동기나 조개로 만든 팔찌, 토우 등이 발견되었다. 그런데 고인돌의 출토 유물이 지역에 따라 차이가 있어 주목된다. 특히 겐카이나다(玄界灘) 연안에서는 한반도 남부 지역과 관련 있는 화살촉·토기·대롱옥 등이 발견되었다.[48] 또한 붉은 간토기는 일본 지역 고인돌의 기원과 전파 과정, 시기 문제 등을 시사하고 있다.

일본 지역 고인돌의 연대와 관련해서는 대부분 야요이 초기로 이해하고 있다. 그 실연대에 대해서는 상당히 다양한 견해가 있는데, 대체로 기원전 2세기에서 기원전 5세기로 해석하고 있다.[49]

---

47) K. V. Flannery, *The Early Mesoamerican Village*, 1976 ; F. A. Hassan, *Demographic Archaeology*, 1981 참조.

48) 端野晋平, 〈支石墓傳播のプロセス〉, 《日本考古學》 16, 2003 ; 平郡達哉, 앞의 글, 2004, 99~100쪽.

49) 심봉근, 앞의 글, 1999, 160~161쪽.

(2) 산동과 절강성 지역

중국에서는 동북 지역 이외에 산동성·절강성·호남성·사천성에서도 고인돌이 분포한다는 조사 결과가 보고되었다.

그러나 호남성 지역에서 보고된[50] 탁자식 고인돌에 대해서는 자연석이 큰 바위에 놓여 있는 형태라는 의견이 제시되었다.[51] 또 사천성에서 조사된 큰돌무덤[大石墓][52]은 그 규모나 구조로 보아 고인돌이 아니고 돌방무덤(chamber tomb)일 가능성이 많다.[53]

여기서는 비교적 자세한 조사가 진행된 절강성 지역의 고인돌을 중심으로 살펴보겠다.

① 산동성 지역

산동성 지역의 고인돌은 중국의 어느 지역보다도 상당히 일찍부터 관심을 끌어왔다. 1920년대에 일본인 도리이 뉴죠(鳥居龍藏)가 이 지역의 고인돌을 조사해 보고했으며,[54] 그뒤 미카미 츠구오(三上次男)가 분포 관계를 정리했다.[55]

지금까지 지천현(淄川縣) 왕모산(王母山)에서 2기의 탁자식 고인돌이 조사되었으며, 출토 유물로는 뗀석기와 홍갈색 토기 조각이 있다. 그리고 영성시(榮成市) 애두집(崖頭集)에서도 규모가 큰 탁자식 고인돌이 조사되었다.

---

50) 吳明生,〈湖南省文物管理委員會調査零陵黃田浦石棚建築〉,《文物參考資料》11, 1954, 145~147쪽.

51) 許玉林, 앞의 책, 123~124쪽.

52) 童恩正,〈四川西南地區大石墓族屬試探〉,《考古》2, 1978.

53) 하문식, 앞의 책, 1999, 169쪽.

54) 鳥居龍藏,〈中國石棚之硏究〉,《燕京學報》31, 1946, 130~132쪽.

55) 三上次男,《滿鮮原始墳墓の硏究》, 1961, 97~113쪽.

지금 산동성 지역의 고인돌은 모두 파괴되어 없어진 상태이다.

② 절강성 지역

절강성 지역은 지금까지의 조사 결과 주로 남부 해안 지역에 고인돌이 분포하고 있는 것으로 밝혀졌다.[56]

1) 고인돌의 조사와 분포 : 절강성 지역의 고인돌 유적은 온주 지역의 서안시에 주로 분포하고 있으며, 주요 유적은 다음과 같다.

서안 대석산 유적은 해발 92.5미터 되는 산능선을 따라 36기가 분포하며, 1956년과 1983년에 지표 조사가 실시되었다. 분포에서 볼 수 있는 특징은 능선을 따라 5기에서 9기씩 밀집되어 있다는 점이며, 파손 정도가 상당히 심각한 편이다.

1993년에 발굴 조사가 실시되었는데, 대부분 개석식 고인돌이다. 무덤방은 지표면 위에 여러 점의 돌을 이용해 만든 것이 특이하다.[57] 출토 유물로는 토기와 석기, 청동기, 원시 자기 등이 있다. 토기는 잔·항아리·제기 등이고, 자귀·끌·창·화살촉 등의 석기도 출토되었다.

서안 기반산 고인돌 유적에는 해발 120미터 되는 동쪽과 서쪽의 산마루에 고인돌이 각각 2기씩 분포한다. 덮개돌은 부분적으로 파괴되었다. 고인돌은 2~3미터 되게 둥근꼴로 성토를 한 다음 축조했던 것 같다. 주변에서 항아리와 갈색의 원시 자기가 발견되었다.

서안 양매산 고인돌 유적은 해발 300미터 되는 산비탈에 자리한다. 무덤방은 파괴되었으며, 주변에서 원시 청자와 돌화살촉이 나왔다.

56) 許玉林, 앞의 책, 136~138쪽 ; 陳元甫, 〈中國浙江省 南部지역의 石棚〉, 《先史와 古代》 7, 한국고대학회, 1996, 103~111쪽 ; 毛昭晰, 〈浙江支石墓的形制與朝鮮半島支石墓〉, 《中國江南社會與中韓文化交流》, 1997, 6~15쪽 ; 이영문, 〈中國浙江省地域의 支石墓〉, 《文化史學》 11·12·13, 한국문화사학회, 1999, 1003~1044쪽 ; 陳元甫, 〈中國浙江의 지석묘 試論〉, 《湖南考古學報》 15, 2002, 102~115쪽.

57) 兪天舒, 〈瑞安石棚墓初探〉, 《溫州文物》 5, 1990 참조.

평양 용산두 유적에는 해발 145미터 되는 산마루에 3기의 고인돌이 있다. 주변에는 오강(熬江)이 흐르며, 절강 지역의 고인돌 가운데 비교적 보존이 잘된 편이다. 고인돌 옆에서 경질의 여러 토기 조각들이 발견되었다.

대주 만산도 유적은 남쪽 섬의 해발 50미터쯤 되는 산마루에 위치하며, 5기의 고인돌이 분포한다. 덮개돌들은 이미 없어진 상태이며, 돌을 쌓아 무덤방을 이룬 벽이 남아 있다.

동양 육석진 유적은 구릉지에 자리하는데, 무덤방을 이룬 판석이나 돌을 쌓은 막돌들이 덮개돌을 받치고 있다. 이곳의 고인돌은 인위적으로 쌓은 성토층 위에 축조된 점이 특이하다.

2) 고인돌의 성격 : 절강성 지역의 고인돌은 남쪽 연해인 서안의 비운강(飛雲江) 하류 지역을 중심으로 50여 기가 조사되었다.

대석산 유적만 한 곳에 5기에서 9기씩 집중적으로 분포되어 있고, 나머지는 1기에서 2기씩 자리하고 있다는 점이 특징이다. 특히 대석산 유적 산능선을 따라서 500미터쯤 되는 거리에 5기에서 9기씩 분포하는 것이 주목된다.[58]

입지 조건을 보면, 큰 산자락을 배경으로 뻗어 나온 산마루나 산중턱에 고인돌이 주로 분포하며, 주변에는 바다나 강이 있다. 서안 지역의 고인돌은 조망이 좋은 곳에 자리하고 있어, 축조 당시에 전망이 고려된 것이 아닌가 추측하고 있다.

고인돌의 형식과 관련해서는 몇몇 연구가 있는데,[59] 주로 무덤방의 축조 방식을 중심으로 분류된다. 이 지역의 고인돌 무덤방은 지상에

---

58) 이영문, 앞의 글, 1011쪽.

59) 金柏東, 〈巨石建築系列中的浙南石棚〉, 《溫州文物》 7, 1994 ; 兪天舒, 앞의 글 ; 毛昭晰, 앞의 글 참조.

막돌이나 판자돌을 쌓아서 만든 점이 주목된다.

고인돌에서 나온 유물로는 원시 청자를 비롯해 토기·청동기·석기가 있다. 원시 청자는 절강성 지역의 고인돌에서 나오는 특색 있는 유물이 며, 토기는 민무늬나 도장무늬가 있는 점이 돋보인다. 출토된 청동기로 는 투겁창·꺽창·검·화살촉 등이 있으며, 석기로는 대패·끌·삽·가락바 퀴 등이 있다.

절강 지역의 고인돌 연대는, 주로 출토 유물을 중심으로 주변의 유적· 유물과 견주어 서주 초기부터 춘추 말기에 축조된 것으로 해석한다. 또한 고인돌을 축조한 주체는 구월인(甌越人)일 것으로 보고 있다.

(3) 인도네시아 지역

인도네시아는 수마트라·보르네오·자바·셀레베스·티모르 등 여러 섬 으로 이루어져 있다. 이러한 여러 섬 지역과 말레이반도 등에서 고인돌 이 발견되고 있다.[60)]

이곳의 거석 문화는 고인돌을 비롯해 선돌, 계단식 돌무지무덤(Teras Berundak), 석인상(arca menhir), 돌널무덤(Sarcophagus) 등이 있다. 그리고 인도네시아의 고인돌은 축조 시기와 기능에 따라 선사시대와 현재의 것이 공존하고 있는 점이 특이하다.

---

60) R. Heine-Gedern, 이광규 옮김, 〈메가리트 問題〉, 《文化財》 4, 국립문화재연구소, 1969, 141~152쪽 ; 김병모, 〈자바도의 거석문화〉, 《韓國考古學報》 8, 한국고고학회, 1980, 5~36쪽 ; 〈韓國 巨石文化 源流에 관한 硏究(I)〉, 《韓國考古學報》 10·11, 한국고고학회, 1981, 63~68쪽 ; R. P. Soejono, "On the Megaliths in Indonesia", *Megalithic Cultures In Asia*, 1982 ; 김명진, *Megaliths in Asia*, 1988 ; 이송래, 〈마. 인도·인도네시아〉, 《한국 지석묘(고인돌)유적 종합 조사 연구》, 문화재청, 1999, 174~178쪽 ; 賈鍾壽, 〈니아스 섬의 巨石文化〉, 《先史와 古代》 21, 한국고대학회, 2004, 260~288쪽 ; Haris Sukendar, 〈인도네시아의 거석문화〉, 《세계 거석문화와 고인돌》, 동북아지석묘연구소, 2005, 55~ 60쪽.

① 고인돌의 분포

인도네시아 지역의 고인돌은 지금까지의 조사 결과 수마트라·보르네오·말레이반도·니아스섬 등에 분포하는 것으로 밝혀졌다.

1) 수마트라 : 파세마(Pasemah) 고원과 람풍(Lampung) 그리고 캘라벳 지역에는 많은 고인돌이 분포하고 있다. 이 지역의 고인돌은 선사시대에 축조된 무덤 고인돌이다.

이곳의 고인돌은 굄돌과 큰 덮개돌로 이루어져 있으며, 줄을 지어 분포한다. 부분적으로 사람이나 짐승이 조각된 고인돌도 있다. 특히 규모가 큰 고인돌은 족장의 무덤이거나 사회적 행위를 기념하는 기념비적 축조물로 해석된다.

수마트라 지역의 고인돌 연대는 기원전 5세기경의 초기 철기시대에 축조되었다는 견해와 기원 전후에 축조되었다는 견해가 있어 앞으로의 조사가 기대된다.

2) 보르네오 : 북부 내륙 지역인 캘라빗(Kelabit) 고원에는 고인돌을 비롯해 선돌·돌널무덤·돌방석[石座] 등 많은 유적이 있다.

이곳의 고인돌은 장례의식과 깊은 관련이 있다. 이 지역은 이라우(irau)라는 전통에 따라 두벌묻기를 하는데, 사람이 죽으면 일정 기간 가매장해 탈육시킨 다음 고인돌을 축조한다. 이 고인돌은 가족이 경제적으로 여유가 있거나 사회적인 신분이 보장되어야 축조가 가능하다.

특히 이곳에는 파라푼(parapun)이라는 특이한 형식과 구조의 고인돌이 있다. 파라푼은 우리나라의 탁자식 고인돌처럼 양쪽에 판자돌을 세우고 그 위에 큰 덮개돌을 얹은 다음 그 밑에 돌무지를 만들어 유물과 사람을 묻는 형태이다.

3) 자바섬 : 발리와 숨바(Sumba)섬 사이에서 고인돌·돌널무덤·선돌·돌방무덤 등이 조사되었다. 고인돌은 주로 서쪽의 쿠닝안(Kuningan) 지역의 창광(Cangkung)과 치파리(Cipari), 동쪽의 본도우오스(Bondowoso)에 분

포되어 있다.

서쪽의 고인돌은 개석식이고, 동쪽 것은 토지신에게 제사를 지내는 제단인 바둑판식이다. 특히 이곳의 고인돌은 수마트라와는 달리 같은 시기에 축조된 것이 특이하다.

4) 니아스섬 : 니아스는 수마트라에서 110킬로미터 떨어진 인도양에 위치한다. 이곳 사람들은 고인돌을 다로다로(darodaro)라고 부르는데, 규모가 큰 탁자 모양의 고인돌 2기가 있다.

'흰 배'라고 부르는 고인돌은 라오워 왕을 기념하고자 1881년 축조된 것으로 알려져 있다. 덮개돌에는 왕에 따른 부의 분배를 상징적으로 조각해놓았으며, 네 개의 굄돌이 덮개돌을 받치고 있다.

'검은 배'라고 부르는 고인돌은 니아스섬의 마지막 왕인 사오니게의 것으로, 1914년에 축조되었다. 특히 이 고인돌의 축조 과정에 대한 사진이 라이젠의 리크스 박물관(Rijks museum)에 있다. 'Y' 자 모양의 수레에 덮개돌을 실어 밧줄과 통나무를 이용해 옮기는 과정은 실험고고학의 중요한 자료가 된다.

② 고인돌의 성격

인도네시아 지역의 고인돌은 이 지역의 다른 큰돌 유적들과 함께 상당히 일찍부터 조사·연구가 진행되어왔지만, 아직까지도 그 성격에 관해서는 의견이 분분하다.

이 지역의 고인돌은 조상 숭배가 그 축조 배경이다. 무엇보다 고인돌의 축조 과정에서 주민의 결속과 공동체 사회의 통합을 강조하고 있는 점은 인도네시아 고인돌의 기능과 성격을 이해하는 데 상당히 중요한 의미를 지닌다.

다음은 인도네시아 큰돌 문화의 기원에 관한 문제이다. 일반적으로는 아시아 대륙의 중국 운남 지역에서 전파된 것으로 이해하고 있다. 이 문제와 관련해 하이네 겔데른(Heine-Geldren)은 신석기시대와 청동기시대에 걸쳐 두 차례 전파된 것으로 주장하고 있는데, 신석기시대에 전파된 것을 '옛 큰돌 문화(Older Megalithic tradition)', 청동기시대에 전파된 것을 '신 큰돌 문화(Younger Megalithic tradition)'라고 이름했다.

의례용 고인돌은 자바섬의 동서쪽에서 인도네시아 동부 지역으로 전파되었다는 주장이 제시되었다. 또한 숨바와 프로네 지역에서 같은 시대에 축조된 고인돌은 민족지고고학 및 사회 복원에 중요한 의미를 지닌다. 그것들의 가장 큰 특징은 매우 정교한 조각에 있다. 조각의 대상은 사람과 짐승이 대부분이다.

출토 유물은 청동기시대와 철기시대에 널리 쓰인 금속기인 청동칼·청동검·청동도끼와 철기 등이며, 본도우오스 지역 고인돌에서 많은 짐승 뼈와 이빨이 나와 제의 행위를 이해하는 데 도움이 된다.

(4) 인도 지역

인도에는 많은 수의 여러 가지 큰돌 유적들이 넓은 지역에 분포되어 있다. 이곳의 큰돌 문화는 남인도 지역을 중심으로 상당히 일찍부터 조사·연구되어왔다. 지금까지의 연구 성과를 살펴보면, 고인돌을 비롯해 돌널무덤·줄선돌(Alignments)·통로무덤(Passage grave) 등의 큰돌 유적들이 주로 데칸 고원의 남쪽 지역에 분포하는 것으로 알려져 있다. 특히 큰돌무덤은 철이나 금을 채굴하는 광산 지역과 관련이 있다는 보고도 있다.[61]

---

61) H. Sarker, "Megalithic culture of India", *Megalithic Cultures In Asia*, 1982, 127~161쪽 ; 김병모, 앞의 글, 1981, 64쪽 ; R. Joussaume, *Dolmens for the Dead*, 1985, 267~277쪽 ; 이영문, 〈印度의 巨石文化〉,《文化史學》6·7, 한국문화사학회, 1997, 599~636쪽 ; 이송래, 앞의 글, 169~174쪽.

① 고인돌의 분포

인도에서 고인돌이 조사·보고된 지역은 데칸 고원 남부인 케랄라(Kerala)주, 북부 지역인 인더스강 상류의 알모 지역, 갠지스강 하류의 아쌈·코타·나그푸르·바스타르 지역 등이다.

인도의 고인돌은 버섯 모양을 하고 있으며 일반적으로 외형에 따라 우산 모양(topi-kal)과 모자 모양(Kudai-kal)으로 구분한다.

우산 모양의 고인돌은 인도반도 서남부의 케랄라주에서 조사되었는데, 돔형의 커다란 덮개돌 밑에는 4매의 판자돌이 굄돌 구실을 하고 있다. 굄돌의 높이는 약 1.1미터쯤 되고, 네모꼴의 공간이 마련된 독특한 모습으로 우리의 탁자식 고인돌과 비교된다.

모자 모양 고인돌은 덮개돌이 맨바닥에 그대로 놓인 모습이고, 무덤방은 땅속에 구덩이 형태로 마련되어 있다. 우리의 개석식 고인돌과 비슷하다.

한편 팔니(Palni) 지역에서는 굄돌의 기능을 하던 판자돌이 서너 개 있는 탁자식 고인돌이 조사되었는데, 거의 손질하지 않은 자연석을 그대로 이용한 점이 특이하다. 또한 데칸 고원 남쪽의 카르나타라주에서는 높이가 약 1.15미터 되는 돌무지를 3면에 걸쳐 벽으로 만들고 그 위에 덮개돌을 얹어놓은 특이한 고인돌도 조사되었다.

② 고인돌의 성격

인도 지역에서는 고인돌보다 돌널무덤이 양적으로 많이 조사되었으며, 넓은 지역에 분포하고 있다.

이곳의 고인돌은 전통적인 장례 습속에 따라 두벌묻기를 위한 납골관의 성격이 강하며, 여러 차례에 걸쳐 묻기를 한 것으로 밝혀지고 있다.

고인돌에서 출토되는 유물은 시기와 지역에 따라 차이가 많은데, 대부분 붉은색의 채색 토기와 검은색 토기 그리고 쇠검·쇠도끼·쇠칼 등이다.

고인돌의 연대는 지역에 따라 조금씩 차이를 두고 있지만, 방사성 탄소 연대 측정 결과를 중심으로 기원전 10세기부터 기원후 3세기까지 여러 의견이 제시되고 있다. 또한 앗삼 지방 등 일부 지역에서는 호(Ho) 족이 같은 시대에 고인돌을 축조했다.

한편 공동체의식 속에서 고인돌을 축조한 다음 참가자들을 위한 제연 이나 향응이 베풀어진 흔적이 조사되었고, 앗삼 지역에서는 오늘날까지 도 이런 전통이 전해지고 있다.[62]

4. 아시아에서 고조선 고인돌의 위치

세계적인 관점에서 볼 때 고조선 지역의 고인돌은 여러 가지 독특한 의미를 지닌다.

먼저 고조선 지역을 중심으로 한 중국 동북 지역과 한반도 전역에서 조사된 고인돌의 수를 보면, 동북아시아는 물론이고 고인돌이 분포하고 있는 세계 어느 지역과도 견줄 수 없을 만큼 많다. 이것은 다양한 고인돌 의 형식과 함께 이 지역의 고인돌이 초기부터 상당한 기간 동안 계속적 으로 축조되어왔음을 시사한다. 특히 이곳의 고인돌은 규모 면에서 그 크기가 다양하므로, 축조한 집단의 성격을 이해하는 데도 도움이 된다.

다음은 고인돌의 밀집 분포 정도에 관한 것이다.

고조선 지역의 고인돌 유적을 보면, 대형의 고인돌이 1기만 자리하고 있는 경우도 있지만 대부분 10기 이상 떼를 이룬 모습으로 한곳에 집중 되어 있는 것으로 보고된다. 이 가운데 유하 태평구 유적, 황주천 유역,

---

62) A. K. Ghosh, "The Dying Custom of Megalithic", Burials in India ; Bulletin 11, *International Committee on Urgent Anthropological and Ethnological Research*, 1969, 15쪽.

정방산 기슭, 석천산 기슭, 연탄 두무리와 오덕리 유적에는 100여 기 이상이, 심지어 1,000여 기가 집중 분포하는 것으로 알려지고 있어, 세계적으로 볼 때 '고인돌 왕국'이라고 일컬어져도 지나치지 않다. 특히 북한 지역에는 100여 기 이상의 고인돌 분포 지역이 20여 곳이나 된다고 보고되었다.

고인돌에서 출토된 유물을 보면, 고조선 지역의 고인돌에서는 석기와 토기, 청동기, 꾸미개 그리고 뼈연모와 짐승뼈 등 상당히 다양한 종류가 발견되었다.

이러한 유물을 분석한 결과 이 지역에서 고인돌이 축조된 시기는 기원전 15세기 이전이 될 가능성이 있다. 고인돌이 이렇게 기원전 15세기 이전에 축조되었다면, 이는 이 시기의 문화상(文化相)을 이해하는 데 여러 가지 중요한 의미를 던져준다.

먼저 고인돌을 축조했던 당시 사람들에게는 급격한 환경 변화에 적응하기 위해 집단 사이에 공동체 나름의 결속력을 다질 수 있는 방안이 필요했을 것이다. 이러한 집단적인 욕구의 일환으로 거족적인 협동심을 추진하는 데는 상징적인 기념물의 축조가 가장 효과적이었을 것이다. 그렇다면 고인돌은 이런 상징적인 의미에서 축조되었을 것이고 여기에는 당시의 사회적인 여러 요인들이 반영되었을 것이기에, 다른 어떤 문화 요소보다도 축조 시기의 문화적인 배경과 요인을 이해하는 데 좋은 자료가 된다.

또한 이러한 축조 시기는 일본을 비롯한 다른 여러 아시아 지역의 고인돌 유적과 견줄 수 없을 정도로 이르다는 점이다. 곧 고인돌의 기원 관계를 설명할 때 고조선 지역이 그 중심 자리를 차지한다고 판단할 수 있는 것이다. 한반도를 중심으로 한 고조선 지역에서 고인돌이 처음 축조된 다음 일본 등 다른 지역으로 전파되었다면, 당시 문화 교류는 어떤 양상으로 전개되었을까?

이 점에 관해서는 직접적인 자료가 부족해 해석에 여러 어려움이 있는 것이 사실이다. 하지만 최근의 발굴 조사 결과 신석기시대부터 바다를 통한 해양 활동의 가능성이 끊임없이 제기되고 있어,[63] 앞으로 더 많은 자료가 모이고 적극적인 해석이 진행된다면 고인돌 문화의 기원과 전파 문제는 쉽게 해결될 것으로 기대된다.

63) 윤명철, 《한국해양사》, 학연문화사, 2003, 40~50쪽.

요하 문명, 홍산 문화와 한국 문화의 연계성

우 실 하

1. 시작하며

동북공정을 고구려공정쯤으로 알고 '고구려연구재단'을 설립해 대응하고 있는 사이, 중국은 '하상주단대공정'·'중국고대문명탐원공정'·'통일적다민족국가론'·'동북공정' 등 일련의 역사 관련 공정들의 결과를 종합하여 '요하 문명론'을 제시하고 있다.

전통적으로 동이(東夷)와 북적(北狄)의 땅이라고 야만시하던 요하 일대에서 동북아시아에서 가장 이른 신석기 문화가 연이어 발굴되고, 기원전 3500년의 홍산 문화는 이미 초기 국가 단계에 들어선 것으로 밝혀졌다. 요하 유역 신석기 유적에서는, (1) 중국 학자 스스로 '화하제일촌(華夏第一村)'·'중화원고제일촌(中華遠古第一村)'·'요하제일촌(遼河第一村)' 등으로 이름 붙인 동북아시아 최초의 신석기 집단 주거지 유적지들이 발굴되었고, (2) '중화제일봉(中華第一鳳)', (3) '중화제일용(中華第一龍)' 등이 모두 발견되었다.

이러한 고고학적 발굴 결과를 토대로 지금 중국에서는 요하 문명론을 통해 요하 일대가 신화시대부터 황제의 영역이었고, 이 지역이 중화민족과 중화 문화의 기원지라는 주장을 하고 있다.

이 글에서는 이러한 요하 문명론의 논리가 어떻게 시작되었고 또 어떻게 전개되고 있는지, 홍산 문화와 요하 문명의 진정한 주인이 누구인지 살펴볼 것이다.

2. '통일적 다민족 국가론'과 새로운 '중화민족' 개념의 등장

중화인민공화국을 수립한 직후부터 중국의 영토와 역사의 범위 그리고 소수민족 문제를 해결하기 위한 대토론이 시작된다. 이런 대토론의 역사적 배경과 관련해 손진기(孫进己)는 아래와 같이 밝히고 있다.

이 대토론의 역사적 배경은 중화인민공화국이 수립된 직후, 중국의 각 민족
들이 스스로를 다민족 국가 중국의 일원임을 인정하도록 하고 과거 대한족주
의자들이 주장했던 한족만이 중국인이라는 의견을 부정하기 위한 현실적 필
요에 따른 것이었다. 그래서 건국 초기의 이 논쟁에서는 백수이(白寿彝) 등의
견해가 절대적인 우위를 점한 채 끝났고 지금의 국토를 범위로 한다는 원칙이
이후 수십 년 동안 이어져온 준칙이 되었다.[1]

동북공정을 초기에 주도했던 학자 가운데 한 사람인 손진기는 "중국
역사상의 영토 형성과 변천 과정에 대해 학술계에서는 계속해서 통일된
인식을 갖지 못했는데, 주요 원인은 중국 역사상 영토 형성과 변천에
관한 이론에 일치된 기준이 결여되어 있었기 때문이다"[2]고 밝히고 있다.
그는 이런 장기간에 걸친 대토론을 거쳐 '지금의 국토를 범위로 한다'는
것이 원칙이 되었다고 설명한다. 아래서는 세 차례의 대토론회에서 제시
된 여러 이론들을 비판적으로 소개하기로 한다.

(1) 제1차 대토론(1950~1960년대)

1950~1960년대에 벌어진 중국 역사상의 영토 형성과 변천 과정에
대한 대토론은 두 가지 견해로 압축된다.
첫번째는 "현재의 영토를 통해 역사상의 영토 범위를 확정짓자는 것
으로, 지금의 중국 영토의 크기가 역사상 중국 영토의 크기"[3]라는 견해인

---

1) 孙进己, 〈我国历史上疆域形成, 变迁的理论研究〉, 《中南民族大学学报(人文社會科
學版)》, 제23권 제2기, 2003년 3월, 78쪽.
2) 같은 글, 같은 곳.
3) 같은 글, 같은 곳.

데, 백수이와 하자전(何玆全) 등이 대표적이다.

백수이의 주장을 요약하면, (1) "지금의 중화인민공화국의 범위로 그대로 예전으로 거슬러 올라가 유사 이래 이 땅에서 있었던 사람들의 활동을 연구"해야 하며, (2) "왕조의 영토 관념으로 역사상의 국토 문제를 처리하는 것은 잘못된 방법"으로 "우리의 역사 작업을 대한족주의(大漢族主義)로 치우치게 하기 쉬우며", (3) 이런 대한족주의는 "중국사를 각 조대별로 고립적으로 인식해 역사와 현재의 사회생활을 결합할 수 없게 만든다"는 것이다.[4]

이를 토대로 하자전은 조금 완화된 주장을 하는데, 중국의 역사가 "오늘날 중화인민공화국 국경선 안의 현재와 각 민족 사람들의 역사라고 한다면, 우리가 중국이라고 말할 때 그 범위를 역사상 당시 중원 지역에 나라를 세웠던 왕조뿐만 아니라 당시 중원 왕조의 영토 이외에 오늘날 중화인민공화국 안에 포함되는 각 민족과 각 지역까지 포함해야 할 것이다"라는 논지를 폈다.[5] 하자전은 중국의 범위를, (1) 역사상 당시 중원 지역에 나라를 세웠던 왕조뿐만 아니라, (2) 당시 중원 왕조의 영토 이외에 오늘날 중화인민공화국 영토 안에 포함되는 각 민족과 지역까지 포함해야 한다는 것이다.

백수이와 하자전의 견해는 한마디로 '지금의 중국 영토 크기가 역사상 중국 영토의 크기'라고 주장한다. 백수이·하자전의 이런 시각은 여러 문제점을 지니고 있지만 1980년대 이후 적극적으로 논의된 '통일적 다민족 국가론'의 물꼬를 트는 것이었다고 볼 수 있다.

두번째는 손조민(孫祚民)이 제시한 견해로, '현재의 시각'과 '과거 역

4) 白壽彝, 〈역사상 조국 국토 문제의 처리에 대해 논함(论历史上祖国国土问题的处理)〉, 《光明日報》, 1951년 5월 5일자 ; 孙进己, 같은 글, 같은 곳에서 재인용.
5) 何玆全, 〈중국 고대사 교육에 있어서의 한 가지 문제(中国古代史教学中存在的一个问题)〉, 《光明日報》, 1951년 7월 5일자 ; 孙进己, 같은 글, 같은 곳에서 재인용.

사 단계에서의 시각'을 구별하며, 소수민족과 정권이 한족과 융합되거나
한족 왕조에 통일된 뒤에야 중국 민족과 역사의 일부가 된다고 본다.

손조민의 관점은, (1) '현재의 시각'과 '과거 역사 단계에서의 시각'을
구별하며 (2) '현재의 시각'에서는 지금 중화인민공화국 국토 범위 안에
있는 모든 민족과 그 역사는 중국 역사의 일부분이지만, (3) '과거 역사
단계'에서는 각 왕조의 영토만을 역대 국토 범위로 보아야 하며 당시
각 왕조 밖의 독립된 민족 국가는 당시의 중국 영토 범위가 아니며,
(4) 이들 독립된 민족 국가들은 한족에 융합되거나 한족 왕조에 통일된
뒤에야 중국 민족 구성원의 일부가 되고 그 역사도 중국 역사의 일부가
된다는 것이다.[6)]

손진기에 따르면 1950~1960년대의 대토론은, (1) 1949년 중화인민
공화국이 수립된 직후 중국의 각 민족들이 스스로를 '다민족 국가 중국'
의 일원임을 인정하도록 하고, (2) 과거 '대한족주의자'들이 주장했던
'한족만이 중국인'이라는 의견을 부정하기 위한 '현실적 필요'에 따른
것이었으며, (3) 이 토론은 백수이·하자전 등의 강경파 논의가 절대적인
우위를 점한 채 끝났고 '지금의 국토를 범위로 한다'는 원칙이 그뒤 수십
년 동안 이어져온 준칙이 되었다는 것이다. 결국 백수이·하자전의 견해
는 1980년대 이후 적극적으로 논의된 '통일적 다민족 국가론'의 이론적
토대를 제공한 것이었다고 볼 수 있겠다.

(2) 제2차 대토론(1970년대 말~1980년대 말)

1970년대 말에서 1980년대 말에 이르기까지 제2차 대토론이 열렸다.

---

6) 孫祚民, 〈중국 고대사에서 조국 영토와 소수민족에 관계된 문제(中国古代史中有关祖
国疆域和少数民族的问题)〉, 《文匯報》, 1961년 11월 4일자 ; 孫进己, 같은 글, 같은 곳
에서 재인용.

첫번째 견해는, 1979년 제시된 양건신(楊建新)의 새로운 주장이다. "양건신은 역대 왕조의 영토를 역사상의 중국 영토 범위를 확정짓는 주요 표지로 삼아야 한다는 주장을 다시 제기했다. 하지만 그가 손조민의 주장과 다른 점은 역사상의 비(非)한족 왕조인 원(元)·청(淸)도 포함시켜 더 이상 한족 왕조를 관할 범위의 기준으로 삼지 않았다는 것이다. 또한 관할에는 여러 가지 형식이 있는데, 모두 당시 중국이 주권을 행사하고 관할한 표지였음을 강조했다"는 것이다.[7]

양건신의 주장을 요약하면, (1) 중국 역사상 한족이나 기타 소수민족이 건립한 진(秦)·양한·수·당·원·명·청 등의 영토는 "역사상의 중국 영토 범위를 확정짓는 주요 표지"로 삼아야 하며, (2) 당시 조건에서 중앙정부가 변경 소수민족과 그 지역에 대해 관할하던 형식은 다양하지만 모두 "중국이 주권을 행사하고 관할했다는 표지"라는 것이다.[8] 앞서 살펴본 손조민의 주장과는 달리, 역사상의 '비한족 왕조'인 원·청도 포함시켜 더 이상 한족 왕조의 관할 범위를 기준으로 삼지 않았다는 것이 양건신 주장의 핵심이다.

두번째 견해는, 1981년 담기양(譚其驤)이 〈중국 민족 관계사 학술 좌담회(中國民族關系史学术座谈会)〉에서 제시한 것이다. 담기양의 논의를 요약하면, (1) 중원 왕조의 영토만을 역사상 중국의 범위로 삼아서는 안 되며, (2) 청조가 통일을 이룩한 이후 1840년대 아편전쟁 이전 시기의 중국 영토를 기준을 삼아야 하며, (3) 수백 년이 되었든 수천 년이 되었든 이 범위 안에서 활동한 민족·정권은 모두 중국 역사상의 민족·정권이며, (4) 수천 년 동안의 역사 발전을 통해 자연적으로 형성된 전체 중국이

---

7) 孙进己, 같은 글, 79쪽.

8) 楊建新, 〈제정 러시아가 최초로 점거한 중국 영토와 역사상 중국의 영토 문제(沙俄最早侵占的中国領土和历史上中国的疆域问题)〉, 《中俄關係史論文集》, 蘭州 : 甘肅人民出版社, 1979 ; 孙进己, 같은 글, 78~79쪽에서 재인용.

'역사상의 중국'이며, (5) 현재의 중국 영토는 최근 100여 년 동안 자본주의 열강, 제국주의 침략으로 일부가 잘려 나간 결과이기 때문에 '역사상의 중국 영토'를 대표할 수 없으며, (6) 역사적으로 중국은 '역사상 중국' 범위 밖의 지역에 관여한 때도 이들 지역이 '역사상 중국' 범위 안에 있지 않지만 몇 개 '중국 왕조의 영토' 안에 있었던 것은 분명하다는 점도 인정해야 한다는 것이다.[9]

손진기에 따르면 "담 선생은 지금의 국경을 기준으로 하자는 백수이 선생에 동의하지 않았고, 역사상 중원 왕조의 국경을 기준으로 하자는 손조민 선생에도 동의하지 않았으며, 서로 다른 관할 형식을 당시 중국이 주권을 행사하고 관할했다는 표지로 보아야 한다는 양건신 선생의 의견에도 동의하지 않았다"[10]는 것이다.

담기양이 제시하는 핵심은 '역사상 중국'의 범위를 최대한 넓히는 것으로 '청조가 통일을 이룩한 이후 제국주의에 일부를 빼앗기기 이전인 아편전쟁 이전 시기의 중국 영토'가 기준이며, '이 범위 안에서 활동한 민족·정권은 모두 중국 역사상의 민족·정권'으로 보아야 한다는 것이다.

세번째 견해는 손진기의 견해로, 담기양과 마찬가지로 1981년의 〈중국 민족 관계사 학술 좌담회〉에서 제시한 것이다. 앞선 논의들을 모두 참고해 자신의 논의를 정리하고 있다. 손진기의 논리를 요약하면 다음과 같다.

(1) 지금의 영토로 역사상 중국의 범위를 확정짓는 것은 사실상 현재 중국에 속하는지 여부를 근거로, 역사상 어떤 땅이 중국에 속했고, 어떤 민족들이 국내에 속했는지를 확정짓는 것이다. 지금 중국 것이면 역사적으로도 중국

---

9) 谭其骧, 〈역사상의 중국과 중국 역대 영토(历史上的中国和中国历代疆域)〉, 《中国边疆史地研究所》, 1991年 5期 ; 孙进己, 같은 글, 79쪽에서 재인용.

10) 孙进己, 같은 글, 같은 곳 참조.

것이고, 지금 중국 것이 아니면 역사적으로도 중국 것이 아니라고 하는 것이다. 이는 역사의 인과 관계를 전도시키는 것으로 지금의 소유권으로 역사상의 소유권을 결정짓겠다는 것이다.

(2) 중국 역사상 국경이 끊임없이 변하기는 했지만 대체적으로는 안정적이다. 이 대체적으로 안정적인 국경이 바로 중국 역사상의 전통적 국경인 것이다. 이 전통적인 국경은 제국주의에 점거당한 부분과 지금의 중국 영토를 합한 것과 대체로 일치한다.

(3) 역사상 어느 민족들이 국내에 속하는가를 구분하는 것은 이 장기적인 역사에 따라 형성된, 지금의 영토와 기본적으로 일치하는 역사적·전통적 국경을 근거로 해야 한다. 이 원칙은 단순히 현재를 근거로 하는 것도 아니고 역사상의 어떤 단편적 시기를 근거로 하는 것도 아니며, 전체 역사를 근거로 하고 역사와 현재의 통일을 근거로 하자는 것이다.

(4) 중국 역사상 변경 지역의 각 민족들은 장기간에 걸쳐 중앙정권과 군신의 조공 관계를 맺어왔는데 이것을 국내민족 관계가 된 표지로 볼 수 있을까? 이에 대해서는 많은 이견이 존재하는데 본인은 일괄적으로 결론 내릴 수 없고 구체적으로 조공형식을 구분할 필요가 있다고 생각한다. 예를 들어 조공에는 세 가지 형식이 있는데, 첫번째는 각 나라와 민족 사이의 의례적 왕래로서 서로 간에 정치 경제적인 의존 관계가 존재하지 않는다.…… 두번째는 중국 국내 각 민족들 간 정부 차원의 무역 관계로서…… 이것은 중국 역사에서 주로 보이는 조공 형식이다. 세번째는 민족 수탈과 압박의 형식이다. 이 세 가지 조공 관계에서 뒤의 두 가지는 정치적 의존 관계가 존재함을 나타내는 것이기 때문에 국내 각 민족 사이의 관계이다.…… 첫번째 형식은 비록 국내 민족 사이의 관계는 아니지만 국내 민족 관계가 형성 중이며 그 시작 단계에 종종 이 첫번째 형식이 채택된다. 따라서 발전 과정 전체적 시각에서 볼 때 시작 단계도 국내로 보아야 한다.

(5) 군신 관계도 역사적으로 세 가지 형태가 존재한다. 첫번째는 신하로 불리는 국가와 민족이 여전히 독립국가로 존재하면서 명목상으로만 ××국왕이라는 것을 받아들이는 것이다. 두번째는 신하로 불리는 나라가 스스로 자신이 이미 중국 중앙정권 관할 아래 있는 지방정권이라고 인정하는 것이다. 부여받은 관직도 더 이상 국왕이 아니라 도독(都督)·자사(刺史)·위지휘사(衛指揮使) 등이다. 세번째는 각 소수민족이 이미 정치적인 독립을 완전히 상실하고 중앙에서 관리를 파견해 관할하는 형식이다. 이상의 세 가지 형태 가운데 뒤의 두 가지는 모두 국내 상황에 속하는 것이다. 첫번째 것은 구별해서 처리해야 하는데, 그뒤 독립국가로 발전한 경우는 국내로 칠 수 없다. 그뒤에 통일된 다민족 국가 중국의 일부가 된 경우는 마땅히 통일된 다민족 국가 중국이 형성되는 초기 단계로 보아야 하므로 초기 단계만 떼어내서 그때는 국내에 속하지 않는다고 할 것이 아니라 그때 바로 국내가 되고 있는 중이었다고 보아야 할 것이다.

(6) 조공과 군신 관계의 여러 형태를 구분하고 조공과 군신 관계가 대부분 국내에 속하는 것임을 인정하는 것은 역사상 장기적으로 중앙 황조에 대해 신하 관계에 있지 않은 독립된 변경 정권이 존재하지 않았음을 증명하는 것이다. 이들 지방 자치 정권이 일찍부터 중앙 관할에 속해 있었음을 보지 못하고 그들이 국외 민족이라고 여기는 것은 잘못된 것이다. 역대 중앙 황조가 중국을 대표함을 인정하는 것은, 중앙에 예속되어 있는 각 지방 민족정권이 중국의 일부분임을 인정하는 것도 포함된다. 따라서 그들의 영토는 중국 영토의 일부분이다. 중앙 황조가 중국을 대표함을 인정하는 것은 한·당·명대의 한족 중앙 황조가 중국을 대표함을 인정하는 것뿐만 아니라 원·청대 등의 기타 민족이 중앙 황조를 대표함을 인정하는 것도 포함한다. 한족 왕조의 영토에 포함되는 것만 국내로 여길 수는 없는 것이다. 일시적인 분열 시기에는 떨어져 나간 각 정권 상호 간에 외국이라고 일컬을 수도 있다. 하지만 전체 역사의 견지에서 본다면 통일된 다민족 국가 중국의 분열로서 모두 중국의 일부분이지 중국에 대한 외국은 아니다. 따라서 동진(東晋)·남송(南宋)은 물론 북위(北魏)·요(辽)·금(金) 등이 중국을 대표함을 인정해야 한다. 그들의 영토는 모두 중국 영토의 일부분이다.[11]

손진기가 이야기하는 '역사상 대체로 안정적인 전통적 국경'이라는 기준은, (1) 같은 장소에서 담기양이 이야기했던 '수천 년 역사 발전을 통해 자연 형성된 중국이 역사상의 중국'이라는 기준과 (2) 같은 장소에서 두영곤(杜荣坤) 이야기했던 '대체적으로 전통적이고 안정적인 범위'[12]라는 기준과도 거의 일치하는 주장이다.

손진기·담기양·두영곤 등이 제기한 이러한 '역사상 대체로 안정적인 전통적 국경'류의 애매모호한 국경 개념은 "지금의 영토를 근거로 역사상의 영토를 확정지으려면 제정러시아로 말미암아 점령당한 토지는 역사적으로 중국이 아니라는 점을 반드시 인정해야 한다"는 약점을 보강하기 위해서라고 한다.[13] 이런 논의가 지금도 역사상 정권과 민족의 귀속을 확정짓는 이론적 토대가 되고 있다.

이처럼 1980년대부터 담기양을 대표로 하여 주장된 "전체 역사 시기를 통해 파악해야 하며 전체 수천 년의 역사 발전을 통해 자연 형성된 중국이 역사상의 중국"(담기양의 주장/필자)이라는, 즉 중국 역사상의 전통적 국경이 지

---

11) 孙进己, 〈중국 역사상 민족관계의 몇 가지 문제(我国历史上民族夬系的几个问题)〉, 《中國民族關係史研究》, 北京 : 中國社會科學出版社, 1984 ; 孙进己, 〈我国历史上疆域形成, 变迁的理论研究〉, 79~80쪽에서 재인용.

12) "역사상 우리의 위대한 조국은 광활한 땅에 많은 사람이 살던 국가로서 오늘날 중국의 경계에 국한되지 않는다. 오늘날 중국의 영토는 그에 견주면 훨씬 작아진 것으로서 이는 근대 제국주의, 특히 제정러시아 제국주의가 중국의 북부 지역에 침입한 이후에 점차 빚어진 것이다. 역사상 중국의 영토는 고대 각 민족이 공동으로 개척하고 창조해낸 것으로 대체적으로 전통적이고 안정적인 범위를 갖고 있다(历史上, 我们伟大的祖国, 是一个幅员辽阔的国家, 并不限于今天中国的国界, 今天中国的疆界要比它小得多, 这是近代帝国主义, 特别是沙俄帝国主义入侵我北部地区以后, 才逐渐造成的. 历史上祖国的疆域, 是由古代各民族共同开拓和缔造的, 它大体上有一个传统和稳定的范围)." 杜荣坤, 〈중국 역사상의 통일과 분열, 민족전쟁과 민족영웅에 대한 시론(试论我国历史上的统一与分裂, 民族战争与民族英雄)〉, 《歷史敎育》, 1982年 1期 ; 孙进己, 같은 글, 2003, 80쪽에서 재인용.

13) 孙进己, 같은 글, 같은 곳 참조.

금의 국경을 대신한다는 주장이 중국 학술계에서 점차 힘을 얻게 되었다.
이 주장의 장점은 현재뿐만 아니라 전체 역사 시기의 발전을 고려함으로써
역사적 귀속과 현재의 귀속을 통일시킨다는 것이다. 그뒤 학술계에서는 대부
분 이 주장을 채택해 역사상 정권과 민족의 귀속을 확정짓고 있다.[14]

곧, (1) 담기양 등이 제시한 '중국 역사상의 전통적 국경이 지금의
국경을 대신한다'는 주장이 점차 힘을 얻었고, (2) 1980년대 이후로 대부
분 이 주장을 채택해 역사상 정권과 민족의 귀속을 확정짓고 있다는
것이다.

(3) 제3차 대토론(1990년대~)

1990년대에 들어서 제3차 대토론이 벌어진다. 이 토론의 역사적 배경
은 "국외의 일부 학자들이 중국 역사상의 일부 변경민족은 중국이 아니
라고 말하면서 비롯된 것"이라고 한다.[15] 주로 남·북한 학자들이겠지만,
일부 외국 학자들이 '중국의 학자들이 지금의 영토를 기준으로 역사상의
영토를 확정짓는 것은 잘못'[16]이라고 공개적으로 공격했기 때문에 중국
학자들도 이에 대응하면서 자신의 주장을 했다는 것이다.

1990년대 중국 학자들의 논문은 외국 학자들의 논의에 반박하는 형식
이었기 때문인지 대부분 '구체적인 민족과 정권의 귀속 사례를 통해
영토 문제를 토론한 것'이고 '이론적인 주장'이 담긴 글은 많지 않았다.
그 가운데서도 손진기가 잇달아 논문을 발표해[17] '역사상 정치적 관할

---

14) 같은 글, 같은 곳.
15) 같은 글, 같은 곳.
16) 朴时亨, 〈발해사연구를 위하여(为了渤海史硏究)〉, 《渤海史译文集》, 黑龙江社科院历
史所, 1986.
17) 孙进己, 〈담기양 선생의 학술사상을 계승 발전시켜 변경 역사지리 연구를 부단히 추진하

을 귀속 확정의 근거로 삼을 것을 강조'하며 주도적인 역할을 한다. 특히 손진기 등이 편집 출판한 《역사상 정권·민족 귀속이론 연구(历史上政权 民族归属理论研究)》는 '건국 이래 영토 이론 연구에 관한 학자들의 주장' 을 간추려놓은 것이다.[18]

그뒤, 장벽파(张碧波) 등이 논문을 발표해 '민족과 문화의 기원'을 통해 중국 역사상의 영토를 확정짓자는 주장을 제기한다.[19] 이런 토론은 지금도 계속되고 있다.

결국 통일적 다민족 국가론의 논의는 의견이 서로 다른 점도 있지만 기본적인 시각은 '현재의 중국 영토 안에 있는 모든 민족과 그 역사는 중화민족이고 중국 역사'라는 것이다.

(4) 새로운 중화민족 개념의 탄생

이런 '통일적 다민족 국가론'을 바탕으로 '중화민족과 4방의 야만인인 동이·서융·남만·북적'이라는 전통적인 화이관은 무너지고, 4방의 야만인들을 모두 중화민족의 개념 안에 받아들이는 '새로운 중화민족 개념' 이 완성되는 것이다.

이제 중국은 지금의 중국 영토 안에 있는 고대로부터의 모든 민족을 '3대 집단'으로 재분류하고 있다. 이와 관련해서는 요령성 박물관에서 2006년 6월부터 9월까지 열린 〈요하문명전〉 입구에 제시된 '5제 시대

자(继承发扬谭其骧先生的学术思想, 不断推进边疆史地的研究)〉,《동북아역사지리연구》, 河南 : 中州古籍出版社, 1995.

18) 孙进己,〈역사상 정권·민족 귀속이론 연구(历史上政权, 民族归属理论研究)〉(심사본), 1999.

19) 张碧波,〈역사상 민족 귀속과 영토 문제에 대한 재사고(关于历史上民族归属与疆域问题的再思考)〉,《黑土地的古代文明)》, 遠方出版社, 1999.

3대 집단' 도표를 통해 뒤에서 상세히 언급할 것이다.

3. 중화 문명의 기원지에 대한 견해의 변화

(1) 황하 중류 앙소 문화를 중화 문명의 기원지로

대부분의 세계사에서 세계 4대 문명으로 '이집트 문명', '메소포타미아 문명', '인더스 문명', '황하 문명'을 든다. 황하 중류의 농경 신석기 문화인 앙소 문화(기원전 4500~)를 토대로 한 문명이 바로 우리가 일반적으로 알고 있는 '황하 문명'이다.

중국 황하(黃河) 중상류 유역의 신석기 문화로 화북(華北) 지방에서 일어난 최초의 농경 문화이다. 그뒤 동진(東進)하여 산동반도 일대의 신석기 문화인 용산(龍山) 문화의 모체가 되었다. 앙소 문화는 붉은 채색 토기인 홍도(紅陶)가 특색이며, (1) 감숙성(甘肅省)의 마가요(馬家窯) 유형, (2) 서안(西安) 지역의 반파(半坡) 유형, (3) 하남성(河南省)의 묘저구(廟底溝) 유형으로 구별된다. 오랫동안 중국은 세계 4대 문명의 발상지인 황하 유역의 앙소 문화를 '중화 문명의 서광'이 처음 빛을 발한 '중화 문명의 기원지'로 보았다.

(2) 장강(양자강) 하류 하모도 문화를 중화 문명의 기원지로

1973년 장강(양자강) 하류 지역에서 앙소 문화보다 약 1,000년 정도 앞서는 하모도 문화(기원전 5000~)가 발굴되었다. 이를 계기로 중국은 '중화 문명의 서광'이 장강 유역 하모도 문화에서부터 빛을 발하기 시작했다고 보기 시작했다. 필자가 소장하고 있는 중국 고고학 관련 VCD

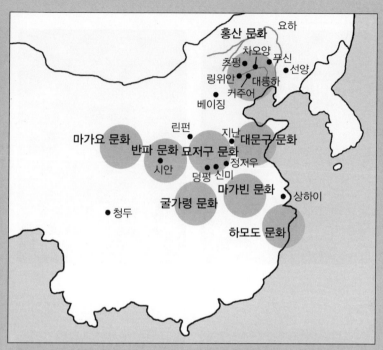

〈그림 1〉 중국의 주요 신석기 문화 : 앙소 문화는 황하 중상류의 마가요 문화, 반파 문화, 묘저구 문화를 모두 일컫는다

자료인 〈중화 문명의 서광〉에서도 중화 문명의 시작을 하모도 문화로 설명하고 있다(〈그림 2〉 참조).

(3) 요하 일대의 소하서 문화, 흥륭와 문화, 사해 문화 등을 중화 문명의 기원지로

1980년대 이후 요하 일대에서 하모도 문화보다 앞선 신석기 유적들이 대량으로 발굴되기 시작했다. 곧, 소하서(小河西) 문화(기원전 7000~기원전 6500), 흥륭와(興隆洼) 문화(기원전 6200~기원전 5200), 사해(查海) 문화

〈그림 2〉 요하 문명론의 논리가 적용되기 이전의 중국 고고학과 관련된 VCD 자료(필자 소장) : 중국 최초의 '원시촌락사회'를 '앙소 문화의 반파 유적'으로 본다(위쪽). 그리고 중국 최초의 '문명의 서광'이 비친 곳을 장강 유역의 하모도 문화로 본다(아래쪽)

(기원전 5600~) 등 동북아 전체에서 가장 이른 시기의 신석기 유적들이
대거 발견되고 있다. 이런 신석기 문화를 바탕으로 이미 초기 국가 단계
에 들어섰다고 보는 홍산(紅山) 문화 만기(기원전 3500~기원전 2500)가
꽃피게 된다.[20] 최근 중국 학자들은 요하 일대의 신석기 문화를 모두
광의의 '홍산 문화'라고 일컫기도 한다. 요하 일대의 여러 신석기 문화
유적에 대해서는 뒤에서 다시 상론하기로 한다.

결론적으로, 요하 일대의 신석기 문화는 황하나 장강 지역보다도 빠르
고 앞선 것이었다. '하상주단대공정'·'중국고대문명탐원공정'·'동북공
정' 등 역사 관련 공정들을 통해 중국은 이 요하 일대에서 중화 문명이
발생했다고 보기 시작했다. 곧 중화 문명이 요하 지역에서 시작되었다는
것이다. 이것이 요하 문명론이다.

전통적으로 요하 일대는 만리장성 밖으로, 중국의 사서에서는 그동안
문명화한 중화민족이 아닌 야만적인 북적(北狄)과 동이(東夷)의 거주지
로 등장했다. 그러나 현대 고고학은 이 요하 일대의 신석기 문화가 중원
의 것보다 훨씬 앞서고 발달되었다는 것을 보여주고 있다. 중국으로서는
여러 이유로 이 요하 지역을 놓칠 수가 없게 된 것이다.

첫째, 만일 요하 일대의 신석기 문화를 북적과 동이의 문화권으로
보면, 야만족이라고 비하하던 이들이 전통적인 중화민족보다 앞선 문명
을 지닌 집단이 되는 것이다. 이런 까닭에 중국은 '중국고대문명탐원공
정'을 통해 요하 일대뿐만이 아니라 동북 만주 일대의 모든 소수민족을
'중화민족'의 일원으로 끌어들이고 있다. 곧 북방의 모든 소수민족은
황제족의 후예라는 논리를 개발하고 있다. 요하 문명론이 완성되면 단
군·웅녀·주몽을 비롯한 모든 동북 만주 지역의 소수민족은 자연히 황제

---

20) 홍산 문화를 기원전 4500년에서 기원전 2500년까지로 보면, 홍산 문화 조기(기원전
4500~기원전 3500)와 홍산 문화 만기(기원전 3500~기원전 2500)로 나뉜다.

족의 후예가 되는 것이다.

둘째, 많은 중국 학자들은 요하 일대에서 남하한 이들이 상(商)나라를 세웠다고 보아왔고, 요하 일대의 주도 세력은 예(濊)·맥(貊) 계열이라고 보아왔다. 이 예·맥 계열의 민족들은 후대의 부여·고구려로 이어지는 것이다. 그런데 이 일대가 중원보다 신석기가 앞선다면 중국 문명은 요하 문명의 지류나 방계 문명으로 전락할 수밖에 없는 상황인 것이다. 이런 까닭에 중국은 중화 문명의 기원을 요하 일대로 옮기려고 하는 것이다.

4. 세계를 놀라게 한 홍산 문화 우하량 유적

홍산 문화의 진면목이 드러난 것은 세계를 놀라게 한 홍산 문화 만기 (기원전 3500~기원전 2500) 우하량 유적지의 발견이었다. 그뒤 지금까지 도 엄청난 유적지들이 계속해서 발견·발굴되고 있다. 우하량 유적지의 발굴은 세계 문명사를 다시 쓰게 하는 엄청난 것이었다. 최근에도 계속 새로운 발견과 발굴이 이어지고 있다. 중국은 2006년 말에 이 유적지를 세계문화유산 예비 명단에 이미 올려놓았다.

(1) 우하량 유적의 발견과 특징

1979년 5월 요령성 조양시(朝阳市) 객나심좌익 몽고족자치현(喀喇沁 左翼 蒙古族自治县, 지금은 喀喇顯) 동산취촌(东山嘴村) 뒷산 정상에서 대 형 제단 유적인 '동산취 유적'이 발견되었다. 1983년부터 1985년에 걸쳐 동산취 유적에서 50킬로미터 정도 떨어진 능원(凌源縣)과 건평(建平縣) 의 경계 지역인 우하량촌(牛河梁村)에서 대대적으로 발굴되기 시작했다.

1986년 7월 24일, 신화사 통신은 우하량 유적에서 기원전 3500년까지 올라가는 대형 제단과 여신묘(女神廟) 그리고 적석총군(積石塚郡)이 발굴되었다는 소식을 전했다. 고고학자들은 여러 발굴 결과들을 토대로 우하량 유적이 이미 모든 국가 단계의 조건을 다 갖춘 문명사회였다고 발표하기에 이른다. 중화 문명의 예제(禮制)의 기원, 더 나아가 중화 문명의 기원이 이곳에서 출발한다고 보기 시작한 것이다.

이들 유적은 기원전 3500년까지 올라가는 신석기시대의 것이었다. 이것들은 기원전 3500년 당시에 이미 (1) 계급이 분화되고, (2) 사회적 분업이 이루어지고 있었으며, (3) 이미 초기 국가 단계에 들어섰음을 보여주는 놀라운 유적이다.

기존에 3황 5제의 신화시대를 운운하던 기원전 3500년에 이미 초기 국가 단계의 대규모 유적이 발견되었으니 놀랄 수밖에 없었다. 종래 중국에서는 황하 유역의 하(夏)나라에서 시작해서 상(商)나라와 주(周)나라로 이어지는 고대 국가 단계를 설정했다. 우하량 유적지의 발견은 이런 정설을 완전히 무너뜨리는 것이었다.

우하량 유적지가 발견되기 전에 중국은 황하 유역 앙소 문화 지역을 중화 문명의 시발점이자 중화 문명의 고향이라고 여겼다. 그뒤 1973년 장강 하류에서 앙소 문화보다 이른 시기의 하모도 문화가 발견되면서 중화 문명의 시발점을 하모도 문화로 보고, 앙소 문화와 하모도 문화 지역을 중화 문명의 2대 원류로 보아왔다.

우하량 유적이 발견된 뒤 중국은 앙소 문화, 하모도 문화, 홍산 문화를 중국 문명의 3대 원류로 보고 있다. 이 세 곳 가운데 중화 문명의 시발점을 홍산 문화로 여기며, 요하 일대를 세계에서 가장 오래된 '요하 문명'으로 새롭게 부각시키고 있다.

홍산 문화의 우하량 유적은 요하 유역에서 이보다 앞선, (1) '동북아시아 최초의 신석기 문화' 유적인 소하서 문화(기원전 7000~기원전 6500),

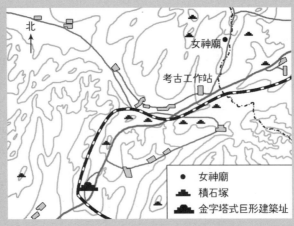

〈그림 3〉 우하량 지역 유적 분포도

(2) 해자로 둘러싸인 동북아 최초의 집단 주거지 '화하제일촌(華夏第一村)'이 발견되고 '세계 최초의 옥귀걸이'가 발견된 흥륭와 문화(기원전 6200~5200), (3) 돌을 쌓아 만든 최초의 용(龍) 형상물 '중화제일용(中華第一龍)'이 발견된 사해 문화(기원전 5600~), (4) 최초의 봉(鳳) 형상물 '중화제일봉(中華第一鳳)'이 발견된 조보구(趙宝沟) 문화(기원전 5000~기원전 4400), (5) 옥으로 만든 또 하나의 '중화제일용(中華第一龍)'이 발견된 홍산 문화(기원전 4500~기원전 2500) 등 앞선 신석기 문화 유적지들이 흩어져 있다. 특히 기원전 3500년까지 올라가고 대규모 적석총과 제단이 확인되어 초기 국가 단계로 들어섰다고 보고 있는 홍산 문화 우하량 유적지의 발견은 중국으로서는 충격이었다.

(2) 우하량 제2지점 제단 유적지

우하량 유적지가 발굴된 지역을 상세히 알아보기 위해 먼저 유적 분포도를 보자. 〈그림 3〉에서 철로와 도로로 연결된 오른쪽 위로 가면 건평현

〈그림 4〉 우하량 제2지점 제단 유적지 전경 : 사진에 '약 5500년 전에 이미 국가가 되기 위한 모든 조건을 다 구비하고 있는 홍산 문화 유적지[5500年前具有國家雛形的原始社會遺址－牛河梁紅山文化遺址/Niuheliang Hongshan Cultural Site with all conditions to be a state some 5500 years ago]'라는 설명이 붙어 있다

(建平縣)이고 왼쪽 아래로 내려가면 능원현(凌源縣)이다. 이 두 현의 경계 지역에 우하량 유적지가 분포한다.

먼저, 이 분포도에는 제단 유적이 기록되어 있지 않지만, 고고공작참 (考古工作站)에서 동남쪽에 있는 것이 우하량 제2지점으로, 원형과 방형 의 제단이 있는 유적지이다. 이 제단 유적도 모두 적석총의 형태로 건축 되었기 때문에 모두 적석총으로 표기를 했을 뿐이다. 이 제단 유적을 상세히 보면 〈그림 4〉와 같다.

여기서 보듯이 3원 구조로 된 거대한 원형(圓形) 제단과 방형(方形) 제단터가 발굴되었다. 제단터의 전체 모습은 발굴 조사 때 그린 〈그림 5〉를 보면 더욱 명확하게 알 수 있다.

우리가 주목해서 보아야 하는 것은 사진 하단에 이 제단 유적지를

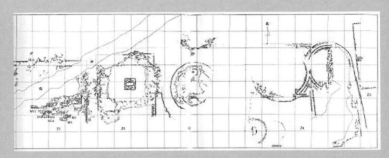

〈그림 5〉 우하량 제2지점 제단 유적지 발굴 조사 그림(한 칸은 6×6미터)

〈그림 6〉 우하량 제2지점 제4호총

설명하고 있는 문구이다. 중문과 영문으로 분명하게 "약 5500년 전에 국가가 되기 위한 모든 조건들(all conditions to be a state)을 갖추고 있는 우하량 홍산 문화 유적지"라고 소개하고 있다. 이것은 우하량 제2지점의 제단·신전·적석총 등 각종 유적지를 통해 홍산 문화가 지금으로부터 5500년 전인 기원전 3500년경에 이미 국가 추형(雛形, 원형·모델)으로서 모든 조건을 갖추고 있었다는 것을 밝히고 있는 것이다.

중국 학자들은 우하량 제2지점에서 발견된 원형과 방형의 제단 유적을 '천원지방(天圓地方)' 사상의 원형이자 북경 천단 구조의 원형이라고

〈그림 7〉 북경 천단의 구조 : 환구의 중심에 있는 천심석(天心石) 주변(왼쪽)/앞의 원형 3단이 환구(環丘), 뒤의 원형 3단 위의 건물이 기년전(祈年殿)이다(오른쪽)

보고 있다. 우하량 제단 유적과 〈그림 7〉의 북경 천단의 구조를 비교해서 보면 이런 논의가 과장이 아님을 알 수 있다.

북방 민족인 만주족의 청나라 때 현재의 모습을 갖춘 환구의 수리 구조는 1-3-9-81로 이어지는 북방 샤머니즘의 고유한 사유 체계인 '3수 분화의 세계관'을 형상화하고 있다. 곧 환구의 중심에 있는 천심석 (天心石)을 가운데 두고 첫번째 원은 9개의 대리석으로, 두번째 원은 18개(9×2)…… 마지막 아홉번째 바퀴는 81개(9×9)의 대리석으로 원을 둘러싸고 있다.

필자는 수렵·유목 문화에 기반한 북방 샤머니즘의 사유 체계의 특징을 '3수 분화의 세계관'이라고 이름하고, 이것을 '동북아시아의 모태 문화'라고 본다. '모태 문화'라는 개념은, 같은 어머니에서 비슷하지만 서로 다른 자식이 태어나는 것처럼 동북 샤머니즘을 공유하고 있는 한·중·일·몽골 등의 비슷하지만 서로 다른 문화의 바탕에 깔린 공유된 문화라는 뜻으로 사용된 것이다. '3수 분화의 세계관'에서 보이는 독특한 수(數)의 상징적 의미에 대해 필자는 다음과 같이 정리한 바 있다.

3수 분화의 세계관은 없음(0)에서 하나(1)가 나오고, 하나에서 셋(3)으로

분화되고, 셋이 각각 셋으로 분화되어 아홉(9)이 생겨난다. 이러한 인식틀에
서 3은 '변화의 계기수'가 되고, 9는 '변화의 완성수'가 되며, 9의 자기 복제수
인 81(9×9=81)은 '우주적 완성수'를 의미한다.[21]

이런 북방 샤머니즘의 '3수 분화의 세계관'은, 북방 샤머니즘의 중요
한 관념 체계인 삼계구천설(三界九天說), 우주수(宇宙樹) 관념, 삼혼일체
설(三魂一體說) 등과 연결되어 있다. 또한 '3수 분화의 세계관'은《한서》
〈율력지〉에 보이는 '태극원기 함삼위일(太極元氣 函三爲一)'이라는 최초
의 태극 관념인 삼태극(三太極)·삼원태극(三元太極) 관념과도 이어진
다.[22] 이런 점에 대해서는 이미 여러 저작과 논문을 통해 상세히 논의한
바 있다.[23]

도교와 한국의 선교 및 각종 민족종교에 나타나는 수의 상징성도 이러
한 북방 샤머니즘의 '3수 분화의 세계관'을 바탕으로 하고 있다.[24] 도교와
한국 민족종교의 각종 상징 체계에서 '하나에서 셋으로' 분화되는 사유
체계는 매우 중요하게 취급되고 일반적으로 '3.1철학'으로 부른다. 그러
나 '3.1철학'이라는 표현은 성수(聖數) 3의 논리가 강조되고 있을 뿐이어
서, 그런 사유 체계의 전모를 살펴보기 어렵다. 북방 소수민족들의 신화·
전설 등에서는 3·9·81 등의 수가 반복적으로 중요한 성수(聖數)로 등장
하기 때문이다. 이러한 '3수 분화의 세계관'은 기원전 3500년까지 올라

21) 우실하, 《전통 문화의 구성 원리》, 서울 : 소나무, 1998, 12쪽.
22) 《漢書》 卷21上, 〈律曆志〉 第1上 ;《漢書》, 北京 : 中華書局, 1992, 第四冊, 964쪽.
23) 우실하, 〈동북아시아 모태문화와 '3수 분화의 세계관'〉,《문화와 사람》 창간호, 서울 : 한
    국문화심리학회, 2000, 225~255쪽 ; 우실하, 〈최초의 태극 관념은 음양태극이 아니라
    삼태극/삼원태극이었다〉,《동양사회사상》 제8집, 서울 : 동양사회사상학회, 2003, 5~37
    쪽 ; 우실하, 〈동북아 샤머니즘의 성수(聖數 : 3.7.9.81)의 기원에 대하여〉,《단군학연구》
    제10호, 서울 : 단군학회, 2004, 205~240쪽.
24) 우실하, 〈도교와 민족종교에 보이는 '3수 분화의 세계관'〉,《도교문화연구》 제24집, 서
    울 : 한국도교문화학회, 2006, 99~133쪽.

가는 내몽고 지역의 신석기시대 홍산 문화의 옥기(玉器)에서도 이미 보인다.[25]

이런 까닭에 필자는, (1) 하나에서 셋으로 분화될 뿐만이 아니라, (2) 셋이 각각 셋으로 분화되어 '완성수' 9를 이루고, (3) 완성수 9의 제곱수인 81로 '우주적 완성수'를 삼는 일련의 사유 체계를 '3수 분화의 세계관'이라고 부른다.

홍산 문화 지역에서 발견된 옥기 가운데는 '3수 분화의 세계관'을 그대로 보여주는 옥기도 있다. 필자가 요령대학에 재직하고 있던 2002년 5월부터 7월까지, 개인 소장자인 황강태(黃康泰) 선생은 20여 년 동안 홍산 문화 지역을 돌면서 수집한 1,500여 점의 홍산 옥기들을 〈홍산문화옥석기정품전(紅山文化玉石器精品展)〉이라는 이름으로 심양의 9.18역사박물관에서 전시한 적이 있다. 그 옥기의 양이나 조각의 정교함 등은 실로 놀라울 뿐이다. 황 선생의 양해를 구하고 모든 전시품을 비디오로 찍어두었으며, 몇 점은 필자의 최근 저서를 통해서 소개가 되었다.[26]

특히 〈그림 8〉의 저룡(猪龍)은 모든 이들의 주목을 끌었던 것이다. 필자의 연구에 따르면, 북방 샤머니즘의 독특한 세계 이해는 '1-3-9-81'로 이어지는 '3수 분화의 세계관'을 바탕으로 하고 있으며 3·9·81은 북방의 성수이다.[27] 〈그림 8〉의 저룡을 보면, (1) 저룡과 봉이 합체되어 있고, (2) 이들의 자식들로 보이는 9마리의 저룡이 보이며, (3) 9마리의 저룡 위에는 각각 9마리의 새끼 저룡들이 끼워져 총 81마리의 저룡을 확인할 수 있다.[28]

---

25) 우실하, 〈동북아 샤머니즘의 성수(聖數 : 3.7.9.81)의 기원에 대하여〉 참조.

26) 우실하, 《전통 음악의 구조와 원리 : 삼태극의 춤, 동양 음악》, 소나무, 2004, 제5장 참조.

27) 우실하, 〈동북아 성수(聖數 : 3,7,9,81)의 기원에 대하여〉, 《단군학연구》 제10집, 2004, 205~240쪽 참조.

28) 우실하, 《전통 음악의 구조와 원리 : 삼태극의 춤, 동양 음악》, 190~192쪽.

〈그림 8〉 전형적인 홍산 문화 저룡(猪龍)과 황강태 선생 소장 홍산 옥기들 : 전형적인 홍산 문화 저룡(왼쪽)과 황강태 선생 소장의 저룡(가운데). 오른쪽은 전시장 입구의 모습(왼쪽부터 필자, 황강태 선생, 조선족 친구 윤종록)

결국 중원으로 들어가 신선 사상과 도가 사상이 되고, 한반도로 들어와 선도·풍류도 및 각종 민족 종교의 독특한 사유 체계가 수리 체계로 다듬어진 것도 결국 요하 유역의 홍산 문화 시대였다고 생각된다.

(3) 우하량 제2지점 여신묘 유적지

여신묘 유적에서는 거대한 신전터가 발굴되었고, 여기에서는 실제 사람 크기의 흙으로 만든 여신이 발굴되었다. 여신묘 유적지는 우하량 제2지점의 북쪽 산 중턱에 있다. 여신의 두상에서 눈동자는 둥근 옥을 사용해 표현했다. 여신묘 발굴 당시의 사진과 여신묘 유적지 그리고 여신의 두상 등을 소개하면 〈그림 9〉~〈그림 11〉과 같다.

(4) 지금도 새롭게 발견되고 있는 거대 적석총 유적지들

지금도 홍산 문화 각 지역에 대한 발굴 조사가 대규모로 진행 중이며, 거대한 적석총들이 속속 발견·발굴되고 있다. 2006년 6월에도 또 다른 거대 적석총군이 발견되었다. 〈그림 12〉와 〈그림 13〉은 이 사실을 보도하고 있는 자료들이다. 2006년 6월 10일 CCTV 보도에 따르면, 내몽고

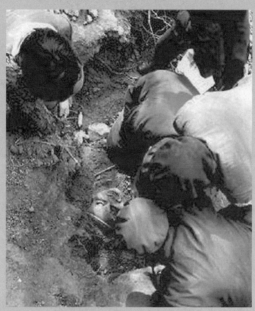

〈그림 9〉 여신묘 발굴 당시의 사진

〈그림 10〉 여신묘 유적지와 복원도

〈그림 11〉 여신의 두상, 반가부좌를 한 하체, 같이 발굴된 소형 도제(陶制) 여신상

内蒙古发现一处距今5500年的红山文化积石冢群

2006年06月10日 14：46 中央电视台

www.cctv.com 2006年06月10日 13：00

　　新华网呼和浩特6月10日电(马暄, 柴海亮)文物考古工作者近日在内蒙古自治区敖汉旗四家子草帽山遗址发现一处5500前红山文化时期的积石冢群, 这一发现为研究中国古代北方地区的原始宗教, 葬俗, 祭祀等提供了新资料.

　　目前, 考古人员在已揭露的积石冢群中发现了3座石棺, 由于墓葬离地表比较近破坏严重, 周围堆砌的石头只剩下了西面和北面. 其中, 中心石棺墓长2米多, 棺内只剩下一部分上肢骨和下肢骨. 目前还有发现任何随葬品. 此外, 考古人员还在积石冢外围发现了陶片带, 这是5500年前红山先民的一个特殊祭祀习俗. 考古人员通过位于祭坛中间的大石棺墓前一片厚厚的红烧土可以判断, 当时这里经常有人来祭祀, 埋葬的应该是个很重要的人物. 在红山文化时期, 社会上层人士去世之后往往被安葬于山顶之上, 封土积石, 形成独具特色的山上积石冢.

〈그림 12〉 2006년 6월 새로운 적석총군의 발견을 알리는 보도 내용들

内蒙古发现距今5500年的红山文化积石冢群

来源：新华网(06/06/11 09：19)

　　新华网呼和浩特6月10日电(马暄, 柴海亮)文物考古工作者近日在内蒙古自治区敖汉旗 四家子草帽山遗址发现一处5500前红山文化时期的积石冢群, 这一发现为研究中国古代北方地区的原始宗教, 葬俗, 祭祀等提供了新资料.

　　目前, 考古人员在已揭露的积石冢群中发现了3座石棺, 由于墓葬离地表比较近破坏严重, 周围堆砌的石头只剩下了西面和北面. 其中, 中心石棺墓长2米多, 内只剩下一部分上肢骨和下肢骨. 前还有发现任何随葬品. 外, 古人员还在积石冢外围发现了陶片带, 这是5500年前红山先民的一个特殊祭祀习俗. 古人员通过位于祭坛中间的大石棺墓前一片厚厚的红烧土可以判断, 当时这里经常有人来祭祀, 埋葬的应该是个很重要的人物. 红山文化时期, 会上层人士去世之后往往被安葬于山顶之上, 土积石, 成独具特色的山上积石冢.

〈그림 13〉 2006년 6월 새로운 적석총군의 발견을 알리는 보도 내용들

〈그림 14〉 홍산 문화 유적지에서 발견된 거대 적석총 유적의 모습

적봉시 오한기(敖汉旗) 사가자(四家子) 초모산(草帽山) 유적지에서 5,500년 전 홍산 문화 시대의 적석총군이 새롭게 발견되었다.

이 지역은, 청동기시대로 가면 기원전 24세기에서 기원전 15세기 적봉 일대의 하가점(下家店) 하층문화, 기원전 14세기에서 기원전 7세기의 하가점 상층문화, 기원전 14세기부터 서주 무렵까지의 조양시(朝陽市) 위영자(魏營子) 문화 등으로 이어진다. 특히 하가점 하층문화와 하가점 상층문화는 홍산 문화의 후속 문화로, 이 지역에서 발원한 단군조선과 밀접하게 연결되어 있다.

지금도 홍산 문화 지역에 대한 대규모의 발굴이 진행되고 있기 때문에 세상을 놀라게 할 유적과 유물들이 앞으로도 계속해서 발견될 것이다. 그러나 이런 중대한 발굴 현장에 일본 학자들은 참여하고 있지만 우리나라 학자들이 없다는 것은 큰 문제가 아닐 수 없다.

5. 요하 문명론의 등장

그렇다면 일련의 역사 관련 공정들의 '최종판'이라고 할 수 있는 요하 문명론은 어떤 모습으로 등장하고 있는가? 최근 중국에서 제시하고 있는 '요하 문명론'은, (1) 전통적으로 우리의 선조들인 예·맥족의 활동무대였던 요하 일대를 중화 문명의 시발점으로 재정립하고, (2) 앞선 신석기 유적들을 바탕으로 세계적인 새로운 문명권으로 정립하려는 것이다. 이것은 요하 일대에서 중원 지역보다 앞서고 발달된 신석기 유적들이 대량으로 발굴되었기 때문이다. 새로운 갈등 요소로 등장하고 있는 요하 문명론의 구체적인 모습을 살펴보기로 하자.

(1) 요하 문명론 : 요하 유역을 세계 최고(最古)의 문명권으로

이제까지 중국은 중국 역사의 근원을 북경원인의 출토지인 북경 인근의 구석기시대와 황하 중류의 신석기시대 앙소(仰韶) 문화를 포함하는 '황하 문명권'으로 잡고 있었다. 앙소 문화는 기원전 4500년까지 올라가는 농경 신석기 문화로, 유목을 바탕으로 한 북방 문화와 구별된다. 예로부터 중화민족은 만리장성을 '북방한계선'으로 하여 북방 민족들과는 분명한 경계를 두었다.

그런데 20세기 중반 이후 장성 밖 동북 만주 지역에서 중원 문화보다 시기적으로 앞서고 발달된 신석기 문화가 속속 확인되었다. 특히 기원전 3500년까지 올라가는 대규모 적석총과 제단이 확인되어 초기 국가 단계로 들어섰다고 보는 홍산(紅山) 문화 우하량 유적지의 발견은 중국으로서는 충격이었다.

중국의 요하 문명권 논의의 핵심은 요하 유역의 '홍산 문화'에 있다. 하지만 우리는 홍산 문화를 전공한 전문가도 제대로 없는 상태이다. 동북공정 관련 주요 필진 가운데 한 사람인 곽대순(郭大順)은 심양 요령성박물관에서 열리고 있는 〈요하문명전〉 도록의 서언(序言)에서 중화 문명의 시작을 요하 일대의 '사해 문화'와 '홍산 문화'에 있다고 강조하고 있다. 이것을 정리하면 아래와 같다.

지금으로부터 8,000년 전의 부신(阜新) 사해 문화에서는, (1) 사회조직이 이미 분화된 것을 보여주는 위계적으로 배열된 방 유적지가 발굴되었고, (2) 사회적 분업(分工)을 통해서 옥기(玉器)가 만들어졌으며, (3) 의식의 발전 정도를 나타내는 '용 형상물'도 발견된다. 이것은 사해 문화가 이미 '문명의 시작(文明的 起步)' 단계에 들어섰음을 보여주는 것이다. 요하 문명이 발전해간 모습을 반영하는 요서 지방의 우하량(牛河梁) 홍산 문화 유적에서는, (1) 5,000년 전의 '제단(壇)·사당(廟)·무덤(塚)' 삼위일체의 대규모 종교의례를 상징하는 건축군과, (2) '용(龍)·봉(鳳)·사람(人)' 위주의 각종 옥기(玉器)들이 발견되었다. 이것은 요하 유역이 '문명사회로 진입'했다는 중요한 실증들이다.[29]

이러한 관점은 기존의 황하 문명보다 앞선 요하 문명을 중화 문명의 발상지로 새롭게 정의하고 있는 것들이다. 1980년대 초 '통일적 다민족 국가론'을 바탕으로 '지금의 중국 국경 안에 있는 모든 민족의 역사를 중국사에 포함'시키려는 중국은, 황하 문명보다 이르고 발달된 '요하 문명'을 중화 문명의 발상지의 하나로 재정립하고 있다. 곧, '중국의 요하 문명'이 이집트나 메소포타미아보다 이른 세계 최고(最古)의 문명이라는 논리를 만들어가고 있다.

2005년 7월 24일부터 적봉에서는 홍산 문화 명명 50주년을 기념한 〈홍산 문화 국제학술대회〉가 열렸다. 중국 학자 100여 명과 외국의 학자 15명을 초대하여 50여 편의 논문이 발표되었다. 중국 학자들도 홍산 문화를 예맥족의 문화로 본다. 그러나 이런 학술대회를 통해 중국은 홍산 문화를 주도한 '황제족의 후예들인 예맥족'들이 남하해 고구려 등

---

29) 郭大順, 〈序言 : '遼河文明' 解〉, 遼寧省博物館·遼寧省文物考古研究所, 《遼河文明展 文物集萃》, 沈陽 : 遼寧省博物館·遼寧省文物考古研究所, 2006년 5월.

을 세운다는 논리를 전파하고 있는 것이다. 또한 2006년 6월부터 심양 요령성박물관에서 〈요하문명전〉이 열리고 있다. 이에 대해서는 뒤에서 다시 상론하도록 하겠다.

이런 요하 문명권을 확립하기 위한 선행 작업으로, '하상주단대공정'·'중국고대문명탐원공정'·'동북공정' 등을 시행했던 것이다. 이를 바탕으로 진행되는 '요하 문명론'에서는, (1) 황제의 손자인 고양씨(高陽氏) 전욱(顓頊)과 고신씨(高辛氏) 제곡(帝嚳) 두 씨족 부락이 지금의 하북성과 요령성이 교차하는 유연(幽燕) 지역에서 살면서 모든 북방 민족들의 시조가 되었으며, (2) 만주 지역 '요하 문명권'의 핵심인 홍산 문화는 고양씨 전욱 계통의 문명이며, (3) 고주몽의 '고'씨 성도 고양씨의 후예이기 때문에 붙은 것이라고 본다. 결국 이집트나 수메르문명보다도 오래된 '세계 최고(最古)의 문명'임을 밝히려는 거대한 프로젝트인 것이다.

(2) 요령성박물관 〈요하문명전〉 각 전시실의 주제 및 핵심적인 내용

현재 요령성박물관에서 전시 중인 〈요하문명전〉은 입구의 전체 설명과 다섯 개의 전시실로 구성되어 있다. 먼저 이것을 알기 쉽게 도표화하면 다음의 〈표 1〉과 같다.

우리가 주의해서 보아야 할 것은, (1) 전시실 입구에 전시된 중화민족의 기원을 '중원의 염제 신농씨 화(華)족 집단', '동남 연해안의 하(夏)족 집단', '동북 연산 남북의 황제(黃帝)족 집단'으로 재정립한 것, (2) 제1전시실에서 보듯이 중화 문명의 첫번째 서광이 '황하 유역'이 아니라 '요하 유역'에서 일어났다고 보는 시각, (3) 제2전시실에서 보듯이 이 지역이 '상·주시대부터' 중원 왕조에 속해 있었고, 이 시기에 소수민족들은 이미 '다원일체(多元一體)'의 관계로 중화민족 안에 들어왔다는 시각, (4) 제3전시실에서 보듯이 진(秦)·한(漢)시대를 기점으로 이 지역이 중원 왕조

순 서	전시실의 주제	핵심적인 내용
입구 .안내	**5제(帝)시대의 '3대 집단'** • 중원의 염제 신농씨 화(華)족 집단 • 동남 연해안 이(夷) 등 하(夏)족 집단 • 동북 연산 남북의 황제(黃帝)족 집단	• 이것은 기존의 동이·서융·남만·북적 등을 모두 중화민족에 넣는 것이다. • 요하 일대를 황제족의 판도에 넣어버리고, 북방의 모든 소수민족은 그 손자인 고양씨 전욱과 고신씨 제곡의 후예라고 주장한다. * 기존에는 황제는 북경 부근, 고양씨 전욱은 황하 중류의 위쪽, 고신씨 제곡은 황하 중류의 아래쪽이 세력권이라고 보았다.
제1전시실	**문명서광(文明曙光)** The Dawn of vilization	이 지역의 구석기·신석기 유적을 통해 요하 유역에서 '중화 문명'의 첫 번째 서광이 일어났다고 주장한다.
제2전시실	**상주북토(商周北土)** The Northern Region of the Shang and Zhou Dynasties	이 지역이 상·주 때부터 중원 왕조에 속해 있었고, 이 지역의 각 소수민족들은 화하민족과는 '다원일체(多元一體)'의 관계로 중화민족 안에 들어왔다고 주장한다.
제3전시실	**화하일통(華夏一通)** The Unification of Huaxia(China)	진(秦)·한(漢) 때를 기점으로 이 지역이 중원 왕조의 판도에 들어왔고, 이 시기에 고구려를 포함한 각 소수민족들이 '중국 역사상 가장 규모가 큰 민족 대융합'을 통해 중화민족으로 통일되었다고 주장한다.
제4전시실	**거란왕조(契丹王朝)** Khitan Kingdom	거란족의 거란(뒤에 요) 왕조는 중국 북방을 통일한 '중국'의 왕조라고 주장한다.
제5전시실	**만족굴기(滿族崛起)** The Rise of the Manchu	이 지역에서 만주족이 일어나 전국을 통일한 것이 청나라이다.

〈표 1〉 〈요하문명전〉 각 전시실의 주제와 핵심 내용

〈그림 15〉〈요하문명전〉 안내 현수막(필자 사진)

〈그림 16〉〈요하문명전〉 입구에 있는 '5제 시대 3대 집단' 설명문 : 동이 등은 하족 집단으로 대표되고, 요하 일대가 모두 황제족의 판도로 설명되어 있다

의 판도에 들어왔고, 이 시기에 고구려를 포함한 각 소수민족들이 '민족 대융합'을 통해 '중화민족으로 통일'되었다는 시각이다.

특히 우리가 '요하 문명론'과 관련하여 주목해야 하는 것은 전시실 입구의 중화민족 기원에 대한 새로운 시각이다. 이것은 요하 문명론의 바탕이 되는 것으로, (1) 기존의 동이·서융·남만·북적 등을 모두 중화민족에 넣고, (2) 요하 일대를 황제족의 판도에 넣어버리고, (3) 북방의 모든 소수민족은 황제의 손자라는 고양씨 전욱과 고신씨 제곡의 후예라고 주장한다. 기존의 중국 학자들은 황제는 북경 부근, 고양씨 전욱은 황하 중류의 위쪽, 고신씨 제곡은 황하 중류의 아래쪽이 세력권이라고 보았다. 그러나 일련의 역사 관련 공정이 완료되어가면서 전혀 '새로운 중화민족 개념'이 탄생한 것이다.

첫째, '5제 시대 3대 집단' 도표는 중화민족을 새롭게 3대 집단으로 재편하는 것으로, 요하 문명론의 가장 기초가 되는 새로운 시각이다. 이제까지 중국은 전통적인 화이관에 따라, (1) 중원을 중심으로 한 화하족(華夏族), (2) 산동반도와 발해만 그리고 장강 하류에 이르는 동이족, (3) 장강(양자강) 유역의 묘만족(苗灣族), (4) 서쪽의 서융(西戎), (5) 북쪽의 북적으로 나누었다. 이 가운데 화하족·동이족·묘만족이 주요 역사 서술의 대상이었고, 서융과 북적은 중요하게 다루지도 않았다.

비교를 위해서, 유명한 중국계 학자인 장광직(張光直)이 《상문명(商文明)》에서 제시한 중국의 고대 민족 분포도를 보자(〈그림 17〉).[30] 장광직의 분포도에 따르면 발해만 북쪽 요서 지방은 동이족의 세력 범위에 들어 있다. 동이와 남만은 여기에도 포함되어 있지만, 서융과 북적은 주요 세력으로 보지도 않았다. 요하 유역의 신석기 문화, 특히 홍산 문화가 발견되면서 이제 야만인 취급을 받던 '동이'와 '북적'이 가장 이른 시기에

---

30) 張光直, 윤내현 옮김, 《상문명(商文明 : Shang Civilization)》, 서울 : 민음사, 1989, 304쪽.

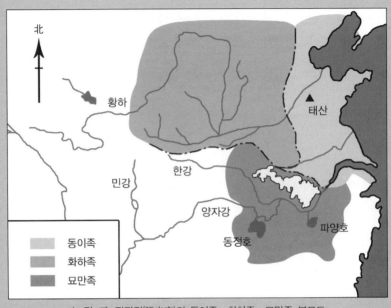

〈그림 17〉 장광직(張光直)의 동이족 · 화하족 · 묘만족 분포도

문명사회에 들어선 중화민족의 시조로, 또 이들이 거주하던 요하 일대가
중화 문명의 시발점으로 재정립되고 있는 것이다.

요하 문명전에서는 이제 장광직이 동이족의 영역이라고 그려놓은 산
동반도와 장강 하류 일대를 모두 하집단(夏集團)으로 몰아 버리고, 발해
만 이북의 동북 전 지역을 황제족의 범위에 넣고 있는 것이다.

이런 요하 문명론이 받아들여지면 요하 일대에서 발원한 모든 민족은
전설과 신화시대의 인물인 황제족의 후예가 된다. 물론 기원전 2333년까
지밖에 못 올라가는 단군도 당연히 황제의 후예가 되는 것이다. 그렇다
면 그뒤의 부여·고구려·발해 등은 말할 필요도 없는 것이다.

둘째, 제1전시실의 주제인 '문명서광(文明曙光)'은 이제까지와 달리
중화 문명이 요하 일대에서 시작되었다는 것을 강조한다. 앞서 제시한
'요하 문명론의 논리가 적용되기 이전의 중국 고고학 관련 VCD 자료'에

〈그림 18〉 제2전시실 입구의 '상주북토'와 '방국 문명' 안내문 : 초기 청동기시대인 하가점 하층 문화부터 하(夏)·상(商)·주(周)에 이르기까지 북방의 모든 소수민족들은 중원 왕조와 밀접히 연결되어 있고, 상나라 이후에는 '상주북토(商周北土, 상나라와 주나라의 북쪽 땅)' 안의 '방국 (方國)'으로 존재했다고 본다

〈그림 19〉 제3전시실 입구 '화하일통' : 진(秦)·한(漢)시대를 기점으로 이 지역이 중원 왕조의 판도에 들어왔고, 고구려를 포함한 각 소수민족들이 '중국 역사상 가장 규모가 큰 민족 대융합'을 통해 중화민족으로 통일되었다고 설명하고 있다

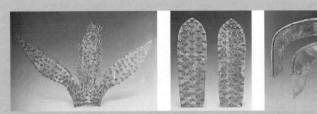

〈그림 20〉 제3전시실에 전시된 고구려 유물들(집안시 출토 금동제 관식, 신발, 말안장) : 고구려는 북방의 여러 중화민족 가운데 하나가 세운 지방 정권으로 소개된다

서 보았듯이, 기존에 중국은 (1) 중국 최초의 '원시촌락사회'를 '앙소 문화의 반파 유적'으로 보았고, (2) 중국 최초의 '문명의 서광'을 장강 유역의 하모도 문화로 보았다.

가장 앞서고 발달된 문명이 요하 일대에서 속속 발견되면서 중국은, (1) 이곳을 중화 문명의 빛이 시작된 곳으로 보기 시작했고, (2) 이 지역을 주도하던 예·맥 세력이 한민족과 연결되는 것을 막기 위해 예·맥족이 기록에 나타나기 전인 신화와 전설시대를 끌어들여 이 지역의 첫 주도 세력을 황제족으로 잡음으로써, (3) 그뒤에 나오는 모든 민족들을 황제의 후예로 편입시키는 작업을 하고 있다.

이런 요하 문명권 논리를 바탕으로 동북공정을 실질적으로 주도하고 있는 학자 가운데 하나인 경철화(耿鐵華, 통화사범대학 고구려연구소 부소장 겸 교수)는 "요서 지방에서 발생한 홍산 문화가 서쪽으로 가서 은나라를 세우고, 동쪽으로 옮겨와 고구려와 부여 같은 나라의 기원이 되었다"는 주장을 하고 있다. 더 나아가 중국에서는 아즈텍문명·마야문명을 일으킨 이들도 상나라의 후예들이라는 논리를 개발하고 있다.

6. 요하 문명의 진정한 주인은?

'하상주단대공정 → 중국고대문명탐원공정 → 동북공정 → 요하 문명론'으로 이어지는 역사 관련 공정들은 거대한 '대(大)중화주의' 건설 전략의 일부이다. 그 가운데 동북공정은 '대중화주의'의 청사진인 '요하문명권'의 밑그림을 그려가는 데 방해가 되는 동북 지역의 논란거리를 제거하기 위한 것으로, 종합적인 국가 전략의 일부분에 지나지 않는다.[31]

모든 역사 관련 공정들이 정리되면, '중국'의 '요하 문명권'은 이집트나 메소포타미아를 제치고 1만 년의 역사를 지닌 '세계 최고(最古)의 문명'으로 거듭나게 될 것이고, '민족적 자긍심을 높이기 위해' '하상주단대공정'을 건의했다는 청화(靑華)대학 송건(宋建) 교수의 꿈이 이루어질지도 모른다. 과연 이 요하 문명의 주도 세력, 진정한 주인은 누구인가?

(1) 만주 지역, 중원과는 서로 다른 문명권

만주 지역은 중원과는 전혀 다른 문명권이었다. 아래 '신석기시대 4대 문화권' 지도에서 보듯이 '시베리아 남부와 몽골 초원→ 만주 일대→ 한반도→ 일본'으로 이어지는 문화권은 신석기 4대 문화권이 모두 수용되는 세계적으로 유일한 지역이다. 그리고 이것은 중원의 문화와는 처음부터 이질적이다. 우리 민족은 이 문화를 바탕으로 중원 문화를 흡수하면서 독자적인 문화를 가꾸어왔고, 그것은 한반도를 거쳐 일본까지 연결된다.

'요하 문명' 또는 '동북아문명'[32]은 중원의 황화 문명과는 분명하게

---

31) 우실하, 《동북공정의 선행 작업들과 중국의 국가 전략》, 서울 : 울력, 2004 참조.

32) 필자는 요하 문명론이 거론되기 이전에 이 지역을 '동북아 문명권'으로 재정립할 필요가

거석 문화권
채도 문화권
빗살무늬토기 문화권
세석기 문화권

〈그림 21〉 신석기시대 4대 문화권

구별될 수 있다. '신석기시대의 4대 문화권'[33]을 표시한 지도를 보면, 만주 지역과 한반도 지역은, (1) 거석 문화권, (2) 채도 문화권, (3) 빗살무늬(즐문)토기 문화권, (4) 세석기 문화권이 모두 전파되어 혼합되는 아주 특별한 지역임을 알 수 있다.

　이러한 사실은 만주 일대의 토착 문화 위에 신석기시대 4대 문화권이 전파되어 만주와 한반도 지역에서 결합되고 새로운 문화를 낳았음을 드러내준다. 중국 내륙에는 채도 문화권만이 있을 뿐이며, 이것은 중원 문화와 만주·한반도의 문화가 신석기시대 이래 아주 이질적이었음을 나타내준다. 필자는 만주 일대의 토착적인 '동북아문명'이 먼저 자리를

있다는 논문을 발표한 바 있다. 우실하, 〈최근 중국의 역사관련 국가 공정들과 한국의 과제〉, 《단군학연구》 제12집, 301∼333쪽.

33) 무함마드 깐수, 《고대 문명 교류사》, 서울 : 사계절, 2001, 70쪽.

〈그림 22〉 동북아시아 지형도

잡고 있었고, 여기에 거석 문화, 채도 문화, 빗살무늬 문화, 세석기 문화가 전파 또는 전래되어 새로운 형태의 문화를 낳게 되었다고 본다.

동북아시아 지형도를 보면 신석기시대 4대 문화가 '왜' '시베리아 남부와 몽골초원→ 만주 일대→ 한반도→ 일본'으로 전파되고 이어지는지를 쉽게 짐작할 수 있다. 몽골초원에서 발해만 지역으로 넓게 이어진 초원을 두고 굳이 중원 지역으로 내려갈 필요가 없었던 것이다. 북방 유목민족들은 광대한 초원 지역을 동서로 넘나들며 동서 문화를 교류시켰고, 그 동쪽 끝에 만주 일대와 한반도가 있었다.

(2) 요하, '동북아시아 최초의 신석기 문화'의 발상지

2004년 7월 24일부터 홍산 문화의 중심도시인 적봉시(赤峰市) 적봉학

원(우리나라의 대학/필자)에서 열린 〈제1회 홍산 문화 국제학술연토회〉에
서 중요한 논문이 발표되었다. 중국의 류국상(刘国祥)이 1987년 내몽고
에서 발견된 '소하서 문화 유적'은 기원전 6500년까지 올라가는 '동북아
시아에서 가장 오래된 신석기 유적'이라는 연구 논문을 발표한 것이다.[34]
그러나 연구 결과들이 쌓이면서 흥륭와 문화 등 주요 유적을 직접 발굴
한 류국상(劉國祥)은 2006년에 발표한 〈서요하유역 신석기시대에서 조
기 청동기시대까지의 고고학문화 개론(西辽河流域新石器时代至早期青铜
时代考古学文化概論)〉이라는 논문에서 소하서 문화의 연대를 기원전
7000년으로 올려 보고 있다.[35]

기존에 동북아시아에서 가장 오래된 신석기 유적은 뒤에 보게 될 흥륭
와 문화(기원전 6200~기원전 5200)였다. 소하서 문화가 기존의 흥륭와 문
화보다 무려 800년이 앞선다는 것이다. 황하 유역의 앙소 문화, 장강(양
자강) 하류의 하모도 문화보다 2,000년이나 앞서는 신석기 문화가 요하
일대에서 계속 발견되고 있는 것이다. 소하서 문화에 대한 것은 2004년
에 처음 발표된 것이어서 아직 많이 알려지지 않았다. 〈그림 23〉은 이
사실을 신화사통신의 보도를 받아 내몽고신문망에서 보도한 내용이다.

요하 일대의 신석기 문화의 주도 세력이 예·맥계의 선조라면, 결국
이들이야말로 동북아시아의 독자적인 문명권을 최초로 일으킨 세력이
되는 것이다.

---

34) 2004년 7월 24일부터 26일까지 '중국고대북방문화 제3회 국제학술연토회'가 열렸다.
제3회 국제학술연토회는, '(1) 10~13세기 중국문화의 격동과 융합 국제학술연토회(10~
13世纪中国文化的碰撞与融合国际学术研讨会)'와, '(2) 홍산문화 국제학술연토회(红
山文化国际学术研讨会)', 이렇게 크게 두 부분으로 나뉘어 열렸다. '홍산문화 국제학술
연토회'는 '제1회 홍산문화학술연토회'로 따로 불리었다. 여기서 刘国祥이 발표한 논문은
〈红山文化墓葬形制与用玉制度研究〉였다.

35) 劉国祥, 〈西辽河流域新石器时代至早期青铜时代考古学文化概論〉, 《遼寧師範大學
學報》(社会科学版), 2006年 第1期, 113~122쪽.

〈考古专家：小河西是东北最早的史前文化遗址〉

内蒙古新闻网 2004-08-26 13：58(来源：新华网, 作者：包小翔 战艳, 编辑：赵文萃)

出席首届红山文化国际学术研讨会的学者认为，<u>1987年发现的内蒙古小河西文化遗址距今约8500年左右，比已发现的中国东北地区最早的史前文化向前推进了300年.</u>

中国社会科学院考古研究所, 长期从事内蒙古田野考古的专家<u>刘国祥</u>说, 小河西文化因位于内蒙古敖汉旗小河西遗址而得名, 考古发现表明, 当时的<u>原始村落规模偏小, 房屋呈半地穴建筑</u>–即房子一半在地下, 原始人已掌握了<u>打磨石器的技术, 这是迄今发现最早的东北地区新石器时代考古文化.</u>

"小河西文化迄今仅挖掘了3处文化遗址, 但<u>出土的文物就有300余件</u>, 包括各种陶杯, 陶罐和各种骨制品和石器, <u>其中包括中国东北地区最早的陶塑人面像</u>–大小约为手掌一小半长, 高5厘米左右, 有可能是<u>古代人用来祭祀或崇拜用的.</u>"刘国祥说.

小河西文物最典型的石器之一包括中间钻有圆孔的<u>大石器</u>和中间有凹痕的<u>小石器</u>, 造型奇特罕见, 具体功能尚待破解.

<u>考古学家于1987年首次发现小河西遗址,</u> 这里出土的陶器的陶胎和底部都很厚, 且为"素陶", 即表面没有任何装饰花纹, 这说明它的陶艺比较原始粗糙, 而在考古学中, 陶器相比石器和骨器更容易反映出年代的变化, 在随后文化年代中的陶器就出现了纹饰等工艺上的变化. <u>中国东北地区是东北亚地区史前文化的重要发祥地之一</u>, 小河西遗址的发现将为东北亚地区史前文化交流提供新的线索.

<u>小河西文化被认为是继著名的红山文化及其前后时期的兴隆洼文化, 赵宝沟文化后的重要发现</u>, 有望更加完善中国东北地区的史前年代图谱, 细化并向前推进该地区史前年代图谱.

〈그림 23〉 소하서 문화가 동북아시아 최초의 신석기 문화라는 것을 알리는 보도 내용 : 신화사통신의 보도를 받아 내몽고신문망(www.nmg.news.com.cn)이 보도한 내용이다(밑줄은 필자)

(3) 기원전 6200년경, 요서-요동의 문화적 교류

적봉시(赤峰市) 오한기(敖汉旗) 보국토향(宝国吐乡) 인근의 흥륭와 문화(기원전 6200~기원전 5200)는 기원전 6200년까지 올라가는 신석기 문화

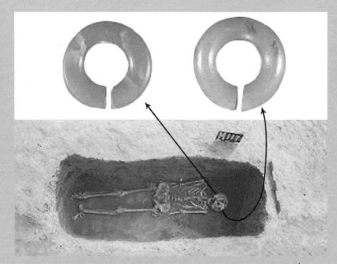

〈그림 24〉 흥륭와 문화에서 발굴된 '세계 최초의 옥귀걸이'[36]

〈그림 25〉 흥륭와 문화 '중화원고제일촌(中华远古第一村)=화하제일촌(華夏第一村)' 유적지[37]

36) 적봉학원(赤峰學院) 자료. http://www.cfxy.cn/upload/2006525065536.jpg 참조.

37) "兴隆洼文化遗址." 内蒙古新闻网(http://www.nmgnews.com.cn)의 2004년 8월 27일
   12：32 시간부 게재 기사 참조.

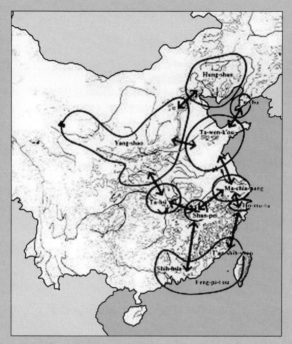

〈그림 26〉 기원전 4000년경의 신석기 문화 지역의 교류[38]

유적이다. 앞서 설명한 소하서 문화가 기원전 7000년까지 올라간다는
것이 밝혀지기 전까지는 흥륭와 문화가 동북아시아에서 가장 오래된
신석기 유적이었다. 흥륭와 문화는 1982년에 발견되어 1996년에 국가급
문물 보호 단위가 되었으며, 2001년 5월부터 대대적인 발굴이 진행되고
있다. 이 발굴로 지금까지 1,000여 개의 방 유적지와 회갱(灰坑) 30개가
드러났다.

흥륭와 문화에서는, (1) ‘세계 최초의 옥(玉) 귀걸이’가 발굴되었고,
(2) 동북아시아에서 가장 오래되고 규모 큰 신석기 집단 주거지로 당시

---

38) Kwang-chih Chang, 앞의 책, 235쪽의 〈도판 197〉 참조.

에 이미 해자(垓子)로 둘러싸인 '중화원고제일촌(中華遠古第一村)' 또는
'화하제일촌(華夏第一村)'이 발굴되었다.

특히 흥륭와 문화에서 발굴된 세계 최초의 옥귀걸이에 사용된 옥은
심양에서도 동쪽으로 3시간이나 떨어져 있는 요령성 '수암(岫岩)'에서
나오는 '수암옥'임이 밝혀졌다.[39] 이것은 흥륭와 문화 시대인 기원전
6000년경에 이미 만주 벌판 서쪽 끝과 동쪽 끝이 교류되고 있었음을
입증하는 중요한 유물이다.

장광직(張光直)에 따르면 기원전 5000년까지는 중국 영토 안의 각
신석기 문화는 고립적이었고, 기원전 4000년경에 비로소 홍산 문화 지역
과 앙소 문화 지역이 교류하기 시작한다.[40]

그러나 흥륭와 문화는 이미 기원전 6200년경에 요동 지역 끝 수암
지역의 옥을 사용하여 정교한 세계 최초의 옥 귀걸이를 만들었던 것이
다. 이것은 요하 일대의 신석기를 주도한 세력이 예·맥족과 연결된 사람
들이었음을 보여준다.

(4) 요하에서 중원으로 전파된 '옥(玉) 문화'

요하 일대의 신석기 유적에서는 세계에서 처음으로 옥기가 등장할
뿐만 아니라, 그 발굴 양도 어마어마하다. 곧, (1) 1987년에는 적봉 인근
흥륭와 문화(기원전 6200~기원전 5200)에서 '세계 최초의 옥(玉)귀걸이'가
발견되었고, (2) 1982년에는 요령성 서부 의무려산 동쪽의 부신(阜新)
몽고족자치현 사해 문화(기원전 5600~)에서는 흥륭와 문화 발견 이전까

---

39) 〈中國最早玉器出自岫岩〉, 《鞍山日報》; http://www.XINHUANET.com, 2004년 7월
    18일 15 : 26 : 02 시간부 게재 기사 참조.
40) Kwang-chih Chang, *The Archeology of Acient China*, New Haven & London : Yale University
    Press, 1986[4th edition]), 235쪽의 〈도판 197〉 참조.

〈그림 27〉 사해 문화 유적지에서 발견된 각종 옥기

지 '세계제일옥(世界第一玉)'으로 불리던 20여 점의 옥기가 발견되었으며, (3) 홍산 문화(기원전 4500~기원전 2500)에서는 수많은 적석총에서 대량의 옥기들이 발견되고 있다.

중국인들은 '금의 가격은 있지만, 옥의 가격은 없다'고 이야기한다. 세계 어느 나라와도 다르게 중국인들은 옥기를 최고의 보물로 여긴다. 이런 중국의 '옥 문화'도 결국 요하 지역에서 중원으로 전해진 것이다. 홍산 문화에서 꽃핀 '옥 문화'가 뒷날 산동반도 부근의 양저 문화, 용산 문화, 대문구 문화 지역으로 확산되는 것이다. 홍산 문화 지역에서 많이 발굴되는 옥기들은 돼지 코를 닮았다고 해서 일반적으로 옥저룡(玉猪龍)이라고 부른다. 그러나 옥기 문화와 관련해 우리가 주목해야 하는 점이 있다.

첫째, 중국의 곽대순(郭大順), 대만의 양미리(楊美莉) 등은 옥기 문화가 서요하 유역에서 기원한 것은 이 지역의 어렵(漁獵) 문화와 관련된 세석기(細石器) 문화 전통과 직접적으로 연관되어 있다고 본다.[41] 그런데 이런 세석기 문화는 〈그림 21〉에서 제시한 지도에서 보듯이 시베리아 남부→만주→한반도로 이어지는 북방 문화 계통이다. 이는 세석기

---

41) 郭大順, 〈玉器的起源與漁獵文化〉,《北方文物》, 1996年 第4期 ; 楊美莉, 〈試論新石器時代北方系統的環形玉器〉,《北方民族文化新論》, 哈爾濱 : 哈爾濱出版社, 2001.

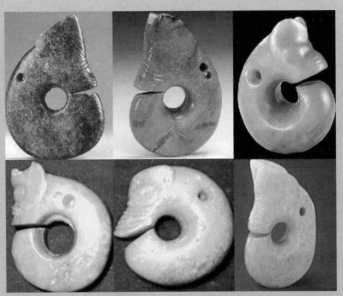

〈그림 28〉 홍산 문화 각 지역에서 발굴된 다양한 옥저룡(玉猪龍)의 모습

문화 주도 세력이 옥기 문화의 주도 세력이고 이들의 주맥은 한반도로 이어진다는 것을 보여준다. 왜냐하면 세석기 문화는 중원쪽으로는 들어가지 않기 때문이다. 물론 일부 세력들은 산동반도 지역으로 남하해 양저 문화, 용산 문화, 대문구 문화 지역에서 많은 옥기를 남기고 있다.

둘째, 우하량 여신묘 유적지에서는 실물 크기의 여신상뿐만이 아니라 동물조각상도 발견되었는데, 그 가운데 용의 잔해들은 돼지 형상의 저룡(猪龍)과 곰 형상의 웅룡(熊龍) 두 가지 형상이 발견된다는 점이다.[42] 또한 제단터에서는 희생으로 사용된 곰의 아래턱뼈 등도 발견된다. 홍산

---

42) 郭治中, 〈상고시대 제사문화의 전형-우하량 홍산 문화 유적지〉, 국한운동시민연합 편, 《동북아 평화 정착을 위한 한·중 국제학술회의 자료집》, 2006년 12월 27일, 147쪽. 이 학술회의는 2006년 12월 27일 국립중앙박물관 소강당에서 열렸다. 내몽고자치주 문물고 고연구소의 곽치중은 참석하지는 못하고 발표문만 보내왔다.

문화를 주도한 세력들이 곰을 토템으로 하는 민족이었을 가능성이 있다.

셋째, 홍산 문화에서 보이는 옥기들을 대부분의 학자들이 돼지 형상의 옥저룡(玉猪龍)이라고 보지만, 곰 형상의 옥웅룡(玉熊龍)으로 해석하는 학자들도 있다.[43] 〈그림 28〉에 제시한 다양한 형상의 옥저룡을 보면 '곰'으로 보아도 큰 무리는 없다. 필자는 옥저룡은 돼지가 아니라 곰의 형상이라고 본다. 홍산 문화의 주도 세력인 웅토템족이 단군 신화의 웅녀족일 가능성이 있다. 에벵키족 등 북방 소수민족들 가운데는 지금도 곰을 조상신으로 모시는 민족들이 많다. 이에 대해서는 다른 책을 통해 상세히 언급할 것이다. 좀더 많은 연구와 발굴을 기다려야 하겠지만, 이러한 사실은 홍산 문화를 주도한 세력들이 바로 단군 신화의 웅녀족일 가능성을 시사한다.

홍산 문화 지역에서 발견되는 옥기들은 대부분 적석묘의 가운데 있는 석관묘에서 출토되는 것이다. 시신의 각 부위에는 많은 옥기들이 발굴되는데, 그 발굴 상황을 알 수 있는 자료를 소개하면 〈그림 29〉와 같다.

(5) 요하 유역에서 기원해 전파된 '용(龍)'과 '봉(鳳)'

중국인들은 스스로를 '용의 후예[龍的傳人]'라고 부른다. 또 봉황은 용과 함께 중원 문화의 상징처럼 여기고 있다. 그러나 '용'과 '봉'의 최초의 형상도 요하 일대에서 기원하여 중원 지역으로 전래된 것이다. 용의 기원도 고고 발굴이 계속되면서 시기가 올라가고 있다.

첫째, 1971년 내몽고 적봉시 북부의 옹우특치(翁牛特旗)에서 중국에서 가장 오래된 용 형상물이 발견되었고, '중화제일용(中華第一龍)'이라

---

43) 柳冬青, 《紅山文化》, 呼和浩特 : 內蒙古大學出版社, 2002, 59~64쪽. 여기서 유동청은 많은 자료를 제시하면서 이들을 모두 옥웅룡(玉熊龍)으로 보고 있다.

〈그림 29〉 홍산 문화 각 지역에서 발굴되는 옥기의 상태

〈그림 30〉 전형적인 홍산 문화 옥저룡과 '중화제일용(中華第一龍)' 기념탑

〈그림 31〉 사해 문화의 석소룡

〈그림 32〉 석소룡 주변의 집단 주거지 유적

고 명명되었다. 이 '중화제일용'이 발견된 뒤로 적봉은 '용의 고향'으로 불리고 있다. 홍산 문화는 기원전 4500년까지 올라가는 신석기 문화로, 내몽고와 요령성의 접경 지역인 적봉(赤峰)·조양(朝陽)·능원(陵源)·객나(喀喇)·건평(建平) 등을 중심으로 유적지들이 분포한다.

둘째, 1982년 사해 문화(기원전 5600~) 유적지에서 홍산 문화에서 발견된 '중화제일용'보다 2,000년이나 앞선 세계 최초의 용 형상물이 발견되었다. 사해 문화에서 발굴된 용 형상물은, (1) 기원전 5600년경의 것으로 돌을 쌓아 용 형상물을 만든 석소룡(石塑龙, 파소룡[摆塑龙]이라고도

〈그림 33〉 조보구 문화에서 발굴된 '중화제일봉(中華第一鳳)' 토기

함), (2) 기원전 5600년경 용 형상의 부조(浮彫)가 남아 있는 용문도편(龍紋陶片) 등이다.

특히 석소룡은 길이가 20미터, 넓이가 1~2미터에 이르는 엄청난 크기를 자랑한다. 이를 통해서 중국 학자들은 요하 일대가 '용 문화'의 기원지라는 것을 공식화하기에 이른다. 석소룡 주변에는 집단 주거지도 발굴되었는데, 이것은 1987년 흥륭와 문화에서 '중화제일촌(中华第一村)' 또는 '화하제일촌(華夏第一村)'이 발굴되기 전까지 '요하제일촌(遼河第一村)'이라고 불리던 것이다.

셋째, 적봉시 오한기(敖汉旗) 고가와포향(高家窝铺乡) 조보구촌(赵宝沟村) 조보구 문화(기원전 5000~기원전 4400)에서는 '중화제일봉(中華第一鳳)'으로 명명된 최초의 봉 형상물이 발굴되었다. 9만 평방미터의 유적지에서 방 유적지 140여 개가 발굴되었는데, 여기에서 '중화제일봉(中華第一鳳)'으로 명명된 최초의 봉황모양의 토기가 나왔다.

(6) 만주와 한반도에서만 나타나는 요하 일대 유물들

앞에서 살펴본 바와 같이, 요하 일대의 신석기 유적에서는 '동북아시아 최초의 신석기 유적', '중화제일용', '중화제일촌', '중화제일봉', '세계 최고의 옥' 등 중국의 모든 문화 상징들이 발견된다. 비록 중국인들이 '중화제일용'처럼 '중화'로 포장하고 있지만, 이 지역은 분명 중원 문화와는 매우 이질적인 문화이다.

이제까지 중국 학자들이 보아온 것처럼, 이 지역은 동이의 강역이었고, 예·맥이 주도하던 새로운 문명권이었다. 이 지역에서 '용·봉 문화'와 '옥기 문화' 등이 남하해 중원 지역으로 전파되었다. 그러나 이 지역에서 보이는 많은 문화적 요소들은 한반도 쪽으로만 연결된다. 이런 까닭에 중원 문화권에서는 보이지 않는 다양한 문화적 요소들이 요하 일대 만주 지역과 한반도 일대에서 보이는 것이다.

요하 일대의 여러 신석기시대 유적들과 청동기시대 유적에서는 중원 문화권에서는 보이지 않지만 한반도에서 보이는 (1) 빗살무늬토기, (2) 고인돌, (3) 적석총, (4) 비파형 동검, (5) 다뉴세문경 등이 대량으로 발굴된다. 이것은 모두 '시베리아초원 → 몽골 → 만주 → 한반도'로 이어지는 북방 문화 계통이다. 중국은 이러한 요하 문명과 한반도의 연계성을 단절하고, 요하 문명을 세계 최고(最古)의 문명권으로 만드는 작업을 국가의 전략으로 수행하고 있는 것이다.

7. 요하 문명, 21세기 동북아시아 문화 공동체를 위한 초석

지구촌 곳곳이 정치·경제·문화적으로 블록화하고 있다. 최근 유럽연합(EU)은 기존의 15개국에서 10개국을 새로 받아들여 유럽의 대부분에 해당하는 25개국의 서로 다른 문화와 언어를 아울러, 하나의 문화권·경제권·정치권으로 통합하고 있다.

동북아 지역의 경우 상이한 근대화 과정과 불행했던 과거 등으로 말미암아 '우리는 하나'라는 지역적 정체성 자체가 매우 약한 편이다. 더더구나, (1) 불행했던 과거에 대해서 사과도 하지 않고 우경화로 돌아서고 있는 일본, (2) 주변 민족과 국가의 정체성 자체를 말살하는 각종 역사 관련 공정을 통해 동북아의 맹주가 되겠다고 대중화주의를 강화하고 있는 중국을 보면, '동북아를 하나로 묶는 정치·경제·문화 공동체라는 것이 가능하기는 한 것인가?' 하는 의심이 들기도 한다.

그러나 이런 척박한 현실에서라도 미래의 동북아 정치·경제·문화 공동체를 위한 기반을 닦아야 하는 것이 바로 우리 시대 동북아 지식인들의 소임일 것이다. FTA(Free Trade Agreement, 자유무역협정)를 통한 '동북아 경제 공동체'의 가능성이 현실적으로 난관이 부딪히면서, 최근에는 '동북아 문화 공동체' 논의가 활발하게 이루어지고 있다. 미래의 정치·경제·문화 공동체를 구축하기 위한 기반으로서, 정체성의 지역적 공유와 새로운 지역 정체성을 만들어가는 것이 무엇보다도 중요한 과제라고 할 수 있다. 공유된 신념 체계나 상징 체계 등은 지역적 정체성 형성에 매우 중요하다. 그렇다면 서로 으르렁거리는 한·중·일, 넓게는 러시아·몽골 등을 함께 엮을 수 있는 공통의 문화적 기반은 어디서부터 찾아야 하는 것일까?

(1) '흐름과 교류의 역사관'과 '열린 민족주의'

신석기시대 이래로 많은 민족과 문화가 서에서 동으로 이동·전파되었다. 21세기 동북아시대를 준비하는 한·중·일의 새로운 세대들에게 '어디 어디는 우리 땅'이라는 식의 폐쇄된 공간을 전제로 한 역사를 교육해서

는 안 된다. 과거에 집착하고 주변을 타자화(他者化)하는 '닫힌 민족주의'
는 서로의 반목만 키울 뿐이다.

역사 자체를 '흐름'과 '교류'의 과정으로 이해할 때라야 동북아 문화
공동체는 점차 실현가능한 꿈으로 자라날 수 있을 것이며, '열린 민족주
의'를 바탕으로 서로 다름을 인정하고 조화시키는 동북아 문화 공동체가
될 것이다.

저 유럽연합(EU)은 점점 잘 어울려 살려고 하는데, 우리는 언제까지
한·중·일이 서로 반목하고 경계하며 살아야 한단 말인가?

(2) 동북아시아 공동의 문명권

우리는 흔히 인류의 '4대 문명'으로 이집트 문명, 메소포타미아 문명,
인더스 문명, 황하 문명을 꼽는다. 그러나 이들 4대 문명이 발생한 비슷
한 시기에, 만주 지역에서는 어디에 내놓아도 손색이 없는 신석기시대
문명이 자리하고 있었다. 필자는 이 지역을 독자적인 '동북아문명'으로
설정할 필요가 있다고 본다.[44] 이것은 최근 북한에서 단군릉 발굴 이후에
벌어지고 있는 '대동강 문화권'이나 이형구의 '발해만 문화권' 논의와는
다른 것이다.

북한의 대동강 문화권 논의는 지나치게 축소지향적이어서 만주 일대
의 옥기(玉器) 문화권을 포섭하기 힘들다. 이형구의 발해만 문화권 논의
는, 한민족의 문화는 시베리아나 중국 등 외래문화의 영향으로 형성된
것이 아니라 발해 연안에서 자체적으로 발생했다는 점을 일관되게 주장
하고 있다.[45] 그러나 필자는 발해 연안은 신석기 이래로 동진하는 여러

---

44) 우실하, 〈최근 중국의 역사관련 국가 공정들과 한국의 과제〉, 《단군학연구》 제12집,
301~333쪽 참조.

문화적 요인들이 겹쳐진 것으로 보아야 한다고 생각한다(〈그림 21〉 신석기시대 4대 문화권 참조).

앞에서 살펴본 요하 일대의 신석기 문화 지역들은 그 규모면에서 4대 문명 발상지에 손색이 없다. 이 지역을 동북아시아의 공동의 문명권으로 만들 수 있다. 구체적인 이름은 논의해야 하겠지만, 이미 중국에서 사용하기 시작한 '요하 문명'도 좋고 '동북아 문명'도 좋다. 중요한 것은 이 지역을 동북아시아 여러 국가들 공동의 시원 문명으로 삼자는 것이다.

현재 중국에서 주장하는 것처럼 이 지역의 모든 고대 민족들이 황제의 후예라는 논리는 수용하기 어렵다. 과거로 올라가면 갈수록 민족과 문화와 역사는 흐름과 교류로 점철된다. 요하 일대는 동북아 모든 국가들 공동의 시원 문명이다. 신화와 전설을 끌어들여 이들이 모두 황제의 후예들이라는 논의는 얼마나 부질없는 것인가?

중국 학자들도 요하 일대에서 남하한 세력들이 상나라를 세우고, 동쪽으로 이동한 세력들이 나중에 부여·고구려를 세운다고 보고 있다. 이렇듯이 요하 문명 또는 동북아 문명은 동북아 모든 국가들의 공동문명인 것이다. 이 지역을 모두 억지로 황제족의 판도에 넣어서 다른 모든 주변국들을 중화 문명의 방계 문명으로 만든다면, '역사 전쟁'을 넘어서 새로운 '문명 전쟁' 담론으로 나아갈지도 모른다. 이것은 어느 누구도 원하지 않는 동북아의 미래 모습이다.

'열린 민족주의'와 '흐름과 교류의 역사관'을 바탕으로 동북아 각국이 협력하고 요하 문명 또는 동북아 문명을 동북아의 공동의 시원 문명으로 가꾸어갈 때, 21세기 동북아시아 공동 번영을 위한 토대로서 '동북아 문화 공동체'를 향한 새로운 모색이 시작될 것이다. 필자의 작은 원고가 동북아 공동의 번영을 향한 길에 서로의 걸림돌을 제거하는 지혜를 모색

---

45) 이형구, 《발해연안에서 찾은 한국 고대 문화의 비밀》, 서울 : 김영사, 2004.

하는 계기가 되기를 바란다.

8. 맺으며

요하 문명을 건설한 진정한 주인공들은 누구인가? 이들이 과연 신화와 전설시대의 인물인 황제의 후예들인가? 지금의 중국 땅에 있다고 해서 그들이 모두 중국인이라고 할 수 있는가? 그들은 한·중·일·몽골이 생기기도 전에 그 땅에서 살던 사람들이었고, 한·중·일·몽골의 공동 조상이었다. 그들의 일부는 남하하여 상나라를 세운 중국의 조상이고, 또 다른 일부는 예·맥족의 선조로 부여·고구려·발해를 세운 주체였고, 지금의 몽골을 있게 한 몽골의 조상이기도 하다. 결국 요하 문명과 홍산 문화를 건설한 주인공들은 한·중·몽골의 공통 조상일 수 있다.

그러나 홍산 문화와 요하 문명의 '문화적 주맥'은 한반도로 이어지고 있음이 자명하다. 요하 문명과 홍산 문화는 결국 한국 문화의 원류이고, 그 주인공은 우리 민족의 선조들인 것이다. 이제 한·중·일·몽골을 포함한 학자들이 공동으로 연구해 요하 문명을 건설한 사람들이 구체적으로 누구였고, 이들이 어떻게 동북아 각국으로 이동해 각기 다른 국가·문화·민족·역사를 가꾸어갔는지 그 실체를 밝혀야 할 것이다.[46]

---

46) 요하문명론과 관련한 더욱 자세한 내용은 최근 출간된 필자의 《동북공정 너머 요하문명론》(서울: 소나무, 2007)을 참고하기 바란다.

요서 지역 청동기시대 문화와 황화 유역 문화의 관계

복 기 대

1. 요서 지역 고대사의 현대적 의미

중국의 동북 지역인 만주는 현대 정치의 영향력이 미치기 전까지만 해도 중국사에서 주목되지 못하는 지역이었다. 그러다가 1960년대부터 중국 역사학계는 요서 지역 연구에 많은 노력을 기울였고, 최근에는 이른바 '동북공정'이라는 역사 날조 작업의 결과 오늘날 요서 지역은 중국 역사의 변방에서 중심 지역 가운데 하나로 떠오르고 있다. 이러한 인식의 변화는 중국이 추구하는 다민족 국가의 합리성을 역사적으로 증명하고자 하는 정치적 노력의 결과로 볼 수 있다. 중국의 이러한 노력은 만주 지역이 한국 역사에서 중심 지역이었다는 생각을 갖고 있는 한국 학계로서는 받아들일 수 없는 중대한 사건이자 위협적인 행동으로, 한국 학계는 이에 대한 대책을 다각적으로 강구하고 있다. 실제로 한국 학계에서는 매우 일찍부터 이 지역이 한국사의 중심지 가운데 하나라는 견해를 제기했다. 그러나 국제정치 상황으로 말미암아 연구를 지속시키지 못하고 개괄적인 이해로만 그쳤기 때문에 한국사의 주류에서 멀어졌던 것이다.

이러한 한국 학계와는 달리 중국은 앞서 말한 바와 같이 최근 '동북공정'이라는 역사 재편 작업을 통해 요서 지역뿐만 아니라 만주 지역 전체와 한반도 지역을 포함하는 동북아시아의 역사를 '중화'라는 틀 속으로 포함시키고자 노력하고 있다. 중국의 이러한 계획은 그동안 이 지역 역사 연구에 온건하던 한국 학계로 하여금 구체적으로 한국사의 중심 지역으로 연구하도록 만들었다. 한국 학계의 이 같은 변화의 결과는 곳곳에서 나타나고 있다. 그 변화의 한 예가 요서 지역 연구의 결과로 볼 수 있다. 앞서 말한 것처럼 과거 요서 지역이 한국사와 불가분의 관계가 있다는 견해는 제시했지만 현재는 좀더 구체적으로 한국사와 연결시키는 것을 볼 수 있다. 이것은 매우 고무적인 일이다. 필자 또한

기본적으로 선학들의 견해에 동의를 하면서 나름으로 몇 차례 요서 지역
사에 대한 견해를 제기했다. 필자가 그 과정에서 중점을 두었던 부분은
요서 지역 문화의 독자성과 한국사 사이에 밀접한 관계가 있다는 내용이
었다. 이러한 주장은 문헌의 기록과 고고학을 근거로 하여 주변 문화권
과 비교를 거쳐 제시한 것이다. 이러한 작업을 하는 동안, 이른바 중원
지역 문화와 비교하는 과정에서 그동안 우리 학계의 통상적 연구 방법에
문제가 있음을 알 수 있었다. 그 문제점은 한국 문화의 대부분이 외부에
서 영향을 받은 것으로 생각한다는 것이다. 그러나 필자가 공부하는
과정에서 알 수 있었던 것은 일방적으로 영향을 받은 것이 아니라 상호
교류가 있었던 점이었다. 이러한 교류 현상의 확인은 한민족사를 올바르
게 볼 수 있는 계기이자 한민족 문화의 독자성과 국제성을 알 수 있는
계기가 될 것이다. 그러므로 필자는 이 글에서 시론적으로 요서 지역의
청동기시대 문화와 주변 지역 문화의 교류 관계에 대해 접근해보고자
한다.[1]

2. 연산 남북 지역의 국가 발생 배경 문화에 대한 이해

(1) 요서 지역

만주 지역에서 경작을 통한 집단생활을 한 것으로 추정되는 가장 이른

---

1) ① 글을 전개하는 과정에서 먼저 요서 지역을 비롯한 주변 지역의 문화에 대한 국가
발생 배경 문화를 설명함으로써 각 지역의 기반 문화에 대한 이해를 돕고자 한다. ② 이
글을 쓰면서 영향을 받은 면에 대해서는 별도로 언급하지 않았다. 왜냐하면 기존 연구
결과에서 요서 지역의 문화 요소 가운데 외부에서 영향을 받은 것은 많이 언급되어 있기
때문이다.

시기의 사람들은 흥륭와－사해(興隆洼－査海) 문화 사람들이다.[2] 이 문화는 내몽고 오한기 흥륭와촌의 유적을 발굴한 뒤 붙여진 이름이다. 이들은 지금으로부터 8,000여 년 전 주거지를 만들고 경작을 하면서 집단생활을 시작했다. 이 문화 사람들은 한곳에 대규모로 모여 산 것은 아니지만 집들의 구조나 주변 시설을 볼 때 질서 있게 산 것을 알 수 있다. 이 문화의 분포지는 주로 요령성 서북부 지역과 내몽골 적봉시 동북부 지역이다.

지금으로부터 6,500여 년 전 흥륭와 문화를 뒤이어 조보구 문화가 발전한다. 이 문화는 내몽고 적봉시 오한기 조보구촌을 발굴한 뒤 붙여진 이름이다. 흥륭와 문화 단계보다 집단의 규모가 커지고 그들의 삶의 방식에 대한 표현 방법도 수준 높게 나타나는 것을 볼 수 있다. 이 문화인들이 그릇에 새겨 넣은 새 모습이나 날짐승 모습들을 보면 아주 사실적이면서도 추상적인 면을 가미해 작품을 만들어내는 것을 볼 수 있다.[3] 이들 문화의 분포지는 오늘날 요령성 서부 지역과 내몽골 적봉시 동남부 지역이다.

조보구 문화의 뒤를 이어 지금으로부터 6,000여 년 전 무렵 요서 지역에서는 홍산(紅山) 문화가 발전한다.[4] 이 문화는 현 내몽고 적봉시 홍산 후 지역을 발굴하면서 알려진 이름이다. 이는 최근 우리 학계뿐만 아니라 일반인들에게도 많이 알려진 문화이다. 이 문화 시기에 들어서는, 사람들이 대규모 집단을 이루며 조직화한 현상을 볼 수 있다. 이들의 흔적은 요서 지역 전체에서 볼 수 있는데, 일부 지역에서는 대형 제사

2) 中國社會科學院考古研究所內蒙古工作隊, 〈內蒙古敖漢旗興隆洼遺址發掘簡報〉, 《考古》, 1985년 10기, 865～874쪽.

3) 劉晉祥, 〈趙寶溝文化初論〉, 《慶祝蘇秉琦考古五十五年論文集》, 文物出版社, 1989, 198～202쪽.

4) 張星德, 〈紅山文化分期初探〉, 《考古》, 1981년 8기, 727～736쪽.

유적과 거대 집단 무덤군도 발견되었다.[5] 이 대형 제사 유적에서는 고대
가 모계사회였을 가능성이 있는 여자상이나 일반적인 사람의 상을 넘어
서서 신의 경지로까지 표현되는 인물상도 발견되었다. 뿐만 아니라 이들
과 밀접한 관계가 있을 것으로 추정되는 대형 무덤들도 확인되었다.
이 문화 단계는 물질문화 수준이 매우 높아졌으며 사람들의 생활방식도
집단적이면서 동시에 체계화한 것으로 추정된다.[6]

홍산 문화의 뒤를 이어 지금으로부터 5,000여 년 전 무렵 소하연(小河
沿) 문화가 발전한다.[7] 이 문화는 내몽고 적봉시 오한기 소하연촌의 무덤
을 발굴하면서 붙여진 이름이다. 이 문화는 붉은색 질그릇을 그대로
사용하지만, 채회도가 나타나면서 짐승 모습의 그릇들이 많이 발견된다.
이 문화의 요소는 전체 요서 지역에 넓게 퍼져 있으라, 전대의 홍산
문화나 후대의 하가점(夏家店) 하층문화처럼 대단위 유적지는 발견되지
않았다. 이 문화에 대해 일부 학자들은 홍산 문화와 비슷한 점이 많아
'후홍산(後紅山) 문화'라는 이름으로도 부르고 있는데,[8] 일면 타당한 점
이 있다. 이 문화는 지금으로부터 4,300여 년 전 와해되면서 하가점 하층
문화로 이어졌다.

앞에서 살펴본 것처럼, 요서 지역에서는 지금으로부터 8,000여 년 전

---

5) 朝陽市文化局·遼寧省文物考古研究所,《牛河梁遺址》, 學苑出版社, 2004 참조.

6) 필자는 이 문화 후기에 이르러 강력한 집단체제가 등장했을 것으로 보고, 이미 국가
단계에 진입했을 것이라는 견해를 밝힌 적이 있다. 이러한 견해를 밝힌 것은 우하량 유적
과 동산취 유적의 규모와 이들 인근에서 발견된 유적들을 근거로 추정한 것이었다. 그뒤
더 크고 많은 유적들이 발견되었다. 그러므로 이제는 좀더 구체적으로 홍산 문화 후기의
문화 현상에 대해 연구해보아야 할 것이다. 복기대, 〈夏家店下層文化의 起源과 社會性
格에 關한 試論〉,《韓國上古史學報》19호, 1995, 424~425쪽.

7) 李恭篤·高美璇, 〈試論小河沿文化〉,《中國考古學會第二次年會論文集》, 文物出版社,
1980 참조.

8) 遼寧省文物考古研究所·赤峰市博物館,《大南溝－後紅山文化墓地發掘報告》, 科學
出版社, 1998 참조.

에 시작된 신석기 문화 후기의 홍산 문화와 소하연 문화 단계에서 조직
화하고 강력한 집단들이 형성되어왔던 것으로 보인다. 그뒤 이들 문화인
들은 청동기를 이용해 도구를 만들 줄 아는 단계로 접어들었다. 그리고
청동기시대에 들어서자 이들은 강력한 조직체를 만들어 국가 단계로
진입했다.

(2) 황하 중류 지역

황하 중류 지역에서 발전하는 이른 시기의 신석기 문화는 배리강(裵李
崗) 문화이다. 이 문화의 이름은 1970년대 후반 하남성(河南省) 신정현
(新鄭縣) 배리강촌(裵李崗村)을 발굴하면서 지어졌다.[9] 이 문화의 연대는
지금으로부터 약 8,000년 전으로 추정되는데, 이 발굴에서 얻은 결과로
황하 중류 유역의 신석기시대에 새로운 역사가 쓰이기 시작했다. 이
문화에서는 삼족기가 사용된 것을 볼 수 있다.

이 문화와 비슷한 시기의 문화가 자산(磁山) 문화이다. 이 문화는 하북
성(河北省) 무안현(武安縣) 자산촌(磁山村) 유적을 발굴하면서 붙여진 이
름이다. 이 유적에서도 삼족기가 발견되었고 고도로 발달된 질그릇들이
출토되었다.[10] 연대는 지금으로부터 약 8,000년 전으로 추정된다.

배리강 문화의 뒤를 이어 발전한 문화는 앙소(仰韶) 문화이다. 이 문화
는 1920년대에 스웨덴의 광물학자 안델숑이 처음으로 밝혀냈다.[11] 당시

---

9) 開封地區文管會·新鄭縣文管會, 〈河南新鄭裵李崗新石器時代遺址〉, 《考古》, 1978년
   2기, 73~74쪽 ; 開封地區文物管理委員會等, 〈裵李崗遺址1978年發掘簡報〉, 《考古》,
   1979년 3기, 197~201쪽.
10) 邯鄲市文物保管所·邯鄲地區磁山考古隊短訓班, 〈河北磁山新石器時代遺址試掘〉, 《考
    古》, 1977년 6기, 361쪽.
11) 安特生, 〈奉天錦西沙鍋屯洞穴層〉, 《中國古生物誌》丁種 第一號, 第一冊, 地質調査
    所, 1923 참조.

이 문화는 서구의 영향을 받은 것으로 알려졌는데, 이것을 근거로 동방 문화의 서방 기원설이 제기되었다. 그뒤 중국의 고고학자들의 노력으로 이 문화의 기원이 서구가 아닌 황하 유역이라는 것이 밝혀지면서 세계 4대 문명 발상지 가운데 하나가 되었다.

이 문화는 붉은색 단지와 채도가 특징적이다. 그릇의 형태는 매우 다양한데 그림이 그려진 그릇들은 대부분이 항아리 계열이었다. 삼족기도 유행하는 것을 볼 수 있다. 이 문화의 연대에서 가장 빠른 것이 반파(牛坡) 유적으로 지금으로부터 약 7,000년 전이고,[12] 가장 늦은 것이 대하촌(大河村) 유적으로 지금으로부터 5,000년 전 무렵이다.[13] 지금까지 조사된 앙소 문화 유적은 분포 범위가 넓으며 출토 유적들이 많은 것을 보아 인구가 많았던 것으로 추정된다.

앙소 문화의 뒤를 이어서 묘저구2기(廟底溝二期) 문화가 발전했다. 이 문화는 짧은 시간 존재했지만, 그 문화 요소는 후대 문화에 큰 영향을 준다. 특히 삼족기(三足器)의 발달은 이 문화의 가장 큰 특징으로 보아야 할 것이다. 이 문화시기에 만들어진 삼족기는 그뒤 이리두(二里頭) 문화뿐만 아니라 북방 지역까지 전파되는 등 매우 특징적 유물이었다. 이 문화의 연대는 지금으로부터 4,700년 전 무렵이다.

이 문화의 뒤를 이어서 발전한 문화는 섬서·하남 용산 문화이다.[14] 이 문화시기에 들어 대형 집단 주거지인 성들이 확연하게 나타나고 있다. 흑도 계통의 문화로 질그릇의 가공 기술이 매우 발전했다. 그릇의

---

12) 任式楠, 〈長江黃河中下游新石器文化的交流〉, 《慶祝蘇秉琦考古五十五年論文集》, 文物出版社, 1989, 68쪽.

13) 같은 책, 같은 곳.

14) 河南省文物硏究所·周口地區文化局文物科, 〈河南淮陽平粮台龍山文化城址試掘簡報〉, 《文物》, 1983년 3기, 21~36쪽. 중국의 신석기시대 용산 문화는 세 곳으로, 산동 용산 문화, 하남 용산 문화, 섬서 용산 문화가 그것이다. 셋 다 용산 지역을 발굴하면서 붙여진 이름이다. 이 세 용산 문화의 특징은 모두 후기 신석기 문화라는 점이다.

종류는 매우 다양한데, 그 가운데 가장 대표적인 그릇이 삼족기라고 볼 수 있다. 이 삼족기의 발전은 증기를 이용할 수 있는 기술로까지 발전하여 일반 사람들이 사용하고 있는 것을 볼 수 있다. 이 문화들의 연대는 지금으로부터 4,700년에서 4,200년 전 무렵이다. 이 시기의 문화 가운데 가장 큰 특징은 성들이 확연하게 나타나며, 황하 문화권들의 공통점이 보인다는 것이다. 이러한 문화의 공통점은 이 문화를 뒤이어 발전한 이리두 문화나 악석 문화의 기초가 되는데, 이 가운데 하남성 지역의 이리두 문화는 고도로 발전된 문화로 국가 단계로 이어진다.

위에서 살펴본 바와 같이 요서 지역이나 황하 중류 유역에서 국가 발생의 기본적인 문화는 긴 세월의 신석기시대 문화를 기본으로 형성되는 것을 볼 수 있다.[15]

3. 하가점 하층문화의 역사적 정체성

동북아시아 최초의 청동기시대 문화는 하가점 하층문화이다. 이 문화 시기에 들어서면서 요서 지역의 문화 양상은 매우 달라진다. 그 근거는 무엇보다도 고도로 조직화한 집단들이 있었음을 알 수 있는 증거들이 발견되었기 때문이다. 이 문화시기에는 많은 특징들이 있는데, 대표적인 유적을 보면 집단거주지였을 것으로 보이는 대규모 성들이 확인되고 있다.[16] 이 성들의 용도에 대해서는 아직 통일된 견해는 없지만 학계에서는 어떤 형태로든 강한 권력이 존재하던 시기였을 것으로 추측하고 있다

---

15) 이 두 지역은 신석기시대의 특별한 교류 현상이 발견되지 않고 있는데, 앞으로 연구해볼 과제라고 생각한다.

16) 복기대, 《요서지역의 청동기시대문화연구》, 백산자료원, 2002, 15~99쪽.

〈그림 1〉 하가점 하층문화 성 분포도

(〈그림 1〉). 일부에서는 이 시기에 국가 단계로 들어선 것이 아닌가 하는
추측을 하는 학자들도 있다.[17] 또 하나의 특징적 요소가 채회도이다. 채
회도는 그릇을 만들어 낸 뒤 기물의 외벽에 그림을 그리는 것이다. 색은
흰색·주황색·빨강·검정·회색 등이 사용되고 있다. 이 그릇에서 그려진
문양들은 매우 추상적이다(〈그림 2〉). 그래서 연구자들은 형태에 따라
여러 가지 이름을 붙이고 있다.[18]

이 문화와 관련해 여러 견해들이 제기되었는데, 고도로 발달된 독립적
문화라는 데는 의견이 일치하고 있다. 이 문화에 대한 견해를 알아보면
다음과 같다.

먼저 중국 학계의 견해이다. 이 지역의 문화 연구 초기에는 중원 지역
문화와 연결시켜 이해했다. 그 대표적 학자가 용산(龍山) 문화와 관련을
두었던 하내(夏鼐),[19] 상(商) 문화의 북방 변종으로 본 정소종(鄭紹宗)[20]

---

17) 일반적으로 국가 단계에 진입하는 것은 청동기시대부터라고 한다. 필자 역시 여기에
기본적으로 동의한다. 그러나 청동기시대에 국가 단계로 들어가는 것인가 하는 점에 대해
서는 기본적으로 재검토를 해야 할 것이다. 단지 금속기시대로 진입하는 것을 국가 단계의
성립 과정으로 보는 것은 문제가 있다고 생각한다.

18) 劉觀民·徐光冀, 〈夏家店下層文化彩繪紋式〉, 《慶祝蘇秉琦考古五十五年論文集》, 文
物出版社, 1989, 227〜234쪽.

19) 夏鼐, 〈我國近五十年的考古新收穫〉, 《考古》, 1964년 10기, 485〜497쪽.

20) 鄭紹宗, 〈有關河北長城地域原始文化類型的討論〉, 《考古》, 1962년 12기, 658〜671쪽.

〈그림 2〉 하가점 하층문화의 채회도

등이다. 이들의 관점은 하가점 하층문화 연구의 초기 단계에 속한다. 이들은 주로 삼족기를 염두에 두어 황하 중류 유역의 삼족기와 견주어 그런 관점이 나온 것이다. 이것은 연구의 초기 단계에 제시되었던 견해 이다. 그뒤 새로운 자료들이 쌓이면서 새로운 견해들이 제기되었다.

복공(卜工)은 연산남록(燕山南麓)의 문화를 숙신족(肅愼族), 그 북쪽은 동이계통의 문화로 추정했고,[21] 하현무(何賢武)는 이 지역의 문화와 중원 (中原) 문화가 결합되어 발전한 문화로 보았으며,[22] 곽대순(郭大順)은 이 지역의 초기 청동기 문화를 당시의 전통을 이어받은 문화로 인식하는

---

21) 卜工,〈燕山地區夏商時期的陶鬲潛系〉,《北方文物》, 1989년 2기, 30~38쪽.

22) 何賢武,〈試論遼西地區古代文化的發展〉,《中國考古學六次年討論文集》, 文物出版 社, 1987, 38~49쪽.

동시에 만주 지역 문화의 기본 골격이 되는 문화로 인식했다.[23] 곽대순이
말한 동북 문화의 전통은 후대에 나타난 산성(山城) 등이 그 예이다.[24]

이백겸(李伯謙)은 요서 지역의 고대 문화는 중원 문화와 큰 관계가
없는 그들만의 문화라고 인식했다.[25] 이렇듯 중국 학계에서는, 새로운
자료들이 누적되면서 중원 문화는 별개의 문화라고 보는 것이 대세이다.

한국 학계의 견해를 보면 다음과 같다. 한국 학계에서는 요서 지역의
청동기시대 문화는 한국사와 밀접한 관계를 갖는 것으로 추정하고 있
고,[26] 어떤 학자들은 구체적으로 고조선 문화로 인식하기도 한다.[27] 물론
이와는 다르게 한국사와는 별개의 문화로 보는 학자도 없지 않다.

필자는 요서 지역의 청동기시대 문화를 중원 지역의 문화와는 다른
독자적 문화로 보아야 한다고 생각한다. 발견 초기에는 황하 중류 유역
과 관계가 깊을 것으로 인식했지만, 누적된 자료들의 전체적인 흐름으로
보아 한국 역사와 관련이 깊은 것으로 나타나는 것을 볼 수 있다. 이러한
견해는 고고학적인 문화의 흐름과 더불어 체질인류학에서도 제기되는
견해이다.[28] 그러므로 지금까지의 자료를 볼 때 이 문화를 한국사와 연결
시키는 데 큰 무리가 없을 것으로 본다. 하가점 하층문화의 독자성은
이미 여러 학자들에게 증명되었다. 하가점 하층문화의 질그릇 가운데

---

23) 郭大順, 〈遼西古文化的新認識〉, 《慶祝蘇秉琦考古五十五年論文集》, 文物出版社,
  1989, 203~215쪽.

24) 郭大順, 〈遼河유역 신석기시대 및 초기 청동기유적에 대한 해석〉, 《博物館紀要》 제15
  집, 檀國大學校 石宙善記念博物館, 2000, 44~86쪽.

25) 李伯謙, 〈先商文化探索〉, 《慶祝蘇秉琦考古五十年論文集》, 文物出版社, 1989, 285쪽.

26) 복기대, 〈요서지역 청동기시대 문화의 역사적 이해〉, 《단군학연구》 5호, 단군학회, 2001,
  213~245쪽.

27) 한창균, 〈고조선의 성립배경과 발전단계 시론〉, 《國史館論叢》, 國史編纂委員會, 1992,
  13~33쪽 ; 윤내현, 《고조선연구》, 일지사, 1994, 158~160쪽.

28) 朱泓, 〈중국 동북지구의 종족〉, 《博物館紀要》 13호, 단국대학교 중앙박물관, 1998, 5~
  24쪽.

〈그림 3〉 하가점 하층문화의 존형격

존형격(尊型鬲)이라는 세가랑이솥이 있다. 이 기물은 몸통 부분인 존이
요서 지역의 신석기시대 문화인 조보구 문화 때 만들어졌는데, 홍산
문화, 소하연 문화, 그리고 하가점 하층문화까지 이어져 내려왔고 서쪽
지방에서 온 것으로 추측되는 삼족기의 다리가 결합된 그릇이다. 그래서
이를 존형격이라고 부른다(〈그림 3〉).

4. 하가점 하층문화의 유향(流向)

하가점 하층문화와 가장 가까운 지역은 경진지구(京津地區)의 대타두
(大坨頭) 문화이다. 대타두 문화는 기원전 20세기를 전후한 무렵에 오늘

날 북경 지역에서 발전한 청동기시대 문화이다. 이 문화가 후대 어느 역사와 직결되는지는 확인되지 않았다. 문헌으로 볼 때, 서주(西周) 말에 등장하는 고죽국(孤竹國)이나 그 언저리에 있었던 민족들의 문화일 가능성이 높다. 그렇기 때문에 요서 지역에 자리한 문화인들의 문화는 아닌 것으로 확인되었다.

이 문화에서 존과 존형격이 많이 발견되는 것을 볼 수 있다.[29] 이백겸은 이 존과 존형격을 바탕으로 하여 지금의 북경 지방을 하가점 하층문화의 한 지방 유형으로 볼 정도로 많이 발견되고 있다.[30] 이것은 요서 지역의 청동기시대 문화 요소가 연산을 넘어 남쪽 지역에 큰 영향을 주었던 것이다. 뿐만 아니라 하가점 하층문화에서 귀하게 볼 수 있는 채회도(彩繪陶)도 발견되었다. 채회도는 무덤에서 발견되었는데, 이 지역에서 매우 귀하게 쓰였던 것으로 볼 수 있다(〈그림 4〉).

경진지구를 거쳐 동남 지역으로 가면 산동반도이다. 이 산동반도의 초기 청동기시대 문화는 악석(岳石) 문화이다. 이 문화는 1930년대 산동성 성자애(城子崖) 유적을 발굴하는 과정에서 처음 알려졌는데,[31] 당시 특별한 이름이 붙여지지는 않았다. 그뒤 1960년대 산동성 평도현 악석촌을 발굴한 결과 유물의 특징이 대문구 문화나 상 문화와는 달랐기 때문에 지명을 따라 '악석 문화'라고 했다.[32] 악석 문화는 하가점 하층문화나

29) 복기대, 〈大坨頭文化에 대한 一考察〉, 《古文化》 61집, 2003.

30) 李伯謙, 〈論夏家店下層文化〉, 《중국청동문화결구체계연구》, 과학출판사, 1998, 124〜131쪽. 이 글은 1984년 《北京大學考古專業成立三十周年紀念論文集》으로 출판되었다가 1998년 이백겸 교수의 기념 논문집에 다시 게재되었다. 필자는 후자의 것으로 주를 달았다.

31) 李濟 等, 《城子崖》, 中央研究院歷史言語研究所, 1934 참조.

32) 中國科學院考古研究所山東發掘隊, 〈山東平度東岳石村新石器時代遺址與戰國墓〉, 《考古》, 1962년 10기, 509〜518쪽 ; 王迅, 《東夷文化與淮夷文化研究》, 北京大學出版社, 1994, 16쪽.

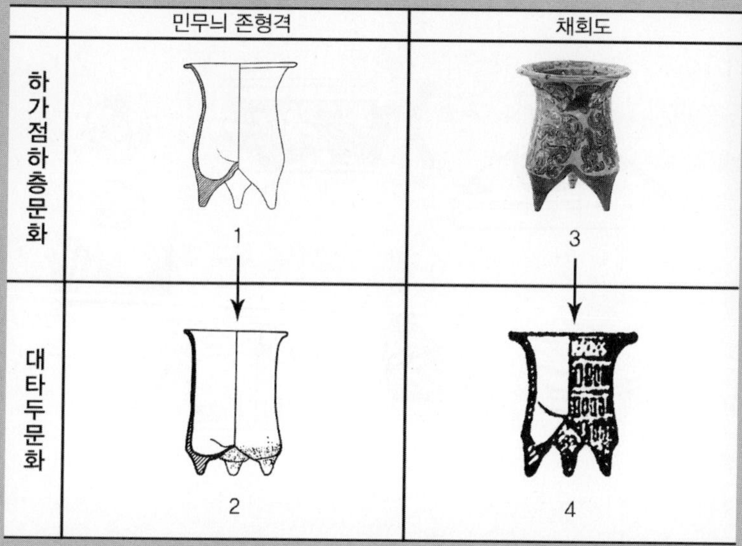

〈그림 4〉 하가점 하층문화와 대타두 문화 기물비교 : 1. 존형격(대전자 M854 : 1), 2. 존형격 (유리하 M1 : 1), 3. 채회문존형격(대전자 M840 : 2), 4. 채회문존형격(울헌산관 M2008 : 1)

대타두 문화와 거의 같은 시기의 문화이다. 삼족기가 발전하고 황하 중류 유역과 매우 가까운 문화이기는 하나 독립적인 문화이고, 청동기시대 문화라고는 하지만 청동기는 그리 발전되지 않았다.

이 문화가 발전한 지역은 산동반도와 강소성(江蘇省) 북쪽 지역 그리고 하남성 동쪽 일부 지역이다. 이 문화와 황하 중류 지역 문화들 사이에 많은 교류가 있었으므로 이른바 동이 문화라고도 하지만 문화는 중원 문화권에 속하게 되는 것이다. 이 악석 문화에서 하가점 하층문화의 질그릇과 채회도가 발굴되었다(〈그림 5〉).

이것은 두 문화 사이에 교류가 있었음을 분명하게 증명해주면서, 한편으로는 하가점 하층문화의 사유 체계가 전파된 것이 아닌가 하는 추측을 낳게 한다. 앞으로 이 부분은 지속적으로 연구되어야 할 것으로 생각한다(〈그림 6〉).

〈그림 5〉 악석 문화 채회도

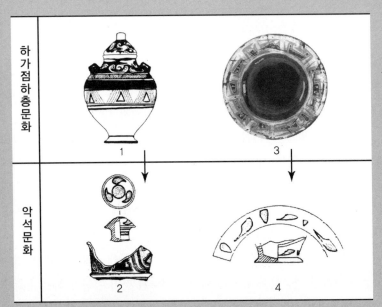

〈그림 6〉 하가점 하층문화와 악석 문화 채회도 비교 : 1. 항아리(대전자 M726 : 1), 2. 항아리(산동 악석 문화 출토), 3. 존형격(대전자 M307 : 2), 4. 항아리(산동 악석 문화 출토)

기원전 20세기경 황하 중류 유역은 이리두 문화가 발전한다.[33] 이리두 문화의 요소가 처음 발견된 것은 1952년 하남성 등봉현(登封縣) 왕촌(王村) 유적을 발견하면서이다. 처음 이 유적이 발굴되었을 때는 하남 용산 문화와 다른 유적이었으므로 '낙달묘유형(洛達廟類型)'이라고 했다.

1959년 중국 과학원 고고연구소에서 하남성 언사현(偃師縣) 이리두(二里頭) 유적을 발굴했는데, 이 유적에서 대형 건물지와 무덤 등 많은 유적을 확인했다. 그뒤 이 이리두 유적을 근거로 해서 이리두 문화라고 이름 지었다.[34] 이 문화의 연대는 기원전 21세기에서 기원전 17세기로 보는 것이 일반적 견해이다. 이 문화에 대해 중국 학계는 전설상의 왕조였던 하(夏)나라의 유적으로 보고 있으며,[35] 이 문화를 바탕으로 해서 사마천의 《사기(史記)》에 기록된 오제(五帝)의 기록이 전설이 아닌 실제 역사의 기록이었다고 믿게 되었다.

이리두 문화는 중국 역사에서 중대한 의미가 있는 문화인데, 이 문화 청동기 무늬 가운데 용(龍)의 모습이 있다. 이 용의 기원에 대해서는, 학자들의 견해가 다를 수 있겠지만 대다수 중국 학자들은 이리두 문화에서 하가점 하층문화로 전파된 것으로 보고 있다. 물론 그럴 수 있다. 여기서 이리두 문화와 하가점 하층문화의 연대를 견주어보면, 하가점 하층문화가 이리두 문화보다 빠르다. 이것은 문화의 시작 연대이다. 그런데 이 용의 모양이 나타났다고 하는 연대는 이리두 문화의 중·후기이

33) 李伯謙, 〈二里頭類型的文化性質與族屬問題〉, 《文物》, 1986년 6기.

34) 中國科學院考古研究所, 〈1959年河南偃師二里頭遺址發掘簡報〉, 《考古》, 1961년 2기, 82～85쪽.

35) 이리두 문화가 모두 夏 문화에 속하는 것으로 보는 견해와 1·2기는 하 문화, 3·4기는 商의 초기 문화로 보는 견해가 있다. 이리두 문화가 하 문화라는 견해를 가진 대표적 학자는 鄒衡이다(鄒衡, 〈關于夏文化探索的幾個問題〉, 《文物》, 1979년 3기, 64～69쪽 참조). 이와 달리 전기는 하 문화이고, 후기는 상 문화라는 견해를 제시한 학자로는 殷瑋璋이 대표적이다(殷瑋璋, 〈二里頭文化探討〉, 《考古》, 1978년 1기, 1～4쪽 참조).

다. 이리두 문화 중·후기는 연대적으로 기원전 17~18세기로 볼 수 있다. 이 시기는 하가점 하층문화의 중기에 속하는데, 그 시기가 서로 비슷하다. 여기서 한 가지 고려해야 할 것이 있다. 중국 학계에서 인식하는 용의 기원은 홍산 문화이다. 이 시기는 하가점 하층문화와 가까운 시기이다. 그렇다면 이 용의 모습이 홍산 문화에서 바로 이리두 문화로 전해졌거나 하가점 하층문화를 통해서 전해졌을 가능성이 매우 높다. 그러므로 이리두 문화 단계에서 보이는 용의 모습은 어디서 왔는지 좀더 연구해보아야 할 것이다(〈표 1〉).

이리두 문화의 다음 단계는 상 문화에 속한다. 이를 고고학적으로 이리강(二里崗) 문화 또는 이리강기(二里崗期) 문화라고도 한다. 이 문화가 처음 발견된 것은 1950년 하남성 정주시 교외에서 유적이 확인되면서부터이다. 조사단은 유적을 확인한 뒤 그해 발굴하여 상대(商代) 성지를 확인했다. 이 성지에서 이리두 문화와는 다른 문화권의 문화가 확인되었다. 확인된 문화 요소는 하남성 언사현 이리강에서 발견된 것과 같은 내용이었다. 그러므로 이리강기 문화라고 부른다.

이 이리강기 문화는 상나라 중기 문화이다. 주지하다시피 상나라의 고고 문화는 세 단계로 나뉜다.[36] 전기는 이리두 문화 후기이고, 중기는 이리강 문화기이며, 후기는 은허시기(殷墟時期)이다. 이것은 상나라가 몇 번에 걸쳐 중심지를 옮긴 까닭이다. 이 이리강 문화기의 연대는 기원전 16세기에서 기원전 15세기 정도이다. 이 시기에 많은 청동용기가 만들어졌는데, 이것은 국가의 큰 행사 또는 제사의식 때 제조하는 것이

---

36) 상나라를 고고학적으로 분기하는 데는 두 가지 견해가 있다. 이리두 문화의 후기 문화에서 상이 시작된다는 견해이다. 이 견해를 따르면, 상의 전기는 이리두 문화 후기, 상의 중기는 이리강기 문화, 상의 후기는 은허기 문화가 되는 것이다. 이와 달리 상의 전기 문화가 이리강기 문화이고 상의 후기가 은허기 문화라고 보는 견해도 있다. 王立新,《早商文化硏究》, 高等敎育出版社, 1998 참조.

지역 연대	요서지구	황하중류지구	산동지구
기원전 24세기 ⟨	하가점 하층문화	용산 문화	용산 문화
		이리두 문화(하)	악석 문화
		이리강기 문화(상)	
		은허기 문화(상)	
기원전 15세기 ⟨	위영자 문화	하가점 상층문화	서주시대
기원전 10세기 ⟨	능하 문화		동 주 시 (춘추시대) 대 (전국시대)
기원전 5세기 ⟨			

〈표 1〉 동북아시아 청동기시대 연표

다. 즉, 국가의 중대사를 표하는 기념물인 것이다. 이러한 청동기의 제작
은 국가적 또는 집단적 행사가 되는 것이다. 청동기를 만드는 과정에서
대개의 경우 청동용기에는 무늬들이 주조된다. 이 무늬들은 대부분이
상징적인 짐승이나, 도안이다. 그런데 이리강 문화와 청동용기에는 눈
〔目〕 모양을 나타내는 것이 있다. 흔히 이것을 도철문(饕餮紋)이라고 부
르는데, 이 도철문은 여러 형태가 있으며 상나라에서 시작해 대대로
이어지는 것을 볼 수 있다. 이 도철문의 기원을 하가점 하층문화 중기
기물에서 볼 수 있는 것이다. 이 두 무늬의 연대를 살펴보면 이리강기
문화 시기는 하가점 하층문화의 후기인데, 기물에 새겨진 무늬는 하가점
하층문화의 중기 형식을 본뜨고 있어서, 이는 분명 이리강 문화가 하가
점 하층문화의 영향을 받은 것으로 보아야 할 것이다(〈그림 7〉).

다음으로 옥기이다. 상나라 후기 문화인 은허기의 옥기 일부가 홍산
문화의 영향을 받은 것으로 보는 견해가 있다.[37] 이 견해를 주장하는
학자들의 의견을 참고해보면 홍산 문화와 상 문화 사이의 연관성이 있어
보인다. 그러나 두 문화 사이의 연대가 큰 차이가 난다. 홍산 문화는
지금으로부터 5,000년을 전후한 무렵이고, 은허기 문화는 지금으로부터
3,500년을 전후한 무렵이다. 그렇다면 먼저 이 오랜 시간의 공백을 어떻
게 메워야 할지 설명해야 한다.

그러나 필자의 생각은 다르다. 은허기 유적에서 홍산 문화의 옥기가
나올 수도 있다. 좀더 합리적인 생각을 해야 할 것이다. 사실 홍산 문화의
옥기와 그 제작방식은 하가점 하층문화로 전수된다.[38] 그러므로 두 문화
의 옥기는 매우 비슷한 면을 갖고 있다. 그렇다면 앞서 말한 바와 같이
하가점 하층문화의 채회도 도안이 상 문화의 청동용기의 문양에 새겨진

---

37) 鄭振香, 〈殷墟玉器探源〉, 《慶祝蘇秉琦考古五十五年論文集》, 文物出版社, 1989, 323쪽.
38) 복기대, 《요서지역의 청동기시대문화연구》, 백산자료원, 2002, 74~76쪽.

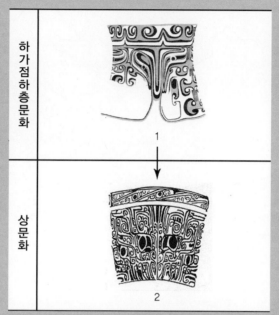

〈그림 7〉 하가점 하층문화와 상 문화의 도철문 비교 : 1. 대전자
M751 : 3, 2. 정주(鄭州) 회족(回族) 식품창(食品廠) H1

것처럼 하가점 하층문화의 옥기가 은허 문화에 전달되었을 가능성이
매우 높다고 보아야 한다. 이렇게 하가점 하층문화의 요소들이 황하
중류 유역에 나타나는 것과 관련해 중국의 어느 학자는 요서 지역에서
중원 지역으로 문화가 전파되었다고 보고 있다.[39] 이는 매우 중요한 지적
이다. 앞에서 말한 것처럼, 상나라의 신성한 기물에 이방인들의 문화
요소를 사용하고 있다는 점은 매우 중요한 의미를 지니는 것이기 때문이
다(〈그림 8〉).

---

39) 劉觀民·徐光冀, 〈夏家店下層文化彩繪紋式〉, 《慶祝蘇秉琦考古五十五年論文集》, 文
物出版社, 1989, 227~234쪽.

(1) 하가점하층문화지구
(2) 대타두문화지구
(3) 이리두문화지구(하상)
(4) 악석문화지구

〈그림 8〉 연산 남북 청동기시대 문화 분포도

5. 능하 문화의 역사적 정체성

기원전 14~15세기 무렵 요서 지역의 역사는 매우 복잡한 양상을
나타낸다. 여러 가지 이유가 있겠지만 자연환경, 즉 기후 변화도 큰 원인
이 되었을 것으로 추측된다. 이러한 와중에 하가점 하층문화는 와해되고
새로운 문화들이 형성된다.

하가점 하층문화와 바로 연접해 일어나는 문화는 적봉 지역의 하가점
상층문화 그리고 조양 지역의 위영자 문화이다. 이 두 문화 가운데 조양
지역의 위영자 문화는 기원전 10세기 무렵에 와해되고 능하(凌河) 문화
가 발전하게 된다. 적봉 지역의 하가점 상층문화는 계속해 발전하는
것을 볼 수 있다. 이 두 문화와 관련해 학계에서는 많은 논쟁이 벌어지고

있다. 논쟁의 쟁점은 하가점 상층문화의 분포 지역을 어디까지로 할 것인가 하는 문제이다.

이 논쟁의 중심 속에 우리 역사를 증명하는 데 가장 중요한 비파형 동검이 있다. 주지하다시피 이 비파형 동검은 한국사를 서술하는 과정에서 고조선의 대표적 기물로 인식된다. 즉, 누구든 고조선을 설명하는 과정에서 문헌 자료를 거론한 다음 바로 고고학적인 자료로 드는 것이 이 비파형 동검이다. 그렇기 때문에 비파형 동검은 우리의 뇌리 속에 고조선의 보증수표처럼 각인되어 있어서 어디선가 비파형 동검이 발견되면 우리 문화, 또는 한국 문화의 영향권으로 생각한다. 그러나 이 비파형 동검에도 많은 문제가 있다. 실제로 이 문제가 제대로 풀리지 않거나 이해되지 않는다면 한국사를 해석하는 데 매우 큰 장애가 일어난다.

이 비파형 동검의 기원 문제를 어떻게 보느냐에 따라 고조선의 중심 유물에 속하는 것인가, 그렇지 않으면 외부에서 전래된 유물인가 하는 것이 결정되며, 동시에 고조선의 영역 문제까지도 영향을 받게 된다. 그러므로 이에 대한 정확한 이해가 필요한 것이다.

중국에서 이 비파형 동검이 발견되기 시작한 것은 매우 오래전이다. 그러나 학계에서 조사단이 참여해 정식으로 발굴을 한 것은 1959년도이다. 당시 조양현(朝陽縣) 십이태영자(十二台營子) 지역의 수로 공사를 하다가 우연치 않게 무덤을 발굴하면서부터이다. 그것이 학계에 보고되면서 논쟁의 씨앗을 제공했다. 발굴자인 주귀(朱貴)는 이 검과 이 문화가 남은 시기와 그 주체에 대해, 연대는 춘추(春秋) 후기 또는 전국(戰國)시대로 보았고 민족은 동호(東胡)일 것으로 추측했다.[40]

십이태영자 유적에서 발견된 비파형 동검 말고도 많은 검들이 발견되었다. 이렇게 쌓이는 새로운 자료들을 근거로 오은(烏恩)은 요서 지역에

---

40) 朱貴, 〈遼寧朝陽十二台營子青銅短劍墓〉, 《考古學報》, 1960년 1기, 63~71쪽.

서 발견된 비파형 동검과 동반 출토된 유물들을 하가점 상층문화에 편입시켰다.[41] 이를 기점으로 하여 요서 지역 비파형 동검을 대표로 하는 문화를 하가점 상층문화에 편입시키는 공식이 등장하게 되었다.

근풍의(靳楓毅)는 전체 요서 지역을 하가점 상층문화권역으로 포함하고, 유형구분을 진행했다. 내몽고 적봉시 임서(林西)지구의 한 유형인 '대정(大井)유형', 내몽고 적봉시 영성현(寧城縣) 남산근(南山根) 지방을 중심으로 한 '남산근유형' 그리고 요령성 조양 지역의 '십이태영자유형'으로 구분했다.[42] 근풍의는 하가점 상층문화의 기원을 기원전 9세기경으로 추정했으며, 비파형 동검도 이 지역에서 기원했고 연대는 기원전 8세기경이라고 추정했다.

그는 비파형 동검의 가장 빠른 양식은 남산근에서 출토된 계통을 근거로 했다.[43] 이러한 견해는 청동기의 기원지뿐만 아니라 민족의 위치까지도 고려되어 동호의 위치를 지금의 조양 지역으로 비정했는데, 이것은 한국 학계에 큰 영향을 끼쳤다.

이와는 다른 견해들이 있다. 임운(林澐)이나 적덕방(翟德芳) 등은 요서 지역 가운데 노노아호산(努魯兒虎山) 동쪽의 조양 지역 일대의 비파형 동검을 대표로 하는 문화는 결코 하가점 상층문화에 속하지 않으며, 이 문화의 주인공은 예맥·고조선 계통이라는 주장을 제기했다.[44] 동시에

---

41) 烏恩, 〈關于我國北方的靑銅短劍〉, 《考古》, 1978년 5기, 324~333쪽.

42) 靳楓毅, 〈論中國東北地區含曲刃靑銅短劍的文化遺存〉 상·하, 《考古學報》, 1982년 4기, 387~426쪽과 1983년 1기, 39~54쪽.

43) 中國科學院考古研究所內蒙古工作隊, 〈寧城南山根遺址發掘報告〉, 《考古學報》, 1975년 1기, 133~140쪽.

44) 林澐, 〈東北系銅劍初論〉, 《考古學報》, 1980년 1기, 158~159쪽 ; 翟德芳, 〈中國北方地區靑銅短劍分群研究〉, 《考古學報》, 1988년 3기, 287쪽 ; 朱永剛, 〈夏家店上層文化初步硏究〉, 《考古學文化論輯》, 蘇秉琦主編, 文物出版社, 1987 참조 ; 李炳求, 《韓國古代文化의 起源》, 까치, 1991, 130쪽.

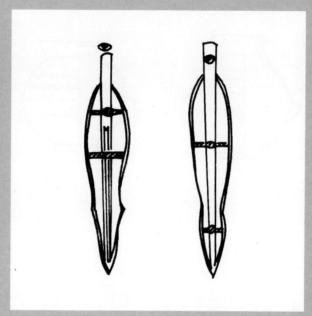

〈그림 9〉 초기 비파형 동검 : 쌍방 유적 출토품(왼쪽)과 성성초 유적 출토품(오른쪽)

비파형 동검의 기원은 적봉 지역이 아니라 요동 지역이고 기원전 11세기경 길림시(吉林市) 성성초(星星哨) 유적에서 발견된 것을 근거로 했다 (〈그림 9〉).

이들의 주장은 문헌 해석과 점차 쌓이는 고고학적 자료 고증을 통해 제기된 것이다. 그러므로 앞에서 말한 오은의 주장보다는 과학적인 것을 알 수 있다. 그렇다면 구체적으로 비파형 동검 연대에 대해 분석을 해보기로 한다.

지금까지 만주 지역에서 발견된 비파형 동검 가운데 연대가 가장 빠른 것은 길림 지역의 성성초 유적에서 출토된 것이다.[45] 이 검의 연대는

---

45) 吉林市博物館·永吉縣文化館,〈吉林永吉星星哨石棺墓第3次發掘〉,《西團山文化考古報告集》, 1992, 85쪽.

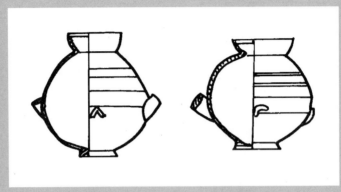

〈그림 10〉 신금 쌍방 유적 출토 현문호

대략 기원전 11세기 무렵으로 추정된다. 이것은 성성초 유적에서 발견된
사람뼈의 연대가 기원전 1105년에서 기원전 1275년 정도로 추정되므로
검의 연대를 기원전 11세기 무렵으로 보면 무리가 없을 것이다.

다음으로 대련반도(大連半島) 남단의 신금(新金) 쌍방(雙房) 유적에서
발견된 것이다.[46] 신금 쌍방 유적에서 발견된 검의 경우는 같은 유적에서
현문호(絃紋壺)가 발견되었다. 이 현문호는 마성자(馬城子) 문화의 후기
에서도 볼 수 있는데 마성자 문화의 후기 연대는 기원전 12세기 무렵으
로 추정된다. 그러므로 현문호의 연대를 고려해볼 때 쌍방 유적 검의
연대는 기원전 12세기경으로 보면 타당할 것이다(〈그림 10〉).[47]

그 다음으로 빠른 검이 요령성 조양시 객좌현(喀左縣) 화상구(和尙溝)
유적에서 발견된 것이다. 이 검은 기원전 9세기 중엽에 만들어진 것으로
추정되고 있다.[48]

46) 許明綱·許玉林, 〈遼寧新金縣雙房石盖石棺墓〉, 《考古》, 1983년 4기, 293~295쪽.
47) 비파형 동검의 기원 문제는 많은 논란이 있다. 현재 요동 지역을 기원지로 추정하는
   근거는 지금까지의 자료에 따른 것이다. 그러나 고고학의 특성상 새로운 자료가 나올
   때는 변동이 있을 가능성도 있다. 그럼에도 현재의 자료를 볼 때 노노아호산이 서쪽에서
   기원했을 가능성은 매우 적다. 즉, 하가점 상층문화 지역이 기원지가 아니라는 것이다.

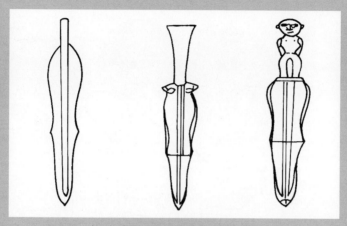

〈그림 11〉 하가점 상층문화 비파형 동검

　여기서 근풍의의 말처럼 적봉시 지역에서 나온 검이 연대가 가장 빠른 것인가를 확인해보아야 할 것이다. 적봉시 지역에서 발견된 비파형 동검 가운데 가장 빠른 연대는 남산근에서 발견된 것이다. 이 검은 기원전 8세기경에 만들어진 것으로, 연대는 비교적 정확하다(〈그림 11〉).

　이것은 앞에서 제시한 조양 지역의 화상구무덤의 검보다 1세기 정도 늦은 것을 알 수 있다. 그렇다면 근풍의의 견해는 성립될 수가 없다(〈그림 12〉).

　한국 학계의 견해를 살펴보면 다음과 같다.

　김정학(金廷鶴)을 비롯한 몇몇 학자들은 요서 지역의 비파형 동검 문화 시기, 즉 능하 문화 시기의 문화를 고조선 역사로 이해하는 것을 볼 수 있다. 이들의 이해와 표현방법에서 약간의 차이는 나지만 전체적인 이해의 흐름은 고조선계통의 문화로 보고 있다.[49] 대부분의 한국 학자

---

48) 복기대, 《요서지역 청동기시대문화연구》, 백산자료원, 2002년, 207～209쪽.

49) 金廷鶴, 〈古朝鮮의 起源과 國家形成〉, 《韓國上古史硏究》, 범우사, 1990, 163쪽 ; 韓昌

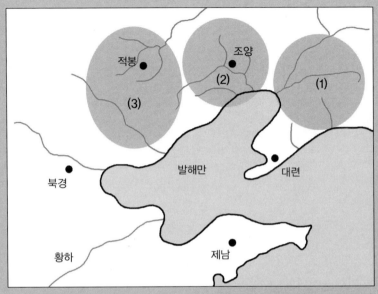

〈그림 12〉 비파형 동검 기원지 추정도 : (1) 비파형 동검 기원지로 추측, (2) 능하 문화 지역, (3) 하가점 상층문화 지역

들은 비파형 동검을 한국 문화의 주류로 인정한다. 그러므로 중국 학자들이나 한국 학자들의 견해를 따른다면 필자의 별도 설명 없이 한국사로 이해해도 무방하리라 본다. 하지만 이와는 다르게 한국 학계에도 근풍의와 같은 견해가 없는 것은 아니다.[50]

均, 〈고조선의 성립배경과 발전단계 시론〉, 《國史館論叢》, 國史編纂委員會, 1992, 13~33쪽 ; 윤내현, 《고조선연구》, 一志社, 1994, 189~195쪽 ; 복기대, 〈요서지역의 청동기 시대문화의 역사적이해〉, 《단군학연구》 5호.

50) 金元龍, 〈十二台營子의 靑銅短劍墓〉, 《歷史學報》, 1961년 12기 참조 ; 李康承, 〈遼寧 地方의 靑銅器文化－靑銅器遺物로 본 遼寧靑銅器文化와 夏家店上層文化의 비교연 구〉, 《韓國學報》 6호, 韓國考古學會, 1979 참조.

6. 능하 문화의 유향

이 비파형 동검이 주변 문화권에서 어떠한 구실을 했는지 알아보자. 적봉 지역 비파형 동검이 유행하던 시기는 하가점 상층문화이다. 하가점 상층문화는 기원전 14세기 무렵에 기원하여 기원전 7세기경에 와해되었다. 이 문화를 일구었던 사람들은 산융(山戎)으로 보는 것이 대체적 견해이고,[51] 이 문화에서는 초원 지대의 문화 요소들이 많이 발견되고 있다. 이 비파형 동검이 산융의 중심 지역으로 들어가면서 아주 귀한 기물로 변신하는 것을 볼 수 있다. 순수하게 자루와 검 몸이 분리되는 비파형 동검도 존재하지만 검 몸은 비파형을 이루되 손잡이 부분은 변형된다. 이러한 비파형 동검은 하가점 상층문화의 큰 무덤에서 많이 발견되는데, 이런 현상을 볼 때 하가점 상층문화 지역에서 비파형 동검은 매우 귀한 기물이었음을 알 수 있다.[52]

같은 시기의 연산 남쪽은 연(燕)나라의 활동 지역이었다. 이 연나라의 영역이었던 것으로 추정되는 북경 남쪽 지역에서도 비파형 동검은 발견되는 것으로 보고되는데, 많은 것은 아니다.[53]

요서에서 발해를 건너면 산동반도이다. 당시 산동반도에는 제(齊)나라가 있었다. 이 지역에서도 비파형 동검이 확인된다.[54] 이 지역에서도

---

51) 林澐, 〈東胡與山戎的考古探索〉, 《環渤海考古國際學術討論會論集》, 河北省文物研究所編, 知識出版社, 1996 참조.

52) 中國社會科學院考古研究所東北工作隊, 〈內蒙古寧城南山根102號石槨墓〉, 《考古》, 1981년 4기 ; 項春松(赤峰市博物館)·李義(寧城縣文物管理所), 〈寧城小黑石溝石槨墓調査淸理報告〉, 《文物》, 1995년 5기, 304~308쪽.

53) 靳楓毅, 〈論中國東北地區含曲刃靑銅短劍的文化遺存(上)〉, 《考古學報》, 1982년 4기 참조.

54) 烟台市文物管理委員會·栖霞縣文物事業管理處, 〈山東栖霞縣占疃鄕杏家村庄戰國墓淸理簡報〉, 《考古》, 1992년 1기, 14쪽의 그림5.

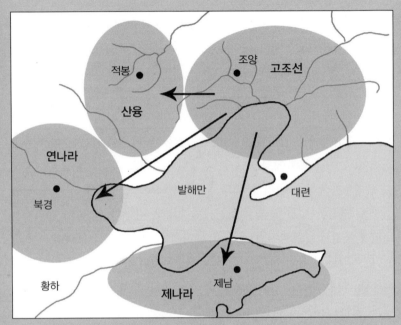

〈그림 13〉 비파형 동검 전파도

많은 수가 발견된 것은 아니지만 정상적인 절차를 걸쳐 매장되었던 것이
발견되는 것을 보면 제나라 지역에서도 비파형 동검이 많이 발굴될 가능
성이 높다. 하나 주목할 것은 산동 지역에서는 지석묘도 많이 발견된다
는 것이다(〈그림 13〉).

7. 맺으며

필자는 이 글에서 요서 지역의 청동기시대 문화를 한국 고대 문화의
한 축으로 생각하고 그 지역의 문화들이 다른 지역으로 전파되어 유행했
거나 영향을 준 것에 대해 시론적으로 접근했다. 접근하는 지역은 황하

중류 지역과 발해만 연안으로 한정했지만, 그 속에서도 많은 것을 찾을 수 있었다. 더불어 잘 알 수 있었던 것은 전파된 지역의 중심적인 문화 요소로 자리 잡았다는 것이다.

이 글에서 알 수 있었던 것은 적어도 청동기시대부터 요서 지역과 황하 중류 유역과는 교류가 많았다는 사실이다. 지역적으로 매우 넓은 범위에서 교류가 이루어졌던 것을 볼 수 있었다. 이러한 현상과 관련해 곽대순은 상나라 사람들이 동북을 중시하는 전통의 근거라는 견해까지도 제기한다. 곽대순의 이 지적은 여러 의미가 있는 것이라고 하겠다. 이 의미 가운데는 두 지역의 문화 교류 현상에 대해 더 연구할 가능성도 제기되었다는 점을 들 수 있다.

이 글에서 알 수 있었던 것처럼, 문화는 일방적으로 흐르는 것이 아니다. 그러므로 그동안 한국 학계에 팽배하던 일반적인 문화전입론에 대한 생각을 바꿀 필요가 있을 것으로 본다. 특히 중국과의 교류 관계에서 일방적으로 전입되었다는 견해는 바꿀 필요가 있다.

그러나 한 가지 주의해야 할 점은, 어느 지역에서 우리 문화 요소가 나왔다고 하여 그것을 우리 문화권으로 여겨버리는 일이다.

필자는 이러한 시도를 처음 해보지만, 학계에서 공통적인 관심을 갖는다면 더 많은 교류 관계를 찾을 수 있을 것으로 본다. 이러한 노력이 계속해서 진행된다면 중국의 동북공정이나 일본의 역사 날조를 극복하는 한 방편이 되리라고 생각한다.